Manfred Plate

# Das deutsche Konzil

Manfred Plate

# Das deutsche Konzil

Die Würzburger Synode
Bericht und Deutung

Herder
Freiburg · Basel · Wien

Meinen Kindern:
Angelo, Benjamin, Teresa, Simone, Sophia

Fotos: Hans Knapp und Ernst Herb (KNA-Bild)


Freiburger Graphische Betriebe 1975
ISBN 3-451-17368-9

# Vorwort

Die „Gemeinsame Synode der Bistümer in der Bundesrepublik Deutschland“ war kein „Weltereignis Konzil“, aber sie ist ohne das zweite Vatikanische Konzil nicht denkbar. Sie ist in ihren 18 Beschlüssen, die nun vor uns liegen, wie auch im Niveau und in der Durchbruchskraft ihrer Debatten dieser weltweiten Versammlung von Bischöfen durchaus würdig. Die neue Ära der Kirchengeschichte, die damals eingeleitet wurde, hat hier ihre Fortsetzung gefunden. Die „Gemeinsame Synode“ war ein „institutionalisierter Dialog“ von Laien, Priestern, Ordensleuten und Bischöfen, wie ihn das Konzil nicht besser hätte wünschen können. Man ging mutig ins Detail, und jeder, der sich mit diesen Konkreta des kirchlichen, gläubigen und religiösen Lebens beschäftigt, wird schnell erkennen, um welche entscheidenden Dinge es da geht.

Freilich: Sachkenntnis ist nötig. So wurde der Plan für dieses Buch geboren: ein Versuch, das Bleibende für jene herauszuschälen, die sich grundsätzlich informieren möchten, die aber auch die Verpflichtung erkennen, das in Würzburg Beschlossene ins alltägliche Leben des Glaubens einzuführen. Nicht jeder muß alle Synodenbeschlüsse im vollen Wortlaut lesen. Dieses Buch will das Wichtigste für jeden lesbar und, wie der Verfasser hofft, lebendig darstellen. Die Information ist so umfassend wie nötig und so knapp wie möglich. Selbstverständlich blicken wir nicht nur auf die fertigen Texte, sondern auch auf das Geschehen selbst, das nun ein wichtiges Stück deutscher Kirchengeschichte geworden ist. Auch der Außenstehende kann hier erfahren, was in den katholischen Bistümern Westdeutschlands heute vorgeht, welche Tendenzen und Strömungen sich da entwickelt haben, wie der „Pluralismus“ und die „Polarisierungen“ sich darstellen – mit welcher Kraft aber auch das Gemeinsame bestärkt worden ist!

Natürlich werden sich bei der Fülle des Materials einzelne Fehler eingeschlichen haben – sie mögen dem Verfasser freundlich mitgeteilt werden, damit er sie bei späteren Auflagen berichtigen kann. Alle wichtigen Ereignisse und Texte lassen sich anhand des sehr ausführlich gehaltenen Inhaltsverzeichnisses leicht auffinden. So konnte auf einen Index am Ende des Werkes ohne Einbuße verzichtet werden. Im einzelnen wird zu jedem Synoden-Beschluß u.a. eine Inhaltsangabe (im Kleindruck) und eine kurze „Entstehungsgeschichte" geboten. Im „Anhang" findet der Leser eine knappe Übersicht zu den sogenannten „Arbeitspapieren" und ein „Kleines Synoden-Wörterbuch", das bei entstehenden Unklarheiten über konkrete Umstände des Synodengeschehens konsultiert werden kann.

„Die Synode endet – die Synode beginnt." Mit diesem Satz ist man in Würzburg auseinandergegangen. Die Beschlüsse werden nun ihre Kraft im Alltag der Kirche erweisen müssen. Diesem Beginn eines Prozesses, der nicht so schnell enden wird, möchte dieses Buch durch seine Information, durch persönliche Anteilnahme am Schicksal der Kirche heute wie auch im Glaubensernst einer „dürftigen Zeit" dienen.

*Der Verfasser*

# Inhalt

*Zweiter Teil*
## Innerkirchliche Reformen

*Vierter Teil*

## Deutsche Kirche in der Welt von heute



*Anhang*

# *Erster Teil*
# Die nachkonziliare Aufgabe

## 1. Strömung und Gegenströmung

### Eine Chronik: 1965 bis 1975

**8.12.1965** Bei der feierlichen Schlußfeier des Konzils auf dem Petersplatz verliest Generalsekretär Felici das päpstliche Schlußdekret des Zweiten Vatikanischen Konzils: „Wir bestimmen, daß alle Konzilsbeschlüsse von den Gläubigen eingehalten werden... Wir haben das alles gebilligt und festgesetzt. Wir bestimmen deswegen, daß diese Dokumente immer fest, gültig und wirksam bleiben... Was immer von irgend jemand oder irgendeiner Autorität bewußt oder aus Unwissenheit gegen diese Beschlüsse unternommen wird, soll von diesem Augenblick an ungültig und wertlos sein..."

Viele deutsche Katholiken erwarten in den ersten Monaten nach Konzilsschluß von den Bischöfen ein Wort der Aufmunterung, um die Impulse des Konzils aufzugreifen. Merkwürdigerweise schweigen die Bischöfe. Ist es eine natürliche Erschlaffung nach den Anstrengungen der vorhergehenden Jahre?

**2.3.1966** Die Deutsche Bischofskonferenz gibt sich ein Statut und wird damit im Sinne des Konzils ein kollegiales Organ der Kirche.

**18.3.1966** Eine Instruktion der römischen Glaubensbehörde über die Mischehe („Matrimonii sacramentum") ruft große Enttäuschung hervor. Sie bringt kaum eine Änderung der bisherigen Gesetzgebung.

**16.4.1966** Erstes Gespräch zwischen Vertretern der Deutschen Bischofskonferenz und dem Rat der Evangelischen Kirche in Deutschland (EKD) in Fulda. Diese Kontaktgespräche finden von nun an regelmäßig statt und werden zu einer guten Tradition.

15. 6. 1966 Das Motu proprio „De episcoporum muneribus" grenzt die Rechte des römischen Stuhls gegenüber der neu erklärten kollegialen Mitverantwortung der Bischöfe ab.

12.–26. 7. 1966 In Genf veranstaltet der Ökumenische Rat der Kirchen die Weltkonferenz „Kirche und Gesellschaft". Sie wird zum Beginn eines stark auf die Welt ausgerichteten Ökumenismus („Horizontalismus").

13.–17. 7. 1966 Katholikentag in Bamberg. Er ist voll guten Willens, den Konzilsgedanken aufzugreifen, aber viele „Wenn" und „Aber" verwirren die klare Linie. Das schon geweckte Gefühl der Unsicherheit gegenüber der „Eindeutschung" des Konzils verstärkt sich. Sind die überlieferten Gremien des deutschen Katholizismus unfähig, die Bewegung des Konzils aufzugreifen? Der evangelische Bischof Kunst beklagt auf dem Katholikentag die geringen Fortschritte in der Mischehenfrage.

24. 7. 1966 Kardinal Ottaviani, Leiter der römischen Glaubensbehörde, richtet an die Bischöfe in aller Welt ein geheimes Schreiben mit zehn Fragen zu „bedenklichen Entwicklungen" in der modernen Theologie.

6. 8. 1966 Ein weiteres römisches Motu proprio („Ecclesiae sanctae") bringt recht restriktive Anweisungen über die regionalen Bischofskonferenzen, über Priester, Orden, Mission.

27.–30. 9. 1966 Bischofskonferenz in Fulda. Der Münchener Akademiedirektor Forster wird zu ihrem Sekretär bestimmt, Weihbischof Tenhumberg von Münster übernimmt das Katholische Büro in Bonn. Entscheidungen, die für die nächsten Jahre bedeutsam sind. In einem Hirtenschreiben wird nun das Thema Konzil aufgegriffen – aber zur Geduld gemahnt. Die Übertragung auf deutsche Verhältnisse werde einen „jahrelangen organischen Wachstumsprozeß" erforderlich machen. Der Gedanke an Synoden als nachkonziliare Organe taucht noch nicht auf.

1. 10. 1966 Ansprache Papst Pauls VI. vor dem Internationalen Theologenkongreß in Rom: Aufruf zur größeren Achtung vor der kirchlichen Lehrautorität. Die sogenannte nachkonziliare Polarisierung beginnt stärkere Schatten zu werfen.

9. 10. 1966 Der „Holländische Katechismus" erscheint als erster Versuch einer nachkonziliaren Theologie für breitere Kreise. Er wird in Rom wegen Häresie angezeigt. Ein hartes Ringen beginnt. Dürfen die Ergebnisse der historisch-kritischen Forschung in einer allgemein

verständlichen Darlegung der Glaubenslehre Eingang finden? Auch beim Erscheinen der deutschen Übersetzung gibt es Schwierigkeiten.

1.12.1966 Der Amerikaner Eugene Carson Blake wird Generalsekretär des Weltrates der Kirchen in Genf.

Das Ende des ersten nachkonziliaren Jahres ist davon gekennzeichnet, daß sich die Kirche in leidenschaftliche innere Kämpfe verstrickt hat.

6.1.1967 Der Papst errichtet zwei nachkonziliare Organe: den „Rat für die Laien“ und die Kommission „Friede und Gerechtigkeit“ („Justitia et pax“).

26.3.1967 Die Enzyklika „Populorum progressio“ läßt die große Aufgeschlossenheit Papst Pauls VI. für die sozialen Probleme der Gegenwart, besonders der Dritten Welt, erkennen.

4.5.1967 Die Liturgiereform geht mit kräftigen Schritten voran. Unter diesem Datum erlaubt Rom, auch im Kanon der heiligen Messe die Volkssprache zu verwenden.

13.5.1967 Paul VI. unternimmt eine Reise nach Fátima, um für den Weltfrieden zu beten.

26.5.1967 Das römische Sekretariat zur Förderung der Einheit gibt das „Ökumenische Direktorium“ (erster Teil) heraus. Ein ausgezeichnetes Dokument, das vatikanintern lange umstritten war.

9.–10.6.1967 Nach der Bischofskonferenz gibt sich nun auch das Zentralkomitee der deutschen Katholiken ein neues Statut.

25.6.1967 Papst Paul VI. erläßt eine Enzyklika über den Zölibat. In der Frage des verheirateten Priesters ist Rom nicht gewillt, modernen Forderungen nachzugeben. Das wird auch künftig so bleiben.

29.6.1967 Das von Rom proklamierte „Jahr des Glaubens“ beginnt. Es soll die um sich greifenden theologischen Verunsicherungen bekämpfen. Mit den richtigen Mitteln?

25.7.1967 Der Dialog mit den orthodoxen Ostkirchen kommt gut voran. Der Papst besucht während einer Reise nach Istanbul und Ephesus den orthodoxen Patriarchen Athenagoras. Rom macht den ersten Schritt!

19.–22.9.1967 Deutsche Bischofskonferenz in Fulda. Sie veröffentlicht ein Lehrschreiben zu theologischen Fragen. Es schlägt einen vermittelnden Ton an, aber man hat den Eindruck, der Ernst der anstehenden Fragen wird unterschätzt. Dem Schreiben gelingt es nicht, die Polarisierungen abzubauen.

29.9.–29.10.1967 Erste Zusammenkunft der Römischen Bischofssynode, einer alle zwei Jahre stattfindenden Versammlung von delegierten Bischöfen aus aller Welt, um den Papst in wichtigen Fragen zu beraten. Das Wort „Synode" wirkt elektrisierend. In vielen Gegenden der Weltkirche, vor allem in Europa, glaubt man nun, die nachkonziliare Situation durch Abhaltung von Synoden bewältigen zu können. Das römische Kirchenrecht sieht als Teilnehmer an solchen Synoden aber nur Kleriker vor – jetzt will man auch Laien, Männer und Frauen, beteiligen.

6.10.1967 Die Zentralkommission zur Vorbereitung einer Synode des Erzbistums Wien tritt zum ersten Mal zusammen. Die hervorragende Arbeit der Wiener Synode wird bald zum Vorbild für viele ähnliche Unternehmungen in der Kirche.

11.–18.10.1967 In Rom tagt gleichzeitig mit der Bischofssynode der dritte Weltkongreß für das Laienapostolat, mit fast 3000 Teilnehmern aus aller Welt. Eine wichtige Etappe im Erneuerungsprozeß der Kirche.

26.–28.10.1967 Der orthodoxe Patriarch Athenagoras besucht Rom – ein historischer Akt epochaler Bedeutung. Beide Kirchenoberhäupter halten im Petersdom einen gemeinsamen Wortgottesdienst.

3.–5.1.1968 Erste Vollversammlung des „Pastoralkonzils" der niederländischen Kirche in Noordwijkerhout. Es erregt durch seine progressive Ausrichtung Aufsehen und Ärgernis. Für viele ist es ein Zeichen der Hoffnung. Hier ist der Gedanke einer nachkonziliaren Synode in Form einer rechtlich unverbindlichen Zusammenkunft aufgegriffen. Gibt es auch andere Lösungen?

4.–7.3.1968 Die Deutsche Bischofskonferenz beschäftigt sich auf ihrer Frühjahrsversammlung (in Stuttgart) mit der zunehmenden Unruhe in Staat, Kirche und Gesellschaft. Das „Ende der Nachkriegszeit" kündigt sich an. Die Konferenz beschließt eine gemeinsame rechtliche Körperschaft der deutschen Bischöfe, den „Verband der Diözesen der Bundesrepublik Deutschland". Von „Synode" spricht man nicht.

4.4.1968 Bei einer Feier zum hundertjährigen Bestehen des Zentralkomitees der deutschen Katholiken warnt dessen neuer Präsident, Albrecht Beckel, vor „Zeichen der Resignation". An diesem Tag ein

Signal von zeitgeschichtlicher Bedeutung: der amerikanische Pastor Martin Luther King wird ermordet.

13.–17. 5. 1968 In Hildesheim findet die erste nachkonziliare Diözesansynode in der Bundesrepublik statt. Sie erhält, neben der Wiener und Salzburger Diözesansynode, Pioniercharakter. Ein armes Diasporabistum als Vorbild.

2.–3. 6. 1968 Am Pfingstfest werden in Leiden/Niederlande (Studentengemeinde) und Paris (katholische und reformierte Geistliche und Laien) gemeinsame Eucharistiefeiern veranstaltet. Sowohl die katholischen als auch die evangelischen Kirchenleitungen verurteilen diesen Vorgriff auf die Einheit der Kirchen.

29. 7. 1968 Enzyklika „Humanae vitae". Paul VI. entscheidet sich gegen den Willen der Mehrheit von ihm eingesetzter Kommissionen für die Beibehaltung der bisherigen kirchlichen Ablehnung empfängnisverhütender Mittel. Die Enzyklika ruft eine ungeheure Erregung hervor und wird zur entscheidenden Bruchstelle im wachsenden Autoritätsverlust der Kirche. Die Deutsche Bischofskonferenz vermag zwar in ihrer „Königsteiner Erklärung" vom 30. 8. 1968 die päpstlichen Ausführungen zu mildern, indem sie auf die Instanz des Gewissens der Eheleute hinweist, aber „Humanae vitae" bleibt für viele ein Stein des Anstoßes.

22.–24. 8. 1968 Der Papst reist zum Eucharistischen Weltkongreß nach Bogotá/Kolumbien.

4.–8. 9. 1968 Auf dem Katholikentag in Essen tritt der deutsche Aneignungsprozeß des Konzils in eine neue Phase. Die Gruppe „Kritischer Katholizismus" fordert nach holländischem Vorbild eine deutsche Pastoralsynode, eine Anregung der Christlichen-Arbeiter-Jugend (CAJ) aufgreifend. Das Echo ist nicht einheitlich. Aber grundsätzlich wird der Plan von vielen Seiten unterstützt.

27. 9. 1968 Die erste Nummer der von den Bischöfen finanzierten katholischen Wochenzeitung „Publik" erscheint. Mit dem Blatt verbinden sich große Hoffnungen auf einen „Durchbruch" in die Welt von heute.

9. 11. 1968 Eine von der Deutschen Bischofskonferenz und dem Zentralkomitee der deutschen Katholiken abgehaltene Konsultation führt zu dem Ergebnis, eine „Gemeinsame Studiengruppe" einzurichten, um den Plan einer deutschen Pastoralsynode näher zu prüfen. Vor allem dem Essener Bischof Hengsbach, der auch den Vorsitz der Studiengruppe übernimmt, ist es zu danken, daß trotz zähen Widerstan-

des der Plan einer Pastoralsynode überhaupt ernsthaft ins Auge gefaßt wird. Es gibt zwei Tendenzen: mehr „charismatisch" nach niederländischem Vorbild oder mehr „rechtlich" im Sinn einer gesetzgebenden Instanz vorzugehen. Die Bischöfe entscheiden sich für die zweite Möglichkeit. Weil sie hoffen, so die ausufernden Reformströmungen besser eindämmen zu können?

**16. 12. 1968** Eine internationale Theologengruppe, die der Zeitschrift „Concilium" nahesteht, fordert eine internationale Theologenkommission zur Beratung von Papst und Kurie. Die Einseitigkeit der römischen Theologie ist für viele ein Ärgernis. Die Kommission wird auch gegründet, aber ihr Einfluß bleibt gering.

**28. 12. 1968** Die deutschen Bischöfe veröffentlichen eine Erklärung „Zu Fragen des Glaubens und des kirchlichen Lebens". Sie warnt vor zu weitgehenden theologischen und kirchlichen Entwicklungen.

**4.–8. 1. 1969** Bei der dritten Vollversammlung des niederländischen Pastoralkonzils wird mit überwältigender Mehrheit gefordert, daß die Kirche ihre Ehelehre und die Zölibatsgesetzgebung trotz der päpstlichen Entscheidungen weiter diskutiert.

**9. 1. 1969** Erste Zusammenkunft der „Gemeinsamen Studiengruppe" von Deutscher Bischofskonferenz und Zentralkomitee zur Vorbereitung einer Pastoralsynode. Man entscheidet sich für eine „rechtliche" Grundverfassung und schlägt den Namen „Gemeinsame Synode der Bistümer in der Bundesrepublik Deutschland" vor. Politischen Schwierigkeiten einer rein ‚westdeutschen' Synode begegnet man mit dem Vorschlag, daß auch die Bischöfe und Oberhirten der DDR eine „Gemeinsame Synode" veranstalten sollen. Diese Synode der DDR, zuerst unter westdeutschem Einfluß stehend, macht sich bald selbständig und geht eigene Wege.

**15.–18. 1. 1969** Beginn der ersten Session der Wiener Diözesansynode. Sie wird in ganz Europa aufmerksam beobachtet. Ein theologischer Grundtext und ein Pastoralkonzept werden beraten. Die erste Session endet mit einer weiteren Zusammenkunft im Mai.

**23. 2. 1969** Gründungsdatum der konservativen „Bewegung für Papst und Kirche". Ihr erster Vorsitzender wird Prof. Walter Hoeres.

**24.–27. 2. 1969** Die deutsche Bischofskonferenz beschließt einstimmig, die geplante „Gemeinsame Synode der Bistümer in der Bundesrepublik Deutschland" abzuhalten. Fast gleichzeitig entscheiden sich auch die Oberhirten der DDR für eine Pastoralsynode.

**10. 3. 1969** Die Bischöfe der Schweiz wollen in allen Diözesen gleichzeitig Synoden abhalten, sie aber durch einen gemeinsamen „synodalen Vorgang“ ergänzen.

**27. 3. – 29. 3. 1969** Auf einer Vollversammlung des Zentralkomitees der deutschen Katholiken wird, im Beisein von Kardinal Döpfner, zum ersten Mal offiziell über den Synodenplan diskutiert. Auch hier meldet sich wieder die Polarisierung. Manche befürchten ein „Einpendeln auf ein wenig dynamisches Mittelfeld“.

**2. – 4. 5. 1969** Beim evangelisch-katholischen Publizistentreffen in Maria Laach wird der Plan bekannt, im Jahr 1971 ein „ökumenisches Pfingsttreffen“ abzuhalten.

**15. 5. 1969** Der belgische Kardinal Suenens veröffentlicht ein vielbeachtetes Interview, in dem er eine entschiedenere Beachtung der Kollegialität durch Papst und römische Kurie verlangt.

**26. – 27. 5. 1969** In Königshofen (Taunus) wird eine „Arbeitsgemeinschaft von Priestergruppen in der Bundesrepublik Deutschland“ gegründet. Sie schaltet sich mit anderen progressiven Gruppierungen sehr aktiv in den Synodenprozeß ein.

**10. 6. 1969** Paul VI. besucht den Weltkirchenrat in Genf.

**7. – 10. 7. 1969** 108 Bischöfe aus 19 europäischen Ländern versammeln sich in Chur, um über die Priesterfrage zu beraten.

**31. 7. – 2. 8. 1969** Seine achte Auslandsreise führt Paul VI. nach Uganda/Afrika.

**3. 9. 1969** Die interne Vorbereitungsarbeit für die Synode der deutschen Bistümer ist beendet. Die Studiengruppe hat Entwürfe zum Statut und zur Thematik fertiggestellt. Sie werden durch Prälat Forster der Öffentlichkeit vorgestellt. Man bemängelt die kurzen Fristen, die zur weiteren Diskussion bleiben. Es werden aber wesentliche Verbesserungsvorschläge eingebracht. Besonders das Zusammenspiel Zentralkomitee – Bischofskonferenz erweist sich als fruchtbar.

**11. – 27. 10. 1969** Außerordentliche Bischofssynode in Rom.

**6. 11. 1969** Die bisherige „Gemeinsame Studiengruppe“ für die deutsche Synode wird durch eine „Vorbereitungskommission“ abgelöst, die weitere Pläne ausarbeiten soll. Ihr gehören 35 Mitglieder – Bischöfe, Priester, Laien – an.

**10.–11.11.1969** Die Deutsche Bischofskonferenz beschließt das geänderte Statut der Synode. Über 500 Änderungsvorschläge waren in der Zwischenzeit eingegangen. Die Sekretäre der Bischofskonferenz und des Zentralkomitees der deutschen Katholiken, Prälat Forster und Dr. Kronenberg, werden zu Synodensekretären ernannt. Wichtige Entscheidungen sind gefallen.

**8.12.1969** Schon kurze Zeit nach der Beschlußfassung zum Statut kann die Vorbereitungskommission bei ihrer zweiten Zusammenkunft in Bad Godesberg konkrete Pläne zum weiteren Vorgehen vorlegen. Man will die Meinung der deutschen Katholiken durch demoskopische Umfragen testen, und zwar auf zweierlei Wegen: durch eine Fragebogenaktion und durch eine Repräsentativbefragung. Dann soll eine Geschäftsordnung und eine „Musterwahlordnung" für die Synodalen aus den Bistümern ausgearbeitet werden. Schließlich müssen die Überlegungen zur Thematik konkreter gefaßt werden. Für alle diese Aufgaben werden Unterkommissionen gebildet.

**25.1.1970** Verschiedene progressive Gruppen schließen sich zur „Arbeitsgemeinschaft Synode" zusammen. Man will eine „loyale, aber wirksame Opposition" aufbauen. Das gelingt zum Teil in recht konstruktiver Weise. Die Bischöfe machen allerdings gegen diese Versuche scharf Front.

**2.2.1970** Mit einem Brief an Kardinalstaatssekretär Villot verurteilt Paul VI. die Forderung des niederländischen Pastoralkonzils, auch Verheirateten die Priesterweihe zu spenden. Die Zölibatsdiskussion steigert sich zu ihrem Höhepunkt.

**14.2.1970** Das Statut der deutschen Synode wird durch den Heiligen Stuhl gebilligt. Damit hat die hohe Beteiligung der Laien wie auch das gemischt-demokratische Verfahren der Synode römische Zustimmung erhalten. Rom verhält sich zwar in vielen Fragen, vor allem der theologischen Lehrentwicklung, sehr zurückhaltend, in praktischen Dingen jedoch ist man zu Zugeständnissen bereit.

**16.–19.2.1970** Vollversammlung der Deutschen Bischofskonferenz in Essen. Die Synodenvorbereitung läuft auf vollen Touren. Die erste Vollversammlung soll schon im Januar des kommenden Jahres stattfinden. Man beschließt einen Hirtenbrief, der am 1. März in allen Kirchen verlesen wird. Alle Katholiken sollen die Synode zu ihrer Sache machen. Das Echo ist beachtlich. In den kommenden Monaten werden 21 Millionen Fragebogen über die Pfarreien verteilt. Der Rücklauf ist überraschend hoch: 4,5 Millionen Katholiken beantworten die dort gestellten Fragen zur Situation von Glaube und Kirche.

Die Religionssoziologen sind über das Ergebnis begeistert. In den Sommermonaten werden in den meisten Bistümern die Wahlmänner und -frauen für die Synodalen gewählt. Überall richtet man Synodalbüros ein. In all der technischen Betriebsamkeit tritt die inhaltliche Aufgabe der Synode zurück.

29. 3. 1970 Prior Roger Schutz von Taizé kündigt ein „Konzil der Jugend" an.

31. 3. 1970 Nach langem Warten erläßt Rom endlich eine neue Mischehen-Gesetzgebung (Motu proprio „Matrimonia mixta"). Es bringt grundsätzliche Wandlungen, die auch von evangelischer Seite anerkannt werden. Die deutschen Bischöfe erlassen im Herbst sehr großzügige Ausführungsbestimmungen.

16. 4. 1970 In Rom wird ein zweiter Teil des „Ökumenischen Direktoriums" veröffentlicht.

2. 5. 1970 Würzburg wird als Tagungsort der Synode bestimmt.

4. 9. 1970 Die Vorbereitungskommission beschließt die Geschäftsordnung.

9.–13. 9. 1970 Katholikentag in Trier mit dem Thema „Gemeinde des Herrn".

29. 10. 1970 Das Zentralkomitee der deutschen Katholiken wählt die von ihm zu delegierenden Synodalen.

6.–8. 11. 1970 Ein von der „Arbeitsgemeinschaft Synode" in Frankfurt abgehaltener Vorbereitungskongreß verabschiedet Arbeitspapiere und Resolution, die auf die Fassung des Statuts, der Geschäftsordnung und der Thematik einen beachtlichen Einfluß ausüben.

7.–8. 11. 1970 Mehr als 4000 Teilnehmer versammeln sich bei einem Kongreß der katholischen Traditionalisten-Bewegung, der sogenannten „Schweigenden in der Kirche", in Versailles. Die Veranstaltung hat eine starke Ausstrahlung in andere europäische Länder.

16. 11. 1970 Das erste Heft des amtlichen Mitteilungsblattes „Synode" erscheint.

16.–18. 11. 1970 Deutsche Bischofskonferenz in Königstein. Die letzten Vorbereitungsarbeiten für die konstituierende Sitzung werden besprochen. Man bestimmt die vierzig von der Bischofskonferenz zu delegierenden Synodalen.

27.11.–3.12.1970 Papst Paul VI. unternimmt eine Reise nach Ostasien. Die Stationen: Hongkong, Manila/Philippinen, Sydney/Australien.

2.12.1970 Die Vorbereitungskommission der Synode berät über die konstituierende Sitzung. Viel Zeit muß immer noch verwandt werden für Verfahrensfragen. Man steht vor völligem Neuland. In den Weihnachtstagen haben alle noch einmal Muße, das Kommende zu überdenken.

3.–5.1.1971 Erste – konstituierende – Vollversammlung der „Gemeinsamen Synode der Bistümer in der Bundesrepublik Deutschland". Einzug der 58 Bischöfe, 88 Priester, 30 Ordensleute und 141 Laien, die die katholische Kirche der Bundesrepublik und West-Berlins vertreten, in den Würzburger Dom. Die Öffentlichkeit verfolgt die Zusammenkunft mit Spannung, über 130 Vertreter von Presse, Funk und Fernsehen sind anwesend. Es sind formale, aber wichtige Entscheidungen zu treffen: die Wahl der vier Vizepräsidenten (Geborener Präsident ist der Vorsitzende der Deutschen Bischofskonferenz, also Kardinal Döpfner), der Zentralkommission, des Rechtsausschusses, der zehn Sachkommissionen. Aus den Personaldebatten und Abstimmungen ist ersichtlich, daß sich eine „gemäßigt-progressive" Richtung durchsetzt. Der vorbereitete Themenkatalog wird gebilligt. Hierbei kommt es zum ersten Streitgespräch auf der Synode: der Kirchenrechtler Prof. Flatten wünscht eine enge dogmatische Eingrenzung der Debatten, Prof. Karl Rahner tritt ihm entgegen und erklärt unter dem Beifall des Plenums, daß man auch die Freiheit haben müsse, umstrittene Probleme zu diskutieren.

Große Beachtung findet die Tatsache, daß die nichtkatholischen Kirchen Beobachter entsendet haben. Für sie spricht der lutherische Bischof Harms ein Grußwort, das „in seinem gläubigen Optimismus" erfrischend wirkt. Nichtkatholiken dürfen auch in den Sachkommissionen mitarbeiten.

Die erste Vollsitzung der Synode findet ein freundliches Echo. Die nächsten eineinhalb Jahre gehören der internen Arbeit der zehn Sachkommissionen.

30.1.1971 Das Ergebnis der mehrjährigen Arbeit einer amtlichen anglikanisch-(römisch-)katholischen Theologenkommission erregt Aufsehen. Sie hat eine „substantielle Übereinstimmung" in der Theologie der Eucharistie erreicht, eine Frage, von der man bisher glaubte, sie sei unlösbar. Die Kirchenleitungen nehmen das Dokument mit größter Zurückhaltung auf. Man mißtraut den Theologen.

8. 2. 1971 Die deutschen Bischöfe geben eine negative Erklärung ab zu dem im letzten Jahr erschienenen Buch des Tübinger Theologen Hans Küng: „Unfehlbar?“.

12. 2. 1971 Erste Sitzung der 26köpfigen Zentralkommission der Synode. Sie soll – laut Statut – die Arbeit der Sachkommissionen koordinieren. Im Abstand von zwei/drei Monaten trifft man sich, um aktuelle Fragen zu besprechen, die eingereichten Texte der Kommissionen zu prüfen, Anregungen zu geben usw. Zuerst wird den Sachkommissionen erstaunlich weiter Spielraum gelassen, später drängt man auf Konzentration und größere Schnelligkeit der Arbeit. Die zuerst von den Kommissionen ins Auge gefaßten fast fünfzig Vorlagen werden auf 34 reduziert – eine Zahl, die für den geplanten Zeitraum immer noch viel zu hoch ist.

15.–16. 2. 1971 Als erste trifft sich Sachkommission III („Christliche Diakonie“). Wie in den anderen Kommissionen bildet sie Untergruppen, um die anstehenden Fragen zu sichten und die ersten Projektplanungen auszuarbeiten. Man entscheidet sich hier für folgende „Prioritäten“: Fragen der Caritas, der Gastarbeiter, der Arbeiterseelsorge, der kirchlichen Jugendarbeit. Bis zur nächsten Vollversammlung Mai 1972 können dazu noch keine beschlußreifen Vorlagen ausgearbeitet werden.

24. 2.–1. 3. 1971 Der vatikanische „Ostexperte“ Erzbischof Casaroli fährt nach Moskau. Wenige Monate später folgt ihm der Jesuitengeneral Arrupe.

6. 3. 1971 Erste Zusammenkunft der Sachkommission X, die Fragen der Ökumene und der Mission zu bearbeiten hat. Sie will „wenige, aber gründlich ausgearbeitete Vorlagen“ erstellen. Drei Untergruppen: Ökumene, Mission, internationale Zusammenarbeit.

9.–10. 3. 1971 Sachkommission I („Glaubenssituation und Verkündigung“) richtet drei Arbeitsgruppen ein: 1. Analyse der Glaubenssituation, 2. Religionsunterricht, 3. Verkündigung in der Gemeinde. Während zu 2. und 3. bald konkrete Ergebnisse vorliegen, bleibt Punkt 1 umstritten und unklar. Später beschäftigt man sich ausführlich mit dem Thema „Kirchliche Katechese“.

10.–11. 3. 1971 Sachkommission IX, „Ordnung pastoraler Strukturen“, tritt zusammen. Der Aufbau neuer, wirksamer Strukturen in einer modernen Welt steht bei ihrer Arbeit im Vordergrund. In dieser Kommission geht man schnell und präzise vor. Für die nächste Vollversammlung sind schon bald zwei Texte fertiggestellt. Man wirft der Kommission jedoch vor, daß sie die anstehenden Fragen zu sehr unter organisatorischen Gesichtspunkten behandelt hat.

12.–14.3.1971 In diesem Zeitraum treffen sich mehrere Sachkommissionen zum ersten Mal:

Sachkommission II („Gottesdienst – Sakramente – Spiritualität") beginnt ihre Arbeit mit klaren Zielvorstellungen. In liturgischen Fragen hat der deutsche Katholizismus Erfahrung und Kompetenz! Schon nach wenigen Arbeitstreffen stehen die Grundlinien der Vorlagen fest: über Taufe, Firmung, Buße und – ein wenig später – Gottesdienst.

Sachkommission VIII („Formen der Mitverantwortung in der Kirche") hat wie Kommission IX kirchliche Strukturfragen zu behandeln: das nach dem Konzil geschaffene „Rätesystem", die Mitverantwortung der Laien. In der Kommission wird theologisch hervorragend gearbeitet. Wie weit darf die Demokratisierung gehen? Was ist eine christliche Gemeinde? Neben einer Untergruppe, die grundsätzliche Fragen erörtert, beschäftigen sich andere mit Fragen der Mitverantwortung in Pfarrei und Bistum und mit den kirchlichen Verbänden.

Sachkommission VI („Erziehung, Bildung, Information") hat nicht nur eine schwierige Zusammensetzung, sondern auch eine schwierige Materie. Man findet nur sehr langsam zu einem Konzept. Viel Zeit und Mühe wird mit der leidigen „Publik"-Affäre vertan, deren Behandlung dieser Kommission übertragen wird. Wertvolle Arbeit wird geleistet für die Vorlage „Religionsunterricht" (gemeinsam mit Kommission I).

Sachkommission IV („Ehe und Familie") hat in der Mehrheit eine „progressive" Mannschaft. Sie entwickelt zielbewußte Vorstellungen: über Ehe und Familie, die menschliche Sexualität, über Seelsorge an wiederheiratenden Geschiedenen, über die konfessionsverschiedene Ehe. Man will Voten für entscheidende Änderungen des katholischen Eherechts einbringen. Ob solche Reformvorhaben nicht verfrüht sind? Die Meinungen darüber gehen weit auseinander.

15.1.1971 Die Synodale Ida Friederike Görres stirbt nach einer Sitzung ihrer Kommission „Gottesdienst – Sakramente".

24.3.1971 Sachkommission VII („Charismen, Dienste, Ämter") bildet drei Arbeitsgruppen: Dienste der Laien, vor allem auch der Frauen; Dienste der Priester und Bischöfe; Dienste der Ordensleute. Auch hier ist der Charakter der späteren Vorlagen schon bald erkennbar.

27.3.1971 Sachkommission V („Gesellschaftliche Aufgaben der Kirche") kann bei ihrer ersten Zusammenkunft auf die Vorarbeit eines

Ausschusses zurückgreifen, der sofort nach der Konstituierung gegründet worden war. Vier Arbeitsgruppen werden eingerichtet: über Grundfragen, Entwicklung und Frieden, Gesellschaftspolitik (u. a. Mitbestimmung, Leistungsprinzip), Kirche und Staat. Die Kommission tut sich etwas schwer, Prioritäten zu finden.

Damit ist die „erste Runde“ der Zusammenkünfte der zehn Sachkommissionen beendet. Sie treffen sich von nun an im regelmäßigen Turnus, die einen häufiger, die anderen seltener. Es wird jedoch überall hart gearbeitet. Die verschiedenen Tendenzen innerhalb der Kommissionen müssen zum Ausgleich gebracht werden. Geklagt wird, daß die bischöflichen Mitglieder der Arbeit oft fernbleiben. So kommen oberhirtliche Bedenken manchmal erst sehr spät zur Geltung. Das ist ärgerlich und verursacht Leerlauf. Trotzdem ist es erstaunlich, wie schnell Laien und Priester zu einer fruchtbaren Zusammenarbeit finden. Das öffentliche Echo ist gering, aber das schadet nicht.

23.4.1971 Die Zentralkommission tritt zum zweiten Mal zusammen. Man bildet zwei „Gemischte Kommissionen“ für Beratungsgegenstände, die den Kompentenzbereich einer Kommission übersteigen (Religionsunterricht, kirchliche Schiedsstellen). Man ist sehr auf klare Zuständigkeiten bedacht! Aber es gibt auch wertvolle informelle Kontakte zwischen den Kommissionen.

2.–5.6.1971 Ökumenisches Pfingsttreffen in Augsburg. Tausende von Katholiken und Evangelischen treffen sich erstmals in der Geschichte zu einem gemeinsamen „Kirchentag“.

10.6.1971 Die Gemischte Kommission „Schiedsstellen“ trifft sich zum ersten Mal.

26.–27.6.1971 Zum Thema „Religionsunterricht“ tritt die Gemischte Kommission zum ersten Mal zusammen.

12.–15.8.1971 Internationaler Marianischer Kongreß in Zagreb (Jugoslawien).

20.–23.9.1971 Deutsche Bischofskonferenz in Fulda. Kardinal Döpfner wird für weitere sechs Jahre zum Vorsitzenden gewählt. Da Prälat Forster vom Amt des Sekretärs zurückgetreten ist, muß ein Nachfolger für diesen „Dynamiker“ gewählt werden. Es ist Dr. Josef Homeyer aus Münster/Westf., der nun auch Synodensekretär wird.

30.9.–6.11.1971 Bischofssynode in Rom. Sie diskutiert über die Gerechtigkeit in der Welt und über die immer stärker werdende Priesterkrise. Die überwiegende Mehrheit der Bischöfe spricht sich für die Beibehaltung des Zölibats aus. Die Frage, ob man in Notlagen „bewährten verheirateten Männern" („viri probati") die Priesterweihe spenden dürfe, wird ebenfalls mit Nein beantwortet, obwohl man den Eindruck gewinnt, hier bleibt noch einiges offen.

19. 11. 1971 Die Einstellung der katholischen Wochenzeitung „Publik" ruft einen großen Wirbel hervor. 87 Synodalen fordern eine Sondersitzung der Synode, die sich aber technisch als unmöglich erweist. Nun soll auf der nächsten Vollversammlung über den „Tod" von „Publik" diskutiert werden. Kommissionen werden beauftragt, diese Sonderdebatte vorzubereiten.

7.–8. 1. 1972 Die Zentralkommission befaßt sich mit der nächsten Vollversammlung, die im Mai stattfinden soll. Manche meinen: eine Zusammenkunft erst im November hätte mehr Sinn, da zu wenig beschlußreife Beratungsgegenstände vorlägen. Aber die „Publik"-Frage drängt! Und es liegen eben auch schon eine Reihe fertiger Texte vor: zur Sakramentenpastoral, über die Laienpredigt, zu Strukturreformen der Kirche. Alle Sachkommissionen arbeiten im Sinne des konzentrierten Themenkatalogs an anderen Vorlagen weiter. Für die übernächste Vollversammlung kommen schon die möglichen Themen in Sicht: Ökumene, Gastarbeiter, Firmung.

30. 1. 1972 Die Gemischte Kommission, die nach dem „Tod" von „Publik" ein neues ‚Gesamtkonzept' der katholischen Publizistik erarbeiten soll, tritt zum ersten Mal zusammen. Ihre Arbeit steht unter keinem guten Stern und endet nahezu erfolglos.

31. 1. 1972 Eine zweite Gemischte Kommission soll sich mit einer Reform des „Verbandes der Diözesen in der Bunderepublik Deutschland" beschäftigen. Er war amtlich der Geldgeber für „Publik". Können die Bistümer und eventuell Laienvertreter in diesem wichtigen Gremium mehr Einfluß erhalten?

19.–20. 2. 1972 Die Ausarbeitung eines Dokuments wird beschlossen, das einmal als „Grundtext" der Synode große Bedeutung erhalten soll: „Unsere Hoffnung. Vom Versuch, heute Kirche zu sein" (Sachkommission I).

24. 3. 1972 33 Theologieprofessoren aus aller Welt veröffentlichen einen Aufruf „Wider die Resignation in der Kirche".

30. 3. 1972 In Paris wird ein „Fastenhirtenbrief" des Schriftstellers Alexander Solschenizyn veröffentlicht, der die Hierarchie des russisch-orthodoxen Patriarchats von Moskau scharf angreift.

13.4.1972 Die Deutsche Bischofskonferenz beschließt, daß die Synode über die Frage, ob man in seelsorglicher Notlage „bewährten verheirateten Männern" die Priesterweihe spenden soll, keine Entscheidung fällen darf. Viele Synodale haben für diesen Schritt durchaus Verständnis, kein Verständnis aber hat man für das zumindest ungeschickte Vorgehen der Bischöfe. Sie faßten ihren Entschluß, ohne mit den Priestern und Laien der Synode auch nur gesprochen zu haben. Ein weiterer Vorbehalt der Bischöfe betrifft eine Vorlage, in der nach Möglichkeiten gesucht wird, geschiedene Katholiken, die in einer neuen (unerlaubten und ungültigen) Ehe leben, zur Kommunion zuzulassen. Die Bischöfe verbieten dieses Thema zwar nicht, aber es soll nicht als Sondervorlage, sondern eingebettet in die ganze Ehevorlage vorgelegt werden.

10.–14.5.1972 Zweite Vollversammlung der Synode im Würzburger Dom. Wieder ist das Interesse der Öffentlichkeit sehr groß. Wegen der Entscheidungen der Bischofskonferenz, einen Synodenbeschluß über die Priesterweihe an Verheiratete (und sei es als Votum an Rom) nicht zuzulassen, herrscht erhebliche Erregung. In einer Debatte werden die Bischöfe unter atemloser Stille des Plenums von einzelnen Rednern hart zurechtgewiesen. So könne man nicht mit verantwortlichen Gliedern des Gottesvolkes umspringen! Minutenlanger Beifall. Weihbischof Moser rettet die Situation, indem er den Fehler der Bischöfe offen zugibt und sogar „um Vergebung" bittet. Man spricht von einer „Lern- und Sternstunde" der Synode. In allem Streit wird eine tiefe Solidarität sichtbar.

Die Diskussion über die Neuordnung der Publizistik erbringt nichts. Man beschließt zwei Vorlagen, aber sie sind wertlos. Indirekt freilich hat diese Debatte dennoch Erfolg. Wenigstens einige der Anregungen werden in den nächsten Jahren verwirklicht.

Große Zustimmung erfahren die vorgelegten ersten Texte zur Taufe und zur Buße. Man geht hier vorsichtig einen mittleren Weg. Viele haben gelernt, „realistisch" zu sein. Trotzdem handelt es sich um seelsorgliche Anstöße, die für die Praxis einmal wichtig werden können. Radikaler ist ein Entwurf zur Laienpredigt, der theologisch auf der Höhe der Zeit steht. Er wird von konservativer Seite zum Teil heftig angegriffen. Die Abstimmung zeigt, daß man damit keinen Erfolg hat: nur 18 Nein-Stimmen.

Eine wichtige Entscheidung fällt bei der Beratung der Vorlagen über Strukturreformen der Kirche. Es stehen sich zwei konkurrierende Grundauffassungen gegenüber. Die eine knüpft an den bisherigen Gegebenheiten im kirchlichen „Rätesystem" an und läßt Pluralität gelten, die andere ist konsequent-rational-einheitlich. Obwohl die zweite Auffassung den Laien größere Mitverantwortung zubilligt, entschließt sich die Synode mit großer Mehrheit für die erste Tendenz. Auf der Grundlage dieser Entscheidung können die beiden Sachkommissionen (VIII und IX), die sehr gute Arbeit geleistet haben, ihre Beratungen weiterführen. Man sieht schon jetzt, daß diese Vorlagen einmal einschneidende Folgen im kirchlichen Alltag haben werden. Man rechnet aber mit einem langen Zeitraum bis zur Realisierung (etwa fünf Jahre nach Abschluß der Synode). Hier wird neues Territorialrecht gesetzt, wird auch „Mittelalterliches" im Aufbau der Kirche überwunden.

Die Vollversammlung endet in recht guter Stimmung. Auch die progressive „Arbeitsgemeinschaft Synode", die in Würzburg ein eigenes Büro eingerichtet hat, kann als „loyale Opposition" trotz einiger Entgleisungen zufrieden sein.

30. 5. 1972 Unter dem Titel „Zwischen Kirche und Gesellschaft" erscheint ein Forschungsbericht über die demoskopischen Umfragen zur Vorbereitung der Synode. Herausgeber dieses wichtigen Werkes der Religionssoziologie ist der Zürcher Prof. Gerhard Schmidtchen.

26. 6. 1972 Die Zentralkommission zieht Bilanz aus der bisherigen Arbeit. Sie entwirft einen Zeitplan und stellt dabei fest: Wenn man die Synode 1975 beenden will, ist es unmöglich, alle von den Sachkommissionen angemeldeten Themen zu behandeln. In den kommenden Monaten wird es viel Ärger geben wegen der notwendigen Kürzung des Themenkatalogs. Auch die schwerfällige Geschäftsordnung der Synode macht Sorgen.

Mit sehr unguten Gefühlen gehen alle in die Sommerpause. Manche haben den Eindruck, „orientierungslos im Nebel herumzulaufen". Welche Vorlagen werden überhaupt noch zur Beratung kommen?

7. 7. 1972 Das Ehrenoberhaupt der Orthodoxie, Patriarch Athenagoras von Konstantinopel, stirbt 86jährig in einem Istanbuler Krankenhaus.

21. 7. 1972 Rom verbietet der niederländischen Kirche einen überregionalen Pastoralrat, weil in ihm die Autorität des Bischofsamtes nicht genügend gewahrt erscheint.

8. 9. 1972 Bei einer Sitzung der Zentralkommission der Synode wird eine folgenreiche Entscheidung gefällt: Reduzierung der bisher geplanten 34 Vorlagen auf 15. Diejenigen Texte, die nicht der Vollversammlung vorgelegt werden, sollen entweder kirchlichen Gremien übergeben oder als „Arbeitspapiere" veröffentlicht werden. Viele

Sachkommissionen sind enttäuscht und zum Teil sogar verbittert. Soll jahrelange mühevolle Arbeit sinnlos gewesen sein? Kann man nicht selbst zwischen „wichtig“ und „unwichtig“ unterscheiden? Es hagelt Proteste gegen den Beschluß der Zentralkommission.

15.8.1972 Römische Reform der „niederen Weihen“, die praktisch abgeschafft werden wie auch das bisherige „Subdiakonat“.

26.9.1972 Papst Paul VI. feiert seinen 75. Geburtstag.

21.10.1972 Der Ausschuß für Rechtsfragen der Synode wird aktiv. Er schlägt auf Verlangen der Zentralkommission konkrete Hilfen vor, um die Synode aus der verfahrenen Situation herauszuführen.

10.11.1972 Die Proteste der Sachkommissionen haben bewirkt, daß sich die Zentralkommission für einen konstruktiveren Themenplan entscheidet, der nun 17 Vorlagen umfaßt. Man bildet auch eine Arbeitsgruppe „Konzentration und Koordination“. Die Ordnung der Debatten in den Vollversammlungen wird verbessert. Wie soll man Hunderte von Änderungsanträgen zu ersten und zweiten Lesungen technisch bewältigen? Das deutsche Organisationstalent bewährt sich jedoch. Und man lernt fast wie nebenbei, was „Demokratie in der Kirche“ praktisch bedeutet.

19.11.1972 Eine vorgezogene Bundestagswahl bringt einen großen Sieg von SPD und FDP. Die Kirche hat Schwierigkeiten, sich endgültig auf die Realität der „sozialliberalen Koalition“ einzustellen. In Strafrechts- und Eherechtsreform drohen politische Entscheidungen, die sie nicht einfach hinnehmen kann.

5.12.1972 Es wird bekannt, daß dem umstrittenen Dominikaner und Professor der Moraltheologie in Fribourg (Schweiz), Stephan Pfürtner, vom General seines Ordens die kirchliche Lehrbefugnis entzogen worden ist. Der sich anschließende „Fall Pfürtner“ schlägt hohe Wellen.

3.–7.1.1973 Dritte Vollversammlung der Gemeinsamen Synode. Die Stimmung ist auf einen äußersten Tiefpunkt gesunken. Die Öffentlichkeit ist befremdet: Ist das alles, was vom charismatischen Aufbruch des Konzils geblieben ist? Kardinal Döpfner versucht in seiner Eröffnungsansprache Mut zu machen. Man befände sich in einer Situation der „Werkstattarbeit“. Einzelne Arbeitsstücke lägen ziellos nebeneinander, und man sei „müde und verdrossen“, weil sich das Ganze nicht zeige. Aber die Synode, meint er, habe dennoch „Tritt gefaßt“. Die entscheidende Arbeitsphase nähere sich.

Dieser mit großer Skepsis aufgenommene Optimismus bestätigt sich zur Überraschung vieler bald. Durch die Entscheidung, welche Vorlagen nun beraten werden sollen oder nicht, haben die Synodalen wenigstens einen klaren Kurs vor sich, auch wenn sich dieser meist nicht mit den eigenen Wunschvorstellungen deckt.

Eine zweite Tatsache bestärkt die Hoffnung: daß die Deutsche Bischofskonferenz einen römischen Einspruch gegen die Vorlage „Laienpredigt", die jetzt in zweiter Lesung ansteht, gemeinsam mit allen anderen Synodalen energisch zurückweist. Dieser Mut zeigt, daß die Bischöfe nicht einfach nur „Bremser" sind.

Die Debatte über die Laienpredigt wird zu einem Höhepunkt der Synode. Obwohl so prominente Redner wie Kardinal Höffner gegen die Vorlage sprechen, wird sie mit überwältigender Mehrheit angenommen: 234 Ja, 22 Nein, 7 Enthaltungen. Damit hat die Synode ihr erstes Dokument in zweiter Lesung verabschiedet. Man ist nicht stolz auf diese Leistung, aber doch befriedigt.

In erster Lesung wird ein Text über die Firmung (später eingebaut in die Vorlage „Sakramentenpastoral") und über die Gastarbeiter angenommen.

Starke Spannungen zeigen sich beim zweiten Höhepunkt dieser Vollversammlung, in der Debatte zum Ökumene-Papier („Pastorale Zusammenarbeit der Kirchen im Dienst an der christlichen Einheit", erste Lesung). Viele Bischöfe haben ernste Bedenken gegen den theologischen Teil, der ihrer Meinung nach „dehnbare" und „mißverständliche" Formulierungen enthält. Aber angesehene Theologen, wie Karl Rahner, Walter Kasper, Klaus Hemmerle und Heinrich Fries (Berichterstatter der zuständigen Sachkommission), weisen die Bedenken überzeugend zurück. Als sich schließlich der evangelische Beobachter Bischof Harms in einer unter größter Aufmerksamkeit des Plenums vorgetragenen Ansprache persönlich an Kardinal Jaeger, einem der Kritiker der Vorlage, wendet („Servieren Sie uns bitte nicht ein Papier ohne Theologie"), ist der Text gerettet. Die erste Lesung muß allerdings wegen Zeitmangel unterbrochen werden. Sie wird auf die nächste Vollversammlung verschoben.

Die Synodalen gehen in recht guter Stimmung heim. Sie haben die Grenzen, aber auch die Möglichkeiten einer deutschen Regionalsynode erkennen gelernt.

**Januar 1973** Ein Memorandum evangelischer und katholischer Theologen der Bundesrepublik über „Reform und Anerkennung kirchlicher Ämter" erregt in kirchlichen Kreisen großes Aufsehen.

26.–27. 1. 1973 Als erste zieht Sachkommission V aus den Synoden-Vorgängen der letzten Monate ihre Konsequenzen. Der von ihr fertiggestellte Text „Aufgaben der Kirche in Staat und Gesellschaft“ wird nicht als Synodendokument, sondern als „Arbeitspapier“ der Sachkommission verabschiedet. Wenige Wochen später wird es veröffentlicht. Das Dokument wird in der Öffentlichkeit stark beachtet, weil es sich um parteipolitische Neutralität bemüht. Auch in der Diskussion um das sogenannte FDP-Kirchenpapier spielt es eine Rolle.

2. 2. 1973 In der Sachkommission VI, die sich mit dem Plan eines „Gesamtkonzepts“ für die katholische Publizistik zu beschäftigen hat, herrscht wenig Neigung, einen solchen Text als „Arbeitspapier“ herzustellen. Der zweite Tod von „Publik“? Aber man will „Schwerpunkte“ für die kirchliche Medienarbeit setzen.

10. 2. 1973 Wird die Synode von den Bischöfen letztlich nicht ernst genommen? Die Sachkommission IV („Ehe und Familie“) beschwert sich in einem Brief an Kardinal Döpfner darüber, daß die Deutsche Bischofskonferenz ein Hirtenwort über die menschliche Sexualität ausgearbeitet hat, obwohl zum gleichen Thema ein Synoden-Papier geplant ist. Die Bischöfe setzen sich über diese Bedenken hinweg und veröffentlichen „ihr“ Papier im Mai. Im November folgt dann die Erklärung des synodalen Gremiums. In welchem Text aber spricht die Kirche?

6. 5. 1973 In allen deutschen Kirchen wird ein Hirtenwort der Bischöfe „Zum Schutz des ungeborenen Lebens“ verlesen.

19. 6. 1973 Prof. Norbert Greinacher wird vom Präsidenten der Synode, Kardinal Döpfner, als Berater abberufen. Greinacher hatte sich öffentlich für die Straffreiheit bei Abtreibungen (auch im Sinne der Fristenregelung) eingesetzt. Viele Synodale haben zwar kein Verständnis für diese Außenseiter-Position, aber sie kritisieren die brüske Methode der Amtshandlung des Kardinals.

26.–27. 6. 1973 In Sachkommission III herrscht Hochbetrieb. Für die nächste Vollversammlung im November müssen gleich zwei Vorlagen fertiggestellt werden: über die Jugendarbeit und über die Gastarbeiter. Und beide sind mehr als umstritten! So hat die Sachkommission V große Bedenken gegen einige zu „radikale“ Aussagen in bezug auf die Integrierung der Gastarbeiter in der deutschen Gesellschaft. Sachkommission III schließt sich diesen Forderungen nicht an. Wieder wird der ‚Pluralismus‘ im deutschen Katholizismus sichtbar.

30.6.1963 Auf einem Symposium europäischer Bischöfe anläßlich der Ulrich-Feiern in Augsburg spricht Erzbischof Benelli vom römischen Staatssekretariat in erstaunlicher Aufgeschlossenheit über die Kollegialität im Verhältnis von Bischofs- und Petrusamt. In der Diskussion weist Kardinal Suenens jedoch darauf hin, daß hier Theorie und Praxis doch recht weit auseinanderklaffen.

5.7.1973 Römische Erklärung „Mysterium Ecclesiae". Man versteht sie als indirekte Antwort auf Prof. Küngs Thesen zur Unfehlbarkeit des päpstlichen Lehramtes.

28.7.–5.8.1973 Die kommunistischen Weltjugendfestspiele in Berlin unterstreichen das neu gewonnene Selbstbewußtsein des „zweiten deutschen Staates".

7.–8.9.1973 Nach der Sommerpause trifft sich die Zentralkommission, um sich einen Überblick über die Synoden-Arbeit der letzten Monate zu verschaffen. Viele Texte liegen nun schon fertig oder fastfertig auf dem Tisch. Gegenüber dem letzten Jahr hat sich die Atmosphäre erheblich verändert. Man ringt nicht mehr um die Themen an sich, sondern innerhalb des nun festgefügten Rahmens um die Art und Weise der Fassungen und Formulierungen. Viele Text-Entwürfe müssen von Grund auf neu „zusammenkomponiert" werden. Manches stößt auf inhaltliche oder formale Bedenken der Zentralkommission (der „Schaltstelle" der Synode) und muß umgearbeitet werden. „Progressive" und „konservative" Vorstöße konkurrieren miteinander.

21.–24.11.1973 Vierte Vollversammlung der Gemeinsamen Synode in Würzburg. Das Sonntagsfahrverbot wegen der Energiekrise, deretwegen die Synodendiskussion um einen Tag gekürzt werden muß, ist nur ein äußeres Zeichen der allgemeinen Ernüchterung. Merkwürdigerweise ist jedoch von Resignation, die vor zehn Monaten so lähmend wirkte, nichts mehr zu spüren. Mit einem soliden Optimismus geht man ans Werk.

Ein zweites Dokument wird endgültig verabschiedet: *„Der ausländische Arbeitnehmer – eine Frage an die Kirche und die Gesellschaft"*. Die abschließende Diskussion dazu dauert vier Stunden. In ihr geht es vor allem um die gesellschaftspolitische Bedeutung des Textes. Soll die Bundesrepublik Einwanderungsland werden? Darf man die Gastarbeiter nach Belieben abschieben, wenn sie nicht mehr gebraucht werden? Eine gemäßigt progressive Richtung setzt sich durch: 274 Ja, 8 Nein, 2 Enthaltungen. Gedämpfter Applaus in der Aula.

Die anderen Vorlagen werden in erster Lesung beraten und angenommen:

„Die Orden und andere geistliche Gemeinschaften"

„Ziele und Aufgaben kirchlicher Jugendarbeit"

„Religionsunterricht in der Schule"

„Pastorale Zusammenarbeit der Kirchen im Dienst an der christlichen Einheit"

Es geht also nicht um Strukturreformen, sondern um Seelsorge. In den umkämpften Problemen, etwa zur Mischehengesetzgebung der Kirche, setzt sich trotz allem eine offene Haltung durch. Im Kern fragwürdig erscheint nur der Text über die Jugendarbeit. Hier schreiten bekannte Theologen ans Pult, um energisch eine entschiedenere christliche Ausrichtung der Vorlage zu fordern.

Nachdem diese Vollversammlung beendet ist, verstärkt sich die Hoffnung, daß die zweite „Halbzeit" der Synode fruchtbare Diskussionen und gute Texte bringen wird. Auch die 170 Journalisten sind zufrieden.

Neu ist, daß die bisherige „Arbeitsgemeinschaft Synode" abgelöst erscheint von einem – wenn auch anders strukturierten – „Kontaktkreis Synode". Es handelt sich um eine Gruppe von etwa 70 Synodalen, die zwar keine Fraktion, aber doch eine lose Gemeinschaft bilden, die in aufeinander abgestimmten Aktionen „Bremsversuche" abwehrt und „offene Lösungen" anstrebt.

7.–8.12.1973 Die Zentralkommission tritt zum 25. Mal zusammen. Man sorgt sich, den Zeitplan einhalten zu können. Die kommende Mai-Sitzung, für die die Tagesordnung festgelegt wird, bringt eine Fülle von ersten Lesungen wichtiger Texte.

Die meisten Sachkommissionen haben ihre Vorlagen nahezu fertiggestellt. Sie sind jetzt vor allem damit beschäftigt, die für die zweite Lesung gewünschten Änderungen einzutragen, sich auf die Plenum-Debatten vorzubereiten und andere Kommissionen zu beraten. Da es bei den Änderungswünschen (z.B. der Bischofskonferenz) oft um heikle Dinge geht, ist diese Arbeit nicht immer einfach.

5.2.1974 Der Vatikan erklärt den erzbischöflichen Stuhl von Esztergom (Ungarn) als „vakant". Damit ist der emigrierte Kardinal Mindszenty nicht formell, aber doch praktisch abgesetzt.

3.–7.3.1974 Die Frühjahrsversammlung der Deutschen Bischofskonferenz beschäftigt sich in erster Linie mit der kommenden Synoden-Vollversammlung. Man beschließt die amtlichen Stellungnahmen zu den Vorlagen. Besonders die äußerst negative Beurteilung des Ehe-Papiers löst Unruhe aus. Später wird erklärt, diese Stellungnahme sei nicht so zu verstehen, daß man die ganze Vorlage ablehne. Die geforderten Einschränkungen berühren aber die Substanz des Textes.

**15.–16.3.1974** Bei einer Beratung der Sachkommission X für die zweite Lesung des Ökumene-Papiers nehmen nichtkatholische Sachverständige teil: der griechisch-orthodoxe Weihbischof Augoustinos, die evangelischen Theologen Wolfgang Dietzfelbinger und Hanfried Krüger, der altkatholische Pfarrer Sigisbert Kraft.

**26.4.1974** Der Deutsche Bundestag entscheidet sich mit 247 gegen 233 Stimmen für eine Reform des § 218 im Sinne der Fristenregelung. Diese Entscheidung wird später in Karlsruhe als verfassungswidrig verworfen.

**22.–26.5.1974** Die fünfte Vollversammlung der Gemeinsamen Synode, die erste in der zweiten Halbzeit, ist eine fleißige und nüchterne Arbeitssitzung. Sie ruft keine Enttäuschung hervor, obwohl die Grenzen des institutionellen Rahmens sehr deutlich werden. Manche hochgesteckten Erwartungen werden zurückgeschraubt, aber das wird nicht immer als Nachteil empfunden. Was nützen großartige Pläne abseits der Realität?

Eine weitere Vorlage wird in zweiter Lesung und damit als Beschlußtext angenommen, die dritte im Synodenablauf: „*Rahmenordnung für die pastoralen Strukturen und für die Leitung und Verwaltung der Bistümer in der Bundesrepublik Deutschland*“: 192 Ja, 24 Nein, 15 Enthaltungen. Es handelt sich um eine knappe Aufgabenbeschreibung der kirchlichen Strukturen auf der unteren (Pfarrei, Pfarrverband), der mittleren (Dekanat, Region) und der höheren Ebene (Bistum, Bischofskonferenz). Von dem Text können wertvolle Anregungen für die Praxis ausgehen.

In erster Lesung stehen folgende Vorlagen zur Debatte, die alle mit großen Mehrheiten, aber auch vielen Änderungswünschen bedacht werden:

„Die pastoralen Dienste in der Gemeinde“. Umstritten ist hier noch einmal die von den Bischöfen abgelehnte Empfehlung, verheiratete Männer in Notfällen zu Priestern zu weihen. Man stößt bei den Bischöfen auf Granit. Erfolgreich dagegen ist der Einsatz für den Diakonat der Frau – als Votum an Rom.

---

*Rechts:* Blick in das Hauptschiff des Würzburger Doms während einer Vollversammlung der Synode. Ohne größeren Aufwand konnte man die Kirchenbänke mit Schreibplatten versehen und umstellen. Hinten der Chor der Kirche, der mit Seilen ‚abgeschirmt‘ war. Der Tisch des Präsidiums ist links in der Mitte zu sehen, die Synodalen saßen in drei großen Blöcken davor, nach Alphabet geordnet. Nur die Bischöfe waren „ausgesondert“ und unmittelbar vor dem Präsidententisch versammelt. Auch die Gäste hatten einen bevorzugten Platz neben den Bischöfen. Presse und Zuschauer waren hinten verteilt. Im Raum befanden sich mehrere Sprechpulte mit Mikrophonen, so daß sich jeder Synodale ohne größere Umstände zur Debatte melden konnte. Der Raum hat sich ohne Zweifel bewährt.

*Oben links:* So begann es, 3. Januar 1971. Die konstituierende Sitzung der Gemeinsamen Synode der Bistümer in der Bundesrepublik Deutschland war begleitet von schlimmem Winterwetter. Unser Bild zeigt den Eingang des Burkardus-Hauses, kirchliches Zentrum des Bistums Würzburg, das unmittelbar neben den Dom (hinten oben sind seine Türme zu sehen) gebaut worden ist. Durch die Flure des Burkardus-Hauses, wo die Ausweise kontrolliert wurden (die Synode war nicht öffentlich), gelangte man in den Kreuzgang und von dort in den Dom.

*Oben rechts und Mitte:* Das Präsidium der Synode, einmal amtlich, einmal in interner Sitzung. Präsident der Synode war der Vorsitzende der Deutschen Bischofskonferenz, Kardinal Döpfner, seine vier Stellvertreter waren zwei Laien, ein Bischof, ein Priester. Das obere Bild zeigt v.l.n.r.: Hanna Renata Laurien, Dr. Bernhard Servatius, Kardinal Döpfner, Bischof Stein, Pfarrer Henry Fischer.

*Unten:* Sitzung der Zentralkommission. Sie war die eigentliche Schaltstelle des Geschehens, ihr Einfluß auf den Verlauf der Synode war entscheidend. Sie bestand aus dem Präsidium (Stirnseite der Tische), den Vorsitzenden der zehn Sachkommissionen und zehn von der Vollversammlung gewählten Synodalen.

*Oben links:* „An die Weisungen des Präsidiums gebunden" war die Arbeit des „Sekretärs" der Synode. Von der Vorbereitungszeit bis Herbst 1971 war Prälat Forster (rechts) Synodensekretär, von da an bis Schluß Prälat Homeyer.

*Oben rechts:* Stellvertretender Sekretär der Synode war ein Laie, der Sekretär des Zentralkomitees der deutschen Katholiken. Dr. Felix Kronenberg. Hier spricht er mit Kardinal Döpfner.

*Unten links:* Zur Leitung der Debatten wurden vom Präsidium zwei „Moderatoren" ernannt, die neben dem Präsidententisch ihren Platz hatten. Hier sind Dr. Stingl (Präsident der Bundesanstalt für Arbeit) und Dr. Servatius (links) am Werk.

*Mitte rechts:* Nimmt hier Karl Rahner vor dem Anschlag eines konservativen Heckenschützen die „Hände hoch"? Der Fall ist harmlos. Wenn bei einer Wortmeldung zwei Hände erhoben wurden, hieß dies: „Ich möchte zur Geschäftsordnung sprechen."

*Unten rechts:* Ein wichtiges Organ der Synode war der Rechtsausschuß. Er hatte zu prüfen, wie Statut und Geschäftsordnung anzuwenden seien. Die Synode befand sich kirchenjuristisch ja auf völligem Neuland. Hier spricht ein Mitglied des Rechtsausschusses, Dr. Fell, souverän „zur Sache".

„Verantwortung des ganzen Gottesvolkes für die Sendung der Kirche". Hier geht es um die nachkonziliaren Räte – auch da muß die „Demokratisierung" einige Abstriche machen. Der größte Teil der Vorlage ist schon 1972 gebilligt worden, was jetzt vorliegt, ist nur ein Ergänzungstext.

„Gottesdienst". Es werden zwei Schwerpunkte dargestellt: die Feier des Sonntags und ökumenische Gottesdienste (mit dem heiklen Problem der offenen Kommunion). Die Debatte ist eine der fruchtbarsten und eindringlichsten der ganzen Synode.

„Christlich gelebte Ehe und Familie". Wie erwartet, kommt es jetzt zu einer großen Auseinandersetzung. Aber die Explosion bleibt aus. Die Kommission muß viele Abstriche machen, trotzdem glaubt man, die Substanz gerettet zu haben.

„Schwerpunkte kirchlicher Verantwortung im Bildungsbereich". Endlich ein Thema, das die Welt „draußen" berührt. Es geht vor allem um Schulen und Hochschulen. Das Thema zündet nicht. Vieles ist zu speziell. Vielleicht bringt die zweite Lesung eine Besserung?

„Der Beitrag der Kirche für Entwicklung und Frieden". Wieder: die Welt von heute. Eine falsche Innerlichkeit soll aufgebrochen werden. Aber die Synode ist schon müde – und mit allem einverstanden. Die konkreten Empfehlungen, die zu kirchlichen Initiativen ausgesprochen werden, sind allerdings bahnbrechend.

Damit ist nun der größte Teil der Texte grundsätzlich erarbeitet. Nur drei Vorlagen warten noch auf die erste Lesung.

---

*Zu den Bildern*

*Oben:* Zehn Sachkommissionen hatte die Synode: Arbeitsgemeinschaften, in denen die Vorlagen für Beschlußtexte erarbeitet wurden. Jeder Synodale konnte sich selbst für eine der Sachkommission, die thematisch festgelegt waren, melden und wurde ihr dann zugewiesen. Hier am Rande einer Vollversammlung: Sachkommission VI („Erziehung, Bildung, Information") mit ihrem Vorsitzenden Claus Kühn (vierter v. l.). Er hat im Lauf der Synode den ersten Vorsitzenden der Kommission, Kultusminister Bernhard Vogel (vorn zweiter v. l.) abgelöst.

*Darunter links:* Pressekonferenz. Der Präsident der Synode spricht zu den Vertretern von Presse, Funk und Fernsehen. Die Synode war ausgesprochen „medienfreundlich", die Information der Medienvertreter hervorragend. Die Synode hatte daher auch ein gutes Echo. Fast alle großen Zeitungen waren regelmäßig bei den Vollversammlungen vertreten.

*Rechts:* An einem entscheidenden Punkt der Synodenarbeit blieben die Beobachter der anderen Kirchen nicht nur „Beobachter", sondern wurden Mitstreitende: als während der Beratungen zur Ökumene-Vorlage im Januar 1973 der theologische Teil dieses Textes stark umstritten war, „rettete" ihn der evangelische Bischof Harms durch eine mutige Rede. Das Bild zeigt ihn bei diesem historischen Ereignis.

*2. Bild v. u. links:* Die nichtkatholischen Kirchen der Bundesrepublik waren eingeladen worden, zur Gemeinsamen Synode Beobachter zu schikken. Alle, einschließlich der Orthodoxen, folgten dieser ökumenischen Einladung. Ein Blick auf die erste Reihe der „Beobachter-Bänke" während der vierten Vollversammlung: der lutherische Bischof Harms, Oberkirchenrat Gundert aus Stuttgart, Dr. Wolfgang Dietzfelbinger aus Neuendettelsau, Weihbischof Augoustinos von der griechisch-orthodoxen Metropolie in Bonn (v. l. n. r.).

*Unten links:* Gespräch mit zwei Beobachtern von nichtkatholischen Kirchen: Pfarrer Antonios Maroussis (links) von der griechisch-orthodoxen und Erzpriester Dubitzky (rechts) von der ukrainisch-orthodoxen Kirche.

16.–25.7.1974 In Lausanne (Schweiz) treffen sich 3000 „evangelikale“ evangelische Christen zur „Weltmissionskonferenz“, einer Konkurrenzveranstaltung zur Ökumene des Weltrates der Kirchen.

27.7.1974 US-Präsident Nixon tritt von seinem Amt zurück. Die westliche Welt erlebt ihre tiefste Krise seit Ende des Zweiten Weltkrieges.

30.8.–1.9.1974 40000 Jugendliche versammeln sich in Taizé (Frankreich) zur Eröffnung des „Konzils der Jugend“.

6.9.1974 Die Zentralkommission der Synode stellt die Vorlagen zusammen, die in der November-Sitzung beraten werden sollen. Großen Streit gibt es über den Text „Kirche und Arbeiterschaft“. Man möchte in ihm mehr normative Anweisungen der katholischen Soziallehre sehen. Die Kommission aber bleibt bei ihrer Sicht der Dinge.

11.–15.9.1974 „Für das Leben der Welt“ heißt das Thema des 84. Deutschen Katholikentages, der in Mönchengladbach stattfindet.

27.9.–28.10.1974 Die Römische Bischofssynode berät über „Die Evangelisierung in der heutigen Welt“.

1.10.1974 Der FDP-Parteitag in Hamburg beschließt das sogenannte „Kirchenpapier“. Es fordert eine schärfere Trennung von Kirche und Staat in der Bundesrepublik.

20.11.–24.11.1974 Sechste Vollversammlung der Gemeinsamen Synode in Würzburg. Sie beginnt in der Erwartung einer harten Auseinandersetzung über die Vorlage „Kirche und Arbeiterschaft“. Eine große Gruppe von Synodalen, unter ihnen bekannte Namen, kämpft gegen einen angeblich zu negativen geschichtlichen „Sündenkatalog“ im ersten Teil des Textes. Er lastet der Kirche die Hauptschuld an der Entfremdung des Arbeiters vom christlichen Glauben an. Diese Sicht setzt sich trotz des Widerstandes durch.

Ebenfalls in erster Lesung wird der Text über „Mission“ gebilligt. Das Thema ist wichtig und der Text ist gut. Die Debatte erregt kein großes Aufsehen, ist aber sehr konstruktiv. Außerhalb Europas, in den Missionen, hat das Dokument starke Beachtung gefunden. Die Vorlage wird fast einstimmig gebilligt.

Mit vier zweiten Lesungen tritt die Synode in die Phase ihrer Ernte. Darüber herrscht allgemeine Befriedigung. Zwar müssen die Reformer immer wieder Kompromisse machen, dennoch sind ihre Erfolge nicht gering. Die Synode hält eine positive Mitte ein.

Eines der wichtigsten Dokumente ist ohne Zweifel das sogenannte Ökumene-Papier. Es trägt den umständlichen Titel: *„Pastorale Zusammenarbeit der Kirchen im Dienst an der christlichen Einheit“*. Es wird mit 212 Ja-Stimmen gegen nur 14 Nein und 6 Enthaltungen angenommen. Der ökumenische Impuls des Konzils hat sich als nachhaltigste und stärkste Kraft im nachkonziliaren Aufbruch erwiesen.

Ein gutes Dokument ist auch ein ausführlicher Text zum *„Religionsunterricht in der Schule“*, eigentlich nicht ein kirchliches, sondern ein „weltliches“ Thema. Wichtig ist hier, daß der in der kirchlichen Verantwortung stehende Religionsunterricht vom allgemeinen Erziehungsauftrag der Schule her begründet wird (223 Ja, 8 Nein, 9 Enthaltungen).

Bei der Vorlage über *„Die Orden und geistlichen Gemeinschaften“* steht die Frage im Vordergrund, ob vielleicht das Ende des „Rätestandes“ überhaupt gekommen ist? Die Synode sieht ihre Antwort zuerst in einer neuen Besinnung auf den Grundauftrag dieser christlichen Berufung – und in einer stärkeren Verantwortung der Gesamtkirche für Orden und Ordensleute (234 Ja, 2 Nein, 4 Enthaltungen).

Die Debatte über die Vorlage *„Schwerpunkte heutiger Sakramentenpastoral“* geht noch einmal über das umstrittene Firmalter und über den sakramentalen Charakter der Bußandacht. Grundtenor der ganzen Vorlage ist: vorsichtige Weiterentwicklung. Ihre Schwäche: halbherzige Empfehlungen. Es ist zum Beispiel nicht gelungen, dem Sakrament der Firmung wirklich einen „Sitz im Leben“ zu geben. Aber das hätte auch großen Mut erforderlich gemacht! 227 Ja-, 11 Nein-Stimmen, 9 Enthaltungen.

Nur noch eine Vorlage steht nun in erster Lesung an: „Unsere Hoffnung. Vom Versuch, heute Kirche zu sein“. Der Text ist schon fertiggestellt. Wenige Wochen nach dieser Vollversammlung liegt er den Synodalen gedruckt vor, so daß langsam die Umrisse des gesamten synodalen Reform-Werkes in Sicht kommen.

**24.12.1974** In Rom eröffnet Papst Paul VI. das Heilige Jahr.

**3.1.1975** Nach langem Zögern veröffentlicht Rom Richtlinien über den religiösen Dialog zwischen Juden und Katholiken.

**10.1.1975** Die Zentralkommission der Gemeinsamen Synode beschließt den „Fahrplan“ für die beiden letzten Vollversammlungen. Ist die Synode gelaufen? Und von nun an alles nur noch Routinearbeit? Einige Überraschungen wird es noch geben.

**15.2.1975** Die römische Glaubenskongregation schließt mit einer maßvollen Erklärung den „Fall“ des Tübinger Theologieprofessors Hans Küng ab. Seine Ansichten über die Unfehlbarkeit des päpstlichen Lehramtes werden verurteilt, er bleibt aber im Besitz der kirchlichen Lehrbefugnis. Die deutschen Bischöfe, die hier zum Teil mit glücklicher Hand vermittelt haben, treten ebenfalls mit einer zurückhaltenden Erklärung hervor.

20.2.1975 Die Deutsche Bischofskonferenz beschließt ihre Stellungnahmen zu den sechs Vorlagen, die in der kommenden Mai-Vollversammlung der Synode zur Debatte stehen. Die Forderungen zu zwei Texten, „Ehe und Familie" und „Verantwortung des ganzen Gottesvolkes", wirken wie ein Schock. Die Synodalen resignieren aber angesichts dieser zum Teil unverständlichen Änderungswünsche nicht, sondern nehmen eine kämpferische Haltung ein. Man will nicht „alles oder nichts", aber doch wenigstens „etwas". Der Widerstand der Synode bringt die Bischöfe auf manchen Gebieten zum Nachgeben.

In den kommenden Wochen herrscht in den Sachkommissionen noch einmal Hochbetrieb. Hunderte von Änderungswünschen zu den zweiten Lesungen, die nun in Fülle anstehen, müssen durchdacht und bearbeitet werden.

27.2.1975 Der Berliner CDU-Vorsitzende Peter Lorenz wird von Anarchisten der Baader-Meinhof-Gruppe entführt. Der evangelische Pastor Albertz spielt eine entscheidende Vermittlerrolle im Versuch der Befreiung. In diesem Zusammenhang wird wieder darüber diskutiert, wieweit „seelsorgliches Entgegenkommen" bei politisch Kriminellen zu rechtfertigen ist. Der evangelische Bischof von Berlin, Scharf, war durch Gefangenenbesuche ins Zwielicht geraten.

7.3.1975 Ende der mehrmonatigen Sitzungen der 32. Generalkongregation des Jesuitenordens in Rom. Spannungen zwischen dem Papst und „seinem" Orden werden publik.

9.4.1975 Durch ein vatikanisches Dekret wird die kirchliche Zensur katholischer Bücher liberalisiert.

11.4.1975 Die Zentralkommission der Synode tritt zu ihrer 32. Sitzung zusammen. Sie trifft schon Vorbereitungen für die Schlußsitzung der Synode im November. Das Ende der Arbeiten tritt in Sicht.

15.4.1975 Sachkommission X gibt den Auftrag, ein Arbeitspapier zum Thema „Übernationale Zusammenarbeit" zu erstellen, an die Zentralkommission der Synode zurück. Die bisher vorliegenden Materialien sollen außersynodalen Gremien zur Weiterbearbeitung überreicht werden. Andere Kommissionen aber beißen sich tapfer durch die ihnen aufgegebene Problematik, auch wenn es sich „nur" um Arbeitspapiere handelt.

6. 5. 1975 Der ungarische Kardinal Mindszenty stirbt 83jährig in der Emigration.

8. 5. 1975 Nach Jahren harten Ringens liegt ein erstes, greifbares Ergebnis der Synoden-Diskussion über die „Publik"-Affäre vor: die deutschen Bischöfe geben die Gründung einer „Mediendienstleistungsgesellschaft" bekannt. Träger ist der „Verband der Diözesen". Immerhin sollen etwa zehn Millionen Mark jährlich zur Unterstützung der katholischen Publizistik (einschließlich der Buch-Verlage) ausgegeben werden.

7.–11. 5. 1975 *Siebente Vollversammlung der Gemeinsamen Synode in Würzburg.* Diese vorletzte Zusammenkunft zeigt noch einmal die ganze Dramatik der Spannungen, die unter den deutschen Katholiken vorhanden sind. Eine der sechs Vorlagen, die zur Debatte stehen, wird nur mit *einer* Stimme Mehrheit angenommen: über Ehe und Familie. Auch das „Hoffnungspapier" des Münsteraner Theologen J. B. Metz ruft noch einmal die ganze Phalanx der Synoden-Theologen auf den Plan. Eine der lebhaftesten und interessantesten Zusammenkünfte der Synode.

Als letzte Vorlage in erster Lesung wird der Text „*Unsere Hoffnung. Ein Glaubensbekenntnis in dieser Zeit*" diskutiert. Eine Minderheit versucht die Vorlage zu Fall zu bringen, aber diese wird mit Erfolg verteidigt und mit großer Mehrheit gebilligt.

„*Ziele und Aufgaben kirchlicher Jugendarbeit*" steht zur zweiten Lesung an. Der theologisch vertiefte Text bietet keine Schwierigkeiten mehr: 241 Ja, 12 Nein, 5 Enthaltungen.

Die Vorlage „*Christlich gelebte Ehe*" ruft eine lange und leidenschaftliche Debatte hervor. Die Bischofskonferenz fordert äußerst einschränkende Änderungen, vor allem zur sogenannten Geschiedenenpastoral. Eine große Zahl von Synodalen verlangt die Ablehnung dieser Änderungen und damit der ganzen Vorlage. Kommissionsvorsitzender Böckle läßt alle Fäden spielen, um seinen Text zu retten. Nach über elfstündiger Diskussion, abends um 1/2 elf Uhr, wird die Vorlage mit einer Mehrheit gebilligt, die nur um eine Stimme über der notwendigen Zwei-Drittel-Mehrheit liegt: 183 Ja, 78 Nein, 12 Enthaltungen.

Die zweite Lesung der Vorlage „*Pastorale Dienste in der Gemeinde*" bringt keine größeren Schwierigkeiten mehr, obwohl auch hier manche hochfliegenden Vorstellungen (Priesterweihe an verheiratete Männer, Gemeindebegriff, Problem der Gemeindeleitung) zurückgesteckt werden mußten. Sicher ein wertvoller Text: 227 Ja, 13 Nein, 6 Enthaltungen.

*„Verantwortung des ganzen Gottesvolkes für die Sendung der Kirche“:* jene Vorlage, die die „Räte“ in der Kirche behandelt, die Mitverantwortung der Laien. Die letzte Lesung geht nicht ohne Probleme vor sich, weil auch hier die Bischofskonferenz, die in dieser Frage innerlich zerstritten ist, sich einer streng konservativen Minderheit der Bischöfe beugen und den Anordnungscharakter mancher Stellen herabschrauben muß. Der deutsche Bistumspartikularismus ist noch nicht überwunden! Dem Bemühen vieler Synodaler ist es zu verdanken, daß dennoch eine in etwa befriedigende Einigung zustande kommt: 174 Ja, 52 (!) Nein, 11 Enthaltungen.

*„Schwerpunkte kirchlicher Verantwortung im Bildungsbereich“.* Ein Text zu klassischen Themen der katholischen Kulturpolitik. Er wird in Nuancierungen verbessert und mit großer Mehrheit gebilligt: 163 Ja, 5 Nein, 3 Enthaltungen. Da aber nicht mehr zwei Drittel der Synodalen anwesend sind, muß die Endabstimmung zu Beginn der nächsten Vollversammlung wiederholt werden.

16.–19. 5. 1975 Zum Pfingstfest findet in Rom ein internationaler Kongreß der katholischen charismatischen Bewegung statt. Bricht eine neue Zeit in der Kirche an? Die über 10000 katholischen „Pfingstler“ erregen das Interesse der Weltpresse.

11.–15. 6. 1975 Sechzehnter Evangelischer Kirchentag in Frankfurt am Main.

15. 6. 1975 Hirtenwort der deutschen Bischöfe zur Euthanasie.

7. 7. 1975 Der Vatikan veröffentlicht eine Erklärung zur ökumenischen Arbeit am Ort. Das zum 22. 2. datierte Dokument trägt den Titel: „Die ökumenische Zusammenarbeit auf regionaler, nationaler und örtlicher Ebene“.

30. 7. – 1. 8. 1975 Europäische Sicherheitskonferenz in Helsinki.

13. 8. 1975 Rom ernennt einen neuen deutschen Nuntius: Erzbischof Guido del Mestri. Die Abschiedsfeierlichkeiten für seinen Vorgänger Bafile können nicht verheimlichen, daß dessen Amtsführung in Deutschland teilweise schweren Anstoß erregt hat.

9. 9. 1975 Nach der Sommerpause beginnt die Synodenarbeit wieder mit einem harten Brocken. Die Deutsche Bischofskonferenz erhebt in ihren unter diesem Datum veröffentlichten Stellungnahmen zu den sechs letzten Vorlagen teilweise stark einschränkende Forderungen. Vor allem in der Frage der ökumenischen Gottesdienste, besonders der offenen Kommunion, lassen die Bischöfe keinen Millimeter Offenheit zu. Auch im geplanten Votum über die „Schiedsstellen“ po-

chen die Bischöfe (etwa bei den Richter-Ernennungen) auf ihre Rechte. Bemerkenswert konziliant sind dagegen die Wünsche zu den beiden sonst sehr stark umstrittenen Vorlagen „Kirche und Arbeiterschaft“ und „Unsere Hoffnung“.

Die letzten Wochen vor dem Ende der Synode sind noch einmal mit harter Arbeit angefüllt. Es werden mehr Änderungswünsche gestellt, als die Synode sie je kannte! Über 500 Forderungen, die sich teilweise widersprechen, müssen gesichtet, geordnet, auf ihre Zulässigkeit geprüft und für die Abstimmung im Plenum bereitet werden. Die Situation wird als kritisch empfunden, weil gegen die Vorlagen „Unsere Hoffnung“ und „Kirche und Arbeiterschaft“ so viele Einwände erhoben worden sind, daß man die Zwei-Drittel-Mehrheit ernsthaft gefährdet sieht. Bahnt sich eine neue Sensation an? Ablehnung in letzter Stunde? Noch einmal werden alle, wie schon so oft, vom „Synoden-Fieber“ erfaßt.

18.–23.11.1975 Achte (und letzte) Vollversammlung der Gemeinsamen Synode der Bistümer in der Bundesrepublik Deutschland. Trotz der Spannungen herrscht auf dieser Sitzung, die zu einem anerkannten Höhepunkt der Synodenarbeit wird, eine positive und optimistische Stimmung. Auf dem „linken Flügel“, wo manchmal Resignation durchbricht, wird dennoch mit Zähigkeit um wichtige Positionen gekämpft. Außerordentlich viele Gäste und Vertreter der Medien sind anwesend. Die Evangelische Kirche in Deutschland (EKD) läßt durch ihren Beobachter, Bischof Harms, eine sehr wohlwollende Äußerung zum Ökumene-Beschluß (vgl. S. 91) überreichen. Der neue Nuntius, Guido del Mestri, wird sehr herzlich begrüßt.

Die Schlußabstimmung zur Vorlage *„Schwerpunkte kirchlicher Verantwortung im Bildungsbereich“* ist eine Formsache. Sie muß wiederholt werden, weil in der letzten Vollversammlung nicht mehr zwei Drittel der Synodalen, was nach Statut notwendig ist, anwesend waren (vgl. S. 42 oben). Das Abstimmungsergebnis: 189 Ja, 26 Nein, 18 Enthaltungen.

*„Der Beitrag der katholischen Kirche in der Bundesrepublik Deutschland für Entwicklung und Frieden.“* Ein ausgewogener, entschiedener und nach vorn weisender Text. Die Debatte bringt keine Schwierigkeiten, fast einstimmige Annahme: 248 Ja, 4 Nein, 3 Enthaltungen.

*„Missionarischer Dienst an der Welt.“* Ohne Zweifel einer der besten Beschlüsse der Synode. In der kurzen Debatte erklärt Marianne Dirks, hier würden wesentliche Aspekte des Konzils weiterentwickelt. Anwesende Bischöfe aus Asien begrüßen den Text als neue Brücke

zwischen Europa und dem Fernen Osten. 242 Ja, 1 Nein, keine Enthaltung. Minutenlanger Beifall in der Synodenaula.

„*Ordnung für Schiedsstellen und Verwaltungsgerichte der Bistümer in der Bundesrepublik Deutschland (Kirchliche Verwaltungsgerichtsordnung (KVGO)*“. Es handelt sich um einen Gesetzestext mit 128 Paragraphen, der die Gläubigen gegen falsche Entscheidungen kirchlicher Behörden schützen soll. Er geht als „Votum“ nach Rom, wo ein entsprechendes Rahmengesetz für die ganze Kirche in Arbeit ist. 239 Ja, 7 Nein, 1 Enthaltung.

„*Kirche und Arbeiterschaft*“. Die Debatte zur zweiten Lesung wird noch einmal ein erregender Höhepunkt der Synode. Eineinhalb Tage lang, mit über 100 Wort-Meldungen, wird diskutiert. Über 180 Änderungsanträge muß in stundenlangen Abstimmungen entschieden werden. Mit Geschäftsordnungsanträgen versucht eine Minderheit, die Wirkung des Beschlusses herabzumindern. Die Bischöfe halten sich bis auf wenige Ausnahmen zurück. Die von den Befürwortern mit Bangen erwartete Endabstimmung bringt ein überraschend positives Ergebnis: 216 Ja, 29 Nein, 22 Enthaltungen.

„*Gottesdienst.*“ Nach einer kurzen Beratung wird diese Vorlage, „eine gute Sache“ (Weihbischof Tewes), praktisch einmütig beschlossen. Da es gelungen ist, die ursprüngliche Fassung des Abschnitts zur ökumenischen Abendmahlsgemeinschaft aufrechtzuerhalten, gibt es auch da keine Schwierigkeiten mehr: 238 Ja, 9 Nein, 3 Enthaltungen.

„*Unsere Hoffnung. Ein Bekenntnis zum Glauben in dieser Zeit*“. Ein schwerumkämpfter Text, der in letzter Minute noch einige wichtige Änderungen, die seine Aussagekraft aber nicht entscheidend schwächen, hinnehmen muß. Auch hier kämpft eine konservative Minderheit, unterstützt durch Kardinal Volk, fast um jeden Satz. Ein Geschäftsordnungsantrag von der anderen Seite, nämlich eine lange Reihe von Änderungsanträgen pauschal abzulehnen, findet keine Billigung. Nach diesem zähen Ringen, das bis zur Grenze physischer Erschöpfung führt, wird die Vorlage mit überraschend großer Mehrheit verabschiedet: 225 Ja, 26 Nein, 15 Enthaltungen.

Mit einer kurzen Schlußfeier am Samstagnachmittag (man tagt fast ohne Mittagspause durch), in der Kardinal Döpfner das Gesamtergebnis der Synode in einer ersten Bilanz vorstellt, mit einem „kleinen Fest“ auf der Feste Marienburg und mit einem feierlichen Gottesdienst am Sonntagvormittag, 23. November 1975, geht das jahrelange Ringen in Würzburg zu Ende.

# 2. Das Grundproblem

## Ohne Synoden stirbt das Konzil

Man kann die Gemeinsame Synode der westdeutschen Bistümer überschätzen und unterschätzen. Überschätzen: weil sie nicht mehr als ein bescheidenes Regionalkonzil war und ihre Ziele und Aufgaben von daher sich auf einen engen Rahmen zu begrenzen hatten. Unterschätzen: weil diese fast siebenjährige gemeinsame Anstrengung von Laien, Priestern, Ordensleuten und Bischöfen mehr war als eine Episode in der deutschen Kirchengeschichte. Auf dieser Synode wurden entscheidende Weichen für die Zukunft gestellt. Sie hat einen neuen Stil des kirchlichen Regierens gebracht; sie hat den Auftrag des Konzils, sich den Fragen der Reform und der Welt von heute zu stellen, für einen weiten Bereich erfüllt; und sie hat einen zuverlässigen Grund gelegt in einer Zeit des Umbruchs, der Krise und mancher Verwirrung. Sie ist damit zu einem Neuanfang geworden, dessen Folgen noch lange zu spüren sein werden.

### *Geschichte und Gegenwart*

Als das Konzil beendet war, stand die deutsche Kirche in einer schwierigen Situation. Ihre Vertreter hatten in Rom zu jenen gehört, die die von Papst Johannes XXIII. angestrebte Öffnung zur Welt von heute (nur zögernd spielte sich dieser Sprachgebrauch ein) gegen den Widerstand der sogenannten „Konservativen" unterstützt hatten. Aber jeder, der die Realität der katholischen Kirche Deutschlands kannte, wußte, daß nicht alles, was in konziliarer Hochstimmung gesprochen worden war, sich mit den tatsächlichen Verhältnissen daheim deckte. Die deutsche Kirche war sicher eine sehr fortschrittliche Kirche, in der Theologie, in der liturgischen und biblischen Bewegung, in vielen pastoralen Bereichen, wie zum Beispiel in der Jugendarbeit. Auf der anderen Seite aber war sie auch recht konservativ: in ihrem Verhältnis zu Politik und Gesellschaft, zur „Welt", in der Betonung der hierarchischen Verantwortung der Bischöfe, in der Stellung zur Konfessionsschule und zur Rolle des Konfessionellen überhaupt.

Das Konzil hatte, vereinfacht ausgedrückt, drei große Impulse gebracht: die Erneuerung der Liturgie, die Aufnahme der ökumenischen

Bewegung und den Versuch, ein neues Verhältnis zur Welt von heute zu finden. Wenn man untersucht, welches Echo diese drei Anstöße nach 1965 in der deutschen Kirche hatten, dann ist man zuerst sehr überrascht, wie verschieden das Feld aussieht.

Mit Elan wurde die liturgische Erneuerung in Angriff genommen und durchgeführt. Sie fiel am leichtesten, weil man auf sie am besten vorbereitet war. Zwar bekannten einige Bischöfe nach Verabschiedung der Liturgiekonstitution des Konzils freimütig, sie müßten jetzt entschieden umdenken und das fördern, was sie bis vor kurzem noch scharf verurteilt hätten. Es gab Schwierigkeiten, zum Beispiel bei der Einführung der Handkommunion, aber solche und andere Probleme konnten verhältnismäßig leicht überwunden werden. Wertvoll war vor allem, daß die Mehrheit der Geistlichen der liturgischen Erneuerung grundsätzlich aufgeschlossen gegenüberstand.

Der ökumenische Imperativ des Konzils hatte es schon schwerer. Die Ökumeniker unter den Katholiken waren vor dem Konzil in ihrer Kirche krasse Außenseiter gewesen. Nur ganz wenige Bischöfe, wie zum Beispiel der Paderborner Erzbischof Jaeger (der später deshalb zum Kardinal erhoben wurde), hatten Verständnis für diese Anliegen. In Theologie und Priesterausbildung herrschte eine streng integralistische Theologie vor, Pioniere der ökumenischen Forschung wie Joseph Lortz hatten schwer zu kämpfen. Kontroverstheologie und eine unhistorische Betrachtungsweise des christlichen Dogmas belegten alle Versuche, zu einer wirklichen ökumenischen Begegnung zu kommen, mit dem Bann des Relativismus.

Es sei nur an das Ringen um eine neue Mischehengesetzgebung erinnert. Vielen führenden Männern der Kirche galt bis in die jüngste Zeit hinein dieses Problem als unlösbar. Man glaubte, weder auf das Versprechen der katholischen Kindererziehung noch auf die Hochzeit vor dem katholischen Priester (Formpflicht) verzichten zu können. Wie oft wurde in diesem Zusammenhang das Wörtchen „unverzichtbar“ benutzt! Das Unmögliche wurde dann aber doch möglich – durch ein neues, ein ökumenisches Denken.

### *Der dritte Impuls: die Laien*

Als dritter Impuls des Zweiten Vatikanischen Konzils ist die Hinwendung zur Welt von heute zu nennen. Zwei Aufgaben waren gestellt: einen offenen Dialog mit allen Bereichen der Welt draußen aufzunehmen, also das selbstgewählte Getto des Glaubens zu verlassen, und, zweitens, dem Laien im Binnenraum der Kirche größere Mitverantwortung zuzugestehen.

Die deutsche Kirche hatte und hat auf dem Gebiet des mündigen Laien eine große Geschichte. Schon früh im 19. Jahrhundert war eine Form des Laienapostolats entstanden, die einzig in der Welt dasteht. Man hatte kirchliche Verbände geschaffen, die der Selbständigkeit des Laien einen großen Platz einräumten. Sie waren der „weltliche Arm" der Kirche, bis in die Politik hinein, wo eine katholische Partei, das Zentrum, großen Einfluß ausübte. Ohne Zweifel hat dieses katholische Verbandssystem, „Katholizismus" genannt, viel zur Weltöffnung der Kirche und umgekehrt zum Mündigwerden des katholischen Laien beigetragen – dennoch wurde dadurch die Mauer zwischen Kirche und Welt nicht wirklich abgebaut.

Das katholische Verbandswesen bildete ein System, das weder zur modernen Welt noch im eigentlichen Sinn zur Kirche gehörte. Es stellte gleichsam eine „para-kirchliche", eine „para-ekklesiologische" Struktur dar. Die Kirche selbst blieb in ihrem Kern vom Geist moderner Weltzuwendung durchaus unberührt. Als theologisch verstandene Wirklichkeit, in Theologie und Seelsorgestruktur, konnte sie sich so dem Anspruch der Gegenwart entziehen, noch mehr: der Geist der Zeit wurde mehr als einmal als „gottferner Ort" der Wirklichkeit abqualifiziert. Gott erschien in dieser Sicht nicht mehr als Herr der Geschichte, und das Terrain des Heiligen Geistes wurde auf die Mauern der Kirche und ihrer weltlichen Verbände eingeengt. Die Kirche selbst wurde als ewig unbeweglich und unveränderlich verstanden und ihre Heiligkeit mit einem starren System der Überlieferung verwechselt.

Letztlich blieb im Bereich des Katholizismus das Verhältnis zur Welt apologetisch: sie zu christianisieren bedeutete nichts anderes als den Versuch, den Mitmenschen eine katholische Eigenwelt aufzudrängen.

### *Es hätte viel Kühnheit und Phantasie erfordert ...*

Nach 1945 war das katholische Verbandswesen in Deutschland noch einmal aufgeblüht. Es wäre völlig falsch, auch in dieser Zeit seine Verdienste zu übersehen. Wenn die deutsche Kirche, im Gegensatz etwa zur französischen, noch eine größere Schicht von Arbeitern zu sich zählt, dann ist das ohne Zweifel Verbänden wie Kolping oder der katholischen Arbeiterbewegung (KAB) zu verdanken. Oder man denke an die Gemeinschaften der Akademiker, der Jugend, der Frauen, die alle sehr viel zur Erneuerung der Kirche in unserem Jahrhundert beigetragen haben.

Es hätte nach dem Konzil viel Kühnheit und Phantasie erfordert, sich über diese gewachsenen Strukturen hinwegzusetzen und radikal mit dem „Konzilsgeist“, der auf einer ganz anderen Grundsicht der Weltverhältnisse basierte, zu beginnen. Es ist sicher ungerecht, diesen Mangel an Mut „Versagen“ zu nennen. Aber er führte dazu, daß im Gegensatz zu anderen Ländern in Deutschland nach dem Konzil zuerst eine Zeit der Stagnation und sogar einer gewissen Hilflosigkeit eintrat. Schon 1965 forderte zum Beispiel der Wiener Kardinal König einen für ganz Österreich gemeinsamen „Dialog“, um die vom Konzil gewünschten neuen Strukturen in die Wirklichkeit umzusetzen. Und in den Niederlanden trat schon im November 1966, nach einer zielbewußten Vorbereitungsarbeit, das „Pastoralkonzil“ zusammen, um notwendige Entschließungen voranzutreiben.

Die deutschen Bischöfe gingen im Gegensatz dazu äußerst langsam und vorsichtig voran. Sie stützten sich ausschließlich auf die vorhandenen Laien-Verbände, die oft nicht in der Lage waren, die neue Situation zu begreifen. Immerhin wurde in Zusammenarbeit mit dem Zentralkomitee der deutschen Katholiken, das eine immer stärkere Bedeutung gewann, eine „Mustersatzung“ für die vom Konzil gewünschten Räte ausgearbeitet, um die Mitverantwortung der Laien zu verwirklichen. Schon bald stand dieses Rätesystem in einem deutlichen Spannungsverhältnis zu den überlieferten Verbänden, die ja ganz andere Zielrichtungen in sich trugen. Ein wirklicher Durchbruch gelang durch diese und andere Maßnahmen allerdings nicht. Von vielen wurden sie sozusagen nur als „Schönheitsreparaturen“ an einem überholten kirchlichen Apparat empfunden. Ein Druck von unten entstand, der die bevorstehenden Reformen durch völlig unnötige Polarisationen mehr als notwendig erschwerte.

Manches floß zusammen, um Verwirrung zu stiften: die Befreiung der katholischen Theologie von den letzten Fesseln der Inquisition und der damit verbundene Aufbruch der historischen Kritik an der Bibel, die ökumenische Öffnung zur evangelischen Kirche und ihrer freieren Art, die Probleme des Glaubens in der Welt von heute zu betrachten, dann die Revolte der Hippie-Generation gegen die Lebensformen der Wohlstandsgesellschaft, das Ausufern linksmarxistischer und sozialistischer Tendenzen in die Kirche hinein, schließlich das auch gerade durch diese Entwicklungen sich weiter steigernde und zuweilen überkritische Formen annehmende Selbstbewußtsein der kirchlichen Laien.

Die konziliare Öffnung zur Welt, die in ihren Anfängen bei manchen vielleicht von einem naiven Optimismus gekennzeichnet war, erwies sich als schwieriger, als man es sich beim Konzil in Rom vorgestellt hatte. Ängstlichkeit und Zurückhaltung griffen besonders in den höheren Rängen der Kirche um sich. Das Konzil und *seine Folgen* hatte

Mario von Galli sein Konzilsbuch genannt. So hatte man sich diese Folgen allerdings nicht vorgestellt! Die ganze Schwere der Versäumnisse mehrerer Jahrhunderte wurde bewußt. Die Polarisierung zwischen denen, die in die früheren Zustände zurückwollten, und jenen, die weiterhin die Öffnung – und manchmal um jeden Preis – verlangten, wurde unberechenbar.

Trotzdem blieb der Auftrag des Konzils. In jener Zeit schrieb der Züricher Jesuitenpater Ludwig Kaufmann den später berühmt gewordenen Satz: „Ohne Synoden stirbt das Konzil." Er meinte: die alte Einrichtung der Synode, also einer kollegialen Zusammenkunft zur Beratung wichtiger kirchlicher Fragen, sollte neu belebt werden. Die Ängstlichen würden vielleicht neuen Mut erhalten, ein weltfernes hierarchisches Denken könnte erfrischt werden durch den Beitrag aufgeschlossener Laien und Theologen, der Dialog aller müßte einen Ausweg aus den Sackgassen zeigen.

### *Diözesansynoden?*

Der Synodengedanke ist der Kirche auch der letzten Jahrhunderte nicht fremd gewesen. Im geltenden Kirchenrecht war vorgesehen, daß in den Bistümern alle zehn Jahre eine Diözesansynode abgehalten werden sollte. Papst Johannes XXIII. hatte als „Signal" einer neuen Zeit für sein Bistum Rom noch vor dem Konzil eine solche Diözesansynode einberufen – wie bekannt, ein Schlag ins Wasser, weil sie schlecht vorbereitet war, aber auch, weil sie sich an die engen Grenzen des Kirchenrechts zu halten hatte. Dieses bestimmte zum Beispiel, daß an Diözesansynoden nur Geistliche teilnehmen konnten. Es handelte sich also um reine Klerikerversammlungen. Synoden solchen Stils waren natürlich ungeeignet, die nachkonziliaren Aufgaben zu erfüllen.

Trotzdem wurde der Gedanke, in den Bistümern zur Verwirklichung der Konzilsbeschlüsse, zur Bewältigung der Kirchenkrise und zur Entscheidung notwendiger konkreter Maßnahmen Diözesansynoden einzuberufen, teilweise mit Begeisterung aufgegriffen. Tradition und Fortschritt reichten sich die Hand, denn einerseits griff man auf älteste kollegiale Formen des Kirchenwesens zurück, auf der anderen Seite erwies sich das Kirchenrecht als so geschmeidig, daß man sich den Erfordernissen einer neuen Zeit anpassen konnte.

Rom stand dem (im Blick auf die Tradition) kühnen Gedanken, an amtlichen Synoden nicht nur Priester, sondern auch Laien – Männer und Frauen – zu beteiligen, merkwürdigerweise nicht ablehnend gegenüber. Nur zwei Bedingungen wurden gestellt: daß die Zahl der Laien einer Synode die der Amtsträger (der Bischöfe und Priester) nicht übersteigen und daß die Autorität des Bischofsamtes nicht angetastet werden dürfe. Zum Modell für die ganze nachkonziliare Synodenbewegung wurde die Diözesansynode des Erzbistums Wien, deren Anfänge bis in das Jahr 1966 zurückreichen. Das Statut dieser Synode wurde 1968 von Rom gebilligt. Von den 340 Synodalen waren 160 Priester, 155 Laien und 25 Ordensfrauen und -brüder.

Auch in anderen Bistümern gab es Synoden. In Deutschland führten die Bistümer Hildesheim und Meißen „Mustersynoden" durch. Frankreich, Belgien und die Niederlande entschlossen sich jedoch nicht für dieses Modell des nachkonziliaren Dialogs. Die Gründe waren verschieden. In Frankreich fürchtete man wohl eine „Über-Institutionalisierung", da die Synoden Einrichtungen des amtlichen Kirchenrechts sind. Auch in den Niederlanden dachte man so, obwohl dort – im Gegensatz zu Frankreich – ein breit angelegter „institutionalisierter Dialog" zum schon erwähnten Pastoralkonzil führte, dessen Vollversammlungen in den Jahren 1966–1970 in dem Seebad Noordwijkerhout abgehalten wurden.

Dieses Pastoralkonzil hat in der Weltöffentlichkeit großes Aufsehen vor allem durch seine radikalen Vorstöße – gegen den Zölibat, für offene Kommunion mit den Protestanten, durch seine Aufgeschlossenheit auf vielen Gebieten – erregt. Das Ganze hatte freilich einen bedenklichen Nachteil: die Beschlüsse waren völlig unverbindlich. Man konnte zwar in aller Freiheit diskutieren und sogar beschließen, aber die meisten dieser Initiativen erreichten trotz sorgfältiger Vorbereitung nicht alle holländischen Bistümer im gleichen Maß. Die Scheu vor amtlichen Ausführungsbestimmungen und Durchführungsverordnungen hatte ihre Schattenseiten.

In Österreich, in der Schweiz und in Deutschland ging man den Weg der Diözesansynoden weiter. Das Problem der Zusammensetzung wurde infolge des römischen Entgegenkommens überall schnell gelöst. Schwieriger war die Art und Weise der Berufung der Synodalen. Daß der Bischof Männer und Frauen seines Beliebens auswählte, erschien nicht annehmbar, auch wenn man ihm vielleicht „Vorschläge" hätte machen können. Die Vertreter der ganzen Kirche sollten ja irgendwie repräsentativ sein. In Wien ging man so vor, daß man das Bistum in Wahlbezirke einteilte und an einem Sonntag des Jahres 1968 Wahlmänner und -frauen gewählt wurden, die dann in einem komplizierten Verfahren ein Drittel der Synodalen bestimmten. Ein weiteres Drittel wurde vom Bischof berufen, das dritte Drittel von den katholischen Verbänden delegiert.

Mit der Zeit bildete sich – mit örtlichen Varianten – ein gemischtdemokratisches System heraus, das sich vor allem darin bewährte, die verschiedenen Gruppierungen der Kirche, nicht nur die klassischen „Stände", wirklichkeitsgerecht widerzuspiegeln.

*Welche Kompetenzen?*

Das dritte große Problem der Synodenbewegung war die Frage, welche Kompetenz eine solche Synode haben sollte. Nach dem überlieferten Kirchenrecht war sie praktisch Beratungsinstanz. Rom hatte diesen Punkt besonders eingeschärft. Die hierarchische Amtsgewalt der Bischöfe durfte nicht beschnitten werden. In Wien half man sich so, indem die Beschlüsse der Synode formell durch den Bischof in der Vollmacht seines Amtes in Kraft gesetzt wurden.

Trotz dieser Betonung der bischöflichen Amtsgewalt waren schon die ersten Diözesansynoden mehr als eine unverbindliche Beratung. In Wien wurden die Beschlüsse so, wie sie von der Mehrheit der Synode verabschiedet worden waren, vom Bischof akzeptiert. Das ganze System der Willensbildung war von Anfang an so eng mit der Gesetzgebungsfunktion des Bischofs verklammert, daß man durchaus von gemeinsamen Beschlüssen sprechen kann, auch wenn die Rechte formal getrennt blieben. Beide Seiten mußten einfach von Anfang an aufeinander Rücksicht nehmen, wenn die Synode gelingen sollte. Nicht ein Kampf zwischen Gesetzgeber und kontrollierendem Parlament entstand, sondern ein Ringen um gegenseitiges Verständnis, wobei die Fronten oft quer durch die hierarchischen Ränge liefen.

Man mag darüber streiten, ob dadurch eine Demokratisierung der Kirche erreicht worden ist oder nicht. In der amtlichen Theologie wird das Wort Demokratisierung entschieden abgelehnt, weil es ja bedeutet, daß die Macht vom Volk ausgeht. In der Kirche geht sie von Jesus Christus aus, ist die Antwort, und er hat sie seinen Aposteln, nicht der Gemeinde als ganzer anvertraut.

Wichtiger ist zu sehen, wie die Modelle und Erfahrungen der ersten Diözesansynoden auf die weitere Entwicklung, besonders in Mitteleuropa, Einfluß nahmen. Hier ist vor allem der Gedanke zu nennen, mehrere Diözesansynoden zusammenzulegen, also überregionale – gemeinsame – Synoden einzuberufen.

Als die Situation an diesem Punkt angelangt war, etwa drei Jahre nach Konzilsschluß, herrschten in der Bundesrepublik viele unterschiedliche Meinungen und Tendenzen. Eine ganze Reihe von Bischöfen, Verbänden und manche der neu geschaffenen Diözesanräte wehrten sich gegen den Plan, eine gemeinsame Synode der deutschen Bistümer abzuhalten. Es ist schwer, diese Gegner auf einen Nenner zu bringen. Bistumspartikularismus spielte dabei ebenso eine Rolle wie die Angst, einen offenen und öffentlichen Dialog mit den Laien und über die Fragen, die sie bedrängten, zu führen.

Es gab auch eine Gegnerschaft von „links“, solche, die mehr nach Holland blickten und wie dort eine „freie“ Pastoralkonferenz wünschten. Eine solche Konferenz, meinte man hier, könne radikaler und charismatischer vorgehen und würde die deutsche Kirche, die im Verhältnis zu den Nachbarländern immer noch recht schwerfällig operierte, mit starken Impulsen aus ihrem Getto heraustreiben.

Aus welchen Motiven sich dann die Deutsche Bischofskonferenz und die repräsentativen Laiengremien um die Jahreswende 1968/69 trotz aller Bedenken zu einer Gemeinsamen Synode entschlossen, ist heute noch nicht genau zu ermitteln. Den wichtigsten Anstoß brachte der Essener Katholikentag im September 1968, auf dem man geradezu einen Aufruhr der Gläubigen gegen die zögernde Kirchenpolitik der Hierarchie (in Rom *und* in Deutschland) erlebt hatte. Dieser Katholikentag war ein Stoß, der das deutsche Kirchengebäude erzittern ließ und jenen, die immer noch an eine obrigkeitlich gelenkte Entwicklung dachten, die Augen öffnete. Gefahr stand vor der Tür! Der Gedanke der Synode wurde von vielen als Rettungsanker in der Not und Ratlosigkeit aufgegriffen.

Sachliche Argumente wurden in die Debatte geworfen: daß die Probleme sich in allen 22 westdeutschen Bistümern nahezu gleichartig stellten; daß die geistige und organisatorische Kraft eines einzelnen Bistums für so epochale Aufgaben überfordert schien; und daß es ja schließlich in der Kirchengeschichte das Vorbild der Regionalkonzilien gibt.

Politische Probleme, die sich aus der Frage der deutschen Einheit stellten, wurden bald überwunden. Im Ernst konnte damals niemand mehr an eine gesamtdeutsche Synode glauben. Man behalf sich schließlich mit dem Vorschlag, gleichzeitig mit dem Westen auch für die Bistümer der DDR eine gemeinsame Synode abzuhalten, ein Gedanke, der in Ost-Berlin, Dresden und Erfurt bereitwillig aufgenommen wurde. So konnte man in der Bundesrepublik unbeschwert von politischen Vorwürfen, den Osten „abgeschrieben“ zu haben, an die Vorbereitung der eigenen Veranstaltung gehen.

### *Die Dynamik der ersten Zeit*

Nachdem die ersten Arbeiten angelaufen waren, zuerst eine Studiengruppe und dann eine Vorbereitungskommission gegründet war, sah man bald, welche Dynamik schon dadurch sich entfaltete. Kongresse und Tagungen wurden abgehalten, die wichtige Anregungen brachten (zum Beispiel ein Kongreß einer „Arbeitsgemeinschaft Synode“ in Frankfurt am Main). Freie Arbeitsgruppen und die Publizistik machten ihre Vorschläge. Sogar Pfarrgemeinderäte wurden aktiv. Die großen demoskopischen Umfragen des Jahres 1970 förderten ein pastoral-soziologisches Material zutage, das einzigartig war. Manche falschen Ideale wurden zerbrochen und die kirchliche Seelsorge schon allein durch diese Entwicklung auf die Realität hingelenkt. Wenn es keine Vollversammlungen der Synode und keinen der 18 Texte gegeben hätte – diese Aktivität war schon mehr als lohnend.

Eine Synode ist eine amtliche, rechtliche Einrichtung. Das ist ihr Vorteil und ihr Nachteil, wobei wir glauben, daß im Fall der Würzburger Synode die Vorteile bei weitem die Nachteile überwogen haben, so sehr manches Defizit die Ungeduldigen geärgert haben mag. Die Nachteile: ohne Zweifel muß man, wenn es um *Gesetzgebung* geht, vorsichtiger und zurückhaltender vorgehen. Man soll ja wenigstens in Jahrzehnten denken! Das Recht hat keine eigentliche schöpferische Kraft, denn es faßt vorhandene Tatbestände zusammen und entwickelt aus ihnen neue Normen. Das Recht könne wohl die konkrete Gestalt einer Kirche verändern, wurde einmal gesagt, aber „das Antlitz der Erde erneuern kann es nicht“.

Freilich: es gibt durchaus „fortschrittliche“ Gesetze. Sie brauchen nicht immer nach rückwärts zu blicken und auf die letzten Nachzügler Rücksicht zu nehmen. Auch in den staatlichen Parlamenten werden Gesetze geschaffen, die revolutionär genannt werden können.

Als einen gewissen Nachteil kann man auch den Apparat empfinden, mit dem eine solche Synode umgeben sein muß, mit Statut und Geschäftsordnung, mit ersten und zweiten Lesungen, mit Kommissionen, einem Rechtsausschuß und einem komplizierten Prozeß der Entscheidungsfindung. Demokratie ist mühsam. Auf vielerlei Meinungen und Personen soll und muß Rücksicht genommen werden, wenn die Entscheidungsbildung „dialogisch“ sein soll. Spontane und geniale Einfälle werden in einem solchen Apparat leicht erstickt. Das hat manchen frustriert.

### *Einüben, einüben …*

Hinzu kam, daß die Katholiken im allgemeinen doch recht wenig Erfahrung besaßen mit den Methoden, die auf einer Synode notwendig sind. Nicht nur die ersten Monate, man kann sagen, viele Jahre war die Synode belastet durch eine harte Einübung in ungewohnte Verfahrensweisen, bis hin zur Bedienung der elektronischen Abstimmungsanlage. Es mußte gelernt werden, wie man einen Antrag zur Geschäftsordnung einbringt, wie man eine persönliche Erklärung von einem Beitrag zur Generaldebatte unterscheidet, daß man in einer solchen Debatte wiederum nicht Dinge vorträgt, die in die Spezialdebatte gehören usw. Für die überwiegende Mehrheit der Synodalen waren diese Verfahrensfragen keineswegs selbstverständlich. Mancher ging mit hochrotem Kopf vom Rednerpult fort, weil der Moderator ihm das Wort wegen eines Formfehlers entziehen mußte. Mehr als einem der Bischöfe, die ja lange zu sprechen gewohnt sind, wurde das Wort entzogen wegen Überschreitung der Redezeit von fünf Minuten.

Schließlich erwiesen sich Statut und Geschäftsordnung nicht immer als geschmeidige und handliche Instrumente. Beide waren so gut wie ohne praktische Erfahrung entworfen, sozusagen am grünen Tisch. Man hatte sich die Ordnung der politischen Parlamente, der evangelischen Synoden, der bisherigen Diözesansynoden und des zweiten Vatikanischen Konzils zum Vorbild genommen. Man nehme von jedem etwas und... So knirschte es auch hier in der ersten Zeit der Synode beträchtlich. Als Beispiel seien die sogenannten „Gemischten Kommissionen" genannt, die man vom Zweiten Vatikanischen Konzil übernommen hatte. Dort waren sie ein heilsames Mittel gewesen, den allmächtigen Einfluß der Glaubenskommission unter Kardinal Ottaviani einzudämmen. In Würzburg aber erwiesen sich solche Einrichtungen als sinnlos und hemmend. So gab es manches, was theoretisch recht gut ausgesehen hatte, in der Praxis sich aber nicht bewährte.

Das Recht: Nachteil und Vorteil zugleich. Auch die Vorteile können hier nur angedeutet werden. Der Tübinger Kirchenrechtler Johannes Neumann hat einmal als „Chance" des kirchlichen Rechts definiert: es sorge dafür, daß berechtigte Anliegen der einen oder anderen Gruppe nicht einfach abgewürgt würden, daß „das Humane und der Würde des Menschen Entsprechende nicht verletzt und dem jeweiligen Zeitgeist geopfert wird". So kann eine Synode eine beachtliche Integrationskraft entwickeln, das heißt: sie ist ein vorzüglich geeignetes Instrument, in einer strengen Ordnung Polarisierungen abzubauen und zu einer Mitte hinzuzwingen, die das Gemeinsame zur Sprache bringt.

Dieses Gemeinsame wurde – von solchen und solchen – oft verächtlich Kompromiß genannt, ohne zu beachten, welche Anschauung vom Menschen letztlich hinter einer solchen Redeweise steht. In Wirklichkeit ist diese Sicht nicht nur autoritär, weil sie den eigenen Standpunkt zur unabdingbaren Wahrheit und alle anderen zu Dummköpfen oder Querulanten erklärt, sondern auch unchristlich, weil die „Implikationen der Brüderlichkeit", von denen Joseph Ratzinger einmal in einem berühmten Artikel gesprochen hat, sich kaum anders artikulieren können als so. Man konnte von Synodensitzung zu Synodensitzung beobachten, wie immer mehr dieses Gemeinsame trotz aller Belastungen eine eigenartige Ausstrahlung gewann. Wir scheuen uns nicht, sie auf die Einwirkung des Heiligen Geistes zurückzuführen.

*Ein großer Erfolg: Überwindung der Polarisation*

Diese brüderliche Integration ist das wichtigste Ergebnis der Gemeinsamen Synode der westdeutschen Bistümer gewesen. Sie hat die Gefahr der Zerissenheit, die zum Beispiel in Frankreich fast unheilvolle Formen angenommen hat, gebannt. Sie hat dem deutschen Katholizismus ein Stadium der Reife gegeben, das genützt werden kann. Konservative und progressive Katholiken saßen sieben Jahre an gemeinsamen Tischen. Hierarchisches und Kollegiales durchdrang sich. Gegensätze wurden nicht zugeschmiert, sondern ausgetragen. Und dies alles auch deshalb, weil man sich selbst ein Gesetz, ein Statut gegeben hatte, aus dem niemand ausbrechen konnte, der es ernst meinte.

Einige resignierten – wir wollen ihren Namen nicht nennen. Ein bekannter Theologieprofessor sprach sogar von einer „Schwatzbude" – kein Ruhmesblatt für ihn, der Wertvolles hätte beitragen können. Anerkennung aber jenen vielen Progressiven, die bis zum Schluß tapfer aushielten, obwohl sie Abstriche um Abstriche hinnehmen mußten! Der Verfasser, der sie Jahr um Jahr beobachtete, hat ihre christliche Ausdauer und Geduld, die mit Zähigkeit gepaart blieb, oft bewundert. Wir möchten sagen, daß die innere Bewährung, die da erfolgte, nicht ohne Folgen bleiben kann für den inneren Zustand der Kirche und des Glaubens in unserem Land.

Aber auch die Bischöfe! Der Verfasser hat sie manchmal bedauert, wenn sie in der Synodenaula von einigen Dampfrössern der Debatte mit Schwung und Pathos zur Rede gestellt und scharf getadelt wurden. Sie, die bisher sicher nicht gewohnt waren, zur „hörenden" Kirche gezählt zu werden, mußten sich in Würzburg manches Unbequeme anhören. Einige von ihnen wären aus solchen öffentlichen Lehrstunden christlicher Demut sicher gern weggelaufen.

Auch sie haben, wenngleich manche murrend, durchgehalten. Sie begriffen den Ernst dessen, was das Konzil den Dialog genannt hat, was es heißt, den „Mitbruder" real anzunehmen.

Wir möchten an den verstorbenen Kardinal Jaeger erinnern, der vom evangelischen Beobachter, Bischof Harms, einmal mit ernsten Worten zurechtgewiesen wurde. Oder an einen anderen deutschen Bischof, der sich oft mit endlosen und kleinlichen Änderungswünschen hervortat, der aber dann, aufgeklärt über diese oder jene Zusammenhänge, viele seiner Anträge gutwillig zurückzog, wenn nur diese oder jene seiner „Verbesserungen" von der Mehrheit gebilligt wurden.

Mit der Zeit lernte man sich auch persönlich, in den Stärken und Schwächen, kennen, und es ergab sich sogar unter Gegnern manchmal so etwas wie eine freundschaftliche Komplizenschaft. Wußte man nicht bald vorher, was dieser oder jener zu sagen hatte und was er – selbstverständlich – forderte? Dieser beinahe gruppendynamische Synoden-Prozeß hat die Kirche menschlicher gemacht.

An manchen Mißerfolgen war die Synode selber nicht schuld, weder die Bischöfe noch die Laien, weder die Konservativen noch die Progressiven. Das Zweite Vatikanische Konzil hat zwar die Forderung nach mehr Kollegialität in der Kirche gebracht, nicht aber erklärt, wie diese mit dem überlieferten hierarchischen Prinzip verbunden werden kann. Küng hat in seinen Büchern immer wieder die theologisch schwachen Stellen im Verhältnis des Petrusamtes zur Kollegialität des Bischofsamtes eindringlich zur Sprache gebracht. Auch die Theologie des „mitverantwortenden Laien" ist bisher als theologisches Problem kaum ohne Widersprüche zum „Alleinvertretungsanspruch" der Bischöfe darzustellen.

*Einiges zum Konkreten*
In der Zusammensetzung brachte die Würzburger Synode gegenüber den schon abgehaltenen Synoden grundsätzlich nichts Neues. Mitglieder waren:

Die Deutsche Bischofskonferenz (also alle Bischöfe und Weihbischöfe, etwa 60);

je 7 Vertreter aus den 22 Bistümern, und zwar jeweils drei Priester und vier Laien (sie wurden von den diözesanen Räten gewählt, insgesamt 154 Synodalen, davon 88 Laien und 66 Priester);

40 vom Zentralkomitee der deutschen Katholiken gewählte Männer und Frauen (also vom höchsten Gremium des deutschen Laienapostolats, nicht nur Vertreter der Verbände);

40 von der Deutschen Bischofskonferenz berufene Männer und Frauen (in erster Linie Fachleute und Vertreter aus Bereichen, die in den Wahlen „unterrepräsentiert" blieben);

22 Ordensleute (zehn Priester, zehn Ordensfrauen, zwei Brüder, gewählt von den jeweiligen Vereinigungen der Orden);

insgesamt also: 316 Mitglieder.

Man versammelte sich zwischen 1971 und 1975 achtmal zu mehrtägigen „Vollversammlungen" im dazu umgebauten Mittelschiff des Würzburger Domes. Nur diese Vollversammlungen hatten Beschlußrecht über einen Text. Insgesamt hat man 18 Vorlagen verabschiedet –

sie mußten eine erste und eine zweite Lesung durchlaufen, jeweils mit Debatte (jeder Synodale konnte sprechen: 5 Minuten Redezeit), mit Abänderungs- und Zusatzanträgen, die vom Plenum gebilligt werden mußten. Ausgearbeitet wurden die Vorlagen in zehn Sachkommissionen. Jeder Synodale gehörte einer Sachkommission seiner Wahl an. Diese Arbeitsgruppen, deren Mitgliederzahl um die 30 schwankte, trafen sich zwischen den Vollversammlungen an beliebigen Orten, um über die zu entwerfenden Texte zu beraten. Fachleute von außen konnten hinzugezogen werden. Eine wichtige Instanz der Synode war die 30köpfige Zentralkommission, die die Arbeiten der Sachkommissionen koordinierte, die ausgearbeiteten Vorlagen prüfte, die Vollversammlungen vorbereitete usw. Das Präsidium der Synode bestand aus dem Präsidenten der Synode selbst, dem Vorsitzenden der Deutschen Bischofskonferenz, Kardinal Döpfner, einem weiteren Bischof (Stein von Trier), einem Priester (Henry Fischer aus Hamburg), zwei Laien, und zwar einer Frau (Hanna Renata Laurien aus Mainz) und einem Mann (Bernhard Servatius aus Hamburg). Die Sitzungen der Vollversammlung wurden von zwei Moderatoren, die vom Präsidium ernannt worden waren, geleitet. Zur Eröffnung jeder Vollversammlung hielt Kardinal Döpfner eine programmatische Ansprache, die einzelnen Sitzungen wurden morgens, mittags und abends mit einem Gebet eröffnet oder geschlossen. An jedem Morgen der Sitzungstage war gemeinsamer Gottesdienst. Oft wurden, wenn die Zeit drängte, Abendsitzungen, manchmal bis 23 Uhr, angesetzt.

Bei den Vollversammlungen waren Beobachter der nichtchristlichen Kirchen, Gäste, u. a. aus anderen Ländern, und im Schnitt jeweils etwa 150 Pressevertreter anwesend. Sonst war die Öffentlichkeit ausgeschlossen.

Das Plenum war nicht immer voll besetzt, man traf sich zu mehr oder weniger wichtigen Gesprächen im Kreuzgang des Domes oder in einer Kaffeebar, wo es auch belegte Brötchen, Saft und Bouillon, aber nichts Alkoholisches gab. Rauchen war im Dom nicht erlaubt, wohl aber im Kreuzgang und in der Kaffeebar. Gesellschaftliche Veranstaltungen wie Empfänge und Konzerte umrahmten eine jeweilige Vollversammlung, die mehrere Tage dauerte. Das Ganze hat natürlich viel Geld gekostet. Die Ausgaben haben sich jedoch ohne Zweifel gelohnt.

## *Ein kirchenrechtliches Novum*

Die wichtigste Neuerung brachte die Würzburger Synode auf dem Gebiet der Kompetenz, der rechtlichen Zuständigkeit. Sie unterschied sich vor allem hier von allen anderen Synoden der katholischen Kirche, auch den jüngsten Diözesansynoden, denn: sie war ohne Zweifel eine *gesetzgebende* Instanz. Sie hat sogar „Anordnungen" beschlossen, die in allen Bistümern der Bundesrepublik durchgeführt werden *müssen*. Wie dieses Faktum mit der hierarchischen Struktur der Kirche zu vereinbaren ist, ist theoretisch kaum geklärt. Zusammenfassend kann vielleicht gesagt werden: dies konnte nur dadurch geschehen, daß die eigentlichen Träger der „Rechte", die Bischöfe, sich ganz in das Synodengeschehen integrierten, und zwar so, daß sie dadurch dem Ganzen die Legitimation verliehen.

Jeder Synodale besaß nur eine Stimme, auch jeder Bischof. Ein Text, der zur Vorlage kam, mußte in erster Lesung mit einfacher Mehrheit, in zweiter Lesung mit Zwei-Drittel-Mehrheit angenommen werden. In beiden Fällen konnten die höchstens 60 Stimmen der Bischöfe überstimmt werden, waren also ihre Gesetzgebungsrechte nicht zur Geltung zu bringen.

Dies geschah vielmehr während des vorhergehenden Beratungsprozesses. *Dort* besaßen sie vielfältige Möglichkeiten des Eingreifens, bis hin zu einem absoluten Vetorecht. Dieses konnte aber wiederum nur gemeinsam, durch die Bischofskonferenz, geltend gemacht werden. Der einzelne Bischof besaß ein solches Recht vielleicht grundsätzlich, praktisch aber nicht.

Vor jeder Lesung eines Textes wurde amtlich von einem Vertreter der Bischofskonferenz die Meinung dieses Gremiums vorgetragen; waren darin gravierende Bedenken enthalten, die zum Beispiel mit dem Wörtchen „unerläßlich" deklariert waren, mußte die Synode damit rechnen, daß die Bischofskonferenz nach Art. 13 des Statuts eine Weiterberatung verhindern würde: „Erklärt die Deutsche Bischofskonferenz, daß sie einer Vorlage aus Gründen der verbindlichen Glaubens- und Sittenlehre der Kirche nicht zustimmen kann, so ist zu dieser Vorlage eine Beschlußfassung der Vollversammlung der Synode nicht möglich..." und: „Enthält eine Vorlage Anordnungen, so ist eine Beschlußfassung in der Form der Anordnung nicht möglich, wenn die Deutsche Bischofskonferenz erklärt, daß zu den vorgeschlagenen Anordnungen die bischöfliche Gesetzgebung für den Bereich der Bistümer in der Bundesrepublik Deutschland versagt werden muß..."

Mit anderen Worten: die Bischofskonferenz besaß ein vorhergehendes Vetorecht, das aber nur in begrenzten Fällen und nicht beliebig angewandt werden konnte.

Die Bischofskonferenz hat mehrmals von diesen ihren Rechten Gebrauch gemacht: bei der Frage der Priesterweihe verheirateter Männer, bei Anordnungen, die die Seelsorgestruktur in den Bistümern betrafen, bei einigen Punkten in der Vorlage „Christlich gelebte Ehe und Familie", bei der Frage der offenen Kommunion.

Die Synode besaß zwar nicht die Möglichkeit, etwas gegen den Willen der Bischofskonferenz zu beschließen, aber sie war in der Lage, in Verhandlungen mit den Bischöfen eine Änderung ihres Standpunktes zu erreichen. Bei weitem nicht alle Bedenken der Bischöfe konnten sich auch durchsetzen. Ein bedeutendes Prä gegenüber den Bischöfen besaß die Mehrheit der Synode darin, daß die Bischofskonferenz kein Vorlagerecht besaß – dieses hatten nur die Sachkommissionen. Die Texte kamen also alle aus einem „anderen Stall". Die Bischöfe hatten nur die Möglichkeit, sie zu verändern (oder als ganze abzulehnen, aber das wäre praktisch unmöglich gewesen).

Besonders wichtig war, daß die Rechte des einzelnen Bischofs nur innerhalb der Bischofskonferenz zum Tragen kamen. Dort mußte er eventuelle Bedenken äußern und durchsetzen. Dem synodalen Beratungsprozeß ging gewissermaßen immer ein bischofsinterner Beratungsprozeß voraus, bei dem es, wie man hörte, zu nicht unerheblichen Meinungsverschiedenheiten gekommen sein soll. Trotzdem mußte eine gemeinsame Aussage erreicht werden, so verlangte es das Statut der Synode. Der einzelne Bischof verzichtete daher auf manche Rechte, die ihm an und für sich zustehen. Im Gegensatz zu den Niederlanden, wo sich manche konservative Bischöfe ganz von ihren Mitbrüdern isolierten, ist in der Bundesrepublik die kollegiale Gemeinsamkeit gewahrt geblieben, und das ist gewiß kein kleiner Erfolg der Gemeinsamen Synode!

Schließlich ist in der katholischen Kirche immer auch ein dritter Partner mit im Spiel: die gesamte Weltkirche, die durch das Amt der Einheit, den Papst, repräsentiert wird. Das Zweite Vatikanische Konzil hat den früheren strengen Zentralismus der päpstlichen Behörden wenigstens grundsätzlich abgebaut oder gefordert, ihn abzubauen. Das Bischofsamt wurde „aufgewertet", die Einrichtung der Bischofskonferenzen geschaffen, in Rom eine bischöfliche Synode zur Beratung des Papstes eingerichtet. Im Hinblick auf diese Wandlungen gewinnt auch eine regionale Synode von Priestern, Laien und Bischöfen eine nicht zu unterschätzende Bedeutung. Man darf sicher sein, daß Rom die Arbeit der Gemeinsamen Synode sorgfältig beobachtet und aus ihrem Erfolg seine Rückschlüsse gezogen hat. Hier wurde etwas durchgespielt, das beispielhaft für die ganze Kirche werden könnte. Durch die Würzburger Synode wurde ein Modell dafür geschaffen, in welcher relativen Autonomie eine Teilkirche sich zu den zentralen Ämtern verhalten kann. Am Ende war sogar ein gewisses römisches Wohlwollen zu erkennen.

*Vier Fraktionen, die keine „Fraktionen" waren*

Schon während der Vorbereitungszeit wurde die Frage diskutiert, ob sich unter den rund 300 Synodalen *Fraktionen* bilden sollen: eine progressive, eine konservative, ein „Zentrum". In den politischen Parlamenten haben sich solche Fraktionen als unabdingbar erwiesen. Auch die evangelischen Synoden kennen ihre Gruppierungen: die Pietisten, die Orthodoxen, die Liberalen ... Kardinal Döpfner wandte sich damals scharf gegen solche Pläne, aber er konnte nicht verhindern, daß sich eben doch gewisse Gesinnungsgemeinschaften bildeten.

Die erste und eigentliche Fraktion war äußerst geschlossen und durch das Statut sozusagen vorgegeben: der Block der Bischöfe! Durch den Zwang, gemeinsam Stellung beziehen zu müssen, versammelten sie sich regelmäßig zu „Fraktionssitzungen", in denen der „Kurs" gegenüber bestimmten Vorlagen und Fragen festgelegt wurde. Dieser färbte dann deutlich auf die Stellungnahmen aller Bischöfe ab, wenn sie im Plenum sprachen. Sie übten betont Solidarität und ließen die Meinungsverschiedenheiten, die sie doch hatten, kaum erkennen. Kein Bischof stand einmal gegen einen anderen auf – warum eigentlich nicht? Von vielen wurde diese übertriebene Einheitlichkeit des Bischofsblocks sehr bedauert. So war es aber auch nicht zu verwundern, daß keiner der Bischöfe zu den großen Rednern der acht Vollversammlungen gehörte, obwohl z.B. die Ansprachen Kardinal Volks große Beachtung fanden. Selten spürten die Synodalen jene geistliche Souveränität und Kühnheit, die überzeugt.

Trotz dieser Blässe war der Beitrag der bischöflichen Fraktion durchaus nicht so negativ, wie er oft dargestellt wurde. Wenn es in eine gefährliche Kurve geht, kann ja Bremsen nützlich sein!

Eine zweite erkennbare und auch einflußreiche Gruppe waren jene, die man der Einfachheit halber „Progressive" nannte. Sie sammelten sich anfangs in einer „Arbeitsgemeinschaft Synode", die von verschiedenen katholischen Gemeinschaften getragen war: Priestergruppen, Studentengemeinden, dem Bensberger Kreis, der Action 365. Theologen wie Walter Kasper, Exeler, Küng, Lengsfeld, Metz, Rudolf Pesch, Greinacher und Peter Hünermann nahmen am ersten Kongreß der Arbeitsgemeinschaft teil, ohne sich mit ihr zu identifizieren. Bei den ersten Synoden-Vollversammlungen in Würzbrug wurden von ihr abends eigene Veranstaltungen durchgeführt, auf denen die Probleme des Tages besprochen wurden. Später wurde die Arbeitsgemeinschaft durch einen „Kontaktkreis Synode" abgelöst, in dem eine Gruppe von Synodalen regelmäßig zusammentraf und zusammenarbeitete. Karl Rahner stand diesen Initiativen oft mit Sympathie gegenüber. Gewiß lagen die meisten der in diesem Kreis anvisierten konkreten Ziele weit über dem Horizont der Synode, aber es wäre auch falsch zu behaupten, er sei in allen seinen Bemühungen gescheitert. Wer zum Beispiel die Resolutionen, die der Vorbereitungskongreß des Jahres 1970 gefaßt hat, mit den tatsächlichen Ergebnissen der Synode vergleicht, wird manches erfüllt finden: die Laienpredigt, die Begründung des Religionsunterrichts vom Erziehungsauftrag der Schule her, im Gastarbeiter-Beschluß und in vielem anderen mehr.

Die dritte „Fraktion“ stellten die sogenannten Konservativen – etwa in gleicher Stärke wie die „Linken“, die ungefähr 70 Synodalen umfaßten. In den Sachkommissionen, die die Vorlagen ausarbeiteten, hatte diese Gruppe merkwürdigerweise wenig Einfluß, um so mehr machte sie sich in den Debatten der Vollversammlungen bemerkbar. Zwei Flügel waren zu erkennen: ein gesellschaftspolitischer und ein theologischer. Der erste orientierte sich an Kräften aus dem Verbandskatholizismus, die der CDU nahestehen und die besonders bei sozialen und gesellschaftspolitischen Texten manches Wasser in den progressiven Wein schütteten. Der zweite drang unermüdlich darauf, in theologischen Texten die „Vertikale“, die Sprech- und Denkweise der Schultheologie, zu beachten. Die Professoren Iserloh und Forster, der Kirchenrechtler Prof. Flatten und der Berliner Prälat Klausener und einige andere traten mit solchen Bemühungen besonders hervor. Es war auch nicht zu übersehen, daß mancher Bischof mit vollem Herzen sich in dieser Gruppe beheimatet fühlte (zu den „Progressiven“ konnte man keinen einzigen zählen!). Eine Zeitlang bildeten die Konservativen auch eine organisierte Gemeinschaft, nämlich die Priesterbewegung für konziliare Erneuerung, die eigene Veranstaltungen am Rand der Synoden-Vollversammlungen abhielt.

Manches Ideologieverdächtige und Realitätsferne, das so oft modernen kirchlichen Verlautbarungen anhaftet, wurde durch die zähen Bemühungen dieser Fraktion durchaus verhindert. Vieles wurde reifer und ausgewogener, ohne seinen nach vorn gerichteten Grundcharakter zu verlieren.

Schließlich ist als vierte Fraktion die breite Gruppe von Synodalen zu nennen, die in der Mitte standen, etwa 150 an der Zahl. Sie wollten sich nicht festlegen, entschieden einmal in diese Richtung, einmal in jene. Diese Mitte war von einer gewissen Passivität, aber sie hörte den leidenschaftlichen Appellen von links oder rechts jeweils mit großer Aufmerksamkeit zu und fällte dann mit Bedacht die Entscheidung. Die Mitte neigte grundsätzlich eher zur Offenheit als zum Integralismus. Das Laienelement erwies sich dabei als stark, selbstbewußt und auf der Höhe der Zeitfragen stehend. Nicht zu vergessen das betonte

Engagement von Frauen, das durchgehend zum Zug kam und Gesichtspunkte in Debatte und Texte einbrachte, die ohne sie vergessen worden wären. Auch eine Reihe von Bischöfen darf sicher zu dieser „progressiven Mitte“ gezählt werden, die zwischen den auseinanderstrebenden Flügeln dem Synodengeschehen einen Halt gab.

Enttäuschungen gab es auf allen Seiten, denn um Einigkeit zu erzielen, mußte jeder auf Wünsche verzichten. Und es hat *jeder* verzichtet, wie leicht zu belegen ist. Dadurch ist die Synode zu einem Beweis geworden, daß die Kirche unter den Polarisierungen nicht zerbrechen muß. Das ist gewiß eine tröstliche Erfahrung.

### *Achtzehn Beschlüsse*

Insgesamt hat die Synode 18 Dokumente verabschiedet, ihr Wortlaut allein füllt einen stattlichen Band von etwa 370 Druckseiten. Diese Texte sind ein anregendes Kompendium für das Leben der Kirche in der Welt von heute. Aus einem umfangreichen Themenkatalog, der anhand demoskopischer Befragungen in der Vorbereitungszeit der Synode erstellt worden war, über einen Prioritätenkatalog der zehn synodalen Sachkommissionen, der ungefähr 50 Sachbereiche enthielt, haben sich diese 18 Themen herauskristallisiert.

An ihnen ist nichts mehr vom Triumphalismus früherer kirchlicher Dokumente zu spüren. Sie sind selbstkritisch (manchen *zu* kritisch), beschönigen keine Fehler der Vergangenheit, sind nüchtern, sachlich und offen. In einigen Bereichen schwingen sie sich zu kühnen Forderungen und Perspektiven auf.

Der Aufbau ist in den meisten Texten ähnlich: einer Analyse der Situation mit allem Für und Wider und einer Darlegung theologischer Grundauffassungen zur Sache folgen Richtlinien, Empfehlungen und rechtliche Anordnungen für das konkrete kirchliche Leben.

In einigen Fällen, in denen die Synode keine Zuständigkeit in Anspruch nehmen konnte, wandte sie sich in sogenannten *Voten* an die Deutsche Bischofskonferenz oder an den Papst. So wurde der Papst gebeten, das „Ehehindernis der Konfessionsverschiedenheit“, ein Überbleibsel aus einer überholten Zeit, zumindest für den Bereich der Deutschen Bischofskonferenz aufzuheben. Oder: daß Frauen die Diakonenweihe gespendet werden dürfe, im Kirchenrecht die Zurücksetzung nichtehelicher Kinder beseitigt werde, andere Normen für die Laisierung von Priestern ausgearbeitet würden, ausgewählten Geistlichen das Recht des Firmens verliehen werde. Einen besonderen Charakter nimmt in diesem Bereich der Beschluß „Ordnung für Schiedsstellen und Verwaltungsgerichte der Bistümer in der Bundesrepublik

Deutschland“ ein, der als Ganzes ein Votum an den Heiligen Stuhl darstellt – ein kühner Vorstoß in kirchenrechtliches Neuland. Manche andere gesamtkirchliche Initiative der Gemeinsamen Synode konnte wegen eines Einspruchs der Deutschen Bischofskonferenz nur in abgeschwächter Form ergehen, zum Beispiel in der umstrittenen Frage, ob man in Notsituationen verheirateten Männern die Priesterweihe spenden oder wiederverheiratete Geschiedene in bestimmten Fällen zur Kommunion zulassen dürfe.

Neben diesen Vorstößen, die das Recht der Gesamtkirche betreffen und die deshalb nicht ohne Zustimmung der römischen Zentrale und nicht ohne Abstimmung mit den anderen Teilkirchen in Europa und überall in der Welt entschieden werden können, standen *Anordnungen* nur für die Bistümer der Bundesrepublik. Paragraph 13 des Statuts hebt aus den Synodenbeschlüssen solche „mit Anordnungscharakter“ hervor. Sie sind ohne Zweifel mehr als eine seelsorgliche Empfehlung oder Richtlinie.

Die Anordnungen sind in den laufenden Texten als solche gekennzeichnet und herausgehoben. Sie wurden von der Synode als ganzer beschlossen, in Kraft traten sie jedoch in den einzelnen Bistümern durch Veröffentlichung in den jeweiligen Amtsblättern. Grund: die deutsche Bischofskonferenz hat als solche noch kein amtliches Organ.

Die wichtigsten Anordnungen beziehen sich auf die kirchlichen Strukturen, zum Beispiel auf die Errichtung, Zusammensetzung, Kompetenz und Zielsetzung der sogenannten nachkonziliaren Räte. Andere betreffen die Taufpraxis, die Errichtung eines Erwachsenenkatechumenats, die Firmvorbereitung. Einige Anordnungen sind recht unbestimmt, zum Beispiel die zu den „Diensten“ in der Gemeinde (Priester, Diakon, Laie), zur Stellung der Laientheologen, zur Priesterausbildung und -weiterbildung usw. Hier müssen wohl noch genauere Ausführungsbestimmungen erlassen werden. Ähnlich geartet sind die Anordnungen zur Ehe- und Familienseelsorge, wo zum Teil das Wörtchen „nach Möglichkeit“ den Anordnungscharakter praktisch wieder aufhebt.

In der Frage der Verbindlichkeit der Synodentexte ist überhaupt noch manche Unsicherheit festzustellen. Es gibt weder eine amtliche Qualifikation noch eine einheitliche Interpretation. Die zuständigen Sachkommissionen gingen offensichtlich von verschiedenen Vorstellungen aus, die sich erst mit der Zeit einander anglichen. Eine durchgehende Linie für eine „Klassifizierung“ der Beschlüsse konnte bei dieser Synode noch nicht erreicht werden.

### *Was ist eine pastorale Richtlinie?*

Außerhalb des strengeren Rahmens der Anordnungen steht das weite Feld der „pastoralen Richtlinien". Sie machen die Fülle des von der Synode Beschlossenen aus. Die Beachtung und Durchführung dieser Richtlinien kann in den einzelnen Bistümern nicht erzwungen werden, obwohl man die moralische Gewißheit haben darf, daß sie sich durchsetzen werden.

Auch hier ist in den Synodendokumenten eine gewisse Abstufung zu erkennen – aus den Richtlinien sind nämlich „Empfehlungen" herausgehoben, die offenbar ein besonderes Gewicht beanspruchen. Sie sind in sich wiederum verschieden geartet. Da finden wir knappe Sätze, die in einer eigenen Überschrift als „Empfehlung" gekennzeichnet sind – im Beschluß über die Gastarbeiter allein 48! Dann stehen wir aber auch vor der Tatsache, daß eine ganze Vorlage – 15 Seiten lang – als „nachdrückliche Empfehlung" beschlossen wurde (die „Rahmenordnung für die pastoralen Strukturen"). Manche Empfehlungen sind juristisch-konkret, andere eher allgemein, einige erscheinen etwas irreal.

Empfehlungen im strengeren Sinn sind zum Beispiel erlassen worden zur Laienpredigt, zur ökumenischen Arbeit „am Ort", zur Praxis von Taufe, Firmung und zur kirchlichen Jugendarbeit, daß Diakone mit der Krankensalbung beauftragt werden sollen, daß „im Interesse der umfassenden Verantwortung der Kirche für die Arbeiterschaft nach Möglichkeit (!) in allen Pfarrgemeinden katholische Arbeitnehmerorganisationen bestehen" sollen (Empfehlung 8 des Dokuments „Kirche und Arbeiterschaft"). Es handelt sich um eine *Fülle* von sehr praktischen Anregungen, deren einziger Nachteil ist, daß ihre Zahl sehr hoch ist: etwa 250. Eine Fundgrube für den Seelsorger, der seine Seelsorgearbeit mit neuen Initiativen beleben will.

Daneben finden wir Texte, die mehr allgemeine Richtlinien darstellen, theologisch und pastoral oft hervorragende Gedanken und Anregungen (Bischof Hemmerle hat diesen Bereich einmal „Fundamentalpraxis" genannt.) Ihre durchgehende Linie besteht darin, daß sie die bestehende Volkskirche durch die Stärkung der persönlichen Verantwortung zu retten suchen. Einen Übergang zur (elitären) Freiwilligenkirche hat die Synode nicht befürwortet. Sie glaubte, daß Erneuerung durch Reform den Weg in die Zukunft darstellt. Innerhalb dieses Rahmens schreckte die Synode vor mutigen Schritten durchaus nicht zurück, wie das sehr wichtige Dokument über die „pastoralen Dienste" beweist.

In den Debatten wurde manchmal zwischen „Beschlußtext" und „Begründungstext" unterschieden, wiederum Zeichen einer eigenartigen juristischen Unsicherheit. In der Vorlage „Die ausländischen Arbeitnehmer – eine Frage an die Kirche und die Gesellschaft" sind nur herausgehobene Abschnitte „Beschlußtext", das andere ist zur „Begründung" hinzugefügt (darüber wurde *nicht* abgestimmt). Glücklicherweise hat eine so verwirrende Darstellung, die aus einer frühen Phase der Synodenarbeit stammte, nicht Schule gemacht.

Keine Praxis ohne Theorie – freilich ist die Theologie, sind Offenbarung und christlicher Glaube, die ihr zugrunde liegen, mehr als eine Theorie im Sinn der modernen Wissenschaft. Die Synode hat *einen* theoretischen Text verabschiedet, das Grunddokument „Unsere Hoffnung. Ein Bekenntnis zum Glauben in dieser Zeit". Es ist mehr als eine „Denkschrift". Es nennt sich ein Bekenntnis, ein Zeugnis für den Glauben, es will zum Nachdenken und zur Besinnung anleiten. Zusammen mit den kürzeren oder längeren Einführungen zu den einzelnen Dokumenten, die ähnlich aufgebaut sind, wird hier eine „praxisorientierte Theologie" vorgestellt, die einen tiefen Wandel im Selbstverständnis der Kirche von heute anzeigt. Auch hierin hat die Synode einen Schritt nach vorn getan, einen Horizont aufgezeigt, unter dem sich die notwendigen kleinen Schritte, die sich leicht ins Kleinliche verlieren könnten, zu einem großen Ganzen zusammenschließen.

Eine Gruppe von Synodentexten muß noch wenigstens erwähnt werden, die der sogenannten Arbeitspapiere. Von ihnen sind bis zum Abschluß der Synode fünf veröffentlicht worden. Es handelt sich nicht um Beschlußtexte der Synode, sondern um Ausarbeitungen, die aus Zeitmangel und aus Gründen der Themenkonzentration nicht zur Debatte in den Vollversammlungen zugelassen wurden.

### *„Auf der Werft der Erneuerung"*

Mitten im Auf und Ab des Synodengeschehens hatte Karl Rahner in einem Artikel in den „Stimmen der Zeit" erklärt, dem deutschen Katholizismus drohe die Gefahr, angesichts der Schwierigkeiten des heutigen Glaubens sich wieder in ein Getto der Selbstgenügsamkeit zurückzuziehen. Und Marianne Dirks hatte in einem Sammelband zum gleichen Thema geschrieben: „Die anfängliche Offenheit der Bischöfe für den Anruf des Konzils hatte etwas von dem Herumwerfen des Steuers und einem Aufbruch mit dem Boot ins offene Meer gehabt – man wußte noch nicht so genau, wohin die Fahrt gehen würde; aber man war ohne Angst, weil man vertraute, daß der Herr im Boot war, der das Ziel kannte. Als jedoch die Insassen unsicher und ängstlich wurden und riefen: Hilfe, wir gehen unter, rettet uns vor dem Fremden und Ungewohnten!, da bekam man gleichsam Angst vor der eigenen Courage, nahm wieder Kurs auf das sichere, altgewohnte Land und hielt sich an die bewährten katholischen Institutionen..."

Hat die Synode Kurs zurück auf das vertraute Land genommen? Unsere Antwort würde lauten: das Schiff der Synode fuhr *vorsichtig*, aber es fuhr hinaus. Einige blickten noch zur Küste zurück, andere schauten ständig sehnsüchtig ins offene Meer, andere werkelten im Maschinenraum, wieder andere sind abgesprungen und vielleicht von den Haien gefressen worden.

Kardinal Döpfner hatte bei der Vollversammlung im November 1973 in seinem hervorragenden Rechenschaftsbericht über den Zustand der Kirche ebenfalls das Bild vom Schiff aufgegriffen. Er sagte: „Die Stürmer und die Verteidiger in der Kirche treffen sich gelegentlich in einer Resignation, der die Kirche als Schiff älterer Bauart erscheint, das die Sturmböen der neuen Entwicklung demnächst zum Wrack zerschlagen werden. Ihnen muß widersprochen werden. Sie haben das falsche Bild gewählt. Diese Kirche liegt nicht auf der Sandbank der Zerstörung, sondern auf der Werft der Erneuerung... Dort kann es laut, windig, ungemütlich und gelegentlich gefährlich sein. Aber dort werden Schiffe nicht verschrottet, sondern ausgerüstet zu neuer Fahrt..."

# 3. Das Grunddokument

## Bekenntnis zum Glauben in dieser Zeit

Die Frage nach dem Glauben ist die eigentliche und schwerste, die dem Christen immer wieder auferlegt wird. Was hat der Glaube an Jesus Christus aus Nazareth für einen Sinn? Seine Verkündigung damals – unser Leben heute: wo gibt es eine Brücke, eine Verbindungslinie? Und wenn wir überzeugt sind, daß Jesus auch uns Menschen des 20. Jahrhunderts noch etwas zu sagen hat: *was* hat er uns zu sagen? Und welche Geltung haben in dieser Suche nach dem Inhalt der christlichen Botschaft die überlieferten Interpretationen, von den Kirchenvätern der antiken Welt über die Metaphysiker des Mittelalters bis hin zu den idealistischen Schulen der Theologie in der Neuzeit?

Bei der demoskopischen Umfrage, die zur Vorbereitung der Gemeinsamen Synode durchgeführt wurde, zeigte es sich, daß die Frage nach dem Glauben für die meisten Christen eine höchste Dringlichkeitsstufe besitzt. Millionen von Katholiken wurden damals gefragt, worüber auf der Synode unbedingt gesprochen werden müßte. Es wurde ihnen ein Katalog von 15 Fragen vorgelegt. Am meisten angestrichen wurde folgendes Thema: „Die Glaubensnot des heutigen Menschen (z. B. christlicher Glaube und moderne Wissenschaft, moderne Theologie und Glaube der Kirche, Sorge der Kirche um Nichtchristen, Fernstehende und Zweifelnde". Fast 60 Prozent der 4,5 Millionen zurückgeschickten Fragebogen hatten dieses Thema angekreuzt, und auch bei der sogenannten Repräsentativbefragung lag diese Rubrik an der Spitze der „Wünsche an die Synode".

Viele führende Leute der Kirche waren über dieses Ergebnis überrascht. Man hatte gedacht, daß Fragen des realen Lebens, wie Ehe und Familie, oder der praktischen Reform der Kirchengestalt größeres Gewicht in den Köpfen und Herzen der Gläubigen haben müßten. Manchem wurde erst jetzt klar, wie tief offenbar die Glaubensnot die Christen von heute bedrängt und wie auch sie über alle Einzelfragen des kirchlichen Lebens hinaus nach letzten Antworten suchen.

Das Zweite Vatikanische Konzil hatte diese Glaubensnot in manchen Debatten und Texten – wie etwa in den Ausführungen zum Atheismus – gestreift, aber thematisiert wurde sie nicht. Auf ihm stand vielmehr die innere und äußere Reform der Kirche im Mittelpunkt.

## *Das Jahrhundert der Kirche*

Die Kirche – das war die zentrale Frage der Christen in der ersten Hälfte unseres Jahrhunderts gewesen. 1927 hatte der evangelische Theologe und spätere Bischof von Berlin, Otto Dibelius, in einem bekannten Buch vom „Jahrhundert der Kirche" gesprochen. Der Subjektivismus des 19. Jahrhunderts wurde abgelöst durch das Bewußtsein, daß Christentum Gemeinschaft ist und damit Kirche notwendig zum Christsein gehört. Eine tiefgehende Erneuerung des kirchlichen Lebens begann. Das „Sentire cum Ecclesia", das verantwortliche Mitleben in der Kirche, war von nun an etwas anderes als die Unterordnung unter eine kirchliche Obrigkeit. Daß man die Trennung der Kirchen als Skandal empfand und die ökumenische Bewegung gründete, ist nur aus dieser Erneuerung zu verstehen. Die Einheit der Kirche wurde als Geheimnis, nicht als organisatorisches Problem verstanden. Auch die liturgische Bewegung ist nur aus dieser Erneuerung des Kirchen-Gedankens zu erklären.

Während in der ersten Zeit die Erfahrung der Kirche sozusagen statisch war – ausgedrückt in dem paulinischen Bild vom „Leib Christi", den die Kirche darstellt –, meldete sich später ein dynamisches Element: daß die Kirche nicht nur eine geschichtliche Gestalt, sondern auch einen geschichtlichen Auftrag, eine heilsgeschichtliche Sendung und eine eschatologische Zielsetzung hat. Das Bild vom „Leib Christi“ wurde abgelöst durch das vom „Volke Gottes“. Es brachte diese geschichtliche Perspektive besser zum Ausdruck. Das Konzil hat sie voll und ganz aufgenommen und gerade dieses Bild von der Kirche sozusagen sanktioniert. Seit einigen Jahren wird kaum noch mit der Enzyklika „Mystici Corporis“ des Jahres 1943 vom „mystischen Leib Christi“ gesprochen.

Alois Grillmeier hat in seinem Kommentar zur Konzilskonstitution über die Kirche die Grundelemente dieser neuen Sicht hervorragend herausgearbeitet. Man entdeckte nun die Kontinuität zwischen dem Volk Israel und dem Bundesvolk des Neuen Testamentes, der Kirche; daß der Kirche messianische Verheißungen zugesprochen sind; daß das göttliche Heilsangebot sich „inkarniert“ hat in Welt und Zeit und auf eine eschatologische Erfüllung hindrängt.

Die Entdeckung der Kirche und ihrer geschichtlich-heilsgeschichtlichen Realität mag mit der Glaubensnot des modernen Menschen auf den ersten Blick wenig zu tun haben. Wenn man aber, wie es Walter Kasper einmal erklärt hat, die Frage nach dem Sinn der Geschichte als *die* Frage des Menschen der Neuzeit erkannt hat, dann sieht man, welcher Umbruch von einem statisch-schulmäßigen zu einem dynamisch-geschichtlichen Denken sich hier ereignet hat. Daß wir heute nicht mehr von der Kirche als dem „mystischen Leib“, sondern als dem „Volk Gottes“ sprechen, ist mehr als eine Randerscheinung.

Besonders stark spürt man den Zusammenhang des Konzils mit den Fragen, die den Christen der siebziger Jahre im Bereich des Glaubens umtreiben, wenn man auf die konziliare „Pastoralkonstitution über die Kirche in der Welt von heute“ blickt. Sie spricht nicht abstrakt-allgemein von der Geschichte, sondern konkret von den Aufgaben der Kirche in Gegenwart und Zukunft.

Der französische Theologe Joseph Comblin hat zur Pastoralkonstitution gesagt, durch sie seien viele Katholiken zum ersten Mal mit den „anthropologischen“ Strömungen der modernen Theologie in Berührung gekommen, das heißt jenen Bemühungen, die menschliche Komponente im Offenbarungsbereich näher ins Auge zu fassen, sowohl im Persönlichen, beim „Hörer des Wortes“ (Karl Rahner), als auch im Sozialen und Gesellschaftlichen. In Frankreich sprach man von einer Theologie der „Inkarnation“.

*Wider die religiöse Schizophrenie in der modernen Welt*

Wer sehen will, welche innere Entwicklung das Nachdenken über Glaube und Kirche in den letzten zehn Jahren gemacht hat, mag einmal die „Pastoralkonstitution“ des Konzils mit dem Grunddokument der Synode, das uns hier beschäftigt, vergleichen. Beide wollen auf *eine* Not des modernen Christen antworten: auf die Diskrepanz zwischen der Welt des Glaubens und der des alltäglichen Lebens, zwischen den Normen der Kirche und den Normen der Gesellschaft. Aber das Synodendokument „Unsere Hoffnung“ rückt näher an die Wirklichkeit heran. Es spricht schärfer und konkreter und zugleich nüchterner. Es versucht die Kernaussagen des Glaubens so eng wie möglich im „Kontext“ mit der Situation zu artikulieren. Beim Konzil war das Thema „Kirche und Welt“ ein theologischer Traktat abseits von den großen Themen des Glaubens. Hier werden diese Kern-Themen – Jesus, sein Erlösungswerk, Sündenvergebung, Gericht, Reich Gottes, Auferstehung – ganz nahe an die Wirklichkeit herangebracht. Eine „kontextuale“ Theologie, wie man heute sagt. Folgender Satz, wie ihn die Synode formuliert hat, ist für diese neue Haltung bezeichnend: „Das Reich Gottes ist nicht indifferent gegenüber den Welthandelspreisen.“

Die Gefahr einer solchen Sicht ist schon oft beschworen worden: daß man sich in politischen und ökonomischen Fragen verliert, über die man verschiedener Meinung sein kann. Zum Beispiel: *muß* ein Christ Sozialist oder kann er auch Anhänger einer kapitalistischen Wirtschaftsordnung sein? In solche Fangstricke verliert sich das Synodendokument nicht. Die sozialethischen Imperative werden zwar sehr situationsnah gegeben, sie verlieren sich aber nicht in jenem Bereich, wo das verschiedene Meinen und Denken der Christen beginnt. Dennoch verbleiben die Erkenntnisse nicht im Unverbindlich-Allgemeinen, wo, wie wir inzwischen wissen, die christliche Besinnung praktisch wirkungslos bleibt und letztlich als Heuchelei erscheint. Die Orthopraxie, das rechte christliche Handeln, ist sicher auch eine Frage der Orthodoxie, des richtigen Glaubens, aber auch umgekehrt: Jener Glaube, der aufgrund einer falschen Analyse der Wirklichkeit falsch handelt, kann nicht Glaube in einem guten und wahren Sinn sein.

*Zur Entstehung der Vorlage „Unsere Hoffnung“*

Das Grunddokument der Gemeinsamen Synode hat eine lange und beschwerliche Entstehungsgeschichte. Die Synodalen wußten von der Einberufung der Synode an, daß die Glaubensfrage irgendwie eine Antwort verlangt. Sollte man einen neuen Katechismus ausarbeiten oder ausarbeiten lassen, wie es in Holland geschehen ist? Oder an eine empirische Analyse der Glaubenssituation gehen und dann einige praktische Schlußfolgerungen ziehen? Oder eine „Kurzformel“ des Glaubens ausarbeiten, wie schon manche in der theologischen Literatur zu finden sind?

Zuständig für das Thema war die Sachkommission I. „Glaubenssituation und Verkündigung“ hieß der ihr zugeteilte Sachbereich. Ein bei der konstituierenden Sitzung der Synode im Januar 1971 unternommener Versuch, eine eigene Sachkommission mit dem Thema „Glaubensnot“ einzurichten, scheiterte am Widerstand der Synode. Innerhalb der Sachkommission I waren hervorragende Kräfte versammelt, Laien wie Felicitas Betz, Marianne Dirks und Hugo Staudinger, Theologen wie Karl Rahner, Alfred Gläßer und Karl Lehmann, Bischöfe wie Kardinal Volk, Wilhelm Kempf und Georg Moser. Auch in der Liste der Berater fanden sich angesehene und bekannte Namen. Diese Kommission schien willens und fähig, ein „Glaubensdokument“ zu erarbeiten, das sowohl dem pastoralen Auftrag der Synode wie der Situation in der Welt von heute erstrangig entsprechen konnte.

Trotzdem war man äußerst unsicher darüber, was nun zu tun sei. Eine Untergruppe wurde gebildet, die mit allen möglichen Plänen herumexperimentierte. Karl Lehmann hat die ersten Wege ausführlich in einem Bericht beschrieben (vgl. „Synode“ 7/71, S. 15ff.). Eine Darstellung der empirischen Daten der „Glaubenssituation“ erwies sich als undurchführbar, aber auch als sinnlos für ein Synoden-Dokument. Hier sollte nicht den vielen Artikeln und Büchern über diese Frage noch ein weiteres literarisches Werk an die Seite gestellt werden. Auch eine „Kurz-Dogmatik“ konnte keine Antwort auf die gestellte Frage des Glaubens heute geben. Und immer war darauf zu achten, daß dieser Text ja die Praxis, die Verkündigung der Pfarrer an der Basis, anregen sollte. Es sollte eine Glaubensstärkung werden, nicht ein wissenschaftlicher Traktat oder eine Analyse.

Nach über einem Jahr des Diskutierens und Durchsprechens von vorgelegten Probe-Texten, die man als ungeeignet verwarf, faßte man endlich den Mut zu einem Entwurf, der, wie alle wissen, vom Münsteraner Theologieprofessor Johannes B. Metz vorgelegt worden war. Der Titel sollte lauten: „Unsere Hoffnung. Vom Versuch, heute Kirche zu sein.“ Das Thema wurde der Zentralkommission gemeldet. Als diese aber im Sommer 1972 daranging, die ausufernde Thematik der Synode einzudämmen, schien auch diese wichtige Vorlage ein Opfer des Rotstifts zu werden! Sie sollte nur als unverbindliches „Arbeitspapier“ zur Veröffentlichung kommen. Dagegen protestierte nicht nur die Sachkommission – mit Erfolg. November 1972 wurde „Unsere Hoffnung“ wieder als Synodenvorlage zugelassen und Januar 1973 endgültig von der Zentralkommission anerkannt. Man sprach jetzt davon, daß dieser Text eine Art „Präambel“ zu allen Synodendokumenten zu sein habe und ihre „innere Einheit“ darstellen solle.

Im April 1973 wurden in einer neugebildeten Untergruppe der Kommission die ersten konkreten Textentwürfe durchgesprochen. Erst ein dreiviertel Jahr später, Januar 1974, konnte man die wesentlichen Partien der Gesamtkommission vorlegen. (Nur eine Sachkommission hatte bei der Synode das Recht, einen Text auszuarbeiten und vorzulegen, nicht eine Untergruppe.) Oktober 1974, ein Jahr vor dem Ende der Synode, wurde der Entwurf schließlich von der gesamten Sachkommission gebilligt (einstimmig, eine Enthaltung) und an die Zentralkommission weitergeleitet. Sein Titel bzw. Untertitel hatte sich inzwischen verändert: „Unsere Hoffnung. Ein Glaubensbekenntnis in dieser Zeit.“ Erst in der letzten Synodensitzung wurde die endgültige Form – „Bekenntnis zum Glauben“ – gefunden.

Die Zentralkommission nahm den Entwurf an und schlug ihn zur ersten Lesung in der vorletzten Vollversammlung der Synode vor. Diese fand im Mai 1975 statt, die Debatte selbst wurde am 8. Mai gehalten. Die Berichterstattung hatte Prof. Metz. Für die Deutsche Bischofskonferenz sprach Weihbischof Scheele der Vorlage ein hohes Lob aus: sie sei ein „eindrucksvolles Zeugnis lebendigen Glaubens“. Die Bischöfe hatten nur geringe Änderungswünsche. In der Generaldebatte, die ein hervorragendes Niveau besaß, sprachen über 30 Redner. Prof. Erwin Iserloh griff den Text scharf an: wichtigste Sätze des christlichen Credos kämen in ihm nicht vor. Auch Prof. Karl Forster forderte einschneidende Veränderungen. Karl Rahner und viele andere Synodalen verteidigten den Text. In der Spezialdebatte zu den einzelnen Abschnitten wurde besonders ein Abschnitt des dritten Teils, „Weg in die Armut“, kritisiert. Die Solidarität mit den Armen schien manchen überzogen. Schließlich wurde der Text mit Änderungswünschen, die aber keineswegs seine Substanz berührten, angenommen: 220 Ja, 20 Nein, 8 Enthaltungen.

Bis zur letzten Vollversammlung leistete die Kommission noch wichtige Arbeit, wesentliche Veränderungen erfuhr der Text jedoch nicht mehr. Einige Einschübe sollten das Gemeinte verdeutlichen und jenen, die mit diesem Stil Schwierigkeiten hatten, eine Brücke des Verständnisses bauen. Die Vorlage wurde am 22. November 1975 auf der achten Vollversammlung trotz einer noch einmal heftigen Debatte, die tiefgehende Meinungsverschiedenheiten erkennen ließ, einmütig gebilligt: 225 Ja, 26 Nein, 15 Enthaltungen.

## *Zum Inhalt*

Der Beschluß „Unsere Hoffnung. Ein Bekenntnis zum Glauben in dieser Zeit“ ist etwa 16 Seiten lang und umfaßt neben einer Einleitung vier Hauptabschnitte:
*Einleitung: „Rechenschaft über unsere Hoffnung“* als Aufgabe der Kirche.
*Teil I: Zeugnis der Hoffnung in unserer Gesellschaft.*
*Teil II: Das eine Zeugnis und die vielen Träger der Hoffnung.*
*Teil III: Wege in die Nachfolge.*
*Teil IV: Sendungen für Gesamtkirche und Gesamtgesellschaft.*

*Die Einleitung* spricht vom Sinn und von der Eigenart des Beschlusses: „Eine Kirche, die sich erneuern will, muß wissen, wer sie ist und wohin sie zielt.“ Die Frage nach dem Sinn des Christseins ist *heute*, also nicht in allgemeiner Weise zu beantworten.

*Teil I* ist der längste und grundlegendste Abschnitt des Dokuments: *„Zeugnis der Hoffnung in unserer Gesellschaft.“* Er schließt sich an das Apostolische Glaubensbekenntnis an. Die Unterabschnitte behandeln folgende Themen: 1. Gott, 2. Jesus (sein Leben und Sterben), 3. Auferstehung, 4. Gericht, 5. Vergebung der Schuld, 6. Reich Gottes, 7. Schöpfung, 8. Kirche.

Diese Einteilung hat teilweise Befremden und Widerspruch hervorgerufen: Warum werden nicht *alle* Artikel des überlieferten Credos herangezogen? Und warum zum Beispiel die „Schöpfung“ nicht vorn, beim „Schöpfer“, sondern hinten, zwischen „Reich Gottes“ und „Kirche“? Die Antwort wird im Dokument selbst gegeben: „Wenn wir hier vom Inhalt und Grund unserer Hoffnung sprechen, so können wir das nur in Andeutungen und in Auswahl tun ... Nicht Geschmack und nicht Willkür lassen uns auswählen, sondern der Auftrag, unsere Hoffnung in dieser Zeit und für diese Zeit zu verantworten. Wir wollen von dem sprechen, was uns hier und jetzt notwendig erscheint – vor allem im Blick auf unsere Lebenswelt in der Bundesrepublik Deutschland.“

*Was* ist da nun wichtig? Zuerst die Tatsache der Säkularisierung unserer Lebensbereiche, die religiöse Entleerung und Verflachung; daß wir in einer „überraschungsfreien Computergesellschaft“ leben, die Leid und Schuld verdrängt und das Glück in kurzatmigen Erfüllungen realisiert zu haben glaubt. Es wird vom „heimlichen Unschuldswahn“ gesprochen, dem die Menschen heute erlägen. Letztes Lebensziel für viele sei einfach die Anpassung an die gegebenen Verhältnisse, ohne zu fragen, von welchen Mächten und Gewalten diese Bedürfnisse eigentlich gesteuert werden.

Die moderne Welt wird dabei aber nicht einfach verteufelt und ihr das „reine“ Bild des Evangeliums entgegengesetzt, sondern in zwei Gedankenschritten wird jeweils erklärt,

1. welche positiven Elemente in diesem modernen Denken stecken und wie an sie in der christlichen Verkündigung anzuknüpfen wäre, und

2. wie die negativen Verhaltensweisen des heutigen Menschen und der Gesellschaft, die er errichtet hat, insgeheim auch die christliche Verkündigung angefressen und damit kraftlos gemacht haben.

Die Beachtung dieser beiden Perspektiven, die eigenartig verzahnt erscheinen, ist zum Verständnis des Textes unerläßlich. Sowohl eine zu große Weltdistanz wie eine zu große Weltanpassung werden verurteilt. Hier ist eine „kontextuale“ Theologie geschaffen worden, die man mit Jungmann wirklich „Verkündigungstheologie“ nennen könnte. Oder, um mit dem Zweiten Vatikanischen Konzil zu sprechen: eine dialogische Theologie, die den künstlichen Graben zwischen Theorie und Praxis als einen unchristlichen Dualismus verurteilt und zugleich die Mittel bereitstellt, den Graben zu überbrücken.

Als möglichen Einstieg in den Text mag man auch einmal untersuchen, in welcher Weise er „kritisch“ ist. Er polemisiert scharf gegen zwei Fronten: gegen die moderne Utopie des angepaßten Menschen wie auch gegen eine Kirche, die hinter Leerformeln die Beziehungslosigkeit und Realitätsferne ihrer Verkündigung verschleiert.

Bei einem solchen „Doppelangriff“ hätte es wohl leicht passieren können, daß ein solcher Text zwischen alle Fronten gerät und letztlich zwischen die Stühle fällt. Es ehrt sowohl „Konservativ“ wie auch „Progressiv“ auf der Synode, daß dies nicht geschehen ist. Man hatte begriffen, daß „politische Theologie“, wenn sie richtig verstanden wird, eben nicht ideologisch-parteilich ist.

Wird hier auf die „Glaubensnot“ geantwortet? Nicht in dem Sinne, daß man bestimmte Fragen vorlegt, die heute von vielen gestellt werden und auf die man nun die christliche Antwort weiß. Die Not wird tiefer anvisiert: indem die Hoffnungskraft des christlichen Glaubens entfaltet wird; welche Möglichkeiten in den angeblichen „Leerformeln“ des Credos stecken; daß man erkennt, wie der Glaube die Welt überwindet; daß man nicht mühsam auf Fragen zu antworten sucht, die eher ein Vorwand sind; daß man die „Sinn- und Tröstungskraft des christlichen Glaubens“ nicht durch „Reformen“ überspielt. So geht man auf die tieferen, auf die nicht-kasuistischen Fragen des heutigen Menschen ein: Ob Gott nicht etwa ein Lückenbüßer unserer Illusionen ist; welchen Sinn wohl das Leiden haben mag; wo das wahre Glück liegt; warum es so viel Ungerechtigkeit und ob es ein ewiges Gericht gibt; ob Schuld und Sünde nicht Verdrängungen sind; wohin ein naiver Fortschrittsoptimismus führt; wo in einer leidvoll zerrissenen Welt ein Ort der Gemeinschaft (nämlich die Kirche) zu finden wäre.

Die dem grundlegenden ersten Teil folgenden drei Hauptteile sind jeweils viel kürzer. Sie haben die Aufgabe, nach dem Grundsätzlichen einige konkrete Ansatzpunkte des Handelns aufzuzeigen. Hier geht es weniger um „Verständnis" des Glaubens heute, sondern mehr um die Imperative, um das, was wir tun sollen.

*Teil II* heißt: *„Das eine Zeugnis und die vielen Träger der Hoffnung"*. Vier Anfragen an die Christen werden formuliert: 1. Wie unser Verhältnis zur Welt sich darstellen soll zwischen Weltflucht/Weltangst und Welthingabe/Weltanpassung. 2. Leben wir, die Christen, tatsächlich die „Sprengkraft" der Hoffnung? Sind wir in unserem Handeln identisch mit ihr? Oder reden wir nur vom Glauben? 3. Was bedeutet unter diesen Umständen die Nachfolge Christi? Welche Herausforderung steckt in der heute üblichen Alternative „Jesus, ja – Kirche, nein"? Zwischen einem „folgenlosen Kult der Selbstbezichtigung" und „bloßen Durchhalteappellen" in der „bösen Welt" heißt es einen Weg der Nachfolge zu gehen, der Kompromißlosigkeit mit Liebe verbindet. 4. Beachten wir in diesem Streben die Vielfalt der freien Geistesgaben Gottes? Sind wir auf der einen Seite zu eng, auf der andern zu einförmig-gleichgestaltig? Der Schritt müsse gelingen „von einer protektionistisch anmutenden Kirche für das Volk zu einer lebendigen Kirche des Volkes, in der alle auf ihre Art sich verantwortlich beteiligt wissen am Schicksal dieser Kirche und an ihrem öffentlichen Zeugnis der Hoffnung".

*Teil III* ist wieder etwas länger und trägt die Überschrift *„Wege in die Nachfolge"*. Diese vier Wege sind: 1. Das Kreuz, 2. die Armut, 3. die Freiheit, 4. die Freude. Zu jedem dieser geheimnisvollen christlichen Begriffe werden Imperative mitgegeben, die unsere üblichen, ausgelaugten Schablonen aufbrechen und das biblische Urgestein der Forderung Jesu lebendig machen. Nicht zuwenig Anpassung an die Welt wird der Kirche vorgeworfen, sondern zuviel Anpassung – im Sinne der Vorwürfe, die Dostojewski in den „Brüdern Karamasoff" vor dem Großinquisitor ausbreitet. Die Sätze über die Armut sind mit Recht nicht gemildert, aber in eine richtige Balance gesetzt worden. Besonders dankbar ist man für den kleinen Abschnitt über die Freude, wie überhaupt der ganze Text durchaus nicht den Geist der Resignation atmet: „So zielt schließlich alle Erneuerung unseres kirchlichen Lebens darauf, daß diese Freude sich in ungezählten Brechungen im Antlitz unserer Kirche spiegele und daß so das Zeugnis der Hoffnung in unserer Gesellschaft zu einer Einladung zur Freude wird."

*Teil IV* nennt unter dem Titel *„Sendungen für Gesamtkirche und Gesamtgesellschaft"* vier vorrangige Aufgaben für das Leben der Kirche heute: 1. die Einheit der getrennten Kirchen, die Ökumene, 2. das Gespräch und die Versöhnung mit dem jüdischen Volk, 3. „Tischgemeinschaft mit den armen Kirchen", 4. der Einsatz für eine menschenwürdige („lebenswürdig" heißt es wörtlich) Zukunft der Menschheit. Damit werden vier Schwerpunkte genannt, die nicht zufällig ausgewählt sind und die in dem Vielerlei der kirchlichen Initiativen heute eindeutige Prioritäten vermitteln könnten. Jeder der vier Abschnitte beginnt mit einem Satz, der allein fast schon begründet, warum gerade dieser Bereich anvisiert wurde:

1. „Wir sind die Kirche des Landes der Reformation ..."
2. „Wir sind das Land, dessen jüngste politische Geschichte von dem Versuch verfinstert ist, das jüdische Volk systematisch auszurotten ..."
3. „Wir sind offensichtlich die Kirche eines vergleichsweise reichen und wirtschaftlich mächtigen Landes ..."
4. „Wir sind die Kirche eines industriell und technologisch hochentwickelten Landes ..."

1. In bezug auf die *Ökumene* wird aufgerufen, die aufgeblühte Bewegung der letzten Jahre nicht wieder „austrocknen" zu lassen. „Wir wollen den Skandal der zerrissenen Christenheit, der sich angesichts einer immer rascher zusammenwachsenden Welt tagtäglich verschärft (!), nicht bagatellisieren oder vertuschen. Und wir wollen die konkreten Möglichkeiten und Ansatzpunkte für eine verantwortliche Verwirklichung der Einheit nicht übersehen oder unterschätzen."

Fortgeführt werden diese Gedanken in dem Synoden-Dokument „Pastorale Zusammenarbeit der christlichen Kirchen im Dienst an der christlichen Einheit" (vgl. S. 90ff.).

2. In bezug auf die *Juden* wird für die deutsche Kirche eine eigene Situation anerkannt. „Wir sehen eine besondere Verpflichtung der deutschen Kirche innerhalb der Gesamtkirche gerade darin, auf ein neues Verhältnis der Christen zum jüdischen Volk und seiner Glaubensgeschichte hinzuwirken." Die Ursachen dieser Haltung kennt jeder: die Vernichtung von Millionen von Juden während der Nazi-Zeit. In knappen, sehr eindrucksvollen Sätzen wird aber nicht der politische oder rassische Gesichtspunkt in den Vordergrund gerückt, sondern der heilsgeschichtliche, eine Sicht, die vielen Christen fremd ist. „Gerade wir in Deutschland dürfen den Heilszusammenhang zwischen dem altbundlichen und neubundlichen Gottesvolk ... nicht verleugnen ... Denn auch in diesem Sinn sind wir in unserem Land zu Schuldnern des jüdischen Volkes geworden. Schließlich hängt die Glaubwürdigkeit unserer Rede vom ‚Gott der Hoffnung' angesichts

eines hoffnungslosen Grauens wie dem von Auschwitz vor allem daran, daß es Ungezählte gab, Juden und Christen, die diesen Gott sogar in einer solchen Hölle und nach dem Erlebnis einer solchen Hölle genannt und angerufen haben."

3. Der nächste Abschnitt ruft dazu auf, mit den armen Kirchen in aller Welt *„Tischgemeinschaft"* zu halten – ein schönes Bild, das den sakralen und realen Zug christlicher Verbundenheit zum Ausdruck bringt. Wenn man den armen Kirchen Hilfe zukommen lasse, dann sei das kein Almosen. Wir sollten vielmehr die Kirchen der dritten Welt einladen, gleichberechtigt an unserem Tisch zu sitzen, sollten also mit ihnen wahrhaft teilen. Die Tatsache, daß ein Teil der christlichen Kirche den Anschein einer bürgerlichen Religion der Glücklichen und Reichen erweckt, ein anderer Teil aber wie eine „Volksreligion der Unglücklichen" wirkt, derer, die in Armut und Not leben, sei ein Skandal. Das mache jede Eucharistiefeier, wo es um wahre Tischgemeinschaft gehe, unglaubwürdig. „Hier müssen gerade wir in unserem Land handeln und helfen und teilen – aus dem Bewußtsein heraus, ein gemeinsames Volk Gottes zu sein, das zum Subjekt einer neuen verheißungsvollen Geschichte berufen wurde." Das Geld, das dieses Teilen uns kostet, sei „Preis unserer Orthodoxie".

4. „Für eine *lebenswürdige Zukunft* der Menschen" heißt der vierte Abschnitt. Mit ihm schließt der Text: es geht um die gesamtgesellschaftliche Verantwortung der Kirche, um soziale und politische Diakonie. Ausgangspunkt ist nicht der noch weithin das Feld beherrschende Fortschrittsglaube, sondern es sind die „Grenzen des Wachstums", die immer deutlicher als unausweichlich vor uns hintreten. Als Glieder eines hochindustrialisierten Landes sollten wir bereit sein, uns schon jetzt auf den Verzicht vorzubereiten. „Es werden uns neue Orientierungen unserer Interessen und Leistungsziele, aber auch neue Formen der Selbstbescheidung, gewissermaßen der kollektiven Aszese abverlangt." Das kann gefährliche Entwicklungen provozieren, meint der Text. Niemand verzichtet gern, gibt her, was er besitzt. Wenn die Stunde des Verzichts für die westliche Wohlstandsgesellschaft gekommen sei, werde es sich zeigen, welche moralischen Reserven in einer solchen Situation die Kirche noch zu mobilisieren vermag. Die Kirche dürfe in der Erfahrung der Grenzen des Wachstums nicht „in apokalyptischer Schadenfreude" beiseite stehen. Sicher sei es gewissermaßen „gut" für uns, daß – banal gesprochen – die Bäume nicht in den Himmel wachsen, wichtig sei jedoch, daß eine solche Erfahrung in einer guten Weise bewältigt wird.

Am Schluß des Textes wird noch einmal, damit keine Mißverständnisse in bezug auf den grundsätzlichen Schöpfungsoptimismus der

Christen auftreten können, die Solidarität mit allen weltlichen Bestrebungen betont, die im Dienst des Fortschritts stehen:

„... treten wir auch ein in das leidenschaftliche Ringen um Gerechtigkeit, Freiheit und Frieden für alle. Unsere Bereitschaft zu gesamtgesellschaftlichen Verpflichtungen bewährt sich schließlich in unserem Einstehen für Gerechtigkeit, Freiheit und Frieden in der Welt. Dabei rückt uns der Auftrag unserer Hoffnung auch anderen nahe, die solche Ziele in selbstlosem Einsatz anstreben und die allen Formen der Unterdrückung widerstehen, durch die das Antlitz des Menschen zerstört wird...“

*Die Sprache*

Nachdem der erste Entwurf zu diesem Dokument im Winter 1974/75 der Öffentlichkeit bekannt gemacht worden war, wurde bald auf seine eigenartige Sprache hingewiesen. Sie entspricht in keiner Weise dem üblichen kirchlichen und theologischen Sprechen und stand zuerst wie ein fremder Felsblock im Gelände der Synode. Schultheologie war hier jedenfalls nicht zu finden, aber auch nicht das Kirchendeutsch mancher Volksmissionare. Vieles wirkte befremdend, manches sogar anstößig. Harte Kontraste und eine rauhe Stilistik luden nicht zum Verweilen ein. Viele waren geschockt und irritiert. Manche auf den ersten Blick abseitige Vergleiche und neuartige Wortbildungen waren zumindest originell. „Interessant“ war dieser Text auf jeden Fall, und eine gewisse Faszination des Überraschenden ging von ihm aus. Wenn er polemisch wurde, so klang diese Polemik oft ganz anders als gewohnt. Dieser Text sprengte irgendwie die gängigen Schablonen. Ist das nun „konservativ“ oder „progressiv“, fragten sich viele. Im ganzen schien die Vorlage schwer verständlich, manche sprachen sogar von einer Zumutung.

Was steckt hinter solcher Eigenart? Intellektueller Hochmut oder die Sucht nach einer aparten Ausdrucksweise? Die Deutsche Bischofskonferenz forderte in ihrer ersten Stellungnahme, daß die Sprache dieser Vorlage „allen“ verständlich sein sollte. „Breite Schichten unserer Gläubigen werden sie mehr beachten und besser verstehen, wenn komplizierte Formulierungen vereinfacht werden.“ Die Sachkommission hat versucht, solchen Forderungen zu entsprechen. Aber der Berichterstatter erklärte schon in der Debatte, daß da doch gewisse Grenzen seien. Man könne Sprache und Gehalt nicht trennen wie Inhalt und Verpackung. Einige störte es, daß auch Ausdrücke der sogenannten „kritischen Theorie“ verwendet würden.

Die moderne Sprachtheorie hat schärfer als in früheren Zeiten erkannt, daß jede literarische Gattung bis in Einzelheiten hinein eine besondere sprachliche Eigenart besitzt, besitzen muß. Wir meinen, daß der Text „Unsere Hoffnung" eine Sprachgestalt aufweist, die genau seinem Zweck und seinem Inhalt entspricht. Das, was hier gesagt werden soll, kann man eben nicht genausogut anders sagen.

Hier wird nicht Wissenschaft, aber auch nicht Dichtung vorgelegt, sondern es handelt sich um ein (christliches) „Bekenntnis". Wir treten einer kerygmatischen Sprache gegenüber, die eine Mitte einhält zwischen Meditation und Reflexion, also zwischen geistlicher Auferbauung und rationalem Nachdenken. Diese Sprache ist „schwer", weil sie vom „Unaussprechlichen" Zeugnis ablegen will. Merkwürdig unbeachtet bleibt in Diskussionen über das kirchliche Sprechen heute oft die Tatsache, daß auch die frühesten Urkunden des christlichen Glaubens durchaus nicht „einfach" oder gar „volkstümlich" sind. Die ersten Christen waren sicher einfache Menschen, aber Paulus hat ihnen in seinen Briefen doch wohl einiges zugemutet! Offenbar „konnte" er nicht anders sprechen. Auch die etwas späteren Evangelien sind durchaus nicht auf den flachen Verstehenshorizont des hellenistischen Allerweltsmenschen zugeschnitten. Oder denken wir an das spätere Johannesevangelium. Offenbar fordert das christliche Bekenntnis, wenn es wirklich vom realen Geheimnis der Erlösung sprechen will, den „normalen" Verstand heraus – nicht im Sinne eines intellektuellen Anspruchs, sondern einer harten geistlichen Einwurzelung in das Heilsgeheimnis.

Bei der Lektüre des Dokuments „Unsere Hoffnung" bereitet wahrscheinlich noch eine zweite Tatsache Schwierigkeiten: der gesellschaftliche Horizont, aus dem es spricht, ist vielen Gläubigen noch irgendwie ungewohnt. Jedes Bekenntnis ist ja immer auch, wenn es das rein Subjektive überschreiten soll, Ausdruck einer Gruppe, Widerspiegelung einer Gruppen-Erfahrung. Unser gegenwärtiges kirchliches Bekenntnis ist noch stark geprägt von der Geisteswelt des Mittelalters, einem Ordo-Denken, das tief in die griechisch-abendländische Überlieferung eingewurzelt ist. Unser Text versucht (versucht!) darüber hinauszugehen, durchzustoßen zu einer Form der Verkündigung, die dem neuzeitlich-dynamischen Denken entspricht, im Sinne einer „kontextualen" Theologie.

Wenn also jetzt überlegt wird, wie man diesen „schwierigen" Text für Predigt und Katechese „übersetzen" könnte, dann kann es nicht einfach darum gehen, aus einer höheren intellektuellen Ebene in eine einfachere hinabzusteigen. Das könnte leicht eine unerträgliche Banalisierung ergeben, die das ganze mehr verfälscht als übersetzt. Sondern wichtiger wäre wohl: Verständnis zu wecken für eine Sprache, die aus den Schubladen des Gewohnten ausbricht und dem Christen von heute zeigt, wie er in seinem Zeugnis und Bekenntnis den Herausforderungen unseres Zeitalters entsprechen kann und vielleicht muß. Es geht nicht darum, das Altvertraute wiederzufinden und zu wiederholen und es gar mit der Wahrheit selbst zu verwechseln. Die christliche Sprache muß ein Wagnis sein! Es wäre ein Ereignis für die deutsche Kirche, wenn sie in aller Breite bereit wäre, das kühne Sprechen dieses Dokuments wirklich anzunehmen, zu rezipieren. Die Synode hat – fast erstaunlich – ohne größere Schwierigkeiten den ersten Schritt getan, im Namen aller. Jetzt kommt es darauf an, daß auch die Pfarrer, die Erstverkünder in den Gemeinden, sich dieser Öffnung anschließen. Unser Synoden-Dokument ist auch darin eine Chance.

*Textbeispiel: „Auferweckung der Toten"*

Von den acht Glaubensartikeln des ersten, grundlegenden Teils von „Unsere Hoffnung" sei hier einer herausgegriffen, um in einer kurzen Interpretation zu zeigen, wie da gesprochen und argumentiert wird. Nachdem im Text die Gottesfrage und das „Leiden und Sterben Jesu Christi" behandelt sind, wird die Mitte des christlichen Glaubens in den Blick gerückt:

*„Gott aber hat diesen gekreuzigten Jesus auch durch das äußerste Leiden und die letzte Verlassenheit hindurch gehalten und ihn ein für allemal der Nacht des Todes entrissen..."*

*„Der Gekreuzigte ist so zum Tod des Todes und für alle zum ‚Anführer des Lebens'... geworden. Im Blick auf diesen Jesus, den Gekreuzigten und Auferstandenen, erhoffen wir auch für uns die Auferweckung der Toten."*

Man beginnt also mit einem klaren, eindeutigen Bekenntnis – so ist es in allen acht „Artikeln" unseres Dokuments. Das ist überall der Ausgangspunkt. Es wird nicht viel um die Sache herumgeredet, langsam erst ein „Vorverständnis" anvisiert, sondern der Beginn ist etwas Gesetztes, Vorgegebenes, das Faktum der Offenbarung, die Verkündigung dessen, „was ist".

Der zweite Gedankengang, der sich unmittelbar an den „Glaubenssatz" (das Dogma!) anschließt, ist ein Blick auf die unbezweifelbare Tatsache, daß er in unserer heutigen Lebenswelt für sehr viele Menschen wenig Bedeutung hat. Der „Kontext" wird hergestellt:

*„Unserer heutigen Lebenswelt scheint dieses Geheimnis unserer Hoffnung besonders weit entrückt."*

Auch hier ein „Faktum", etwas Vorgegebenes. Es steht dem Glaubenssatz diametral entgegen.

In einem dritten Gedankengang wird der Grund genannt, *warum* die christliche Botschaft heute so wenig Anhang findet:

„*Offenbar stehen wir alle zu sehr unter dem anonymen Druck eines gesellschaftlichen Bewußtseins, das uns von der Botschaft der Auferweckung der Toten immer weiter entfernt, weil es uns zuvor schon von der Sinngemeinschaft der Toten überhaupt getrennt hat.*“

Das ist recht überraschend! Wir sollen nicht an die Auferstehung glauben, weil wir zuvor nicht mehr an eine „Sinngemeinschaft“ der Toten glauben? Als Ursache für diese Entfremdung von den Toten wird ein anonymes gesellschaftliches Bewußtsein genannt – das wird später noch näher erläutert werden. Nun, wenn wir uns auf die Behauptung, daß wir erst einmal unser Verhältnis zu den Toten befragen müßten, einlassen, dann hören wir:

„*Gewiß, auch wir Menschen von heute werden noch heimgesucht vom Schmerz und von der Trauer, von der Melancholie und vom oft sprachlosen Leiden am ungetrösteten Leid der Vergangenheit, am Leid der Toten. Aber stärker, so scheint es, ist unsere Berührungsangst vor dem Tod überhaupt, unsere Fühllosigkeit gegenüber den Toten. Gibt es nicht zu wenige, die sich unter diesen Toten Freunde und Brüder bewahren oder gar suchen? Wer spürt etwas von ihrer Unzufriedenheit? Von ihrem stummen Protest gegen unsere Gleichgültigkeit? ...*“

In einem fast mythischen Bild – man denkt an ähnliche Klagen Rilkes – wird unser banaler „Realismus“ angeklagt, der die Toten aus unserer Lebenswelt verdrängt hat.

Im nächsten Abschnitt – wir haben einige Sätze übersprungen – wird geschildert, welche Folgen diese Vergessenheit der Toten für die Ordnung und Sinnhaftigkeit der menschlichen Dinge hat:

„*... diese Frage nach dem Leben der Toten zu vergessen und zu verdrängen ist zutiefst inhuman.*“

Wieder ein „Satz“, der wie ein Block dasteht. Anschließend wird er begründet:

„*Denn es bedeutet, die vergangenen Leiden zu vergessen und zu verdrängen und uns der Sinnlosigkeit dieser Leiden widerspruchslos zu ergeben. Schließlich macht auch kein Glück der Enkel das Leid der Väter wieder gut, und kein sozialer Fortschritt versöhnt die Ungerechtigkeit, die den Toten widerfahren ist.*“

Mit anderen Worten: wer die Toten vergißt, ihnen also keine Hoffnung mehr zuspricht, erklärt, daß jene von ihnen, denen keine Gerechtigkeit und kein Glück widerfahren ist, für immer in der Ungerechtigkeit und im Unglück bleiben werden. Ihr Leben ist sinnlos. „Pech gehabt?“ Auf das „Glück der Enkel“ zu verweisen, meint der Text, sei letztlich Zynismus.

*„Wenn wir uns zu lange der Sinnlosigkeit des Todes und der Gleichgültigkeit gegenüber den Toten unterwerfen, werden wir am Ende auch für die Lebenden nur noch banale Versprechen parat haben."*

Wer für vergangene Ungerechtigkeit keine Hoffnung mehr hat, der hat sie im Grunde auch nicht mehr für die gegenwärtige.

*„Nicht nur das Wachstum unseres wirtschaftlichen Potentials ist begrenzt, wie man uns heute einschärft; auch das Potential an Sinn scheint begrenzt, und es ist, als gingen die Reserven zur Neige und als bestünde die Gefahr, daß den großen Worten, unter denen wir unsere eigene Geschichte betreiben – Freiheit, Emanzipation, Gerechtigkeit, Glück –, am Ende nur noch ein ausgelaugter, ausgetrockneter Sinn entspricht."*

Man muß hier einen Moment einhalten und sich an den Ausgangspunkt dieser Gedanken erinnern: die Hoffnung auf die Auferstehung der Toten. Sie wird in unserer Gesellschaft verdrängt, weil man die Toten verdrängt, die Toten aber werden verdrängt – weil man sich Illusionen über Gegenwart und Zukunft macht. Die Parolen der „Welt" werden als „falsche Versprechungen" enthüllt, als Blendwerk. Gerechtigkeit, Glück: es wird nicht gesagt, daß diese Begriffe keinen Sinn hätten und daß man sich von dieser „Welt" abkehren solle, sondern: so, wie man mit den großen Worten und Versprechungen umgeht, führt das alles in die Hoffnungslosigkeit. Die „Welt" stiftet uns dazu an, die Toten zu vergessen, damit wir nicht an die Sinnlosigkeit vieler Tode denken müssen.

*„In dieser Situation bekennen wir Christen unsere Hoffnung auf die Auferweckung der Toten."*

In einem trotzigen Dennoch?

*„Sie ist keine schön ersonnene Utopie."*

Warum nicht?

*„Sie wurzelt vielmehr im Zeugnis von Christi Auferstehung, das von Anbeginn die Mitte unserer christlichen Gemeinschaft bildet. Was die Jünger bezeugten, entsprang nicht ihren Wunschträumen, sondern einer Wirklichkeit, die sich gegen alle ihre Zweifel durchsetzte und sie bekennen ließ: ‚Der Herr ist wahrhaft auferstanden!' (Lk 24,34)."*

Das christliche Bekenntnis wird biblisch begründet. Das Zeugnis der Heiligen Schrift ist zuverlässig. Die Jünger hatten selbst gezweifelt, dann aber geglaubt. Es wird in diesem Text keine exegetische Begründung gegeben, selbstverständlich nicht. Der Verweis auf die Bibel genügt. Wer Näheres wissen will, muß sich mit ihr beschäftigen und auseinandersetzen. Sie ist das Fundament unseres Glaubens.

Anschließend wird der Auferstehungsglaube selbst näher charakterisiert:

*„Das Hoffnungswort von der Auferweckung der Toten, das sich auf dieses österliche Geschehen gründet, spricht von einer Zukunft für alle, für die Lebenden und die Toten. Und gerade weil es von einer Zukunft für die Toten spricht, davon, daß sie, die längst Vergessenen, unvergeßlich sind im Gedenken des lebendigen Gottes und für immer in ihm leben, spricht dieses Hoffnungswort von einer wahrhaft menschlichen Zukunft, die nicht immer wieder... von einem gleichgültigen Naturschicksal verschlungen wird...“*

Der tiefe menschliche Sinn des christlichen Glaubens wird in den Blick gerückt, seine „Tröstungskraft“: daß er allein Leben, wirkliches Leben verheißt, während sonst doch alles – trotz der Versprechungen der Welt – im Tode bleibt, trotz „Evolution“ und aller Zukunftsvisionen. Das christliche Hoffnungswort von der Auferstehung hat eine zutiefst befreiende Humanität, und:

*„Gerade weil es von einer Zukunft für die Toten spricht, ist es ein Wort der Gerechtigkeit, ein Wort des Widerstands gegen jeden Versuch, den immer wieder ersehnten und gesuchten Sinn menschlichen Lebens einfach zu halbieren und ihn allenfalls für die jeweils Kommenden, die Durchgekommenen, gewissermaßen für die glücklichen Endsieger und Nutznießer der Geschichte zu reservieren.“*

Der innere Zusammenhang mit den innerweltlichen Freiheitsverheißungen, der „Kontext“ des Auferstehungsglaubens scheint auf. Und: daß er die „Erfüllung“ der Geschichte ist; daß, wer die Toten nicht vergißt und ihnen gegenüber nicht ungerecht sein will, gar nicht anders denken, hoffen und glauben kann.

*„Die Hoffnung auf die Auferweckung der Toten, der Glaube an die Durchbrechung der Schranke des Todes macht uns frei zu einem Leben gegen die reine Selbstbehauptung, deren Wahrheit der Tod ist.“*

Wenn wir glauben, müssen wir nicht immer danach trachten, „vorn“ zu sein, damit wir vom Glück der Zukunft und des Fortschritts noch einen Zipfel erhaschen können. Auch wenn wir unglücklich sterben, wir brauchen keine Angst zu haben, etwas versäumt zu haben, zu den Zu-kurz-Gekommenen zu gehören.

*„Diese Hoffnung stiftet uns dazu an, für andere da zu sein, das Leben anderer durch solidarisches und stellvertretendes Leiden zu verwandeln. Darin machen wir unsere Hoffnung anschaulich und lebendig, darin erfahren wir uns und teilen uns mit als österliche Menschen. ‚Wir wissen, daß wir vom Tod zum Leben hinübergeschritten sind, weil wir die Brüder lieben; wer nicht liebt, der bleibt im Tode‘ (1 Joh 3,14).“*

Dieses Beispiel mag hier genügen. Jeder, der ohne Vorurteile an den Text herangeht, wird nur den Kopf schütteln können über Leute, die ihm „Neomarxismus“ oder „Horizontalismus“ vorgeworfen haben. Gewiß werden hier nicht alle Aspekte des Osterglaubens dargestellt. Darum geht es aber auch gar nicht. Nach Meinung der Verfasser ist nur dieser eine kritische Punkt heute entscheidend: die Antwort auf die Frage, welche Gerechtigkeit wir den Toten zukommen lassen wollen, wenn wir nicht an die Auferstehung glauben; und: ob wir das Leid, das sich in den langen Epochen der Menschheitsgeschichte – Hunderttausende von Jahren – ereignet hat, als sinnlos erklären. Die „Glaubensnot“, die hinter der modernen Leugnung des österlichen Glaubens steht, wird letztlich als eine sublime Form eines zukunftsgerichteten Egoismus der Gegenwärtigen entlarvt. Denken wir bei der Auferstehung der Toten nur an uns selbst oder an die anderen?

# *Zweiter Teil*
# Innerkirchliche Reformen

Beim Zweiten Vatikanischen Konzil, der kirchenrechtlichen und kirchengeschichtlichen Grundlage der Gemeinsamen Synode der Bistümer in der Bundesrepublik Deutschland, hat man zwei große Gruppen von Dokumenten unterschieden: Beschlüsse, die mehr ins Innere der Kirche gerichtet sind (ad intra), und solche, die mehr das Gespräch mit der Welt draußen aufnehmen (ad extra). Man kann auch die 18 Dokumente, die von der Gemeinsamen Synode beschlossen worden sind, in dieser Weise „systematisieren". Aber natürlich läßt sich nicht alles fein säuberlich trennen, denn es gab auf der Synode nicht nur Überraschungen, sondern auch manche Überschneidungen. In *jedem* Beschluß steckt ein Stück innerkirchlicher Reform und Weltzuwendung zugleich.

In diesem zweiten Hauptteil sollen acht Dokumente vorgestellt werden, die sich in erster Linie mit Fragen der innerkirchlichen Reform befassen. Wir haben sie in vier Themenkreise eingeteilt, die bezeichnend sind für die Schwerpunkte gegenwärtigen kirchlichen Lebens: die *Einheit* der Kirche Christi, ihr *gottesdienstliches* (sakramental-liturgisches) Leben, die Rolle der *Gemeinde* aus Priestern, Laien, Bischöfen, die *seelsorglichen Strukturen* in der gewandelten Welt von heute. Diese Reformen sind letztlich ein Versuch –

*Erstens:*
Jene unbiblische Juridisierung und Klerikalisierung, die vom Konzil verurteilt worden ist, in vielen kirchlichen Bereichen praktisch zu

überwinden; das geschah vor allem durch eine bewußte Stärkung aller personalen, synodalen und charismatischen Elemente des kirchlichen Lebens.

*Zweitens:*
Eine ganze Reihe von konkreten Impulsen des Konzils umzusetzen in die kirchliche Wirklichkeit unseres Landes, wobei eine Fülle von Einzelfragen erörtert werden mußte.

*Drittens:*
Die katholische Kirche noch mehr als bisher dem ökumenischen Anruf zu öffnen. Bei jeder innerkirchlichen Maßnahme hatte sich die Synode zu fragen, ob diese auch dem ökumenischen Anspruch unserer Zeit gerecht wird.

*Viertens:*
Sich mit aktuellen Krisen der Seelsorge auseinanderzusetzen, wobei die eigentliche Krise in der Tatsache gesehen wurde, daß sogenannte Konservative und sogenannte Progressive kaum mehr miteinander zu sprechen bereit sind. Die Synode war hier ein ständiger Versuch, im Blick auf eine aktuelle Krise, wie z.B. den Priestermangel, den Rückgang der Gottesdienstbesucher, die grassierende Resignation und Kontestation, diesen gefährlichen Grund-Gegensatz überwinden zu helfen.

Alles in allem: ein Reformprogramm, das auf der Höhe unserer Zeit steht. Es steckt voller Chancen, das Antlitz der Kirche unserer Zeit zu erneuern. Die beschlossenen Texte enthalten weit mehr, als die bisherige Diskussion um einige „heiße Eisen“ vermuten läßt.

# 1. Gemeinschaft in der Trennung

## Die Texte zur Ökumene

Mit dem Zweiten Vatikanischen Konzil und dem am 21. November 1964 verkündeten Ökumene-Dekret hat sich die katholische Kirche voll und ganz der ökumenischen Bewegung angeschlossen. Jahre, ja

Jahrzehnte standen die Katholiken allen Versuchen, die furchtbare Zersplitterung und Feindschaft der christlichen Konfessionen zu überwinden, mißtrauisch gegenüber. Sie meinten, diese mächtige Bewegung, die sich schließlich im 1948 gegründeten „Weltrat der Kirchen", auch „Ökumenischer Rat der Kirchen" genannt (Sitz in Genf), zusammenfand, unterminiere die Wahrheit des einen und einzigen rechten Glaubens. Katholische Theologen, die diese Sicht schon früh als falsch erkannten, wurden innerhalb der eigenen Kirche verfolgt, mundtot gemacht oder mußten zumindest eine krasse Außenseiter-Rolle übernehmen. Es ist ein Verdienst des späteren Kardinals Jaeger von Paderborn, daß er sich als einziges Mitglied des deutschen Episkopats schon früh der Notwendigkeit öffnete, die Spaltung der Christenheit auf einem ökumenischen Weg zu beheben.

Das hieß: nicht einfach durch Rückkehr zur katholischen Kirche, wie Papst Pius XII. gemeint hatte. Man mußte eine differenziertere Sicht der Verhältnisse annehmen: daß auch die katholische Kirche „ergänzungsbedürftig" sei, obwohl sie sich selbst durchaus (wie übrigens jede christliche Kirche) als „wahre Kirche Jesu Christi" versteht. Man stellte fest, daß ein starrer Wahrheitsbegriff unbeschadet der Glaubenssubstanz abgelöst werden könnte durch ein Verständnis, in dem die begrenzte Geschichtlichkeit jeder christlichen Aussage beachtet wurde. So konnte auch die katholische Kirche beginnen, sich an dem so notwendigen Suchen nach der Einheit der Christen zu beteiligen.

Dies war natürlich ein schwerer Umbruch des Denkens, der nur durch den „charismatischen" Papst Johannes XXIII. in dieser klaren und entschiedenen Weise möglich war.

Zwei Aufgaben stellten sich: durch innere Reformen in der eigenen Kirche all jenes zu überwinden, das dem Geist der ökumenischen Hinwendung widersprach, und, zweitens, im Gespräch mit den anderen Kirchen eine Basis der praktischen Zusammenarbeit zu suchen.

### *Welche Interpretation ist die richtige?*

Die Schwierigkeiten der ersten Jahre waren nicht gering. Jene Kreise, die schon auf dem Konzil heftig gegen den ökumenischen Aufbruch opponiert hatten, setzten alles daran, die erlassenen Texte so eng wie möglich auszulegen. Der Nachfolger Johannes' XXIII. war zwar vom Willen erfüllt, das ökumenische Testament seines Vorgängers zu erfüllen, aber schon seine ganz anders gelagerten persönlichen Voraussetzungen brachten manche Akzentverschiebung: Paul VI. hatte sein ganzes Leben in einer integralen katholischen Umwelt verlebt und kannte nicht-katholische Christen und Kirchen kaum aus dem persönlichen Umgang.

Trotzdem waren seine ersten Initiativen kühn: die Reisen nach Istanbul und Jerusalem, die Treffen mit dem Patriarchen Athenagoras und die Aufhebung der Bannflüche des Jahres 1054, später die Reise zum Weltrat der Kirchen nach Genf und die theologischen Gespräche mit den Weltbünden der Lutheraner, Anglikaner und Reformierten, die recht konkrete Ergebnisse brachten.

Aber bald machte sich im ökumenischen Engagement der Katholiken Enttäuschung breit. Sowohl in den inneren Reformen wie in der praktischen Zusammenarbeit wurden enge Grenzen markiert. Das wurde besonders deutlich in der Mischehen-Frage, dem ersten „Testfall". Die Kirche tat sich äußerst schwer, ihre völlig veraltete und letztlich unzumutbare Mischehen-Gesetzgebung (Versprechen der katholischen Kindererziehung auch vom nicht-katholischen Ehepartner) zu reformieren. Als 1966 die erste römische Instruktion zur katholischen Mischehengesetzgebung erlassen wurde, herrschte allseits Niedergeschlagenheit. War das alles, was Rom zu bieten hatte? Man hatte die Bitterkeit unterschätzt, die in breiten Schichten gerade über die katholische Haltung in der Mischehenfrage herrschte. Ein tiefes Unverständnis gegenüber der realen Situation der Gläubigen schien sich kundzutun. Ein Beweis, wie wenig führende Kirchenleute vom Geist der von ihnen selbst erlassenen Dekrete erfaßt waren?

Zwei Jahre brauchte es, bis 1970 ein zweiter römischer Mischehen-Erlaß („Matrimonia mixta") die schlimmsten Wunden zu heilen versuchte. Er brachte zwar den ersehnten Durchbruch, aber ein großes Vertrauenskapital war inzwischen verschleudert worden. Bis heute konnte sich die katholische Kirche von diesem ersten Vertrauensverlust nicht mehr richtig erholen.

In der Mischehenfrage standen die meisten deutschen Bischöfe nicht hinter Rom, sondern hinter den Reformbestrebungen, die zum Erfolg führten. Und so konnten sie hoffen, daß beim ersten ökumenischen Kirchentag in der deutschen Geschichte, beim Augsburger Pfingsttreffen im Jahr 1971, nun von dieser Vertrauensbasis aus die Zukunft anvisiert werden konnte. Aber statt Harmonie und Eintracht gab es in Augsburg leider neue Konfrontationen und Auseinandersetzungen. Die „Basis" wollte mehr! Vor allem die gemeinsame Eucharistie, zumindest die offene Kommunion, das heißt: Katholiken sollten in besonderen Fällen zum evangelischen Abendmahl und umgekehrt Evangelische zur katholischen Kommunion zugelassen werden. Besonders in Mischehen und in ökumenischen Kreisen stellte sich diese Frage. Gottesdienste mit offener Kommunion, die beim Augsburger Pfingsttreffen stattfanden, führten zu scharfen Maßnahmen der „Amtskirche“, die wenig öffentlichen Beifall erhielten. Diese Verbote waren vielen um so unverständlicher, als man versucht hatte, bei solchen Gemeinschaftsfeiern theologisch korrekte Wege zu gehen, durch „Interzelebration“, nach verschiedenen „Modellen“ der Liturgie usw. Aber die Eucharistie sollte nach dem Willen der Bischöfe nicht „Weg“, sondern „Ausdruck“ der kirchlichen Einheit sein, die ja noch nicht vorhanden war. Sie sollte am Ende des ökumenischen Weges stehen.

### *Drei Kreise: die Theologie, die Basis, die Institutionen*

Nachdem der „Testfall Mischehe“ glücklich durchgestanden war und die ständigen Kontakte auf allen Ebenen trotz der Krisen nicht aufhörten, schien man wieder – wenn auch ernüchtert – Hoffnung zu schöpfen. Drei große ökumenische Initiativkreise entwickelten sich:

1. Die Gespräche der wissenschaftlichen Theologie, die seit dem Konzil gerade in Deutschland eine heute eher noch unterschätzte Rolle spielen. Lehrstühle und Institute für ökumenische Theologie besonders in Münster, München und Tübingen leisteten schon früh wertvollste Aufbaudienste. Hunderte von jungen Theologen gingen durch diese Schulen und verbreiteten als „Multiplikatoren“ die Zuversicht, daß man auch auf zuverlässiger theologischer Grundlage mehr verlangen und erreichen könne, als man bisher wohl dachte. Das im Jahr 1974 veröffentlichte Memorandum der ökumenischen Institute zur Frage der gegenseitigen Anerkennung der Ämter ließ die Bedeutung dieser stillen theologischen Arbeit schlagartig erkennen. Aber auch die Zusammenarbeit in anderen Fächern, vor allem in der Bibelwissenschaft, brachte Fortschritte, die früher nur wenige für möglich gehalten hätten. Die Nachbarschaft von katholischen und evangelischen Fakultäten erwies sich als ökumenischer Faktor ersten Ranges. Begleitet wurde diese theologische Arbeit von einer regen Publikationstätigkeit, der die restaurativen Kreise nichts Gleichwertiges entgegensetzen konnten.

2. Trotz der Hemmungen von oben entfaltete sich an der „Basis“, also in den Pfarreien, in der Caritasarbeit, bei der Telefonseelsorge, in vielen kirchlichen Berührungsfeldern der Praxis eine Bewegung, die in erstaunlicher ökumenischer Offenheit aufeinander zuging. An vielen Orten entstanden Gesprächs- und Aktionsgruppen, oft angeregt durch Katholiken. „Mischehenkreise“ machten von sich reden. Besonders wichtig wurde die ökumenische Öffnung der von Pater

Leppich gegründeten „action 365“, die eine intensive Integrationskraft entwickelte. Die ökumenische Ausrichtung dieser Laienbewegung ging so weit, daß Pater Leppich sich von ihr trennte, weil er nicht verantworten wollte, daß Nicht-Katholiken auch im Leiterkreis tätig waren. Die „action 365“ gab und gibt Informationsblätter „Ökumene am Ort“ heraus, die eine weite Verbreitung fanden. Zusammenschlüsse freier Gruppen auf Bundesebene in der „Arbeitsgemeinschaft ökumenischer Kreise“, gemeinsame Veranstaltungen in kirchlichen Zentren, die Arbeit des Ökumenischen Instituts der Benediktinerabtei Niederaltaich oder des Hauses der Begegnung in der Abtei Neresheim schufen nicht nur ein neues Klima zwischen Katholiken und Protestanten, sondern auch einen zum Teil kämpferischen Willen, mit den ökumenischen Imperativen an der „Basis“ ernst zu machen. Manche setzten sich kühn über die Bestimmungen der Kirchenleitungen, die vor allem in der Kommuniongemeinschaft auf Grenzen drängten, hinweg, andere forderten zu Besinnung und Nüchternheit auf, ohne die Grundziele aus dem Auge zu verlieren.

3. Der dritte große Initiativkreis der nachkonziliaren ökumenischen Bewegung in Westdeutschland liegt im institutionell-amtlichen Bereich der Kirchen selbst. Auch hier wurde wertvolle Arbeit geleistet, die nicht unterschätzt werden darf. Zuerst müssen die regelmäßigen Kontakte zwischen der Bischofskonferenz und der Evangelischen Kirche in Deutschland (EKD) genannt werden, die schon 1966 einsetzten und die später zum Beitritt der katholischen Kirche zur „Arbeitsgemeinschaft christlicher Kirchen in der Bundesrepublik Deutschland“ führten. Auch auf regionaler Ebene wurden solche Arbeitsgemeinschaften nach dem Muster der angelsächsischen Christenräte geschaffen. Sie sind amtliche Einrichtungen zwischen den Kirchen. Das Schwergewicht mancher Initiativen legte sich in den letzten Jahren hierher. In vielen Orten, vor allem in den Städten, wurden solche Christenräte amtlichen oder halbamtlichen Charakters gegründet. Ihr besonderes Merkmal ist, daß in ihnen nicht nur die beiden großen, sondern auch die kleineren Kirchen vertreten sind: Altkatholiken, Methodisten, Baptisten, Orthodoxe, Altlutheraner, die Heilsarmee, die Quäker u.a. Die ökumenische Arbeit in Deutschland wurde zunehmend „multilateral“. Daneben trat eine Fülle von gegenseitigen Konsultationen, die sich mit theologischen, liturgischen, biblischen und diakonalen Fragen beschäftigten. Von der Zusammenarbeit beim Kindergartenbau bis zur Herausgabe eines gemeinsamen Bibeltextes und der Erstellung von einheitlichen Liedfassungen reichte das Arbeitsfeld. Von vielen ökumenischen Arbeitsgemeinschaften wurden Empfehlungen für das praktische Vorgehen herausgegeben, die die

Billigung der verschiedenen Kirchenleitungen fanden. Die gemeinsame Mischehenseelsorge wurde gefördert, in der Jugendarbeit eine mannigfaltige Kooperation gebilligt, Höhepunkte waren gemeinsame Erklärungen der Kirchenleitungen zur Reform des Paragraphen 218 und zu politischen und gesellschaftlichen Fragen.

In dieser Situation war nun zu fragen, was die katholische Synode zur weiteren Entwicklung beitragen könne. Die zuständige Kommission entschloß sich, ein Dokument zu erstellen, das zwei Schwerpunkte hatte: eine theologische Begründung und Zusammenfassung dieser vielfältigen Arbeit (damit man weiß, wozu das alles eigentlich dient) und praktische Richtlinien allgemeiner und detaillierter Art.

*Zur Entstehung der Vorlage*

Die Sachkommission X („Gesamtkirchliche und ökumenische Kooperation") hatte schon während der konstituierenden Vollversammlung der Gemeinsamen Synode Januar 1971 eine Untergruppe „Ökumene" gegründet, die den Auftrag erhielt, einen Entwurf „Ökumene am Ort" auszuarbeiten. Man brauchte eineinhalb Jahre, um den in der Kommission selbst hart umkämpften Wortlaut fertigzustellen. Er wurde im Sommer 1972 von der Gesamtkommission gebilligt, der Titel lautete nun (wie auch im endgültigen Dokument): „Pastorale Zusammenarbeit der Kirchen im Dienst an der christlichen Einheit".

Die Veröffentlichung des ersten Textes rief ein lebhaftes Echo hervor. Mit dem Thema Ökumene war ein Nerv getroffen! Die Deutsche Bischofskonferenz beschloß ihre amtliche Stellungnahme im November 1972. Sie erklärte, der Text sei eine „brauchbare Diskussionsgrundlage mit einer Anzahl guter Aussagen und Argumente". Man erhob aber Einwände gegen den ersten – theologischen – Teil. Er enthalte „dehnbare Formulierungen" und könne leicht zu Mißverständnissen Anlaß geben. Man spürte erhebliche Vorbehalte und hatte dunkle Ahnungen! Während der Debatte zur *ersten Lesung* am 6. und 7. Januar 1973 wurde bei manchen Synodalen tatsächlich aus den Vorbehalten – ein glattes Nein! Kardinal Jaeger wollte den theologischen Teil betont traditioneller ausgerichtet wissen und die Professoren Iserloh und Staudinger forderten völlige Streichung. Auch Bischof Hengsbach und andere äußerten sich so. Nicht nur Vertreter der Kommission wie Prof. Fries, sondern viele Synodalen widersprachen diesen Tendenzen. Karl Rahner setzte sich ein. Es herrschte eine ungeheuer gespannte Atmosphäre, die sich zum Teil in lang anhaltenden Mißfallens- oder Beifallsäußerungen kundgab. Schließlich setzte sich der evangelische Beobachter Bischof Harms von Oldenburg, der zu sprechen gebeten worden war, ebenfalls leidenschaftlich ein: „Servieren Sie uns nicht ein Papier ohne Theologie!“ Man dürfe nicht den Eindruck erwecken, „Rom schlage die Fenster zu“; ohne den theologischen Beitrag der katholischen Kirche sei das ökumenische Gespräch am Ende. Die Verblüffung über den Mut dieses evangelischen Beobachters war zuerst groß. Der langanhaltende Beifall, den diese historische Synodenansprache dann erhielt, wirkte befreiend. Sie sollte das erste Anzeichen einer wichtigen Wende sein. Ein evangelischer Bischof rettete die verfahrene Situation auf einer katholischen Synode.

Die Debatte wurde bei diesem Stand aus äußeren Gründen abgebrochen. Die Vollversammlung hatte jedoch beschlossen, daß ein Kapitel über die konfessionsverschiedenen Ehen bis zur nächsten Sitzung eingebaut werden sollte. Dieses Thema habe hier und nicht im Beschluß „Ehe und Familie“ seinen Ort. Außerdem dränge gerade in dieser Frage die Zeit, und die Ehe-Kommission könne nicht versprechen, einen entsprechenden Text *bald* vorzulegen.

Der Abschluß der ersten Lesung erfolgte ohne größere Schwierigkeiten dreiviertel Jahre später in der vierten Vollversammlung am 23. November 1973. Der theologische Teil und alle wesentlichen Aussagen konnten bleiben: 231 Ja, 22 Nein, 7 Enthaltungen.

Die zweite Lesung fand genau nach einem Jahr, November 1974, statt. In der Zwischenzeit waren nichtkatholische Sachverständige hinzugezogen worden. Die Debatte vom 23. und 24. November 1974 drehte sich hauptsächlich um die Frage, ob das „Ehehindernis der Bekenntnisverschiedenheit“ aufgehoben werden solle oder nicht. Die Mehrheit der Synode wünschte dies in einem Votum an den Papst, die deutsche Bischofskonferenz erklärte, sie könne in diesem Punkt zu keinem Entschluß kommen. Das Votum der Synode werde aber von den Bischöfen mit der Angabe der Gründe für Pro und Contra an Rom weitergeleitet. Eine offene Stellungnahme und eine faire Handlungsweise.

Mit 212 Ja, 14 Nein und 6 Enthaltungen wurde der Beschluß „Pastorale Zusammenarbeit der Kirchen im Dienst an der christlichen Einheit“ angenommen.

### *Der Inhalt*

Der Ökumene-Text der Synode umfaßt 22 Druckseiten.

Die *Einleitung* spricht von der gegenwärtigen Situation mit ihren positiven und negativen Seiten.

Der erste Teil bringt „*Theologische Überlegungen*“, und zwar in drei Schritten: Ansatz, Weg, Ziel der ökumenischen Bemühungen – in katholischer Sicht.

Der *Ansatz* ist die „*Kirche am Ort*“; daß dort in Zeugnis und Leben „alle eins“ sein sollten. Es werden in gedrängter und dennoch einfacher und verständlicher Sprache beachtliche Gedanken zur Theologie der Kirche vorgelegt.

Der Abschnitt „*Weg*“ war am meisten umstritten und der eigentliche Stein des Anstoßes. Hier wird erklärt, auf was man als Katholik eventuell „verzichten“ kann; daß man im ökumenischen Gespräch und in der ökumenischen Aktion „Substanz“ und „Weiterung“ unterscheiden muß; daß man eine „Hierarchie der Wahrheiten“ annehmen darf, wie das Konzil erklärt hat. Gedanken zur Geschichtlichkeit dogmatischer Aussagen ergänzen diese bemerkenswerte Perspektive ökumenischer Theologie.

Schließlich wird als „*Ziel*“ die *Einheit* der Kirche genannt. Aber welche Einheit? Nicht eine uniforme, sondern eine vielfältige. Die Anerkennung der Vielfalt ist die einzige Chance der getrennten Kirchen, zur Einheit zu gelangen.

Der zweite Teil trägt die Überschrift „*Pastorale Anregungen*“.

Er bringt zuerst *allgemeine Regeln* ökumenischer Zusammenarbeit, nach einer „Grundregel“ eine Beschreibung von „notwendigen Schritten und Verhaltensweisen“, dann einige „Erfahrungsregeln“.

„Zusammenarbeit *im pastoralen Bereich*“ heißt der zweite Abschnitt des zweiten Teils: Seelsorgeplanung, Taufpraxis, Konversionen, Bibel, Gebet und Gottesdienst (nur kurz und grundsätzlich), Öffentlichkeitsarbeit.

Der dritte (längere) Abschnitt bringt das Einschiebsel über die *konfessionsverschiedene Ehe,* das urspünglich nicht im Entwurf stand. Zuerst werden seelsorgliche Fragen verschiedenen Charakters, der Ehevorbereitung, der Kindererziehung, behandelt. Dann fordert die Synode die Aufhebung des „Ehehindernisses der Konfessionsverschiedenheit“. Die neueren Bestimmungen, u.a. daß bei einer Mischehe von der katholischen Trauung befreit („dispensiert“) werden kann, werden knapp und präzise wiederholt, Forderungen zur gemeinsamen Trauung, zur ehebegleitenden Seelsorge und zum religiösen Leben in konfessionsverschiedenen Ehen gestellt.

Der vierte Abschnitt behandelt die ökumenische Zusammenarbeit im *gesellschaftlichen Bereich:* in der Bildungsarbeit (theologische Fakultäten, Erwachsenenbildung, Jugendarbeit, Religionsunterricht, Kindergärten usw.), in der sozialen Arbeit (caritative Organisationen und Aktionen, Krankenpflege, Telefonseelsorge, Minderheiten- und Randgruppen-Betreuung, politische Diakonie).

Ein kurzer *dritter Teil* des gesamten Dokuments faßt die Voten und Empfehlungen zusammen, ein Katalog, der ein „Gewissensspiegel“ werden kann.

Die Gemeinsame Synode hat nicht nur im Beschluß „Pastorale Zusammenarbeit“ zu ökumenischen Problemen Stellung genommen. Als „durchgehende Perspektive“ findet sich Ökumenisches wohl in jedem Dokument. So darf man nicht von *einem* Text, sondern müßte eigentlich von vielen Texten sprechen. Auch im Grunddokument

„Unsere Hoffnung“ wird die ökumenische Frage sehr eindringlich dargelegt.

Es ist freilich unmöglich, diese Anregungen aus den einzelnen Beschlüssen herauszusuchen und hier gesondert aufzuführen. Das ist auch nicht nötig, weil sie sich ganz im Rahmen des hier Dargestellten bewegen. Bei *einem* Beschluß muß allerdings eine Ausnahme gemacht werden: die im Dokument „Gottesdienst“ enthaltenen Ausführungen über „Ökumenische Gottesdienste“.

*Ökumenische Gottesdienste*

Die Frage der ökumenischen Gottesdienste war im Themenplan der Synode nicht für die „ökumenische“ Sachkommission vorgesehen, sondern für Sachkommission II („Gottesdienst – Sakramente – Spiritualität“). Dabei blieb es auch, obwohl auch in Sachkommission X anfänglich an diesem Komplex gearbeitet wurde. Erst eineinhalb Jahre nach Beginn der Synode ging jedoch die Gottesdienst-Kommission an dieses Thema heran, weil man zuerst stark mit der Sakramenten-Vorlage beschäftigt war. So geriet man in Zeitdruck, was sich im Kapitel über die ökumenischen Gottesdienste jedoch nicht nachteilig auswirkte. Man konnte auf die erwähnten Vorarbeiten der Sachkommission X zurückgreifen. Außerdem arbeiteten Mitglieder dieser Kommission in der entsprechenden Untergruppe von „Gottesdienst“ mit.

Wiederum ein Jahr nach dem Beginn der Arbeit war der Text fertiggestellt, Oktober 1973. Die Bischofskonferenz hatte erhebliche Einwände. Sie meinte, die Ausführungen über eine eventuelle Kommunion von Protestanten in einer katholischen Meßfeier und umgekehrt eines Katholiken bei einem evangelischen Abendmahl würden den Rahmen der römischen Bestimmungen sprengen. Man forderte energisch Reduzierung der Aussage. Um diese Forderung ging es hauptsächlich bei der Debatte des Textes in der Mai-Sitzung der Synode 1974. Sie brachte erregte Auseinandersetzungen, vor allem durch eine Stellungnahme Prof. Flattens: daß die Synode auf dem Weg sei, Bestimmungen zu erlassen, die dem katholischen Kirchenrecht widersprächen. Dadurch seien solche Beschlüsse „rechtlich unwirksam“. Prof. Iserloh warnte davor, einer eucharistischen Praxis Vorschub zu leisten, die das Anliegen der Ökumene, nämlich die Einheit der Kirche zu erlangen, unterminiere. Diesen Tendenzen wurde von anderen Rednern entschieden widersprochen. Der Freiburger Theologieprofessor Karl Lehmann machte zu den umstrittenen Fragen Kompromißvorschläge, die allgemeine Billigung fanden. Sie stellen sozusagen einen Minimalkonsens dar.

Bei der zweiten Lesung während der letzten Vollversammlung der Synode im November 1975 kam es noch einmal zu manchen Schwierigkeiten: die Bischofskonferenz verlangte zuerst die Zurücknahme der während der ersten Lesung ausgehandelten Kompromisse. Mit anderen Worten: auch nicht die Andeutung einer Möglichkeit, daß Mischehepaare aus ihrer Gewissensnot heraus eine gewisse Eucharistiegemeinschaft haben könnten, sollte stehenbleiben. Die Mehrheit der Synode stellte sich gegen diese harte Forderung der Bischöfe, es gelang ihr auch, eine zwar nicht zufriedenstellende, aber immerhin doch minimale Öffnung in dieser Frage durchzuhalten. Der Text „Ökumenische Gottesdienste" wurde als Teil des Beschlusses „Gottesdienst", mit einer relativ großen Mehrheit angenommen.

Wenn man zusammenfassend auf die ökumenischen Beschlüsse der Gemeinsamen Synode blickt, dann muß man sagen, daß mit ihnen bedeutende Fortschritte in der ökumenischen Bewußtseinsbildung auf katholischer Seite erzielt worden sind.

Drei Schwerpunkte müssen herausgehoben werden:

1. die theologischen Aussagen,
2. die Ausführungen zur Seelsorge an konfessionsverschiedenen Ehen,
3. die Erklärungen zu den Möglichkeiten einer begrenzten Eucharistiegemeinschaft zwischen Katholiken und Protestanten.

*Ist Theologie in der Ökumene notwendig?*

Die Synode der deutschen Bistümer war eine seelsorgliche (pastorale) Einrichtung, das heißt, sie sollte und durfte nicht theologische Aussagen im Sinne einer lehramtlichen Entscheidung machen. Vor allem aus diesem Grund war das theologische Kapitel des Ökumene-Beschlusses so heiß umstritten gewesen. Man befürchtete eine Grenzüberschreitung. Aber, wie Bischof Harms sagte, im Ringen um die Einheit der Kirche geht es so entscheidend um wesentliche Fragen des christlichen Selbstverständnisses, daß hier Theologie gar nicht ausgeklammert werden kann. Nur so kann man begründen und verstehen, warum ökumenische Arbeit überhaupt notwendig ist. Sie ist nicht irgendein beliebiges Randgebiet kirchlicher Tätigkeit, sondern betrifft ein Wesensmerkmal der Kirche: ihre Einheit. Lange Zeiten hindurch haben Christen im Credo von der „einen, heiligen Kirche" gesprochen, ohne die tatsächliche Spaltung als Ärgernis zu empfinden. Nur wer *erkennt,* daß die Einheit der Christen notwendig ist, wird sich auf die Dauer ökumenisch engagieren. Dies klar und entschieden ins Bewußtsein gehoben zu haben ist ein *großes* Verdienst der Synode.

Der Text ist so einfach gehalten (ohne an theologischer Qualität und Tiefe einzubüßen), daß er in jedem Pfarrgemeinderat durchgesprochen werden kann. Gerade unter Katholiken bestehen in bezug auf eine falsche Theologie der „alleinseligmachenden Kirche" noch manche Vorurteile, und es ist dringend, daß sie überwunden werden. Vor allem ist immer wieder die Grundregel allen ökumenischen Tuns einzuschärfen: das Ökumenische ist „eine notwendige Dimension aller Lebensäußerungen der Kirche. Daraus ergibt sich für die christlichen Kirchen und Gemeinschaften und deren Glieder *die Verpflichtung, überall da gemeinsam zu handeln, wo die Voraussetzungen dafür gegeben sind* und nicht Gründe des Glaubens, der Verantwortung für das notwendige Eigenleben der Gemeinden, unumgänglicher menschlicher Rücksichtnahmen oder größere Zweckmäßigkeit dem entgegenstehen."

Warum aber muß man möglichst viel gemeinsam tun? Weil trotz der Trennung, so sagt unser Dokument, eine fundamentale Einheit zwischen den Christen und Kirchen besteht. Sie ist zum Beispiel in der sogenannten Basisformel des Weltrates der Kirchen ausgedrückt, in den der Text des Synoden-Beschlusses übernommen wurde (Abschnitt 3,21): „Wo Kirchen und kirchliche Gemeinschaften gemäß der Schrift Jesus Christus, wahren Gott und wahren Menschen, als einzigen Mittler des Heils, zur Ehre Gottes des Vaters und des Sohnes und des Heiligen Geistes, bekennen ..." Von diesem Fundament des Credo müssen die konfessionellen Weiterungen unterschieden werden. Sie sind nicht unwichtig, und man kann auf sie nicht einfach verzichten (indem man alles nur auf das Fundament reduziert), aber im ökumenischen Gespräch muß doch mehr als bisher gefragt werden, ob die verschiedenen Ausformungen des einen Fundaments wirklich kirchentrennend sind. Die Grenze liegt dort, „wo eine Kirche sich genötigt sieht, eine verbindliche Lehre der anderen als der *Offenbarung* widerstreitend abzulehnen". Daß man in früheren Zeiten die Offenbarung zur Rechtfertigung nur der eigenen Sonderlehren mißbrauchte, sei hier wenigstens erwähnt. Als Beispiel sei die Lehre von der *Einheit* genannt. Die Synode hat hierzu erklärt, daß eine perfekt organisatorische Einheit, wie man früher glaubte, durchaus nicht notwendig ist. Eine „legitime Vielfalt" hat in der Kirche ihren Sinn und ist sogar zu begrüßen. „Die Synode hofft auf eine Entwicklung, in der bisher kirchentrennende Gegensätze abgebaut und überwunden und bisher getrennte Kirchen und kirchliche Gemeinschaften zu Trägern solcher Vielfalt der einen Kirche Jesu Christi werden." Es ist sehr wichtig, daß solche Gedanken und Vorstellungen in voller Breite im katholischen Kirchenvolk Fuß fassen.

Sie wurde nach dem Konzil zum letztlich glücklich bestandenen „Testfall“ für die ökumenische Ernsthaftigkeit der katholischen Kirche. Das entsprechende Kapitel des Synoden-Textes bringt zwar wenig, was über die bisher erreichten Positionen substantiell hinausführt, aber das ist nicht wichtig. Es muß heute in erster Linie darum gehen, die neuen Bestimmungen endlich und wirklich in die pastorale Praxis umzusetzen und die Sorge um die Mischehen zu einer gemeinsamen Sorge der Kirchen zu machen. Allen rückläufigen Tendenzen widerspricht die Synode mit Entschiedenheit. Sie spricht ein klares Bekenntnis zur erfolgten Öffnung aus. In vielen Punkten werden mögliche Weiterentwicklungen gefordert, zum Beispiel zur *gemeinsamen Trauung*, die in manchen Kreisen immer noch mit Mißtrauen umgeben wird. Die Synode empfiehlt die nicht in allem befriedigenden gemeinsamen Trauordnungen „auf noch deutlichere Gemeinsamkeit“ weiterzuentwickeln. Eine „gemeinsame Taufe“ wird zwar abgelehnt, nicht aber die Beteiligung eines Geistlichen der anderen Kirche. „Aus dem gleichen Anliegen kann auch ein Pate der anderen Konfession als Taufzeuge eingeladen werden.“

Im katholischen Kirchenrecht gibt es eine diskriminierende Bestimmung zur konfessionsverschiedenen Ehe, die zwar keine praktische Bedeutung hat, aber einen häßlichen Schönheitsfehler darstellt: daß die Konfessionsverschiedenheit als solche ein amtliches „Ehehindernis“ ist, von dem man „befreit“ werden muß. Diese Dispens wird zwar in Deutschland „automatisch“ erteilt, so daß die Gläubigen von ihr so gut wie nichts merken, aber die Synode wünscht in einem *Votum* an den Papst, daß auch diese Formalität endlich beseitigt wird: „Die Synode bittet den Papst ... das Ehehindernis der Konfessionsverschiedenheit für den Bereich der Deutschen Bischofskonferenz aufzuheben.“

Ein zweiter schwieriger Punkt ist die bei einer Mischehe geforderte Bereitschaft des katholischen Partners, „alles ihm in seiner Ehe Mögliche zu tun“, um die Kinder katholisch zu erziehen. Zwar wird er dazu nicht mehr gezwungen, aber die Forderung wird dennoch seinem Gewissen eingeschärft. Er darf nur nicht die Liebe, ökumenische Rücksichtnahme usw. verletzen. In dieser Ausdrücklichkeit wird die katholische Kindererziehung bisher nur beim Abschluß einer konfessionsverschiedenen Ehe gefordert. Damit nicht der Eindruck einer „Sonderbehandlung“, entsteht, bittet die Synode die Deutsche Bischofskonferenz, künftig von *allen* katholischen Brautleuten ein solches Versprechen zu verlangen, „auch wenn beide Partner katholisch sind". (Durch den Beschluß „Sakramentenpastoral" ist diese Forderung praktisch schon erfüllt.)

*Eucharistische Gemeinschaft*

Der Abschnitt „Ökumenische Gottesdienste" des Beschlusses „Gottesdienst", etwa drei Druckseiten lang, behandelt u. a. den in den letzten Jahren so mächtig aufgebrochenen Wunsch nach Kommuniongemeinschaft zwischen Katholiken und Protestanten. Dies ist der zweite „Testfall" der ökumenischen Bewegung heute, allerdings um entscheidende Grade schwieriger gelagert als das Problem der Mischehe. Denn die Auffassungen von der Eucharistie und der Kirche hängen so eng zusammen, daß zum Beispiel in den orthodoxen Kirchen die volle Aufnahme der Interkommunion theologisch als Kirchengemeinschaft gilt, also als Wiederherstellung der einen Kirche.

Im Synodentext geht es nicht um Interkommunion, sondern, wie Prof. Fries in der Debatte sagte, um Maßnahmen zur Behebung eines seelsorglichen Notstandes. In erster Linie: daß Mischehepaare, wenn sie es wünschen, gemeinsam zur Kommunion gehen können. Auch: daß man bei ökumenischen Treffen in kleineren Gruppen gemeinsame eucharistische Gottesdienste halten kann. Hier ein echtes Bedürfnis zu leugnen widerspräche den unbestreitbaren Erfahrungen der letzten Jahre.

Die Synode konnte andererseits nicht die Tatsache ignorieren, daß die katholische Kirche auch eine solche außergewöhnliche Kommuniongemeinschaft grundsätzlich ablehnt – wegen der möglichen allgemeinen Folgen und wegen der noch herrschenden theologischen Unterschiede. Die Eucharistie sei Zeichen der vollzogenen Einheit, kleine Gruppen dürften diese noch nicht erlangte Einheit nicht vorwegnehmen.

Aber römische Bestimmungen, vor allem das Ökumenische Direktorium des Jahres 1967, haben schon bisher gewisse Ausnahmen erlaubt. So macht zum Beispiel eine individuelle Kommuniongemeinschaft mit den orthodoxen Kirchen keine Schwierigkeiten mehr: diese Kirchen haben nach katholischer Auffassung ein gültiges Priestertum, und so wird einem Katholiken, wenn er keine anderen Möglichkeiten zum Eucharistieempfang hat, durchaus gestattet, in einem orthodoxen Gottesdienst (wenn jene Kirche einverstanden ist) zu kommunizieren. Das Argument, daß hier ja ebenfalls keine volle Kirchengemeinschaft bestehe, fällt also in solchen Fällen weg.

Kann man nicht auch in bezug auf die evangelischen („reformatorischen") Kirchen einen solchen Weg gehen? Die Synode, darf man sagen, hat hier durchaus Möglichkeiten gezeigt, wenn auch mit vielen „Warnschildern" verbunden!

Der evangelische Ehepartner eines Katholiken, sagt die Synode, kann zur katholischen Eucharistie gehen, wenn „ausreichende Gründe" das nahelegen und sein eigener Glaube dem nicht entgegensteht. Solche Gründe sind: Todesgefahr und schwere Not. Das zweite braucht nun nicht eine äußere Not (etwa Verfolgung) zu sein, sondern kann auch innerlich als „schwere geistliche Not" verstanden werden. Das ist besonders dann der Fall, wenn es solchen Christen für längere Zeit nicht möglich ist, in ihrer eigenen Kirche des Abendmahl zu empfangen (Diaspora). Voraussetzung sei der Grund-Glaube an das Sakrament und eine positive kirchliche Haltung. Die Synode bat für diese Fälle die Bischöfe, zu prüfen, „ob es nicht auch ‚ausreichende Gründe' für die Zulassung evangelischer Christen geben kann, selbst wenn diese die Möglichkeit zum Empfang des Abendmahles hätten. Solche Gründe könnten sich zum Beispiel aus der Sorge um die Glaubensgemeinschaft der Familie in der konfessionsverschiedenen Ehe ergeben." In diesem Zusammenhang werden die katholischen Seelsorger gebeten, „den einzelnen" bei der seelsorglichen Beratung nicht im Stich zu lassen, ihm Hilfe „für eine verantwortete persönliche Entscheidung" zu geben.

In solchen Sätzen erkennt man die Grenzen einer Synode, die als amtlich-rechtliches Organ arbeiten muß. Die Warnung Prof. Flattens, man werde eine weitgehende Entscheidung der Synode als „rechtlich unwirksam" anfechten, stand ständig im Raum. In den Debatten aber wurde mehrfach erklärt, daß die Anwendung des „schweren Notfalls" für die Situation der Mischehe in unserem Land für viele Seelsorger selbstverständlich ist. Kein deutscher Bischof hat in der Synode eine solche Praxis verurteilt – aber auch nicht erlaubt. Und zwischen den Zeilen sagte man: Es gibt eine Freiheit des Gewissens, man kann nicht alles amtlich regeln.

Und umgekehrt, wenn ein Katholik an einem evangelischen Abendmahl teilnehmen will? Hier mußte die Synode noch „salomonischer" sprechen. Die Bischofskonferenz hatte nicht erlaubt, einen Satz stehenzulassen, in dem eine solche Praxis eines Katholiken trotz Nicht-Erlaubtheit „respektiert" wurde. Aber – man droht heute nun auch für solche Fälle keine „Strafen" an, spricht kein strenges Verbot aus. Es wurde auf der Synode wie selbstverständlich von der Tatsache ausgegangen, daß es Katholiken gibt, die sich auch hier um der ehelichen Liebe willen (und sie ist ein Sakrament!) über die Vorschriften der Kirche hinwegsetzen. Die Synode könne zwar zum gegenwärtigen Zeitpunkt die Teilnahme eines katholischen Christen am evangelischen

Abendmahl „nicht gutheißen", aber: „Es kann jedoch nicht ausgeschlossen werden, daß ein katholischer Christ – seinem persönlichen Gewissensspruch folgend – in seiner besonderen Lage Gewissensgründe zu erkennen glaubt, die ihm seine Teilnahme am evangelischen Abendmahl innerlich notwendig erscheinen lassen..." Ihm werden noch einmal die Gefahren einer solchen Handlung eingeschärft, aber das Gewissen wird eben doch geachtet!

Schließlich fordert die Synode die Bischofskonferenz in drängenden Worten auf, alle theologischen Forschungen und praktischen Entwicklungen zu fördern, die das schwere Problem der eucharistischen Gemeinschaft endlich einer annehmbaren Lösung zuführen. Das Ergebnis der Synode kann nicht das letzte Wort der katholischen Kirche sein. Führende Theologen haben mehr als einmal erklärt, daß manche Gründe auch für die Aufnahme einer begrenzten Kommuniongemeinschaft sprechen. Es gibt sogar oberhirtliche Initiativen, zum Beispiel durch Bischof Elchinger von Straßburg, die da eine offenere Haltung einnehmen.

Grundsätzlich hat auch die Gemeiname Synode einen Spalt – und vielleicht noch mehr – geöffnet. Die Koppelung von voller Kirchengemeinschaft und Eucharistiegemeinschaft wird sich auf die Dauer nicht halten lassen, wie das Beispiel der Orthodoxen zeigt. Entscheidend ist das Verständnis des evangelischen Abendmahles in sich, welche Vollmachten die evangelische Ordination dem Geistlichen vermittelt und wie die evangelische Theologie die Realität der eigenen Eucharistie versteht. Hier liegen bedeutende Forschungen vor, die freilich vom katholischen Lehramt noch kaum in offener Haltung zur Kenntnis genommen und gewürdigt wurden.

Die Synode drängte unüberhörbar. Inzwischen aber behelfen sich die Christen um der Liebe willen mit „Notlösungen".

## 2. Volkskirche oder Freiwilligenkirche?

### Taufe, Firmung, Buße, Gottesdienst

Die liturgische Erneuerungsbewegung, in der ersten Hälfte unseres Jahrhunderts zuerst in der katholischen, dann auch in der evangelischen Kirche erwacht, gehört zu den tiefgreifendsten Vorgängen im religiösen Umbruch unserer Zeit. Das Zweite Vatikanische Konzil hat diese Bewegung aufgegriffen und sie zu einem Impuls werden lassen, der nun in voller Breite in die Weltkirche hineinwirkt.

Wir brauchen die einzelnen Etappen dieser epochalen Entwicklung – von den Anfängen vor dem ersten Weltkrieg bis zum Eucharistischen Kongreß des Jahres 1960 – hier nicht aufzuzählen. Aber vielleicht ist es hilfreich, sich einige grundlegende Tatbestände in Erinnerung zu rufen.

Die Liturgiereform des 20. Jahrhunderts hatte sich mit zwei verhängnisvollen Erbgütern auseinanderzusetzen: der mittelalterlichen („magischen") Mechanisierung vieler gottesdienstlicher Formen (z.B. in den Wiederholungen) und einer seit der Barockzeit stärker werdenden Betonung von Randgebieten des christlichen Gottesdienstes: der Andachten, Ablässe, Prozessionen, Weihungen und Segnungen usw. Es war offensichtlich, daß vieles an diesem Brauchtum zum Gebiet nicht mehr zulässiger Wucherungen gehörte, die das Eigentliche des christlichen Gottesdienstes überdeckten.

Zu den Elementen, die diese Fehlentwicklungen förderten, muß man auch die im 16. Jahrhundert vorgenommene Festlegung der Riten der heiligen Messe zählen. Infolge dieses Panzers war man in der Eucharistiefeier nicht mehr – oder nur durch die Entwicklung eigenartiger paraliturgischer Riten – in der Lage, Impulse des religiösen Zeitbewußtseins aufzunehmen, in einem lebendigen Austausch mit ihm zu stehen und in einem Ritus sich auszudrücken, der unmittelbar verstanden und „erfühlt" werden konnte. Auch die Beibehaltung der lateinischen Liturgiesprache wirkte in dieser Richtung. Ergebnis war eine fast unerträgliche Verödung des Zentrums des katholischen Gottesdienstes, eine Ritualisierung und Mechanisierung, die am Ende des 19. Jahrhunderts kein Leben mehr zu besitzen schien.

Der Liturgiewissenschaftler Johannes Wagner sagte einmal dazu: „Nicht nur die lateinische Sprache, auch die wesenhafte Frömmigkeitsweise der lateinischen Liturgie, die zur Liturgie der ganzen abendländischen Welt geworden ist, wurde dem christlichen Volke fremd. Es hat sich eine Volksfrömmigkeit ausgebildet, die weit mehr den sekundären Mittlerschaften zugewendet war als dem Christusmysterium."

---

*Zu den Bildern*

*Oben links:* Ida Friederike Görres während der konstituierenden Sitzung der Synode. Leider konnte der Rat der hervorragenden katholischen Schriftstellerin nicht lange genützt werden. Schon wenige Monate später ist sie plötzlich, während einer Sitzung ihrer Sachkommission, gestorben. Ein großer Verlust für die Synode.

*Unten links:* Prof. Johannes B. Metz, der „Vater" des theologischen Grund-Dokuments der Synode, „Unsere Hoffnung". Es war eine große Überraschung, daß dieser Text ohne erhebliche Einwände akzeptiert wurde.

*Oben rechts:* „Bitte, meine Damen und Herren, gehen Sie nicht zu weit!" Kardinal Höffner von Köln war einer der einflußreichsten „Bremser" der Synode. Aber auch er hat mitgearbeitet und schließlich „ja" gesagt.

*Unten rechts:* Bischof Pohlschneider von Aachen, der „Schulbischof". Er scheint mit seinem Erfolg recht zufrieden zu sein.

*Oben links:* Marianne Dirks war als Vertreterin der katholischen Frauengemeinschaften in der Synode. Wenn sie ihr kritisches Wort erhob, wurde es still in der Synodenaula.

*Oben rechts:* Einer der fleißigsten und klügsten Synoden-Theologen war Prof. Walter Kasper aus Tübingen. Besonders die pastoralen Beschlüsse tragen in weiten Teilen seine ausgewogene, immer aber nach vorn weisende Handschrift.

*Unten links:* Prof. Günter Lange, einer der fast hundert Berater, die in den Sachkommissionen mitarbeiteten. Er war Spezialist für Religionsunterricht – daß dieses sehr gute Dokument von der Synode beschlossen wurde, ist mit sein Verdienst.

*Unten rechts:* Kardinal Volk von Mainz – einer der eifrigsten Debattenredner. Er ermahnte mit Geisteskraft, die Werte der Tradition nicht zu vergessen.

*Rechte Seite, unten links:* Prof. Klaus Hemmerle aus Freiburg trat leider in den Debatten nicht stark hervor, aber seine Wirkung auf die Grundausrichtung der Synode war von äußerst großem Wert. Als Geistlicher Direktor im Zentralkomitee der deutschen Katholiken war er maßgeblich am Zustandekommen der Synode beteiligt. Hemmerle ist kurz vor dem Abschluß der Synode zum Bischof von Aachen ernannt worden. Ein Mann der geistlichen Mitte.

*Oben:* Prof. Hans Maier, der bayerische Kultusminister, sorgte dafür, daß die Bäume der Utopisten nicht in den Himmel (der Reformen) wuchsen. Ein Laie, dessen konservativer Grundton nicht zu überhören, dessen Einfluß aber verhältnismäßig gering war. Das „Engagement" der nach vorn drängenden Kräfte war leidenschaftlicher!

*Mitte rechts:* Prof. Oswald von Nell-Breuning SJ, der Nestor der katholischen Sozialwissenschaft. Auf der Synode ist ihm der entschiedene Charakter des Beschlusses „Kirche und Arbeiterschaft" zu danken.

*Unten Mitte:* Weihbischof Reuß von Mainz, ein „Außenseiter" in der Bischofskonferenz. Er ist kein Kämpfer, aber was er als wahr erkannt hat, das vertritt er auch. So: daß die päpstliche Enzyklika „Humanae Vitae" seiner Meinung nach eine Lehre zur Empfängnisverhütung vorträgt, die weder aus der Schrift noch aus der Tradition der Kirche theologisch einsichtig gemacht werden kann.

*Unten rechts:* Ohne Bischof Hengsbach von Essen wäre die Gemeinsame Synode wohl nie zustande gekommen. Bis zum Schluß hat er sich für diesen notwendigen Dialog zwischen Bischöfen, Laien und Priestern eingesetzt, obwohl er durchaus nicht mit allem einverstanden war, was beschlossen wurde.

*Von Anfang an: um der Seelsorge willen*

Die liturgische Erneuerung machte mit diesen Fehlentwicklungen Schluß und leitete einen Prozeß ein, der das Frömmigkeitsleben des katholischen Gläubigen wieder ins Zentrum lenken sollte: durch Vereinfachung der Riten, durch die Einführung der Muttersprache, durch die Betonung des Grundsatzes, daß in allen liturgischen Vorgängen eine „aktive Mitbeteiligung des Volkes" zu erreichen sei.

Die liturgische Bewegung hatte also durchaus nicht etwa ein ästhetisches Interesse – Renovierung des veralteten Kunstwerks Liturgie –, sondern sie war von Anfang an seelsorglich ausgerichtet. Sie wollte wieder echte, lebendige, aus der Zeit und in die Zeit hinein pulsierende Frömmigkeit ermöglichen, sie wollte personale Gemeinschaft „aus dem Glauben" begründen, wie einmal der Kölner Stadtdechant und große Reformer-Pionier Robert Grosche erklärte: der Gottesdienst müsse „wirkliche Gemeinschaftsfeier" werden.

Trotzdem brachte die Liturgiereform in den vergangenen mehr als zehn Jahren nicht den erhofften großen Durchbruch, im Gegenteil, um mit Kardinal Döpfner zu sprechen: „Wir mußten erfahren, daß die Veränderung von Sprache und Form als solche die aktive Mitbeteiligung (des Volkes) noch nicht ohne weiteres gelingen läßt. Die verbesserten Texte und Riten bedürfen der Deutung und der Vermittlung in die Gemeinden hinein." Noch mehr: mit der liturgischen Erneuerung war oft ein Anspruch verbunden, dem viele Katholiken nicht gewachsen waren. Eine ernste Krise war die Folge.

Man muß sich heute vielleicht noch einmal vorstellen, welchen inneren Umbruch des geistlichen Lebens allein die Einführung der Muttersprache in die Liturgie bedeutete. Zuvor war es einem durchschnittlichen Besucher der heiligen Messe durchaus möglich, sie relativ „ungestört" irgendwo in einer Ecke abzusitzen. Man erfüllte seine

---

*Zu den Bildern*

*Oben links:* Bernhard Vogel, Kultusminister von Rheinland-Pfalz und Präsident des Zentralkomitees der deutschen Katholiken (rechts), war auf der Synode ein einflußreicher Mann. Er amtierte auch als Moderator. Hier im Gespräch mit Heinz-Theo Risse, der in Sachkommission V dafür sorgte, daß das Thema „Frieden" sein Gewicht, seine Aussagekraft und Entschiedenheit behielt.

*2. Bild v. o. links:* Der bayerische Jurist Dr. Walter Bayerlein – hier während der konstituierenden Sitzung (noch ohne Vollbart!). Er war ein eifriger Debattenredner, dessen Beiträge stark beachtet wurden. Eine Stimme der Vernunft, des „gesunden Menschenverstandes".

*Oben rechts:* Prof. Franz Böckle, der in Bonn lehrende Schweizer Moraltheologe. Als Vorsitzender von Sachkommission IV, „Ehe und Familie", hatte er eine schwere Aufgabe.

*Unten links:* Georg Moser, der während der Synodenzeit vom Weihbischof zum Bischof von Rottenburg ernannt wurde. Er sprang mit offenen Worten für die Bischofskonferenz ein, wenn man sich festzufahren drohte. Einmal bat er die Synodalen sogar für die Fehler der Bischöfe um Verzeihung! Ein sympathischer Oberhirte...

*2. Bild v. u. rechts:* Schwester Corona Bamberg aus der Benediktinerinnen-Abtei Herstelle war maßgeblich beteiligt an der Ausarbeitung des Synodenbeschlusses über die Orden.

*Unten rechts:* Elsbeth Rickal, Bundesleiterin im Bund der deutschen katholischen Jugend, von Beruf Lehrerin, war vom Zentralkomitee in die Synode berufen worden. Ihr weibliches Engagement war geschätzt. Ohne sie wäre der Beschluß „Kirchliche Jugendarbeit" wohl nicht so gut geworden.

„Pflicht“, unterwarf sich einem Gesetz. Es hieß zwar, man solle die Messe „mit Andacht“, also andächtig, und das heißt doch „innerlich beteiligt“, anhören – dennoch war es allgemeine Seelsorgepraxis, die innere Abwesenheit von der heiligen Feier nicht als so schwerwiegende Verfehlung anzusehen wie die äußere: wer überhaupt bei der Messe anwesend war, dokumentierte immerhin seinen guten Willen und war kein „Todsünder“.

Durch die Liturgiereform wurden die Vorzeichen geradezu umgekehrt: die aktive Mitbeteiligung des Gläubigen ist nun das Entscheidende. Die „stillen Messen“, in denen man seine Sonntagspflicht „erledigen“ konnte, sind abgeschafft. Vom Anfang bis zum Ende der Messe wird man in der Muttersprache herausgefordert und in ihr mit den Weisungen des Evangeliums konfrontiert.

Diejenigen, die sich durch diese Änderungen „gestört“ fühlten, blieben bald weg. Vielen wurde das, was sie „ständige Indoktrinierung“ nannten, einfach unerträglich. Man erkannte: hier handelt es sich nicht einfach um einen Wechsel der Formen, des „Liturgiestils“, sondern um einen neuen und anderen Geist!

### *Volkskirche und Gemeindekirche*

Man hat den Gegensatz zwischen früher und heute, der nun auf vielen Ebenen des kirchlichen Lebens sich bemerkbar machte, mit den Begriffen „Volkskirche“ und „Gemeindekirche“ (oder „Freiwilligenkirche“) zu beschreiben versucht.

*Volkskirche:* eine Kirchenordnung, die dem einzelnen viel an Entscheidungslast abnimmt, wo es legitim ist, aus Gründen der Pietät – der Familie, dem Volk, der Kulturtradition gegenüber – einer Kirche anzugehören und regelmäßig deren Gottesdienste zu besuchen. Die Glaubensentscheidung kann so in einer christlich getönten Umwelt fast ganz übergangen werden, ohne daß man die Kirche zu verlassen braucht. Man wird in die Kirche hineingeboren und bleibt – sogar praktizierend – in ihr.

*Gemeindekirche:* hier wird Zuwendung aus einer Glaubensentscheidung verlangt. Man gehört bewußt zur Kirche, wird gefordert, hat Mitverantwortung, empfindet mehr als „Respekt“ vor den Traditionen, wird nicht mehr als Seelsorgeobjekt „versorgt“; die Taufe ist nicht eine von der Umwelt verordnete Eingliederung in eine vorgegebene Größe, es geht um den Glauben, den ich selber als Person Gott gegenüber verantworte, die Gemeinde ist keine anonyme Amtskirche, sondern Gemeinschaft von Gläubigen, die sich gemeinsam für die Sendung in die Welt hinein verantwortlich wissen.

Natürlich stellt eine solche Klassifizierung eine Vereinfachung dar. Es gibt weder eine „reine" Volkskirche noch eine „reine" Gemeindekirche: konkret sind immer Elemente von beidem vermischt. Nur der Schwerpunkt mag woanders liegen.

Es ist keine Frage: durch die Liturgiereform sind in der katholischen Volkskirche die gemeindekirchlichen Tendenzen in einem Ausmaß verstärkt worden, das man anfangs nicht unbedingt beabsichtigt hatte. Wo die Erneuerung aufgenommen wurde, bildete sich lebendige Gemeinschaft um den Altar und damit „Gemeindekirche". Volkskirchliche Züge wurden zurückgedrängt und teilweise sogar zerstört.

Hier liegt das Kernproblem der nachkonziliaren Auseinandersetzung um die Liturgiereform des Konzils.

Verbunden mit diesen Fragen ist eine zweite: welche Bedeutung besitzt für den christlichen Gottesdienst die sogenannte Säkularisierung, jene geistesgeschichtliche Umwälzung der Neuzeit, die Hans Küng prägnant so definierte: „Die verschiedenen Lebensbereiche wurden immer weniger von einer Überwelt her gesehen und normiert." Also auch die Liturgie?

*Gottesdienst in einer rationalen Welt*

Der evangelische Theologe Dietrich Bonhoeffer sprach schon in den dreißiger Jahren von einem „religionslosen Christentum", das heißt einem Glauben, der nicht mehr auf der religiösen Erfahrungswelt des antiken oder mittelalterlichen Menschen basiert, sondern im Horizont der neuzeitlichen „Emanzipation" steht. Romano Guardini, einer der ersten Führer der liturgischen Bewegung, hatte schon früh auch dieses Problem gesehen und in seinem berühmten Brief an den Mainzer Liturgischen Kongreß des Jahres 1964 die Frage nach der „Liturgiefähigkeit" des modernen Menschen gestellt. So mußte die Liturgiereform zugleich zu einem Versuch werden, nicht nur das Alte zu erneuern, sondern auch von ganz neuen Voraussetzungen her christlichen Gottesdienst zu ermöglichen.

In der Untersuchung „Gottesdienst in einer rationalen Welt" (herausgegeben von Gerhard Schmidtchen) wurden vier Thesen dazu aufgestellt:

„1. Der Rückgang im Gottesdienstbesuch hält seit etwa Mitte des 19. Jahrhunderts an, ohne daß die Kirchen wirksame Konsequenzen gezogen hätten. 2. Durch Aufbrechen der geschlossenen Gesellschaft hat sich für den einzelnen ein Funktionsverlust des Gottesdienstes ergeben. 3. Das Spektrum der Beurteilung des Phänomens Gottesdienst ist breit. 4. Der Katalog von Kriterien zur Beurteilung des Phänomens muß sowohl theologisches Nachdenken als auch soziologische Analyse zu Rate ziehen."

Wenn heute die liturgische Erneuerung in vielen Pfarreien und von manchen Geistlichen und Laien als irgendwie unbefriedigend empfunden wird, dann liegt das sicher in dieser Übergangssituation begründet. Die amtliche Liturgiereform setzt in vielen ihrer Anordnungen und Richtlinien Gemeinden voraus – „Gemeindekirche" –, die noch gar nicht da sind. Es werden gemeindekirchlich orientierte Riten sozusagen mit Priestern und Gläubigen praktiziert, die passiv-volkskirchlich eingestellt und eingestimmt sind – von ihrem Herkommen, ihrer Erziehung, ihrem ganzen geistlichen Hintergrund her. Auf der anderen Seite will man – Seelsorge vom Altare her – solche gemeindekirchlichen Strukturen durch die Liturgiereform selbst wecken, sie „herausfordern" – und das gelingt oft nicht.

Ein zum Teil frustrierender Circulus vitiosus: was man erreichen will, bildet eigentlich die Voraussetzung dessen, was man anstrebt.

In diesem Dilemma sollte sich nun die Gemeinsame Synode mit liturgischen Fragen und ihren seelsorglichen Herausforderungen auseinandersetzen. Das hieß, kurz auf die entscheidende Fragestellung gebracht: weitere Forcierung der Gemeindekirche oder Rückkehr zur Volkskirche?

Beide Tendenzen waren und sind vorhanden und führten auf der Synode zu einem harten und zähen – allerdings wenig spektakulären – Ringen. Schon in der Sachkommission selbst mußten diese Gegensätze miteinander ausgeglichen werden.

Man hatte während des Konzils, bei den Bischofskonferenzen und wohl auch bei den Liturgikern selbst die „pastoralen Implikationen" der Reform unterschätzt – jetzt wollte man nur zögernd ja zu ihnen sagen. Gemeindekirchliche Vorstellungen wurden „unnötig elitär" genannt. Der Münchener Weihbischof Tewes gebrauchte in der Debatte zur Firmung das Wort „Elitesakrament". Prof. Karl Forster sprach von einer „Tendenz zum Ausschluß" – der nicht „Hundertprozentigen", der Zweifler, Sucher, Schwachen, der „Randsiedler". Läuft vielleicht die liturgische Erneuerung auf die Errichtung einer Gemeindekirche sektiererischen Charakters hinaus?

Auf der anderen Seite konnte niemand leugnen, daß die Zugehörigkeit zur Kirche eine Entscheidung zum Glauben voraussetzt, daß Liturgie verantwortete Gemeinschaft erfordert, daß diese Gemeinschaft aber nur durch höhere seelsorgliche Anforderungen zu erreichen ist.

### *Der mittlere Weg*

Die Gemeinsame Synode entschied sich für einen mittleren Weg. Sie griff den notwendigen personalen Anspruch, den das Zweite Vatikanische Konzil erhoben hatte, als unabdingbar für die Glaubenssituation des modernen Menschen auf. Sie war aber nicht bereit, sozusagen allen volkskirchlichen Strukturen den Abschied zu geben. Man könnte ihren Kurs definieren: personale Stärkung des volkskirchlichen Grundcharakters der gottesdienstlichen Vollzüge.

Ob dieses Konzept gelingen wird, mag man sich fragen. Vielleicht ist es nur Ausdruck einer Übergangssituation zu einer wirklichen Freiwilligenkirche, wie zum Beispiel Karl Rahner meint.

Grundsätzlich wird von der Synode anerkannt, daß die Sammlung des Gottesvolkes ohne wirkliche Glaubensentscheidung nicht möglich ist. Die Kirche wird von Gott aufgrund des Glaubens, nicht aufgrund der Geburt, des Herkommens, der Familie, der Nation oder des Kulturkreises „herausgerufen“ aus der Welt. Die Entscheidung gehört zur Gemeinde Christi. Das muß aber nicht elitär-einseitige Folgen haben. In einer christlichen Gemeinde haben alle gutwilligen Schwachen, Sünder und Randsiedler einen Platz. Man darf das Unkraut, wenn man überhaupt so sprechen darf, nicht mit dem Weizen ausreißen.

Es gibt also nicht zwei Klassen von Christen, sagt die Synode, Traditionschristen und Überzeugungschristen. Auch in volkskirchlichen Strukturen kann man gläubig im Sinne einer Entscheidung für Gott sein, gibt es wirkliche Gemeinde. Nur solche Formen und Weisen des kirchlichen Lebens sind zu überwinden, in denen die Tradition zum Hemmnis des mündigen Glaubens wird.

Wie können unter solchen Vorzeichen die liturgischen Impulse des Konzils, die soviel Änderung und Unruhe in den katholischen Gottesdienst gebracht haben, in Westdeutschland aufgenommen, vertieft, seelsorglich angewandt, in eine bessere Beziehung zum eigentlich Gewollten gesetzt werden? Ein schwieriger Weg.

Zuständig für dieses Arbeitsfeld war die Sachkommission II („Gottesdienst – Sakramente – Spiritualität“). Ihr Leiter, Prof. Ludwig Bertsch von Frankfurt – St. Georgen, war bezeichnenderweise nicht ein Liturgiker, sondern ein Pastoraltheologe. Die Kommission hatte zu Beginn der Arbeit eine Fülle von Vorlagen geplant, zwei gelangten zum Ziel: „*Gottesdienst*“ und „*Schwerpunkte heutiger Sakramentenpastoral*“. Mit ihnen wurde eine Auswahl aus möglichen Themen getroffen. Aber diese war nicht zufällig. Zentrale Anliegen, wie besonders die Taufpraxis und die Rolle des Sonntags im christlichen Leben, wurden aufgegriffen und einer Lösung zugeführt. Zugleich wurde eine

Fülle von aktuellen Fragen angegangen, vom Firmalter bis zu den immer notwendiger werdenden priesterlosen Gottesdiensten, vom sakramentalen Charakter der Bußandachten bis zu der Frage, wann die Kinder die erste heilige Beichte empfangen sollen.

*„Schwerpunkte heutiger Sakramentenpastoral"*

Daß man sich nicht nur mit der Meßliturgie, sondern vor allem auch mit den *Sakramenten* beschäftigen müsse, stand für die Sachkommission II von Anfang an fest. Man veranstaltete zuerst eine Umfrage: *welche* Sakramente man behandeln solle. Als am dringlichsten wurden drei genannt: *Taufe, Firmung, Buße.*

Es wurden zwei Untergruppen der Kommission gegründet, von denen sich eine mit den „Initiationssakramenten" Taufe und Firmung, die andere mit dem Sakrament der Wiederversöhnung, der Buße, beschäftigte. Die Gruppen arbeiteten sehr fleißig, und schon nach einem Dreivierteljahr konnte man der Zentralkommission der Synode zwei Vorlagen einreichen: über die Taufe und über die Buße.

Diese Texte gerieten also schon früh in den Beratungsprozeß der Synode. Bei der zweiten Vollversammlung im Mai 1972 wurden sie in erster Lesung behandelt. Man merkte den Debatten an, daß man noch am „Einüben" der Synodenpraxis war. Der erkennbare Zug zu gemeindekirchlicher Verantwortung wurde von manchen Synodalen scharf angegriffen. Kardinal Höffner stellte zum Beispiel den Antrag, das als streng verpflichtend vorgeschlagene „Taufgespräch" mit den Eltern eines Täuflings nur als „Empfehlung" anzusehen. Sein Antrag wurde jedoch abgelehnt. Etwas ratlos erschien die Debatte vor den heutigen Problemen der Buße.

Trotz mancher Bedenken wurden beide Vorlagen mit großer Mehrheit angenommen. Jene Gruppe, die den Text zur Taufe entworfen hatte, wandte sich nun dem Bereich der Firmung zu. Auch diese Vorlage wurde recht früh fertig und schon auf der dritten Vollversammlung, Januar 1973, behandelt. In der Debatte wurde vor allem um das Firmalter gestritten. Man griff auch den Vorschlag der Kommission an, die Firmung theologisch vom Begriff des „mündigen Christen" her zu begründen. Die Bischofskonferenz drängte allerdings auf ein Einschwenken in die traditionelle Linie. Dennoch wurde auch dieser Text ohne erhebliche Schwierigkeiten angenommen, die Nein-Stimmen (34) waren freilich etwas höher als üblich.

Bei dieser Vollversammlung im Januar 1973 wurde zugleich die Themenreduzierung beschlossen. Das hieß für die drei Texte: sie sollten zu einer gemeinsamen Vorlage über „Sakramentenpastoral" zusammengelegt werden, was bisher so nicht geplant war. Die Forderung brachte Probleme mit sich, denn Taufe und Firmung gehören als „Initiationssakramente" zwar innerlich zusammen, aber es ist schwer, die Buße diesem Bereich zuzuordnen. Ein Beschluß aus einem Guß wurde die Vorlage zur Sakramentenpastoral daher nie.

Es dauerte ziemlich lange, bis der Text für die zweite Lesung zusammengestellt war, mehr als ein Jahr. Die ursprünglich teilweise sehr knappen Ausführungen wurden breiter gehalten, weil die Vollversammlung theologische und seelsorgliche Begründungen verlangt hatte. Erst im Frühjahr 1974 lag die Ausarbeitung vor. Sie wurde in einer recht kurzen Debatte von der Vollversammlung der Synode im November 1974 verabschiedet: 227 Ja, 11 Nein, 9 Enthaltungen.

### *Zum Inhalt*

Der Beschlußtext „Schwerpunkte heutiger Sakramentenpastoral" ist einer der umfänglichsten der Synode, etwa 24 Seiten lang. Er enthält vier Teile.

1. *„Die Sakramente in der Kirche"*. Es handelt sich um eine theologisch-pastorale Einleitung, die den inneren Schwerpunkt setzt: die Betonung der personalen Verantwortung und der Gemeinde für den Vollzug der Sakramente der Kirche. Ein magisches oder mechanisches Verständnis wird entschieden abgewehrt – ein besonderer Beitrag zur ökumenischen Theologie. Aber nicht auf theoretische Einsichten komme es an, sondern auf die Praxis. Allein diese soll und muß reformiert werden. Die von Rom erlassenen neuen Riten der drei Sakramente werden vorausgesetzt.

2. *„Die Sakramente der Eingliederung in die Kirche"*. In diesem Hauptteil werden Taufe und Firmung behandelt. Er ist in drei Abschnitte eingeteilt:

a) Grundsätzliche Erwägungen zu beiden Sakramenten (Titel: „Das glaubende Volk Gottes, Kirche – Gemeinde").

b) „Die Eingliederung des *Erwachsenen* in die Kirche" (also wie Taufe, Firmung und Erstkommunion bei Erwachsenen vorzunehmen seien, die Erneuerung des sogenannten „Erwachsenenkatechumenats).

c) „Die Eingliederung des *Kindes* in die Kirche" (Sinn und Berechtigung der Kindertaufe, das Taufgespräch, Taufaufschub, ungetauft sterbende Kinder, noch nicht getaufte Kinder, die Hinführung zur Eucharistie, Firmalter, Firmvorbereitung).

3. *„Buße und Bußsakrament"*. Der zweite große Hauptteil ist anders aufgebaut als das Vorhergehende, man sieht, daß hier eine andere Untergruppe der Sachkommission gearbeitet hat. Der Text ist in neun kürzere oder längere Abschnitte eingeteilt:

„Gewissensbildung",

„Sünde, Buße und Vergebung in der Kirche",

„Die vielfältigen Formen der Sündenvergebung",

„Die liturgischen Formen der Sündenvergebung" (in diesem wichtigen Abschnitt werden die Arten der verschiedenen Bußgottesdienste und die Einzelbeichte behandelt),

„Der Dienst der Versöhnung" (die Rolle des Mitchristen, vor allem des Priesters),

„Todsünde und Beichtpflicht" (diese wird eingeschärft),

„Taten der Buße",

„Zeiten der Buße" (Fastenzeit, Advent usw.),

„Die Hinführung der Kinder zu Buße und Bußsakrament" (Alter bei der Erstbeichte, vor oder nach der Erstkommunion usw.).

4. *„Pastorale Richtlinien"*. In diesem Abschnitt werden die vorhergehenden Ausführungen noch einmal knapp zusammengefaßt. Vier Anordnungen, die also Rechtscharakter haben, werden erlassen:

a) *„Für erwachsene Taufbewerber muß auf Pfarrebene oder überpfarrlicher Ebene ein Katechumenat eingerichtet werden."*

b) *„Mit den Eltern muß – zumindest beim ersten Kind – ein Taufgespräch gehalten werden."*

c) *„Wenn beide Eltern nicht nur die religiöse Praxis aufgegeben haben, sondern als ungläubig anzusehen sind und wenn sie die Aufgabe der christlichen Erziehung niemand anderem übertragen, so muß die Taufe aufgeschoben werden. Wenn keine Übereinstimmung darüber mit den Eltern zu erreichen ist, darf der Pfarrer nur im Einvernehmen mit dem Dekan auf dem Taufaufschub bestehen. Die Eltern können sich an den Bischof wenden."*

d) *„Die Firmvorbereitung wird von der Pfarrei getragen."*

Wie man sieht – sehr konkrete und recht einschneidende Maßnahmen für das Leben der Kirche. Im Bereich der Firmung und der Buße glaubte man allerdings die seelsorgliche und theologische Entwicklung noch so sehr im Fluß, daß man sich zu Anordnungen nicht entschließen konnte. Hier wurden nur Richtlinien aufgestellt, die letztlich nicht verbindlich sind, die man in den meisten Bistümern wahrscheinlich jedoch befolgen wird.

Zwei kurze letzte Abschnitte sprechen ein Votum und Empfehlungen aus. Das Votum lautet:

„Die Synode bittet den Papst, jedem Diözesanbischof die Vollmacht zu geben, in seinem Jurisdiktionsbezirk Priester seiner Wahl zur Firmspendung zu delegieren." –

Die Kommission hatte zuerst gewünscht, daß grundsätzlich jedem Ortspfarrer die Vollmacht gegeben werde, die Firmung zu spenden. Dieses Votum wurde jedoch abgeschwächt, indem nicht „Ortspfarrer" genannt wurden, sondern „Priester seiner (des Bischofs) Wahl". Die Bischofskonferenz hatte diese Verengung durchgesetzt. Darüber waren viele Synodalen enttäuscht, aber sie machten diesen Punkt nicht zum Anlaß eines Konfliktes.

Die „Empfehlung", mit dem das Dokument „Schwerpunkte heutiger Sakramentenpastoral" schließt, wünscht die Ausarbeitung von „Handreichungen" für die Seelsorger, damit sie die Bestimmungen des Synoden-Beschlusses auch anwenden und umsetzen können.

### *„Gottesdienst“*

Der zweite große Text zu liturgisch-seelsorgerlichen Fragen ist der ebenfalls von der Sachkommission II erstellte Beschluß *„Gottesdienst“*. Er wurde von Anfang an in der Kommission geplant, an die nähere Ausarbeitung konnte man jedoch erst herangehen, nachdem die Frage der Sakramente geklärt war. Man begann mit einer Analyse der Situation. Auf sie gestützt, wurde im Lauf des Jahres 1972 der erste Entwurf zusammengestellt. Bald stand fest, daß auf jeden Fall das Problem der ökumenischen Gottesdienste behandelt werden sollte – für diesen Abschnitt wurden Mitglieder von Sachkommission X, der Ökumene-Kommission, herangezogen (vgl. S. 93). Die Hauptarbeit geschah 1973. Ende des Jahres stand der Text fest. Die erste Lesung fand Mai 1974 statt, also erst im letzten Drittel der Synode. Im Mittelpunkt der Debatte standen die Fragen der ökumenischen Eucharistiegemeinschaft und der Sonntagspflicht. Die Vollversammlung forderte ein eigenes Kapitel über Kinder- und Jugendgottesdienste, die im ersten Entwurf nur kurz behandelt waren. Als unbefriedigend wurden auch die kurzen Ausführungen über die „Gestaltungselemente des Gottesdienstes“ empfunden, die tatsächlich recht dürftig erschienen. Mit vielen Änderungswünschen versehen, wurde der Text in erster Lesung verabschiedet: 211 Ja, 26 Nein, 16 Enthaltungen. Der Entwurf zur zweiten Lesung wurde im Frühjahr 1975 veröffentlicht und zeigte wesentliche Verbesserungen. Manche Auseinandersetzung gab es noch um die Forderung der Bischofskonferenz, die angebotene Freiheit für Jugendmessen wieder einzuschränken und die in Kapitel 5 angedeuteten Möglichkeiten, eine gewisse Kommuniongemeinschaft nicht zu verurteilen, ebenfalls zurückzunehmen. In der letzten Vollversammlung der Synode, November 1975, wurde die Vorlage nach Überwindung dieser Schwierigkeiten endgültig verabschiedet: 238 Ja, 9 Nein, 3 Enthaltungen.

### *Zum Inhalt*

Der etwa 20 Seiten umfassende Text ist in fünf größere Abschnitte eingeteilt.

1. *„Feier der Glaubenden – Feier des Glaubens“*. Eine kurze Einleitung, die in sehr schönen Ausführungen vom Sinn der gottesdienstlichen Versammlung spricht. Besonders herausgestellt wird, daß es sich beim Gottesdienst um eine „Feier“ handelt und das Festliche nicht unterdrückt werden sollte. „In dieser Sicht nimmt die Synode Stellung zu einigen Fragen, die unsere gottesdienstlichen Versammlungen betreffen.“

2. *„Der Sonntag der Christen“*. Der erste Hauptteil handelt vom Sinn des Sonntags, warum er ein christlicher Feiertag ist, unter welchen Belastungen

er heute steht und welche Möglichkeiten er in sich trägt. Die „Sonntagspflicht" wird nicht gesetzlich eingeschärft, sondern von einer anthropologischen, theologischen und seelsorglichen Basis aus einsichtig gemacht. Die Synode war nicht bereit, das Sonntagsgebot abzuschwächen. Aber der Text entlastet es ausdrücklich von einem Legalismus, der nur schädlich sein kann: „Eine nur gesetzliche Erfüllung des Sonntagsgebotes reicht... sicher nicht aus." Die verschiedenen Formen katholischer Sonntagsgottesdienste werden beschrieben. Eine besondere Rolle spielt dabei die Erörterung der Fragen der priesterlosen Gottesdienste.

3. *„Gottesdienstliche Versammlungen am Werktag"*. In diesem kurzen Kapitel wird darauf gedrängt, die Werktagsmessen in Zeit, Ort und Gestaltung sinnvoller anzulegen. Besonders wird auf die Möglichkeit von Gruppenmessen („Meßfeiern mit kleinen Gemeinschaften") hingewiesen, also auf Gottesdienste im kleinen Kreis, um einen Tisch versammelt usw.

4. *„Kinder- und Jugendgottesdienste"*. Hier wird versucht, alle Möglichkeiten restlos auszuschöpfen, die die gegenwärtigen rechtlichen Bestimmungen für eine freiere Gestaltung bieten. Es wird gebilligt, daß die Richtlinien für „Gottesdienste mit Kindern", die sehr großzügig sind, auch bei Jugendgottesdiensten angewendet werden. Für solche Gottesdienste wird gewünscht, daß u. a. andere als die evtl. vorgeschriebenen Hochgebete (Kanon der heiligen Messe) benutzt werden dürfen. „Die Tageszeit soll den Lebensverhältnissen der Jugendlichen angepaßt sein, so daß sie mit möglichst großer Aufnahmebereitschaft das Wort Gottes hören und die Eucharistie feiern können." Die Jugendgottesdienste sollen nicht isoliert vom Gemeindegottesdienst stattfinden, ab und zu soll die Jugend die sonntäglichen Hauptgottesdienste in den Pfarreien gestalten. – Alles in allem Richtlinien, die in vielen Gegenden Deutschlands schon länger – mehr oder weniger – angewandt werden. Die Synode hat damit einerseits Wildwuchs auf ein sinnvolles Maß zurückgeschraubt, andererseits zu enge Grenzziehungen, wie sie von manchen gewünscht wurden, abgewehrt.

5. *„Ökumenische Gottesdienste"*. (Dieser Abschnitt wird im Zusammenhang der anderen ökumenischen Texte erläutert, vgl. S. 93f.)

6. *„Gestaltungselemente des Gottesdienstes"*. Der ursprünglich sehr schmalbrüstige Text bringt auch jetzt noch sehr knappe, aber doch anregende Ausführungen: über die „liturgischen Zeichen und Formen", wobei die gottesdienstliche Versammlung selbst ein „Zeichen" genannt wird. Dann werden kurz behandelt: „Das Wort als Zeichen", „Die Sakramente als Zeichen", „Sakramentalien und Bräuche", „Zeichen der Freude und des Festes", „Überlieferte und neue Ausdrucksformen". Als weitere Gestaltungselemente werden „Gesang und Musik" und der Kirchenbau genannt.

Die *„Empfehlungen"*, die in ziemlich ausführlicher Form das Gottesdienst-Dokument beschließen, enthalten keine Anordnungen. Die Sätze sind jedoch so eindeutig formuliert, daß ihnen ein hoher Verbindlichkeitsgrad zukommen dürfte. Folgende Bitten an die Deutsche Bischofskonferenz werden ausgesprochen: das Problem der Priesternot nüchtern ins Auge zu fassen und schon jetzt Vorbereitungen für „priesterlose Gottesdienste" in den Gemeinden zu treffen. Neben dem erwähnten Wunsch, neue Hochgebete für Jugendliche einzuführen, wird noch einmal die Bitte ausgesprochen, „alle legitimen Möglichkeiten wahrzunehmen, um den getrennten Christen, wenn sie es wünschen, den Zutritt zur Eucharistie zu öffnen".

### *Taufaufschub*

Die wichtigste Anordnung der Synode aus dem Bereich des Liturgisch-Sakramentalen ist ohne Zweifel eine ernste und tiefgreifende Änderung der kirchlichen Taufpraxis. Zum ersten Mal seit Jahrhunderten wird mit dem theologisch unbestrittenen Satz ernst gemacht, daß es sich hier um ein Sakrament des *Glaubens* handelt, daß es also bei Unglauben nicht gespendet werden kann. Für die Kindertaufe heißt dies: wenn die Eltern ungläubig sind, ist es unverantwortlich, das Kind ohne näheres Zusehen zu taufen. Die Taufe ist nicht eine „automatische Seelenrettung", sie ist Fundament eines christlichen Lebensentwurfs. Hier wird ein unabdingbarer Schwerpunkt der Sakramentenpastoral von heute gesetzt. Zwei Wege werden vorgeschlagen, um die grundsätzliche Forderung des Glaubens in die Praxis umzusetzen: Stärkung der persönlichen Verantwortung und Aktivierung der Gemeinde.

Da man sich im Anschluß an eine 2000 Jahre alte Tradition der Kirche grundsätzlich für die Beibehaltung der Säuglingstaufe entschied, obwohl das Kleinkind sicher noch nicht „glauben" kann, muß die Elternverantwortung gestärkt werden. Die Eltern bekennen den Glauben für ihr Kind, sie müssen bereit und fähig sein, es zur Glaubensentscheidung hinzuführen. „Der Einwand, mit einer solchen Vorentscheidung habe man unberechtigterweise in die Freiheit des Kindes eingegriffen, ist ernst zu nehmen. Er kann jedoch nicht überzeugen, denn er entspricht nicht der Wirklichkeit unseres Lebens: Es gibt keine Erziehung, die nicht inhaltlich bestimmt wäre und damit der freien Selbstbestimmung des Menschen gewisse Vorentscheidungen zugrunde legt." Die Synode bekennt freimütig, daß mit einem solchen Argument die Kindertaufe „zwingend" nicht begründet werden kann. Dennoch ist die gläubige Stellvertretung der Eltern für ihre Kinder schon immer Praxis in der Kirche gewesen, auch, als sie vor dem Jahr 300 noch nicht „Volkskirche" war. Die baptistische Deutung des Neuen Testaments hat sich auch in den evangelischen Kirchen nicht durchgesetzt.

Wie es mit dem notwendigen Glauben der Eltern eines Säuglings bestellt ist, der für die Taufe angemeldet wird (immer in der Pfarrei, nicht mehr im Krankenhaus!), soll in einem *Taufgespräch* mit dem

Seelsorger festgestellt werden. Es ist verpflichtend für das erste Kind einer Ehe. Ein „inquisitorisches Verfahren“ wird allerdings abgelehnt: „Letzte Sicherheit ist hier nicht zu erreichen. Extreme sind in jedem Fall zu vermeiden; unangemessene Härte wie bequeme Kompromißbereitschaft. Im Konfliktfall kann der Seelsorger andere vertrauenswürdige Personen zu Rate ziehen. Den Eltern bleibt die Möglichkeit, sich persönlich an den Bischof zu wenden.“ Wenn im Taufgespräch von den Eltern erklärt wird, sie seien ungläubig und nicht bereit, ihr Kind christlich zu erziehen, „muß die Taufe aufgeschoben werden“. Es heißt ausdrücklich nicht: verweigert. Denn von solchen Eltern wird ja nicht eigentlich die Taufe als Geheimnis des Glaubens begehrt, sondern ein religiöser Ritus, ein „Gewohnheitsrecht“ des Kirchensteuerzahlers oder wie auch immer. Wenn die Taufe als Taufe gewünscht wird, *muß* sie gespendet werden – auch wenn die Eltern nicht regelmäßig oder nicht zur Kirche gehen, sie Nicht-Praktikanten, „lau“, „Randsiedler“ oder Einzelgänger sind. Ihr Glaube wird im Taufgespräch nicht auf seine „Orthodoxie“ befragt. Sie müssen nur den aufrichtigen Wunsch haben, ihr Kind im Sinne der Kirche taufen zu lassen und es auf den Voll-Glauben hin erziehen zu wollen. Außerdem steht ihnen jederzeit das Recht auf eine Nottaufe zu, die sie ja selber ausführen können.

Man hat, um trotz dieser Einschränkungen nicht als unnötig starr zu gelten, eine gewisse Lockerung vorgesehen: „Wenn Eltern zwar die Taufe ihres Kindes grundsätzlich wünschen, sich aber nicht ganz – oder noch nicht ganz – imstande sehen, für das Kind den Glauben zu bekennen und es christlich zu erziehen, so können sie auch eine andere Person, die der Familie unmittelbar und auf längere Zeit verbunden ist, mit dieser Aufgabe betrauen (z.B. Paten, Großeltern, Verwandte). In einem solchen Fall ist die Teilnahme dieser Person an dem Taufgespräch Voraussetzung für die Taufe des Kindes.“

Immer und auf jeden Fall aber gilt: vor der Taufe jedes ersten Kindes ist ein Taufgespräch zu führen.

Wohin wird diese seelsorgliche Praxis, wenn sie sich einmal durchgesetzt hat, führen? Sicher: daß sich Eltern, die für ihr Kind eine Taufe begehren, Rechenschaft abgeben über ihr Tun. Sie selbst sollen sich klar darüber werden, was sie eigentlich wünschen. Eine gewisse Scheidung der Geister wird sich dadurch vollziehen. Ohne Glaube kann es kein Christentum geben.

Neben die geforderte personale Verantwortung der Eltern und Kinder wird die Verantwortung der Gemeinde gestellt. Die synodale Betonung des Gemeinde-Gedankens wird auch hier deutlich. Durch die Taufe rettet Gott nicht einzelne, sondern „beruft sich sein Volk“, macht er uns zu „Miterben des göttlichen Lebens“, werden wir einem Bund eingegliedert. Deshalb geschieht die Eingliederung in die Kirche konkret „in die Gemeinde“. Sie soll nicht mehr der Privatritus einer Familie sein, sondern möglichst Ereignis der ganzen Pfarrei. Der Taufpate ist Vertreter dieser Gemeinde. „Die Taufe der Kinder soll in der Regel in der Pfarrkirche im Rahmen der Feier des Sonntags – einige Male im Jahr auch innerhalb der Eucharistiefeier – stattfinden. Dabei ist es sinnvoll, daß mehrere Kinder gemeinsam die Taufe empfangen. Neben den Verwandten und Freunden der Familie soll die ganze Gemeinde zur Tauffeier eingeladen werden...“

*Erwachsenentaufe*

Nach der ersten Lesung der Vorlage „Sakramentenpastoral“ wurde vor dem Abschnitt über die Kindertaufe ein zuerst nicht vorgesehener längerer Passus über die Erwachsenentaufe eingefügt. Die Synode erklärt, daß die Erwachsenentaufe zwar den selteneren, theologisch aber eigentlich den Normalfall der christlichen Taufe darstellt: ein Widerspruch, den die Würzburger Versammlung nicht auflösen konnte. Man rechnet auf jeden Fall mit einer erheblichen Zunahme der Erwachsenentaufen in den kommenden Jahrzehnten. Wird das Christentum in Europa Diaspora? In den deutschen Großstädten werden schon heute erhebliche Prozentsätze von neugeborenen Kindern nicht mehr getauft, in München sollen in manchen Jahrgängen die Ungetauften ein Drittel aller Kinder umfassen. Viele von ihnen werden im reiferen Alter diese Vorentscheidung ihrer Eltern vielleicht korrigieren.

Aus diesem Grund hat die Synode ein sogenanntes *Erwachsenenkatechumenat* (ein Katechumene ist in der Kirchensprache ein Taufbewerber) eingerichtet. Auch dies ist eine verpflichtende Anordnung (vgl. S. 112). Katechumenat: ein von den Pfarreien oder Dekanaten getragener Kurs für erwachsene Taufbewerber. Er stellt über einen längeren Zeitraum sozusagen das dar, was für den kleinkindlichen Taufbewerber das Taufgespräch der Eltern ist. Das Katechumenat vollzieht sich in mehreren Stufen, die jeweils mit bestimmten Riten verbunden sind:

1. Präkatechumenat: Eine Vorbereitungszeit, in der sich der Taufkandidat über die Bedeutung seines Entschlusses klarwerden soll.

2. Im Rahmen eines Wortgottesdienstes wird er dann in den Katechumenat aufgenommen. Dieser ist ein Glaubenskurs oder -seminar, Dauer etwa ein Jahr (die Länge ist nicht Vorschrift, je nach der Situation kann sie abgekürzt werden).

3. „Nach Abschluß des Katechumenats wird der Taufbewerber auf seine Bitte hin in einem Wortgottesdienst zur Taufe zugelassen...

Normalerweise findet die Einschreibung zur Taufe am ersten Fastensonntag statt."

4. In der anschließenden Fastenzeit geschieht die nähere Vorbereitung auf die Taufe.

5. Diese selbst findet in der Osternacht statt („wenn möglich"). Sofort anschließend wird der Neugetaufte gefirmt und im gleichen Gottesdienst empfängt er die Eucharistie.

In einer weiteren Stufe soll der Neu-Eingegliederte eine Zeitlang in einer Gruppe oder in der Gemeinde mitarbeiten.

Ob diese Anordnung der Synode „realistisch" ist? Die Ansprüche sind hoch, aber eine überwältigende Mehrheit sprach sich für dieses „Modell" aus, das an altkirchliche Vorbilder erinnert. Eine Reform mit Risiko und hohem Einsatz.

### *Wann soll die erste Beichte sein?*

Mitten während der Synoden-Arbeit wurde von Rom eine Anordnung erlassen, daß alle jene Experimente, die über den Zeitpunkt der Erstbeichte bei Kindern zu neuen Erfahrungen kommen wollten, zu beenden seien; mit der Bestimmung: Beichte wie in früheren Jahren *vor* der Erstkommunion.

Die Synode hat sich dieser Tendenz nicht gebeugt und erklärt: in erster Linie ist es die Entscheidung der Eltern, wann sie ihr Kind zur ersten Beichte führen möchten: „... daß der Zeitpunkt für den ersten Empfang des Bußsakramentes – und gleiches gilt für den ersten Empfang der Eucharistie – in unserer gesellschaftlichen Situation nicht mehr ohne weiteres vom Lebensalter oder von der Schulklasse bestimmt werden kann." Die entscheidende Frage liegt nicht darin, „ob das Kind das Bußsakrament zum erstenmal vor der Erstkommunion oder nach der Erstkommunion empfangen soll. Werden Kinder erst im dritten oder vierten Schuljahr zur Eucharistie geführt, soll in der Regel die Hinführung zum Bußsakrament mit der Vorbereitung auf den Empfang der Eucharistie verbunden bleiben. Dabei ist dem Wunsch der Eltern bezüglich der Reihenfolge dieser Sakramente Rechnung zu tragen. Wenn Eltern schon sehr früh ihr Kind zur Erstkommunion führen, soll die Erstbeichte zu einem späteren Zeitpunkt sein."

Erwähnt wenigstens sei der wichtige anschließende Satz: „Bei der Vorbereitung der Kinder, vor allem in der Gewissensbildung, ist besonders darauf zu achten, daß Kinder nicht mit falscher Sündenangst oder gar Schuldkomplexen belastet werden ..."

### *Bußandachten – aber keine Absolution*

Das Konzil hatte u.a. den Auftrag gegeben, das Sakrament der Buße so zu reformieren, daß seine Riten und Formeln „Natur und Wirkung" dieses Sakraments besser zum Ausdruck brächten. Ende 1973 wurde von Rom ein neuer „Ordo poenitentiae", eine neue Grundordnung dieses Sakramentes, erlassen. Das geschah mitten in die Synodenarbeit hinein. Obwohl anfangs nicht so gedacht, können die Erklärungen der Synode über die Buße als Ausführungsbestimmungen der amtlichen römischen Erlasse verstanden werden.

Der Synoden-Text bringt viele gute und anregende Gedanken, obwohl man sich eine gründlichere Auseinandersetzung mit den Forschungen etwa der modernen Tiefenpsychologie hätte wünschen können. „Revolutionär" ist das alles nicht.

Das Bußsakrament wird künftig in drei Formen gespendet:

*A. „Das Sakrament der Wiederversöhnung einzelner"*. Das ist der Typ der bisherigen Ohrenbeichte, aber die Beichte kann auch als „Beichtgespräch" in einem Zimmer, unter „normalen" Umständen, abgelegt werden, in lockerer Gesprächsform also.

*B. „Das Sakrament der Wiederversöhnung einzelner im gemeinsamen Gottesdienst"*. Hier wird die Einzelbeichte im Beichtstuhl mit einem gemeinsamen Gottesdienst vorher und nachher verbunden. „Besonders für kleinere Gruppen geeignet."

*C. „Das Sakrament der Wiederversöhnung mit gemeinsamem Bekenntnis und allgemeiner Lossprechung"*. In einem solchen Gottesdienst können ohne Einzelbeichte schwere Verfehlungen vergeben werden. Er ist aber nur erlaubt „unter besonderen Umständen": in Lebensgefahr (viele frühere Soldaten kennen diese Form aus dem letzten Krieg), aber auch bei großem Priestermangel. Die Synode erklärt: „Wenn auch diese schwerwiegenden Notfälle zum gegenwärtigen Zeitpunkt in den Diözesen der Bundesrepublik nicht allgemein gegeben sind, so könnten doch für einzelne Situationen unseres Landes (z.B. in der Diaspora) jene Bedingungen zutreffen, die in der neuen Ordnung der Buße genannt sind. Die Bischöfe werden gebeten, zu überprüfen, ob solche Situationen vorliegen, und gegebenenfalls für solche Fälle die Möglichkeit... zu eröffnen..."

Mit anderen Worten: der von vielen angestrebte „sakramentale" (schwere Sünden vergebende) Charakter der sogenannten Bußandachten ist abgelehnt worden. Solche Bußgottesdienste, die in den letzten Jahren sehr beliebt wurden, werden zwar empfohlen, aber sie können nur an die Stelle der bisherigen Andachtsbeichte treten. „Auch wenn der Bußgottesdienst nicht eine Form des Bußsakramentes ist, so werden doch im Hören auf das Wort Gottes und im Bekenntnis der versammelten Gemeinde... Sünden vergeben." Das geschieht allerdings, wie Karl Rahner in der Debatte erklärte, bei vielen Gelegenheiten in der Kirche, zum Beispiel im Eröffnungsteil der heiligen Messe.

### *Auch Pfarrer dürfen firmen*

„In der Frage der Firmung herrscht trotz vielversprechender Erneuerungsversuche", erklärt der Synoden-Beschluß „Sakramentenpastoral", „noch weithin Unzufriedenheit mit der derzeitigen Praxis. Sinn und Wesen dieses Sakraments müssen durch eine entsprechende Pastoral den Gläubigen nahegebracht werden."

Die Synode hat mit diesem Thema schwer gerungen, aber auch sie konnte nicht zu einem überzeugenden Durchbruch gelangen. Die Firmung wird vorläufig weiter das „Stiefkind" unter den Sakramenten bleiben, ein Ritus, mit dem man nicht viel anzufangen weiß. Die Synode konnte sich nicht entschließen, es zum Sakrament der Mündigkeit, der christlichen Reife, zu erklären – der Widerstand dagegen war, wie die Synoden-Debatte am 5. und 6. Januar 1973 beweist, zu stark. So blieb man dabei, daß es das Sakrament der „Stärkung durch den Heiligen Geist" ist, ohne zu erklären, worin diese „besondere" Stärkung eigentlich begründet ist, denn der Geist weht doch immer und wo *er* will...

Aber der Text enthält Ansätze für die Zukunft und für eine wirkliche Erneuerung des Geist-Sakramentes, besonders in den Bestimmungen unter dem Titel „Die Firmung hat ihren Ort in der Gemeinde". Die Bischöfe werden da aufgefordert, daß auch Priester dieses Sakrament spenden dürfen, sie sollen ihre Firmvollmacht auf „Priester ihrer Wahl" delegieren. Eine Art „Mini-Weihbischöfe" also? wurde schon ironisch gefragt. Wenn jedoch die grundsätzliche Möglichkeit, daß auch Ortspfarrer firmen können, wirklich genutzt wird, könnte man sich eine Entwicklung vorstellen, in der die Gläubigen und die Gemeinden das Sakrament der Firmung tatsächlich zu ihrem Anliegen machen und es einen „Sitz im Leben" erhält.

Lange wurde auf der Synode gestritten, in welchem *Alter* die Firmung erteilt werden soll. Der Berichterstatter der Kommission, Pfarrer Kalteyer, erklärte, daß praktisch alle Altersstufen, vom Säugling bis zum „jungen Erwachsenen", vorgeschlagen worden waren. Theologisch und pastoral scheint hier wirklich noch vieles äußerst ungeklärt. So zog man sich auf die bisherige Position zurück: „In der Regel etwa bei zwölf Jahren." Aber man befürwortete eine grundsätzliche Öffnung, so daß Experimente möglich sind.

*„Sonntags mit Andacht eine Messe hören"*

Als zweiten großen liturgisch-pastoralen Schwerpunkt hat sich die Synode das Problem des Sonntags – des christlichen Sonntags – ausgesucht. Die Riten und Formen des katholischen Sonntagsgottesdienstes sind durch das Konzil erneuert worden, jetzt heißt es, sie von innen her aufzunehmen, indem der Sonntag wieder als solcher zu einem Mittelpunkt des gesellschaftlich-kirchlichen Lebens wird. Ob das gelingen kann?

Die Krise des christlichen Sonntags ist unübersehbar. Seit vielen Jahren geht nach dem Aufschwung der ersten Nachkriegsjahre der Besuch der Sonntagsmesse auch in Deutschland zurück. Der Synoden-Beschluß bringt keine Analyse der Situation, man glaubte, eine solche voraussetzen zu können. Allein durch eine positive Darlegung soll der „Funktionsverlust", den der Sonntagsgottesdienst in der modernen Gesellschaft erfahren hat, aufgefangen werden. Die gottesdienstlichen Reformen der letzten Jahre seien ein „verheißungsvoller Beginn". „Nicht wenige, die heute an den gottesdienstlichen Versammlungen teilnehmen, verlangen und suchen nach dem Glauben, zweifeln aber gleichzeitig und sind unsicher geworden. So fordert die unterschiedliche Situation auf dem Weg zum Glauben und in den Phasen seines Vollzugs vielfältige und verschiedene Arten gottesdienstlicher Zusammenkünfte. Es geht dabei nicht um eine Verkürzung des Glaubensgutes, sondern es soll beachtet werden, daß es lebendigen, keimenden und wachsenden, aber auch gefährdeten und schwindenden Glauben gibt."

Ein weitverbreiteter „Legalismus" dem Sonntagsgottesdienst gegenüber, daß man also nur aus Gehorsam, weil es ein Gesetz ist und weil man sonst eine „Todsünde" begeht, zur Kirche geht, kann heute nicht mehr tragen. Die Synode unterstreicht trotzdem die Verpflichtung und erklärt, es sei „nach wie vor eine ernsthafte Verfehlung gegen Gott und die Gemeinde (!), wenn ein Christ die Eucharistiefeier am Sonntag ohne schwerwiegenden Grund versäumt". Aber den Hauptakzent legt sie auf die innere Sinnfindung und -begründung: „Der einzelne Christ kann in seinem Glauben nur bestehen und wachsen, wenn er immer wieder das Gedächtnis des Todes und der Auferstehung Jesu mitfeiert. Zudem braucht der einzelne, um glauben zu können, das Zeugnis des anderen und der Gemeinde." Die regelmäßige Zusammenkunft der Gemeinde sei heute besonders notwendig, „da die Gesellschaft durch ihren Lebensstil die christliche Feier des Sonntags weithin nicht mehr stützt und der Gottesdienstbesuch nicht mehr wie früher eine selbstverständliche Sitte ist. Somit wird die Aufgabe der

Gemeinde in stärkerem Maß zur Verpflichtung des einzelnen, *und zwar zu einer inneren Verpflichtung aus dem Glauben.*"

Mit eindrucksvollen Worten wird hervorgehoben, welche *Chancen der Befreiung* der Sonntagsgottesdienst in dieser Sicht bietet: „Gottesdienst bedeutet nicht, daß Menschen über Gott verfügen sollen, sondern daß sie sich ihm zur Verfügung stellen. Im Zentrum ... steht... Gottes befreiende Tat... Deshalb verstehen Christen ihre gottesdienstliche Versammlung – auch bei schlichten äußeren Formen – als Feier... Erlösung erwarten sie nicht durch ihre eigenen Leistungen, sondern durch ihn, der gerettet hat und rettet. Darum kommen die Christen zusammen, um in den wechselnden Situationen des Lebens diese Botschaft immer besser zu begreifen und von ihr durch den Geist Jesu Christi ergriffen zu werden. Sie versammeln sich, um ihre Dankbarkeit gemeinsam auszudrücken, aber auch ihre Schuld und ihr Versagen zu bekennen. Sie können nicht aufhören, von ihrer Hoffnung zu singen und zu träumen, und sehen darin einen unersetzlichen Dienst an der Menschheit. Sie feiern nicht, um dem Alltag zu entfliehen, sondern um ihn in der Kraft Gottes zu bestehen."

Die kirchlichen Einrichtungen werden gebeten, nicht auch noch den Sonntag durch „gutgemeinte Versammlungs-, Bildungs- und Unterhaltungstermine zu verplanen". „Was der Sonntag für die Menschen auf die Dauer bedeutet, hängt nicht zuletzt davon ab, was Christen aus ihm machen. Wenn wir tun, was wirklich Erholung und Freude bringt, was aber auch der Muße und der Besinnung dient, dann wird der Sonntag ein wirklicher Feiertag... Gedankenaustausch, Gespräch und Spiel, gemeinsame Unternehmungen können aus der Isolierung herausführen, unter der so viele Menschen leiden. So könnte der gemeinsam gefeierte Sonntag manchem helfen, den Wert der Gemeinschaft wieder zu entdecken..."

Diese ausführlichen Zitate zeigen genug, in welcher Weise die Synode den Sonntag „retten" will. Man ließ sich nicht auf Rezepte ein, sondern will die Gläubigen anleiten, auf den Geist zu vertrauen, der allein befreit, Freude, Trost, Hoffnung bringt usw. Wenn eine Vielfalt an Gottesdienstformen empfohlen wird, dann gerade nicht – wie oft in der Praxis leider mißverstanden –, um von der Kirche aus ein gleichsam kommerzielles Angebot zu machen, „geistliche ‚Konsumreize' zu bieten".

Man schlägt vor, für den Sonntag wieder Andachtsformen – traditionelle und moderne – aufzugreifen. Das gottesdienstliche Leben verarme ohne einen solchen Kranz von Bräuchen. „Die Gestaltung des Gottesdienstes muß dazu beitragen, daß wir uns auch füreinander öffnen und als Gemeinde Christi erfahren..." Für Kinder- und

Jugendgottesdienste werden detaillierte Richtlinien aufgestellt, die in diesem Sinne viele Möglichkeiten für die Praxis eröffnen.

Unter den Gründen, die im Einzel- und Ausnahmefall von der Verpflichtung zur Teilnahme an einer sonntäglichen Eucharistiefeier befreien, wird die Teilnahme an einem ökumenischen Gottesdienst oder an einem Gottesdienst einer anderen Kirche genannt.

*Priesterlose Gottesdienste*

Ein besonderes Problem, das unter dem Titel Gottesdienst behandelt wird, ist der „sonntägliche Gemeindegottesdienst ohne Priester“: „Die abnehmende Zahl der Priester bringt es mit sich, daß es immer schwieriger wird, jeder Gemeinde an allen Sonn- und Festtagen die Eucharistiefeier zu ermöglichen. Das Problem kann ... nicht dadurch gelöst werden, daß an diesen Tagen und ihren Vorabenden immer weniger Priester immer mehr Meßfeiern halten ...“

Was schlägt die Synode vor? Aufgrund eines Einspruchs der Deutschen Bischofskonferenz konnte sie keine konkreten Vorschläge über die Priesterweihe für bewährte verheiratete Männer, die man als Ausweg in die Diskussion gebracht hatte, machen. So konnten nur Empfehlungen ausgesprochen werden, die man als Notlösungen ansprechen muß:

Bessere Verteilung der vorhandenen Priester, vor allem zwischen Stadt und Land; rechtzeitige Planung für priesterlose Gottesdienste, die von einem Laien oder einem Diakon geleitet werden (wörtlich: „Auch hier kann die Not eine Chance bedeuten“); und zwar als Wort- und Kommuniongottesdienst, in dem „die dafür möglichen Elemente der Meßfeier“ übernommen werden. Es soll aber nicht der Eindruck entstehen, es handele sich um eine Meßfeier, „der lediglich das Hochgebet fehlt“ – eine sybillinische Bemerkung. Überhaupt scheint hier die Synode einer etwas kurzsichtigen Pastoralplanung zu weit nachgegeben zu haben.

# 3. Von der ‚versorgten' zur ‚lebendigen' Gemeinde

## Die pastoralen Dienste – Laienpredigt

Wenn man auf das Konzil zurückblickt, stellt man mit Erstaunen fest, daß der Begriff der Gemeinde dort – vor zehn Jahren – noch keine Rolle gespielt hat. Im Konzilskommentar des „Lexikons für Theologie und Kirche" wird das Stichwort Gemeinde im Register nur einmal (!) genannt. Auch in den Debatten über die Erneuerung der Kirche, wo es doch eigentlich hingehört, sprach man wohl von der Zusammenarbeit zwischen Priestern und Laien in den Pfarreien, nie aber unter dem theologischen Leitgedanken der Gemeinde. In katholischen Lexika früherer Jahre steht bei diesem Stichwort meistens „siehe Kirche"! Sogar das 1967 erschienene bahnbrechende Buch von Hans Küng über „Die Kirche" benutzte den Gemeindebegriff noch nicht. Aber schon drei Jahre später hat der Katholikentag in Trier das Motto „Gemeinde des Herrn"! Seitdem beginnen sich nicht nur die regulären Pfarreien als Gemeinden zu erfahren und zu begreifen, sondern es wimmelt in der Kirche nur so von „Basisgemeinden", „offenen Gemeinden", „ökumenischen Gemeinden", „integrierten Gemeinden", „Nachbarschaftsgemeinden".

Eine Entwicklung, die eigenartig erscheint. Was bedeutet dieser Rückgriff auf ein altes Wort, das eine Lehnübersetzung des lateinischen Communio darstellt, also eigentlich „Gemeinschaft" heißt? Wir meinen, daß hier in der gegenwärtigen Erneuerung der Kirche eine entscheidende Wendemarke angesprochen ist. Gegenüber dem verwaltungstechnisch gefärbten Begriff Pfarrei, der vor zwanzig Jahren unter Katholiken einzig üblich war, um die kleinste Zelle der Kirche zu beschreiben (Pfarrjugend hieß es, nicht junge Gemeinde o. ä.), deutet sich ein Suchen nach einer mehr personalen Sicht des kirchlichen Zusammenlebens „am Ort" an. Priester und Laien erstreben ein Verhältnis zueinander, das offensichtlich mit den alten Ausdrücken nicht mehr genügend gedeckt erscheint.

### *„Abschied von Hochwürden"*

Die Jugendbewegung der zwanziger und dreißiger Jahre hat nicht nur die liturgische Erneuerung gebracht, sondern auch ein grundlegend neues Verhältnis zwischen Priestern und Laien eingeleitet. Man war auf der Suche nach „Gemeinschaft" – und diese Gemeinschaft sollte und mußte sich auch in den Beziehungen zu den Priestern ausdrücken. Das geschah ganz ohne wissenschaftliche Theologie oder kämpferische Postulate der Gleichberechtigung, sondern wie aus einem unmittelbaren charismatischen Impuls heraus. Die jugendbewegten Priester boten den jungen (und bald auch älteren) Gläubigen das brüderliche Du an – ein Ereignis, das vor dem Ersten Weltkrieg undenkbar gewesen wäre. Gehört nicht eine gewisse Distanz zur unabdingbaren Würde der priesterlichen Existenz, die „herausgehoben aus dem Volke" ist? Nun aber stieg der Priester von seinem „Podest" herab – „Abschied von Hochwürden" nannte ein Bestseller diese Entwicklung. Man entdeckte, obwohl die hierarchische Struktur der Kirche unangetastet blieb, die brüderliche Kirche über alle Schranken der sogenannten kirchlichen Stände hinweg. Aus Pfarrherren wurden priesterliche Freunde, aus einer kalten kirchlichen Obrigkeit wurde ein Organ am „mystischen Leib Christi".

Geistliche wie Ludwig Wolker oder P. Ludwig Esch, die zu Symbolen dieses neuen, „unhierarchischen" Priesterbildes wurden, arbeiteten in Jugendbünden, die nur locker mit den normalen kirchlichen Strukturen in Pfarrei und Bistum verbunden waren. Im nicht so streng reglementierten Rahmen der außerordentlichen Seelsorge konnte offenbar das Neue besser wachsen. Aber natürlich drangen diese Impulse – auch über die liturgische Bewegung – bald in das reguläre kirchliche Leben ein.

Den Beginn machten die Studenten*gemeinden*, die sich in den dreißiger Jahren um einige Pioniere der Hochschulseelsorge – Johannes Pinsk, R. Grosche, J. M. Nielen – sammelten. Daß diese Gruppen sich als „Gemeinde" bezeichneten – nicht „Studentenpfarrei" –, hatte zuerst einen einfachen Grund: die Bischöfe konnten sich nicht entschließen, ihnen einen rechtlichen Status zu verleihen. Der Ausdruck „Studentenpfarrer" war also kein Titel im Sinne der Kirchenordnung (amtlich hieß er „Hochschulseelsorger"), und das Wort Gemeinde erschien damit gewissermaßen unverbindlich. Immerhin aber war es eben doch verbindlicher als „Verband", „Gruppe" oder „Gemeinschaft". Durch seine Benutzung tauchte ein *Anspruch* auf, der pastoraltheologisch seine Folgen haben würde.

### *Aufwertung und Abwertung ...*

Als sich nämlich die „ordentlichen" Pfarrgemeinden dieser Sicht öffneten, man im Auftrag der Päpste das „Laienapostolat" förderte, auf der anderen Seite die Pfarrer(zuerst die Kapläne) ein brüderlich-partnerschaftliches Verhältnis zu den Laien fanden, mußte man sich bald Gedanken machen, ob hierdurch nicht eine völlig neue Theologie des Priestertums wie des Laientums herausgefordert war. Rechtliche Regelungen, die von den alten Verhältnissen ausgingen, erwiesen sich zunehmend als hinderlich, „hierarchische" Hemmungen traten auf, mit denen man sich auseinandersetzen mußte.

Was bedeutete eigentlich und theologisch die „Aufwertung" des Laien, die mit dieser Entwicklung gegeben war? Und wieweit könnten sogar „Rechte" des Laien innerhalb der Liturgie, in der Verkündigung (Predigt, Religionsunterricht, Theologieprofessur), in der kirchlichen Ordnung und Verwaltung (Erwachsenenbildung, Finanzverwaltungen, Leitung kirchlicher Einrichtungen) anerkannt werden? Der französische Dominikaner Yves Congar hatte in seinem inzwischen zum Standardwerk gewordenen Buch „Der Laie" (1952) erklärt, daß aufgrund des allgemeinen Priestertums der Laie im Innenraum der Kirche eine durchaus aktive Rolle übernehmen dürfe – und müsse. Die Laien seien nicht „Objekte" der Seelsorge, sondern „in der Teilnahme am hierarchischen Apostolat" durch Taufe und Firmung dazu befähigt, lebendig am Aufbau der christlichen Gemeinde teilzuhaben.

Wenn man im hier anvisierten Wortfeld bleibt, dann muß – natürlicherweise – einer „Aufwertung" des Laien eine „Abwertung" des Priesters entsprechen. Tatsächlich haben nicht nur viele Priester, sondern auch manche Laien es so empfunden. Während bisher der Priester eine unnahbar sakrale Gestalt war, die – auch durch einen falsch verstandenen Zölibat – so gut wie tabu erschien, ausgesondert von den Menschen, abgesondert von deren weltlichen Vergnügungen, wurde er nun in den Augen vieler unzulässig entsakralisiert und entmythologisiert. Man sprach von einer „horizontalen" Sicht des Priestertums, die die alte „vertikale" abgelöst habe.

Die in den Jahren nach dem Konzil immer massiver um sich greifende Priesterkrise, die Ablehnung des Zölibats, die Ablegung der priesterlichen Kleider, aber auch der Rückgang der Priesterberufe wurden von vielen Gläubigen dieser modernen und eigentlich unzulässigen Entsakralisierung des Priesters zur Last gelegt.

### *Auf der Suche nach einer neuen Mitte*

Wie man diese Situation auch beurteilen mag – es läßt sich nicht leugnen, daß durch sie manche Verwirrung in der Kirche ausgelöst worden ist. Viele Katholiken waren durch ihre religiöse Erziehung oder theologische Ausbildung nicht genügend auf einen Umbruch vorbereitet, dessen Anfänge – Laienapostolat und jugendbewegte Partnerschaft – man wohlwollend gefördert hatte, dessen theologische und kirchenstrukturelle Folgen man jedoch ablehnte.

Auch das Konzil hat dazu beigetragen, daß die neue Entwicklung nicht so harmonisch verlief, wie man es sich vielleicht hätte wünschen können. Auf der einen Seite hat es mit Elan die modernen Impulse aufgegriffen – allgemeines Priestertum der Gläubigen, verantwortliche Teilnahme der Laien am Apostolat der Kirche, daß die Kirche nicht nur eine amtliche, sondern auch eine charismatische Struktur besitzt –, auf der anderen aber hielt es ungebrochen an einer streng hierarchisch orientierten Theologie des kirchlichen Amtes fest, am absoluten Herausgehobensein des Priesters einschließlich des Zölibats, an der klassischen Definition der „drei Ämter", daß „alleinverantwortlich" nur der Bischof sei usw.

So stehen sich in den Konzilstexten eine hierarchisch-autoritäre und eine kollegial-brüderliche Sicht der Kirche im Grunde unverbunden gegenüber. Diese gewisse „Zweideutigkeit" des Konzils hat manches zur unguten Polarisierung zwischen sogenannten Konservativen und Progressiven beigetragen.

Die Welt-Bischofssynode, die Oktober 1971 in Rom zusammentrat, beschäftigte sich ausführlich mit der Priesterfrage, vor allem, ob man angesichts der Krise nun den Zölibat aufheben solle oder nicht und ob in Gebieten, wo ein sehr großer Priestermangel herrscht oder der Zölibat faktisch kaum gehalten wird (Gegenden Afrikas und Lateinamerikas), „bewährte verheiratete Männer" die Priesterweihe erhalten dürften. Eine jahrelange Diskussion entwickelte sich um diese „viri probati" (lateinisch = bewährte Männer). Sie schlug auch auf der Gemeinsamen Synode ihre Wellen.

Die Mehrheit der römischen Bischofssynode (ihre Mitglieder werden von den Bischofskonferenzen aus aller Welt entsandt) lehnte sowohl die Aufhebung des Zölibats wie auch die Weihe der „viri probati" ab. Man wollte in der katholischen Kirche nicht jene Wege gehen, die sowohl die Orthodoxen wie auch die evangelischen Kirchen gegangen sind, mit guten Gründen, wie man zugeben kann. Aber das drängende praktische Problem wurde eben nicht gelöst: wie der immer stärker grassierende Priestermangel zu beheben sei.

Die Gemeinsame Synode der westdeutschen Bistümer konnte an diesen Fragen nicht vorübergehen – dem Priestermangel, dem Problem der „viri probati" (für die bei einigen deutschen Bischöfen Sympathien bestehen), aber auch nicht an der neuen, partnerschaftlichen Sicht des Priestertums, die das Konzil ebenso unterstrichen hatte wie die „Aufwertung" der Laien.

Mehrere Sachkommissionen beschäftigten sich mit diesem Problembereich, entscheidend aber wurden die Arbeiten der Sachkommission VII („Charismen – Dienste – Ämter"). Ein Beschluß zur „Laienpredigt", den die Sachkommission I („Glaubenssituation und Verkündigung") vorbereitet hat, gehört ebenfalls in dieses Kapitel.

*Zur Entstehung des Beschlusses „Pastorale Dienste"*

Sachkommission VII, zu deren Themenkatalog die eben erwähnten Fragen gehörten, dachte zuerst an getrennte Vorlagen für die jeweiligen Einzelbereiche: Laien, Priester, Diakone, die Stellung der Frau usw. Sie tat sich aber sehr schwer, einen klaren Weg durch das Gestrüpp der Probleme zu finden. Lange diskutierte man – fruchtlos – über den Zölibat, die „bewährten Männer"; Untergruppen für die einzelnen Themen wurden eingesetzt. Am schnellsten kam man beim Problemfeld *Priester* voran. Hier standen hervorragende pastoralsoziologische und theologische Untersuchungen zur Verfügung. Schon acht Monate nach der Eröffnung der Synode lag ein ‚Grundsatzpapier' vor, das von der Kommission als ‚Diskussionsgrundlage' gedacht war: „Schwerpunkte priesterlichen Dienstes". Merkwürdigerweise ein ziemlich farbloser, konturenschwacher Text. Bemerkenswert aber schon hier, daß als Lösung des ungeklärten Verhältnisses von ‚allgemeinem' und ‚besonderem' Priestertum die gemeinsame Hinordnung auf die *Gemeinde* vorgeschlagen wurde.

Schon während der zweiten Vollversammlung der Synode, Mai 1972, als die Sachkommission noch gar keinen Text vorgelegt hatte, gab es die ersten Auseinandersetzungen. Ohne mit den Organen der Synode gesprochen zu haben, erklärte die Deutsche Bischofskonferenz, daß ein Beschluß zur eventuellen Priesterweihe an „bewährte verheiratete Männer" nicht möglich sei. Man dürfe zwar darüber diskutieren (das hat die Synode später auch getan), aber sie dürfe weder ein Votum an Rom richten noch Empfehlungen für künftige Entscheidungen aussprechen. Als Grund wurde angegeben: man wolle niemandem „falsche Hoffnungen" machen. Vorläufig werde es keine verheirateten Priester geben. „Die Bischofskonferenz hat sich mit großer Mehrheit so entschieden, weil sie mehrheitlich für absehbare Zeit die Weihe von ‚viri probati' nicht für richtig und zum anderen aber auch angesichts der Mehrheitsstimmung in der Weltkirche eine Verwirklichung der Weihe von ‚viri probati" nicht für realisierbar hält."

Dieses Vorgehen der Bischöfe erregte großen Ärger, denn immerhin könnte man doch von Rom – wie es später in anderen Materien durchaus geschehen ist – wenigstens von neuem eine Diskussion fordern. Außerdem war das Vorgehen der Bischöfe schroff, „unkollegial", die anderen Synodalen wurden gleichsam durch einen „einsamen Entschluß" überrumpelt! 66 Synodale unterschrieben ein Dokument gegen diese Entscheidung der Bischöfe, aber nach einer erregten Debatte zogen sie ihren Antrag als aussichtslos zurück. Die Art und Weise dieses bischöflichen Vorgehens hinterließ viel unnötige Bitterkeit.

Bei der endgültigen Festlegung der Beratungsthemen im Januar 1973 wurde entschieden, daß die verschiedenen Vorlagen, die von der Sachkommission VII geplant waren, zu einer einzigen mit dem Titel „Pastorale Dienste" zusammenzufassen seien.

Mit Geschick wurde nun das verwirrende Knäuel des weitverzweigten Stoffes geordnet. Zu einigen umstrittenen Fragen, besonders zum Diakonat (auch der Frau), holte man amtliche Gutachten ein: von Yves Congar, Peter Hünermann, Herbert Vorgrimler. Am Ende waren auch Ungeduldige der Meinung, daß das etwas umständliche Vorgehen dieser Kommission seinen Sinn gehabt hatte.

Von Anfang des Jahres 1973 an lief alles zügig voran. Im Juni 1973 verabschiedete die Sachkommission ihren Entwurf „Amt und pastorale Dienste in der Gemeinde" zur ersten Lesung. Der Text wurde September 1973 von der Zentralkommission gebilligt, aber noch nicht in der kommenden November-Vollversammlung beraten, sondern erst Mai 1974. Man hatte den Titel inzwischen geändert, die Vorlage hieß nun: „Die pastoralen Dienste in der Gemeinde". Die Berichterstattung der Kommission trug der Tübinger Theologieprofessor Walter Kasper vor. Die Stellungnahme der Bischofskonferenz war mehr als kühl, obwohl sie konkrete Einwände gegen den Text nicht einbringen konnte. Die Debatte war sachlich, ließ aber keine gerade Linie erkennen. Schwerpunkte waren der Priestermangel, der Zölibat, die Priesterweihe für Verheiratete, die Erneuerung des Diakonats, die Stellung der Frau in der Gemeinde und in den Diensten. Gegen immerhin 46 Stimmen wurde die Vorlage mit einer Fülle von Änderungswünschen in erster Lesung angenommen.

Die zweite Lesung fand genau ein Jahr später statt, Mai 1975. Der Text war teilweise neu gegliedert, inhaltlich erschien er abgewogener und theologisch überzeugender. Die Bischofskonferenz sprach von „einem wichtigen Schritt", einige Anordnungen mußten aber auf ihre Bitte hin noch einmal verändert werden. Nach einer kurzen Debatte wurde die Vorlage verabschiedet: 227 Ja, 13 Nein, 6 Enthaltungen.

## *Zum Inhalt*

Der Beschluß „Die pastoralen Dienste in der Gemeinde“ umfaßt 22 Druckseiten und ist in sieben große Abschnitte gegliedert.

Nach einer kurzen Präambel, die die „Erneuerung der Gemeinden“ als Sinn und Ziel des Dokumentes erklärt, spricht man:

### 1. *„Zur Situation“*

Die heutigen Schwierigkeiten werden offen beim Namen genannt: die wachsende Entfremdung zwischen Kirche und Gesellschaft, „die Gottesdienste werden schwächer besucht, ehemals blühende Gruppen und Verbände gehen zurück; der Priesterberuf, aber auch viele Orden und geistliche Gemeinschaften leiden unter einem erschreckenden Nachwuchsmangel. Gerade junge Menschen finden nur schwer Zugang zur Kirche...“ Das Kapitel schließt mit der Aufgabenstellung: „Aus einer Gemeinde, die sich pastoral versorgen läßt, muß eine Gemeinde werden, die ihr Leben im gemeinsamen Dienst aller und in übertragbarer Eigenverantwortung jedes einzelnen gestaltet... Besonders für die Leitung der Kirche ergibt sich in der gegenwärtigen Situation die Pflicht, entschlossen und mutig nach Wegen zu suchen, die den priesterlichen Dienst und die anderen pastoralen Dienste in unseren Gemeinden für die Zukunft sicherstellen. Bloße Einzelmaßnahmen reichen jedoch nicht mehr aus. Es geht vielmehr um ein Gesamtkonzept aller pastoralen Dienste in der Gemeinde.“

### 2. *„Der gemeinsame Dienst der Gemeinde“*

Dieser Abschnitt bringt eine kleine „Theologie der Gemeinde“ mit Gedanken, die in der Praxis bahnbrechend wirken müßten.

*Die Sendung der Kirche:* „Die eine Kirche besteht in und aus vielen Ortskirchen. Sie sind nicht nur Verwaltungsbezirke der Gesamtkirche, sondern Darstellung und Vergegenwärtigung der Kirche. Ortskirche im eigentlichen Sinn ist jede von einem Bischof geleitete Diözese. Aber auch die einzelnen Pfarrgemeinden machen durch den im Geist gegenwärtigen Herrn, in Verbindung mit dem Bischof, die Kirche am jeweiligen Ort sichtbar...“

*Wesen und Formen der Gemeinde:* es werden verschiedene Typen christlicher Gemeinde kurz dargestellt, wichtige Merkmale werden genannt.

*Der einzelne in der Gemeinde* und *Der Dienst des Amtes und der Räte in der Gemeinde* heißen die nächsten Abschnitte. „Dies ist die spezifische Aufgabe des *Amtes:* In Person und im Auftrag Jesu Christi soll es die Gemeinde und ihre Glieder zu ihrem eigenen Dienst bereit und fähig machen, Gemeinden gründen und leiten, der Gemeinde neue Glieder zuführen und für deren Einheit in Christus Sorge tragen... Das kirchliche Amt wird von alters her in der dreifachen Ordnung von Bischöfen, Priestern und Diakonen ausgeübt...“

Der letzte Abschnitt, *Pastoraler Dienst als Sinnerfüllung,* versucht, in der gegenwärtigen Krise Mut zu machen und Freude an der christlichen Gemeindearbeit zu wecken. „Gerade wer in seinem Beruf nicht nur ein notwendiges Mittel zur Sicherung des Lebensunterhaltes oder zum Gewinn von Macht, Einfluß, Erfolg und Reichtum sieht, sondern eine Möglichkeit, sich einer Aufgabe zu widmen, die den Einsatz wert ist, wird im pastoralen Dienst diese Möglichkeit finden."

Nun werden in einzelnen Kapiteln die einzelnen Dienste beschrieben und Vorschläge zur Reform gemacht. Zuerst:

### 3. *„Der Dienst der Laien"*

Das Kapitel spricht vor allem die besondere Eigenart des „Weltamtes der Laien" an, im Anschluß an das Konzil, dann werden die Lebensbereiche geschildert, in denen der Laie in der Gemeinde aktiv werden kann. Der zweite Abschnitt spricht vom Dienst der Frau, der nächste von den haupt- und nebenberuflichen Diensten der Laien. Es werden genaue Berufswege geschildert.

### 4. *„Der Dienst des ständigen Diakons"*

Das Kapitel beginnt wie die anderen mit einem Abschnitt über die besondere „Sendung" dieses Dienstes; daß er durch das Zweite Vatikanische Konzil erneuert worden sei; inwiefern er sich vom Priester und vom Laien unterscheidet. Dann wird vom Diakonat der Frau gesprochen – wieder ein wichtiger Text. Die Synode fordert in einem Votum den Papst auf, Frauen zum Amt des *Diakons* zuzulassen.

### 5. *„Der Dienst des Priesters"*

Es ist das längste Kapitel des Beschlusses, eine ausgewogene und sorgfältige Stellungnahme zur Priesterkrise von heute. Zuerst wird die *Sendung* des Priesters erläutert. „Es stehen sich im wesentlichen zwei Auffassungen gegenüber: eine mehr vertikale Sicht, die die Sendung des Priesters von Christus und der Priesterweihe her begründet, und eine mehr horizontal-funktionale Sicht, die die Sendung des Priesters gemeindebezogen versteht. Beide Gesichtspunkte schließen sich nicht aus, sondern müssen einander in der rechten Weise zugeordnet werden."

Im nächsten Abschnitt, *Zusammenarbeit der Priester mit dem Bischof und untereinander,* wird die vom Konzil neu zum Leben erweckte Lehre konkretisiert, daß die Priester eines Bistums kollegial (im „Presbyterium") miteinander und als „Mitarbeiter des Bischofs" verbunden sind. Daraus entspringen Rechte und Pflichten. Wohngemeinschaften von Priestern sollen gefördert werden.

Die nächsten Abschnitte sprechen nun unmittelbar die *Priesterkrise* an. „Die Frage nach der angemessenen Zahl von Priestern für den pastoralen Dienst ist nicht leicht zu beantworten." „Will die Kirche nicht unverantwortlich handeln und über kurz oder lang einen Zusammenbruch der Seelsorge infolge des Priestermangels riskieren, darf sie die Entwicklung nicht dem Zufall überlassen oder auf eine Tendenzwende warten ..."

Da durch die Entscheidung des Papstes, weder den Zölibat für die Weltpriester aufzuheben noch ältere verheiratete Männer in Notsituationen zum Priestertum zuzulassen, der Synode diese Auswege versperrt waren, mußte sie „realisitisch" andere Möglichkeiten suchen. In erster Linie: eine neue Seelsorgeplanung, also Errichtung von Pfarrverbänden (aus mehreren Pfarreien), bessere Verteilung der Pfarrer, schließlich zweitens (obwohl es „theologisch" nicht möglich ist): Gemeinden „ohne Priester" einzurichten. Sie dürfen keinen Diakon oder Laien als „Gemeindeleiter" erhalten, aber doch „Bezugspersonen", die *praktisch* Gemeindeleiter sind.

Als dritter Weg aus der Krise werden *Nachwuchsförderung und neue Zugangswege* genannt.

Schließlich wird das Für und Wider der Priesterweihe für sogenannte bewährte Männer erklärt: aufgrund des bischöflichen Vetos könne man hier keine Entscheidung treffen.

Ausführungen zur Priesterausbildung, wo eine gewisse „Neugestaltung des theologischen Studiums und der praktisch-pastoralen Ausbildung" als dringend erklärt werden, und zum geistlichen Leben der Priester beschließen das Kapitel, das in einem kurzen Epilog an die Kirche appelliert, alle jene Priester, die um Laisierung bitten, nicht zu verurteilen und ihren Lebensweg „menschlich, religiös und beruflich" weiter zu begleiten und ihnen auch kirchliche Anstellungen zu ermöglichen.

### 6. *„Zusammenwirken der verschiedenen Dienste"*

In einer knappen Darstellung werden praktische Richtlinien erteilt, damit die gegenüber früher stark ausgeweitete Vielfalt der pastoralen Dienste nicht zu einem Auseinander oder sogar Gegeneinander wird: alle Dienstträger sollen regelmäßig zu einer „ständigen Pastoralkonferenz" zusammentreten, die mit dem Pfarrgemeinderat zusammenarbeitet. Sie ist aber nicht ein „Pastoralrat", der wie im Bistum neben dem „Laienrat" steht, sondern mehr eine lockere Zusammenkunft. Auch die in den Gemeinden tätigen Ordensleute sind selbstverständlich in diese Kooperation einzubeziehen.

### 7. *Voten, Anordnungen, Empfehlungen*

Am Beschluß „Pastorale Dienste" wurde des öfteren kritisiert, daß er eine ungewöhnlich hohe Anzahl konkreter Reformforderungen stelle, in den rechtlichen Formeln, die teils durch die Synode eingeführt worden sind. An den Papst werden mehrere *Voten* gerichtet, insgesamt sieben:

1. Daß auch Frauen *Lektoren* und *Akolythen* (Assistenten bei der Liturgiefeier) werden dürfen (und somit amtlich gebilligt wird, was vielerorts schon üblich ist).

2. Daß alle Bestimmungen des *Kirchenrechts* „der Würde und der Rechtsgleichheit der *Frau* entsprechen" (also ein konkreter Vorschlag für die in Arbeit befindliche Reform des kirchlichen Gesetzbuches).

3. Das *Mindestalter der Diakone* soll von 35 auf 30 Jahre herabgesetzt werden (das hat Rom mehrmals schon abgelehnt, wie die Deutsche Bischofskonferenz deutlich erklärte).

4. Einem *verheirateten Diakon* soll, wenn seine Frau stirbt, *Wiederheirat* ermöglicht werden (das ist nach ostkirchlichem Vorbild jetzt nicht erlaubt!).

5. Daß ein schon zum Diakon geweihter *Priesterkandidat*, der nun nicht

mehr Priester werden will, als (verheirateter) *Diakon* weiterwirken kann, aber nicht generell, sondern nach Prüfung des einzelnen Falles (dieses „Schlupfloch", im geistlichen Dienst zu bleiben, ist heute nicht möglich).

6. *„Die Frage des Diakonats der Frau entsprechend den heutigen theologischen Bestimmungen zu prüfen und angesichts der gegenwärtigen pastoralen Situation womöglich Frauen zur Diakonatsweihe zuzulassen."*

7. Rom soll die Bestimmungen zur *Laisierung von Priestern* in dem Sinn überprüfen, daß von den Laisierten auch all jene kirchlichen Dienste ausgeübt werden können, die den anderen Laien zugänglich sind (das ist heute nicht in vollem Maß möglich, um den Gemeinden kein Ärgernis zu geben).

Die *Anordnungen* sind sehr zahlreich und umfassen verschiedene Fragen zu folgenden acht Punkten:

1. *Frauen* sollen auch *leitende* Stellungen in der Kirche einnehmen können (natürlich als Laien, nicht als Amtsträger).

2. Die hauptberuflichen Dienste der Laien sollen *einheitlich benannt und geregelt* werden, endgültig spätestens in fünf Jahren (eine Anordnung!). Wer ein abgeschlossenes theologisches Studium hinter sich hat, wird künftig *Pastoralreferent* (in der Anfängerzeit: Pastoralassistent) heißen, wer aufgrund anderer Ausbildung in der Seelsorgearbeit steht, heißt *Gemeindereferent* (Gemeindeassistent).

Die übrigen Anordnungen beziehen sich auf Reformen zu den Bereichen:

3. *Versetzungsordnung* der Priester,

4. Förderung des *Priesternachwuchses,*

5. Verbesserung der *Priesterausbildung,* besonders durch Praxisnähe in der letzten Phase (vor der Priesterweihe eine längere Zeit als Diakon in den Gemeinden tätig),

6. Förderung der *Priesterfortbildung,*

7. Soziale Fürsorge für die *Pfarrhaushälterinnen,*

8. Sorge um die *laisierten Priester.*

Von den *Empfehlungen* seien wenigstens einige Stichworte genannt: Aus- und Fortbildung ehrenamtlicher Mitarbeiter, Forderung nach einer Ausbildungs- und Berufsordnung aller Laiendienste und der Diakone (diesen soll die Krankensalbung erlaubt werden), daß Priester mit siebzig Jahren um ihre Pensionierung einkommen, die schon längst fällige Reform des Theologiestudiums durchgeführt wird, die neu eingeführten „Pastoralkonferenzen" eine amtliche Ordnung erhalten, daß schließlich alle diese Unternehmungen sinnvoll aufeinander abgestimmt und koordiniert werden.

Der Beschluß „Die pastoralen Dienste in der Gemeinde" – das hat diese Darstellung gezeigt – ist ein äußerst dichter Text, der eine Fülle von Reformimpulsen enthält, die alle kaum in Kürze dargelegt werden können. Wir glauben, das Wichtigste vorgestellt zu haben. Es ist gewiß auch nicht nötig, daß man jede Einzelheit in sich aufnimmt, denn manches betrifft in erster Linie die Amtsträger, die Bischöfe und ihre Ordinariate und Seelsorgsämter. Wichtiger ist der Geist, der in diesem Dokument atmet.

*Der Beschluß „Laienpredigt“*

Ein zweiter Synodenbeschluß gehört in den hier erörterten Fragenbereich: ein von Sachkommission I erstelltes Dokument *„Die Beteiligung der Laien an der Verkündigung“*. Dieser kürzeste Text der Synode stellt gewissermaßen einen Unterabschnitt von Kapitel 3 der „Pastoralen Dienste“ dar, denn er behandelt ausführlich *einen* Dienst, die *Predigt;* vor allem aber: wie die *Laien* an diesem Dienst beteiligt werden könnten.

*Zur Entstehung der Vorlage*

Die heiß umstrittene Vorlage „Beteiligung der Laien an der Verkündigung“ war der *erste* Text, den die Gemeinsame Synode verabschiedete. Schuld an diesem „Frühzünder“ ist die Tatsache, daß die Studiengruppe der Sachkommission I, die sich bald nach der konstituierenden Sitzung der Synode an diese Arbeit machte, auf hervorragende Vorarbeiten eines Experten dieses Gebietes zurückgreifen konnte. Schon im Juni des Jahres 1971 lag der erste Entwurf des Textes vor. Dezember 1971 wurde er von der ganzen Sachkommission angenommen, Februar 1972 in der Zeitschrift „Synode“ veröffentlicht. Die erste Lesung fand während der zweiten Vollversammlung der Synode statt, Mai 1972. Berichterstatter der Kommission war Prof. Rolf Zerfaß, die – zurückhaltende – Stellungnahme der Deutschen Bischofskonferenz gab Weihbischof Große ab. Da zu dieser Zeit das ganze Interesse der Synode der „Publik“-Affäre und der Absage der Bischofskonferenz galt, einen Beschluß zum verheirateten Priester zuzulassen, war die Diskussion um die Laienpredigt etwas matt. Aber sie besaß hohes Niveau, die Gegner konnten mit überzeugenden Argumenten entwaffnet werden. Nur wenige Nein-Stimmen wurden bei der Abstimmung am 12. Mai 1972 gezählt.

Im Schnellverfahren wurden in nächster Zeit die Änderungswünsche eingebaut, schon im Herbst wurde der revidierte Text von der Zentralkommission gebilligt und von der Deutschen Bischofskonferenz begutachtet (die inzwischen ein positiveres Verhältnis gewonnen hatte).

Kurz vor der für die Januar-Sitzung 1973 angesetzten zweiten Lesung gab es einen lauten Knall: durch einen überaus harten Einspruch des für diese Materie zuständigen römischen Kurienkardinals Wright (er gehörte auf dem Konzil zu den Progressiven). Der Text der Synode widerspreche dem geltenden katholischen Kirchenrecht und könne so, wie er sei, *nicht* verabschiedet werden. Wenn die Synode es trotzdem tue, sei er „ungültig“!

Zwei Punkte wurden in schroffer Form beanstandet: Es gehöre überhaupt nicht in die *Zuständigkeit* einer regionalen Synode, Gesetze zur Laienpredigt zu erlassen und zweitens, wenn dem Laien erlaubt werde, sogar innerhalb der heiligen Messe zu predigen, dann verstoße das ausdrücklich gegen eine anderslautende Erklärung des Heiligen Stuhls.

Man muß sagen, daß sich in diesem Fall die Deutsche Bischofskonferenz glänzend geschlagen hat. Sie wies den römischen Einspruch als völlig unbegründet zurück. Zudem hatte sie selbst schon vor über zwei Jahren Richtlinien zur Laienpredigt erlassen, die von Rom keineswegs beanstandet worden waren. Die Bischofskonferenz erklärte, man sei zu Gesprächen mit Rom und eventuellen Änderungen im Text bereit, wenn sich das als notwendig erweisen sollte...

Diese Solidarisierung der Bischofskonferenz mit den Bestrebungen der Mehrheit der anderen Synodenmitglieder – die erste im Verlauf der Beratungen – hatte eine wohltuende Wirkung. Die Debatte zur zweiten Lesung am 4. Januar 1973 war trotzdem eine der heftigsten der Synode.

Eine kleine, aber einflußreiche Minderheit stellte sich auf die Seite der römischen Kurie gegen die Haltung der Mehrheit der Deutschen Bischofskonferenz. Sie setzte sich nicht durch. Besonders ein Votum Prof. Karl Lehmanns, das die Unhaltbarkeit des römischen Vorgehens verdeutlichte, machte starken Eindruck. Die Vorlage wurde nach diesem zähen Ringen mit großer Mehrheit endgültig angenommen: 234 Ja, 22 Nein, 7 Enthaltungen.

## *Zum Inhalt*

Der erste Beschluß der Gemeinsamen Synode ist der an Umfang kürzeste. Er umfaßt sechs Seiten. In der *Einleitung* werden grundsätzliche Erwägungen dargelegt: zur Predigtkrise und zur gemeinsamen Verantwortung von Priestern und Laien bei der Verkündigung. Der Hauptteil des Dokuments nennt sich *Grundsätze und Impulse*. Zuerst wird erklärt, warum nicht nur der Priester, sondern auch der Laie Verantwortung trägt für die Predigt: weil die Predigt der Kirche auf die Welt bezogen ist. Der Laie kann als einzelner in der Wortliturgie mitwirken, zum Beispiel bei der Begrüßung, bei den Lesungen, den Fürbitten usw. Dann: aus besonderen Anlässen, bei denen über Themen gepredigt wird, für die manche Laien kompetent sind (Fragen der Caritas oder des Friedens z.B.). Der wichtigste Abschnitt des Dokuments lautet: „*Die amtliche Beauftragung von Laien zur Predigt*". „Die Synode wünscht daher unter Berücksichtigung der pastoralen Situation der Bundesrepublik Deutschland, daß über das Glaubenszeugnis einzelner Christen hinaus geeignete Männer und Frauen mit der Verkündigung im Gottesdienst beauftragt werden." Damit soll der Priester nicht „ersetzt", sondern eine Mitbeteiligung des Laien ermöglicht werden. Auf den erwähnten römischen Wunsch hin soll diese Beauftragung nur „in außerordentlichen Fällen" für die Predigt innerhalb einer Meßfeier gelten.

Im letzten Teil des Dokuments werden *Richtlinien* gegeben: Der Laie soll die geistigen und geistlichen Voraussetzungen mitbringen, die notwendig sind, man solle „spektakuläre Auftritte" vermeiden, grundsätzlich soll die Predigt „unentgeltlich" erfolgen. Wenn an eine längere Beauftragung gedacht ist, soll der Pfarrer diesen Laien dem Bischof vorschlagen, „da dem Bischof die letzte Verantwortung für die Verkündigung in der Diözese zukommt".

Im ganzen ein Dokument, das in Ton und Inhalt auf der Höhe der Zeit steht.

Abschließend seien *sechs zentrale Schwerpunkte* herausgegriffen, die man als wesentliche Aussagen der beiden Beschlüsse innerhalb eines Kranzes vieler Anregungen und Impulse ansprechen darf: die Gemeinde, Priesterkrise, Diakonat, die Stellung der Frau, des Laien überhaupt, die Laienpredigt.

## *Die Gemeinde*

Schon allein das heutige Sprechen von der Gemeindekirche läßt daran denken, daß dem Begriff der Gemeinde im gegenwärtigen Erneuerungsprozeß eine besondere Bedeutung zukommt. Wie stellt sich diese Erneuerung der Gemeinde im Zusammenhang der Synodendokumente dar? In den beiden vorliegenden Beschlüssen finden sich die entscheidenden Aussagen. Was in anderen zum gleichen Thema gesagt wird („Mitverantwortung des ganzen Gottesvolkes", „Pastorale Strukturen", „Gottesdienst", „Orden", „Kirche und Arbeiterschaft" [!], „Sakramentenpastoral"), geht nicht darüber hinaus oder setzt die hier entwickelte Theologie der Gemeinde voraus.

Kernaussage ist: Die Kirche hat nur dann eine Zukunft, wenn es ihr gelingt, aus den von oben seelsorglich betreuten Pfarreien *lebendige Gemeinden* zu machen; die sich als organische Gruppen verstehen, wo einer dem anderen personal verantwortlich ist, wo alle „Praktizierende", die mittelalterlichen Standesschranken zwischen Klerus und Laien überwunden sind und die sozialen Klassen der Welt keine Rolle mehr spielen; wo sich schließlich alle gemeinsam in der Sendung (Mission) für die Welt verantwortlich wissen, jeder mit seinen besonderen Gaben und Begabungen, in gegenseitiger Hilfestellung, wobei freilich dem vom Bischof geweihten Amtsträger, dem Priester, eine unverwechselbare und nicht auswechselbare, für die Dauer eines ganzen Lebens angelegte Aufgabe zufällt.

Der einzelne Christ wie auch die Welt heute brauchen solche „lebendigen Gemeinden“: „Für den einzelnen Christen ist die Gemeinde normalerweise der Lebensraum, der ihn im Heiligen Geist das Wirken Christi erfahren läßt. Darauf ist er in einer zunehmend säkularisierten Gesellschaft dringend angewiesen, um in seinem Glauben bestehen zu können.“

„Die Gemeinde muß offen sein nach innen und außen. Ihre Versammlung um den einen Tisch des Herrn und ihre Sendung zum Dienst an den Menschen gehören zusammen. Die Glieder der Gemeinden müssen einander unabhängig von persönlichen Neigungen und Interessen annehmen ... In der Gemeinde muß Raum sein für Unbequeme und Andersdenkende ... Zur Sendung der Gemeinde gehört wesentlich ihr Einsatz für alle Menschen, für Frieden, Gerechtigkeit und Freiheit. Die Gemeinde darf nicht neben den Problemen der Gesellschaft herleben ... Um dieser Sendung willen muß eine Gemeinde die Formen ihres Gemeindelebens immer wieder überprüfen; sie muß Bewährtes lebendig halten und offen sein für Entwicklungen und neue Formen, in denen der Glaube *überzeugender gelebt* und *tiefer* erfahren werden kann.“

Der Gemeindebegriff der nachkonziliaren Theologie ist vielfältig und dynamisch. Die Gemeinde kann äußerlich sehr verschiedene Formen annehmen. „Im allerweitesten Sinn verwirklicht sich Gemeinde Christi überall, wo zwei oder drei im Namen Jesu beisammen sind.“ Es gibt Personal- und Ortsgemeinden. Neue Ordnungen sollen das kirchliche Leben von unten her und durch Menschen, die Überzeugungschristen sind, in Bewegung setzen. Die Synode hat jedoch abgelehnt, die bestehenden Großgemeinden, also die Pfarreien mit mehreren tausend Mitgliedern, zugunsten mehr oder weniger informeller Gruppen aufzulösen, etwa nach freikirchlichem Vorbild. Sondern: die Großpfarreien sollen durch vitale „Zellen“ revitalisiert werden: die Ehen und Familien („die das Zweite Vatikanische Konzil als Hauskirche bezeichnet“), Hausgemeinschaften, Kreise, Basisgemeinschaften, geistliche Gruppen, Vereinigungen mit bestimmten Zielen und Zwekken. „Sie sind von der Gemeinde im eigentlichen Sinn zu unterscheiden. Sie helfen jedoch zur Einwurzelung und Beheimatung der einzelnen in der Gemeinde ...“

Als relativ neuen Begriff wertet die Synode den Begriff des *Dienstes* auf: jedes Gemeindemitglied hat sozusagen einen eigenen Dienst. Diese haben verschiedene Schwerpunkte: „Manche sind unmittelbar auf den Aufbau der Gemeinde, andere unmittelbar auf den Dienst in der Gesellschaft bezogen ...“ Es gibt mehr amtliche und mehr charismatische – freiere – Dienste. Alle sollen zusammenwirken. Dies soll aber nicht aus organisatorischen Gründen geschehen, sondern von der religiösen Gesamtsendung der Gemeinde her.

Die Synode versucht nun, einige dieser Dienste in ihrem Sinn und in ihren Aufgaben näher zu beschreiben. Der wichtigste ist der Dienst des Priesters.

*Die Priesterkrise*

Es ist hier unmöglich, alle Anweisungen zur Erneuerung des priesterlichen Dienstes, die von der Synode erlassen wurden, darzustellen. Ausgangspunkt ist die gegenwärtige Priesterkrise, die eine innere und eine äußere Seite hat, wobei die innere wohl wichtiger zu nehmen ist als die äußere, also der rein numerische Rückgang der Priesterberufe. Für beide Probleme aber hat die Synode Wege zur Überwindung vorgeschlagen.

Die innere Krise betrifft die Wandlung des Priesterbildes heute, seine „Rollenunsicherheit", die Veränderungen im Welt- und Selbstverständnis, die Abkehr von einem rein sakral ausgerichteten Horizont der priesterlichen Tätigkeit hin zu einem „Dienst am Menschen", zu einer partnerschaftlichen Orientierung, die manches an Würde und Ansehen, die diesem Stand früher wie selbstverständlich gewährt wurden, in Frage stellt. Der Priester genießt heute nur noch so viel Autorität, als er selbst in menschlich-christlicher Bewährung erringt. Sein Stand wurde und wird „personalisiert".

Die Synode glaubt, daß in dieser *inneren* Umstellung der Hauptgrund für den gegenwärtigen Priestermangel zu sehen ist. Daher können nicht in erster Linie durch äußere Maßnahmen – Aufhebung des Zölibats, verstärkte Werbebemühungen, Herabsetzung der Anforderungen – die Schwierigkeiten überwunden werden. Und das bedeutet: neue theologische Grundlegung des priesterlichen Dienstes aufgrund der gewandelten geschichtlichen Situation.

Die Aussagen der Synode zu diesem Bereich hätte mancher sich vielleicht konsequenter und eindeutiger gewünscht. Sie versuchen zwar nicht gerade einen Kompromiß zwischen überlieferten und extrem modernen Vorstellungen, aber sie nehmen Rücksicht auf das Alte, eine Haltung, die im Augenblick sicher unumgänglich ist. Wesentlich aber ist, daß der Dienst des Priesters von der Synode in erster Linie als *gemeindebezogen* verstanden wird, daß er hingeordnet ist auf die eine Gruppe von Menschen, für die der Priester verantwortlich ist. Für diese Menschen wird er von Gott durch den Bischof in Pflicht genommen. Er ist *Vorsteher* einer Gemeinde, und das ist der eigentliche Sinn seines Dienstes.

Damit wird die biblische Sicht, wo das Wort Priester ja nur von Christus gebraucht wird, aufgenommen im Sinne des neutestamentlichen „Presbyters" (= Vorsteher). Zwar wird das Verständnis, wie es im Mittelalter gewachsen ist, nicht einfach auf den biblischen Befund reduziert (das wäre Anachronismus), aber der Akzent wird doch gegenüber den letzten Jahrhunderten erheblich verlagert. Priester ist der Priester insofern, als er den „der ganzen Kirche aufgegebenen Dienst im Auftrag Jesu Christi" ausübt. Vom allgemeinen Priestertum der Gläubigen ist er durch diese seine besondere Beauftragung unterschieden. Diese „prägt ihn in seiner ganzen Existenz".

Ein Laie kann aufgrund dieser Theologie des priesterlichen Dienstes niemals Leiter, Vorsteher einer Gemeinde sein, und „im vollen Sinn des Wortes kann es darum keine priesterlosen Gemeinden geben". Übernimmt ein Laie das Vorsteheramt einer Gemeinde, so müßte er auch den amtlichen Auftrag dazu erhalten, das heißt die Priesterweihe, denn die Gemeindeleitung bedeutet auch immer den Vollzug der Eucharistiefeier als „Sakrament der Einheit".

Die Synode hat demnach die Trennung der kultischen Vollmachten vom Leitungsdienst, die in der nachkonziliaren Diskussion oft vorgeschlagen wurde, nicht anerkannt. Verkündigung, Spendung der Sakramente, Bruderdienst, Auferbauung und Leitung der Gemeinden bleiben die wirklichen priesterlichen Aufgaben. Die „Auffächerung" dieser Dienste auf verschiedene Personen ist im Prinzip nicht möglich.

Von dieser „Realität" aus mußte nun die Synode Auswege aus dem herrschenden Priestermangel finden. Da es abzusehen ist, daß es bald viele Gemeinden eben doch ohne Priester und damit ohne Leitung, ohne Kopf und Amtsträger geben wird, müssen Übergangslösungen geschaffen werden. Eine solche wäre *nicht* der Vorschlag gewesen, ältere „bewährte" verheiratete Männer in den Gemeinden, die „viri probati", zu Gemeindevorstehern zu ernennen (eventuell sogar ehrenamtlich) und zu Priestern zu weihen. Dazu erklärte die Synode:

„Es stehen sich in dieser Frage verschiedene Standpunkte gegenüber. *Die einen* verweisen vor allem auf die alarmierende Situation im Priesternachwuchs einerseits und auf die theologisch ausgebildeten Laien, die zum pastoralen Dienst in den Gemeinden bereit sind, andererseits; sie betonen aber auch die großen menschlichen Probleme, die der Zölibat für manche Priester in unserer gewandelten gesellschaftlichen Situation mit sich bringt. Sie verweisen darauf, daß nicht für jeden die Berufung zum priesterlichen Dienst mit der Berufung zur Lebensform der christlichen Ehelosigkeit verbunden sein muß und daß Gott seine Gaben verschieden verteilt. *Andere* betonen die besondere Angemessenheit der ehelosen Lebensform für den priesterlichen Dienst; sie bezweifeln, ob durch die Weihe von in Ehe und Beruf erprobten Männern bzw. durch die Freigabe der Zölibatsverpflichtung tatsächlich eine genügend große Zahl von Priestern für die absehbare Zukunft zu erwarten ist; sie verweisen darauf, daß die gegenwärtige Priesterkrise nicht allein und zuerst eine Zölibatskrise ist, und sie befürworten, daß eine Änderung der Zölibatsgesetzgebung zum gegenwärtigen Zeitpunkt über kurz oder lang faktisch zu einer Zurückdrängung des ehelosen Priestertums führen würde. Eine *Entscheidung* fällt nicht leicht, da die frei gewählte Ehelosigkeit für das Priestertum und für die Kirche insgesamt ohne Zweifel einen hohen Wert darstellt. Andererseits müssen, wenn die Heilssorge der Kirche schwerwiegend gefährdet ist, alle noch so wichtigen Gesichtspunkte, die nicht aus Gründen der verbindlichen Glaubenslehre (iure divino) notwendig sind, zurücktreten. *Es wird deshalb allgemein anerkannt, daß außerordentliche pastorale Notsituationen die Weihe von in Ehe und Beruf bewährten Männern erfordern können.*"

Die Synode weist anschließend darauf hin, daß sie „aufgrund des Beschlusses der Deutschen Bischofskonferenz vom 13. 4. 1972" in dieser Frage keine Entscheidung treffen könne, aber sie stellt dann mit Ernst die Frage: „Ist eine solche Notsituation heute und in absehbarer Zukunft in Deutschland gegeben? Welche konkreten Modelle lassen sich entwickeln, um einen geordneten Heilsdienst (= Seelsorge) in den Gemeinden sicherzustellen?"

Der Text läßt keinen Zweifel daran, daß die Mehrheit der Synode sich grundsätzlich für die Möglichkeit des verheirateten Priesters entschieden hätte.

Als Übergangslösung für die nächste Zeit schlägt die Synode eine Reihe pastoraler Maßnahmen vor:

Priester, die gegenwärtig Tätigkeiten ausüben, die auch von Laien ausgeführt werden können (z.B. in der Verwaltung), sollen in die Gemeindearbeit gesandt werden; die Errichtung von „Verbänden" verschiedener Pfarrgemeinden: „Sofern solche Pfarreien nicht mehr mit einem eigenen Pfarrer besetzt werden können, ist es erforderlich, daß am jeweiligen Ort ein nicht hauptamtlich in der Gemeindeseelsorge tätiger Priester (u.U. ein Geistlicher im Ruhestand), ein Diakon oder ein Laie im pastoralen Dienst als ‚Bezugsperson' eingesetzt ist"; nicht-eucharistische Sonntagsgottesdienste; Versuche, neue Zugangswege für den Priesterberuf zu erschließen; Gebet und Einsatz für die Weckung von Berufungen, aber auch die Reform des Dienstes selbst, damit er nicht mehr so belastend empfunden wird wie in den letzten Jahren. Wichtigster Punkt dieser Reform ist *die Aktivierung der anderen Dienste* in den Gemeinden.

*Die Diakone*

„Der Diakonat ist in der lateinischen Kirche durch das Zweite Vatikanische Konzil als eigenständiges, sakramental übertragenes Amt erneuert worden.“ Warum? Um die neutestamentliche Perspektive, die nicht den heutigen „Monismus“ der priesterlichen (presbyteralen) Tätigkeit kennt, wieder zur Geltung zu bringen. Es geht also nicht um eine neue „Klerikalisierung“, wie aus einer verkürzten theologischen Sicht immer wieder erklärt wird, sondern darum, daß der „Bruderdienst“ (das Caritative), das dem Diakon besonders zugeordnet ist, als *amtlicher* Dienst der Kirche anerkannt wird. Natürlich kann auch ein Sozialarbeiter caritativ wirken, aber: der Diakon tut es unverwechselbar im Auftrag Christi.

Der Diakon ist als solcher auf die *Gemeinde*, nicht auf die Welt hingeordnet. Er soll die Gemeinde zur Caritas hinführen, „Leitbild der Nächstenliebe“ sein. So ist er innerhalb der Gemeinde „Anwalt“ der Notleidenden und Armen und soll in ihr „diakonische Dienste anregen und heranbilden“, auch „Gewissen der Gemeinde und ihrer Vorsteher“ sein. Aus dieser besonderen und damit amtlichen Hinordnung auf die Gemeinde „ergeben sich auch spezifische Funktionen des Diakons im Gottesdienst und bei der Verkündigung“.

Der Diakonat hat sich seit dem Konzil in der Weltkirche nur zögernd durchgesetzt. Ursachen dafür sind auch einige restriktive Anordnungen, die das Konzil mit ihm verbunden hat, damit er dem Priestertum nicht „Konkurrenz“ mache: Mindestalter 35 Jahre, keine Möglichkeit einer zweiten Heirat beim Tod der Frau, zum Diakon geweihte Priesteramtskandidaten dürfen nicht „ständig“ Diakon bleiben. In diesen Fragen hat die Synode Rom durch „Voten“ gebeten, die einengenden Vorschriften aufzugeben (vgl. S. 132).

*Die Stellung der Frau*

Eine besondere Chance zur Verlebendigung der Gemeinden von unten her sieht die Synode in einer „Aufwertung“ der Frau innerhalb der kirchlichen Dienste: „Zwar hat die Kirche grundsätzlich immer die Gleichheit der Würde von Mann und Frau anerkannt. In der Praxis wurden jedoch vielfach gegenläufige Einflüsse wirksam. Bis heute sind in Denken, Leben und Recht der Kirche oft noch überholte und dem Evangelium widersprechende Vorstellungen und Leitbilder vom Wesen und der Rolle der Frau wirksam.“

Die Synode spricht die Forderung aus, daß erst einmal alle rechtlichen Bestimmungen, die die Entfaltung der Frau im kirchlichen Leben hemmen, endgültig abgeschafft werden. Dann soll die Frau innerhalb der Gemeindearbeit nicht nur „Dienerin" spielen dürfen, sondern: „Bei der Verteilung liturgischer Dienste (z.B. Lektoren, Kommunionhelfer), der Übertragung von ehrenamtlichen, haupt- und nebenberuflichen Diensten in der Gemeinde, bei den Wahlen zu den deutschen Pfarrgemeinderäten und bei Bildungsangeboten ist auf eine angemessene Berücksichtigung der Frauen zu achten. Bei der Aufstellung von Stellenplänen und bei Stellenbesetzungen soll Frauen der Zugang auch zu leitenden Positionen eröffnet werden; dabei sollten Frauen nicht nur für die Zielgruppe Frauen, sondern in allen Bereichen tätig sein."

Schließlich fordert die Synode die Kirche auf, Frauen auch zum Amt des *Diakons* zuzulassen (vgl. S. 131, 133).

Dieser Punkt gehörte zu einem der heißen Eisen der Synode, er war lange Zeit hart umstritten. Daß diese Forderung dennoch erhalten blieb, ist eines der wichtigsten Würzburger Ereignisse.

Da der Diakonat zum dreifach ausgegliederten *Amt* der Kirche gehört (Diakone, Priester, Bischöfe), würden mit einer solchen Entscheidung in der katholischen Kirche grundsätzlich auch Frauen zu ihm zugelassen! Die Befürworter haben allerdings deutlich erklärt: sie würden das nicht als einen ersten Schritt zum „Priestertum der Frau" verstehen.

Aufgrund der bahnbrechenden Forschungen von Yves Congar (und anderen) erklärt die Synode: „Gestützt auf das biblische Zeugnis von der Stellung der Frauen im Jüngerkreis Jesu und die zahlreichen und wichtigen Dienste der Frauen in den neutestamentlichen Gemeinden, wurden in den Ostkirchen und während der ersten christlichen Jahrhunderte vereinzelt auch in den Kirchen des lateinischen Ritus Frauen zu Diakoninnen geweiht..." Diese altkirchliche Praxis, die dem Bewußtsein der Kirche entfallen sei, sollte aus folgenden Gründen neu belebt werden: Viele Frauen würden heute schon „nicht nur in Missionsgebieten" kirchliche Dienste ausüben, „die an sich dem Diakonenamt zukommen". Ferner rate die Stellung der Frau in der modernen Gesellschaft zu einer solchen Öffnung, „schließlich läßt die Hineinnahme der Frau in den sakramentalen Diakonat in vielfacher Hinsicht eine Bereicherung erwarten..."

Um kein Mißverständnis aufkommen zu lassen: eine Regionalsynode wie die westdeutsche kann selbstverständlich nicht über eine solche Frage *entscheiden*. Aber sie kann sich bei den Organen der Gesamtkirche dafür einsetzen, daß ein solches Ziel real ins Auge gefaßt wird.

Die Deutsche Bischofskonferenz hat nur zögernd dieses „Votum" unterstützt, Schwierigkeiten waren zu überwinden. Schließlich war wenigstens eine Mehrheit von Bischöfen davon überzeugt, daß es gut sei, dieses Amt in der katholischen Kirche zu erneuern.

### *Was darf ein Laie alles tun?*

Man kennt die berühmte Geschichte des französischen Kardinals Gasquet, der einmal nach der „Stellung" des Laien in der katholischen Kirche gefragt wurde. Seine Antwort: „Die Stellung des Laien in unserer Kirche ist eine dreifache: er kniet vor dem Altar, das ist seine erste Stellung; er sitzt unter der Kanzel, das ist seine zweite Stellung; er greift nach seinem Geldbeutel, das ist seine dritte Stellung..."

Die Synode hat den heiklen Punkt der „Laienmitverantwortung" mit Klugheit und Mut zugleich behandelt. Sie wiederholte und bekräftigte auf der einen Seite die Konzilsentscheidung, daß der Laie aufgrund seiner Taufe, seiner Firmung und des allgemeinen Priestertums der Gläubigen nicht nur ein passives, sondern ein aktives Mitglied seiner Gemeinde ist. Die Laien haben zuerst – selbstverständlich – den christlichen „Weltdienst" auszuüben, in der Familie, im Beruf. Allerdings: „Der Auftrag der Laien in der Welt und für die Welt ist zugleich wesentlicher Dienst in der Gemeinde und für die Gemeinde. Die Laien sollen vor allem ihre eigenen Erfahrungen und die Probleme der heutigen Gesellschaft in das Leben der Gemeinden einbringen und dafür sorgen, daß diese lebendig und offen bleiben für die vielfältigen Fragen und Nöte der Menschen."

Ein Pfarrer erklärte in der Synoden-Debatte: das alles sei gut und schön, aber Laien, die wirklich bereit sind, in der Pfarrei mitzuarbeiten, seien doch sehr selten. Bei den allermeisten würde die Bitte um Mitarbeit auf taube Ohren stoßen. Die Synode geht auf die Ursachen dieser Passivität leider nicht ein, erklärt jedoch: „Eine Gemeinde ist dann lebendig, wenn möglichst viele ihrer Glieder bereit sind, ehrenamtliche Dienste zu übernehmen." Haben wir also in der Mehrheit „tote" Gemeinden?

Man hätte sich über eine solche Feststellung und über die Beschreibung der einzelnen Tätigkeitsfelder der Laien-Dienste hinaus vielleicht gewünscht, daß auch in diesem Text einiges mehr über die Eigenverantwortlichkeit des Laien gesagt worden wäre. Aber das geschieht dann deutlicher in dem Beschluß „Mitverantwortung".

Neben den ehrenamtlichen stehen als neue Möglichkeit die *haupt- und nebenberuflichen* Dienste der Laien. Dazu wird gesagt: „Seit Jahren steigt die Zahl von qualifizierten Laien oder Laientheologen, die zu einem haupt- oder nebenberuflichen Dienst in der Gemeinde bereit sind..."

Die Synode setzt sich entschieden auch dafür ein, daß man laisierte Priester unbefangener als bisher in solche Dienste übernimmt. In einem Votum an Rom wird gebeten, entgegenstehende kirchliche Vorschriften um des Wohles der Seelsorge willen abzumildern.

„Die haupt- und nebenberufliche Mitarbeit von Laien im pastoralen Dienst der Gemeinde hat sich erst in jüngster Zeit herausgebildet und bereits eine unersetzliche (!) Bedeutung erlangt. Es herrscht jedoch zum Teil noch Unklarheit über die Stellung und Aufgabe dieser Dienste. Manchmal werden sie nur als Ersatz für fehlende Priester verstanden. Einige Diözesen zögern noch mit der Einführung solcher Dienste; wo sie eingeführt sind, bestehen unterschiedliche Konzeptionen und Regelungen ..."

Die Synode konnte, da die Dinge im Fluß sind, noch keine „abschließende Umschreibung dieser Dienste" geben, aber sie hat doch – als rechtlich verbindliche Anordnung und als Empfehlung – eine lange Reihe wichtiger Entscheidungen getroffen. Immerhin wurden die Weichen dafür gestellt, daß in den nächsten fünf Jahren in allen Bistümern der Bundesrepublik eine gleiche Laufbahnordnung erstellt wird. Der im Dienst der Kirche stehende Laie mit einer theologischen Vollausbildung wird künftig einheitlich „Pastoralreferent", der an Fachschulen oder Fachhochschulen ausgebildete „Gemeindereferent" heißen (in der Anfängerzeit heißen sie „... assistent").

Die Kirche hat in der Mitarbeit der Laientheologen ohne Zweifel eine Chance erkannt, die mehr als eine Notlösung ist. Der Pfarrer wird durch Pastoral- und Gemeindereferenten nicht nur arbeitsmäßig entlastet, er wird auch hineingestellt in ein ganz anderes Klima der Seelsorgearbeit. Ein kooperativer Stil entwickelt sich, der zugleich den Priester aus seiner Isolierung befreit. Was dazu in Kapitel 6 des Dokuments steht, ist leider allzu formell geraten. Wir glauben nämlich, daß gerade in solcher Team-Arbeit eine große Hoffnung für die Kirche von morgen liegt.

### *... auf der Kanzel*

Unter den Laiendiensten, die von der Synode behandelt worden sind, ist seine Mitwirkung an der Verkündigung durch einen eigenen Beschluß (vgl. S. 134ff.) besonders hervorgehoben. Der Ausdruck *Laienpredigt* – um sie handelt es sich! – wurde vermieden, weil noch im geltenden kirchlichen Gesetzbuch diese regelrecht *verboten* ist (can 1342 § 2). Das Verbot stammt letztlich aus dem 13. Jahrhundert, wo es gegen die Laienpredigt der Albigenser, Waldenser usw. gerichtet war. Aber auch der hl. Franziskus war Laie! Später hatte diese Bestimmung einen anti-protestantischen Charakter, und noch in einem erläuternden Text der Sachkommission wird unverständlicherweise von der „wenig attraktiven Praxis der pietistischen und freikirchlichen Laienprediger" gesprochen – eine Ansicht, die sich vor Predigern wie Martin Luther King oder Billy Graham doch wohl nicht aufrechterhalten läßt.

Der Synodentext legt unmißverständlich dar, daß die Verkündigung in der katholischen Kirche auf der einen Seite der ganzen Kirche (Gemeinde) aufgetragen ist, in erster Linie jedoch den Amtsträgern zusteht: „Weil die sakramentale Befähigung zum Heilsdienst im Namen Jesu Christi und der Kirche das deutende und wirksame Wort der Verkündigung einschließt." „Wenn also ein Laie mit der Predigt im Gottesdienst beauftragt wird, geschieht dies in einer besonderen Zuordnung zum kirchlichen Amt, ohne daß der übernommene Verkündigungsdienst ein neues Amt oder der Laie ein Amtsträger würde. Ein solcher Verkündigungsdienst ist Teilhabe am Auftrag des kirchlichen Amtes ..."

Dieses „Amtliche", erklärt die Synode, dürfe nicht „verrechtlich" werden, jeder Christ habe eine „geistgewirkte Befähigung zum Glaubenszeugnis". Es gibt die freien Geistesgaben, „schließlich wird so sichtbar, daß es, unbeschadet der Einheit der Sendung, dennoch verschiedene Charismen, Dienste und Ämter in der christlichen Gemeinde gibt". In dieser Sicht finden wir also nicht nur Laien, die predigen *dürfen*, sondern auch solche, die aus innerem Antrieb predigen *müssen!* Die jüngste Anerkennung der katholischen „charismatischen Bewegung", die Pfingsten 1975 sogar im Petersdom in Rom einen Gottesdienst halten konnte, zeigt, wie stark sich die nachkonziliare Kirche ihrer „charismatischen Struktur" bewußt geworden ist.

Der Beschluß der Synode zum Recht der Laienpredigt beendet ein jahrhundertelanges Kapitel der Kirchengeschichte, in dem sich die Kirche zu ihrem eigenen Schaden zunehmend klerikalisierte. Nun hat sie wieder Mut und Vertrauen zu den Laien gefaßt.

# 4. Rätesystem und Rahmenordnungen

## Drei Beschlüsse zu den sogenannten Strukturen

Die drei Synodenbeschlüsse, die in diesem Kapitel behandelt werden, haben einen trockenen Stoff zum Inhalt. Er wird gern mit dem Modewort *Strukturen* bezeichnet, einem Ausdruck, den das Zweite Vatikanische Konzil noch nicht kannte. Man könnte ihn übersetzen: es geht um die Ordnung, um die äußeren Ordnungen der Kirche; um ihren Aufbau, um den Apparat.

Seitdem der evangelische Theologe Rudolf Sohm zu Anfang unseres Jahrhunderts von einem fundamentalen Gegensatz zwischen Rechts- und Liebeskirche gesprochen hat, steht die rechtliche Ordnung der Kirche in keinem hohen Ansehen mehr. Auch in den Synodendebatten war immer wieder zu erkennen, wie lästig vielen die Auseinandersetzung mit abstrakten Anordnungen zur konkreten Kirchenreform erschien. Auch der Begriff Strukturen, der wahrscheinlich Mode geworden ist, um diese Unlust überwinden zu helfen, konnte daran nicht viel ändern.

Sogar Bischöfe, die doch als Gesetzgeber eines Bistums viel mit dem ‚Recht' zu tun haben, versuchten die entsprechenden Anordnungen der Synode soweit wie möglich herunterzuspielen. Einer sprach sogar von der „sola-structura"-Ideologie, die auf der Synode sich breit mache, mit anderen Worten: daß man meine, durch Veränderungen in der äußeren Kirchenordnung allein die Erneuerung der Kirche erreichen zu können. Hinter solchen Äußerungen waren u. a. Absichten zu erkennen: es nämlich im rechtlichen Rahmen beim alten zu lassen...

Die Mehrheit der Synode hat sich trotz aller Unlust nicht in solche Sackgassen führen lassen. Einer inneren Erneuerung muß die äußere Erneuerung entsprechen. Der Kanonist Klaus Mörsdorf hat zum Beispiel immer wieder betont, daß die Kirche „kraft ihres Wesens" ein kirchliches Recht fordert, und er ging in der Begründung dieser grundlegenden Bedürftigkeit der christlichen Gemeinschaft bis zur Menschwerdung Gottes zurück: daß das innere Wesen Gottes sichtbar und greifbar werden wollte. So muß ein religiöses Reformwerk, wie es das Zweite Vatikanische Konzil eingeleitet hat, sich auch die entsprechenden äußeren Formen schaffen, in denen sich das Neue nicht nur „äußern", sondern auch entfalten und wirksam werden kann.

Das Recht, die Ordnung, die Verfassung usw. aber, sagt das Konzil, sind nicht Selbstzweck, sondern müssen dem eigentlichen religiösen Auftrag, der Seelsorge, dienen. Rechts- und Liebeskirche, um mit dem Ausdruck der zwanziger Jahre zu sprechen, ergänzen sich nicht „gleichberechtigt", sondern das Recht hat der Liebe zu dienen – nicht umgekehrt. Die äußeren Ordnungen der Kirche müssen so beschaffen sein, daß sie auch fähig sind, den eigentlichen Dienst der Kirche zu fördern. Allzuviel Ballast aus einer vergangenen Zeit, erkannte das Konzil, behindert heute die freie Entfaltung des Glaubens.

Die Synode konnte nicht alle Bereiche, die hier möglich sind, aufgreifen. Sie hat drei wichtige Themen herausgestellt:

*die Mitverantwortung der Laien und Priester in den Bistümern und innerhalb der überregionalen Gremien der Bundesrepublik,*

*die Modernisierung der seelsorglichen Strukturen von der Pfarrgemeinde bis zur Bistumsleitung,*

*den Schutz der persönlichen Würde des „freien Christenmenschen" vor Übergriffen der kirchlichen Obrigkeit.*

Der Weg, um in diesen drei Bereichen auf der Synode zu einer Einigung zu kommen, war nicht einfach. Die beiden zuständigen Sachkommissionen (VIII und IX) hatten ohne Zweifel zu Beginn ihrer Arbeit „progressivere" Vorstellungen. Man mußte sich mit der Zeit auf einen Kompromiß einigen. Die einen sagen: ein Minimalprogramm, das nichts Neues bringt. Die anderen: ein wertvoller Ansatzpunkt für die Zukunft.

Die drei Beschlüsse tragen folgende Titel:

1. *„Verantwortung des ganzen Gottesvolkes für die Sendung der Kirche"* (da geht es vor allem um die „Räte" der Mitverantwortung).
2. *„Rahmenordnung für die pastoralen Strukturen und für die Leitung und Verwaltung der Bistümer in der Bundesrepublik Deutschland".*
3. *„Ordnung für Schiedsstellen und Verwaltungsgerichte der Bistümer in der Bundesrepublik Deutschland".*

Nicht alles, was in diesen Dokumenten steht, müssen alle wissen. Vieles ist für die Spezialisten verfaßt. Dennoch sollte jeder wenigstens ein Grundwissen darüber besitzen. Zuerst also zu jedem Dokument eine kurze Entstehungsgeschichte und eine Inhaltsangabe des Wesentlichen.

*Zur Entstehung der Vorlage „Verantwortung des ganzen Gottesvolkes für die Sendung der Kirche"*

Dieser Beschluß hat eine äußerst verwickelte Entstehungsgeschichte. Sachkommission VIII („Formen der Mitverantwortung in der Kirche") hatte zunächst an mehrere Vorlagen gedacht, die dann in einem mühsamen Prozeß zusammengeschweißt werden mußten.

Vier Untergruppen der Kommission behandelten zuerst jeweils für sich die Themen: 1. Beteiligung aller Glieder der Kirche an der Mitverantwortung, 2. Gremien der Mitverantwortung auf Pfarrebene, 3. Gremien der Mitverantwortung auf Diözesanebene, 4. Verbände und Gruppen in der Kirche.

Aus dieser Arbeit ging ein Entwurf hervor, der unter dem Titel „Beteiligung des Gottesvolkes an der Sendung der Kirche" einmal die theologischen Grundsätze, zum anderen eine „Rahmenordnung" für die sogenannten Räte in den Bistümern vorlegte. Schon der theologisch unverständliche Titel (er wurde später geändert) läßt erkennen, mit welchen verschwommenen Vorstellungen die Kommission an ihren Stoff herangegangen war. Um diesen ersten Entwurf gerecht beurteilen zu können, muß man sich jedoch vor Augen halten, daß – erstens – völliges Neuland betreten wurde und – zweitens – innerhalb der Kommission harte Gegensätze bestanden, die sinnvolles Arbeiten sehr erschwerten. Die erste Lesung dieses Textes wurde in der Vollversammlung Mai 1972 gehalten: 240 Ja, 12 Nein, 1 Enthaltung. Zur Konzeption der Gremien, die auf Bistumsebene eingerichtet werden sollten, gab es eine Kampfabstimmung gegen eine konkurrierende Vorlage der Sachkommission IX („Ordnung pastoraler Strukturen"), die eine straffere und sicher auch effektivere Einbindung der „mitverantwortenden" Laien und Priester vorgeschlagen hatte. Die Mehrheit der Synode entschied sich jedoch für die „realistischeren" Pläne von Sachkommission VIII.

Die Vollversammlung der Synode hatte zum Ganzen energisch verlangt, daß die Texte in folgenden Punkten zu ergänzen seien: in bezug auf den Priesterrat, in der Betonung der Rolle der Verbände, schließlich sollte auch die überregionale Zusammenarbeit der deutschen Bistümer, für die zuerst ein eigener Beschluß geplant war, mit in die Vorlage hineingenommen werden. Diese Texte wurden im Mai 1974 als „Ergänzungsvorlage" beraten und ohne große Begeisterung von der Vollversammlung bejaht: 169 Ja, 43 Nein, 19 Enthaltungen.

Letztlich floß noch das Ergebnis eines anderen Beratungskomplexes in die Endvorlage ein: der Wunsch nach einer Reform des „Verbandes der Diözesen Deutschlands". Dieser Verband ist seit einigen Jahren die finanzielle Dachorganisation der deutschen Bistümer, und als solche hatte er auch die Wochenzeitung „Publik“ finanziert. Als das Blatt eingestellt werden mußte, lastete man dem Verband die Hauptschuld an: er habe seine Entscheidung nicht unter pastoralen, sondern unter rein fiskalischen Gesichtspunkten getroffen. Eine Reform sollte das seelsorgliche Element in diesem Gremium stärken. Eine Gemischte Kommission aus VIII und IX wurde Ende 1971 mit dem Auftrag gebildet, dafür konkrete Vorschläge zu machen. Schon März 1972 lag der Text vor. Er trug einen umständlichen Titel: „Grundsätze für die Strukturen kirchlicher Entscheidungsgremien und -prozesse“. In einer kurzen, aber leidenschaftlichen Debatte am späten Abend wurde die Vorlage gegen nur 7 Nein-Stimmen gutgeheißen. Ein „progressiveres“ Minderheiten-Votum zu einer Einzelfrage wurde dadurch abgelehnt. Die Bischofskonferenz hatte schon vorher erklären lassen: die Synode habe gar nicht die rechtliche Zuständigkeit, den „Verband der Bistümer“ zu ändern, weil nach seinem Statut er das nur selber könne! So wurde der Text später (als Kapitel IV 3, 2) zu einer „Empfehlung“, deren Verbindlichkeit die kommende Entwicklung erweisen muß.

Das Ganze wurde nun zu einer Vorlage zusammengefügte, die in einer langen, heftigen Debatte in der vorletzten Vollversammlung der Synode – Mai 1975 – beraten wurde. Wie die gleichzeitig diskutierte Vorlage zur Ehe stand der Text am Rande des Scheiterns. In letzter Minute gelang es, einige Verbesserungen einzufügen. Der Mehrheit der Bischöfe wurde vorgeworfen, im Lauf der Jahre Zug um Zug den ursprünglichen Plan einer wirklich verantwortlichen Mitarbeit von Laien und Priestern in den „Strukturen“ der Bistümer verwässert zu haben. Die Schuldigen wurden leider nicht öffentlich genannt: einige Bischöfe hatten nämlich gedroht, das ganze Dokument in ihren Bistümern nicht in Kraft zu setzen, wenn man bei dieser oder jener Anordnung bliebe. Die „Realisten“ erklärten in der Debatte: immerhin seien doch beachtliche Fortschritte gegenüber früher erzielt worden. Nur mit 16 Stimmen konnte die erforderliche Zwei-Drittel-Mehrheit überschritten werden: 174 Ja, 52 Nein, 11 Enthaltungen.

*Zum Inhalt*

Auf den 16 Seiten des Beschlusses „Verantwortung des ganzen Gottesvolkes für die Sendung der Kirche“ findet sich eine Fülle von Empfehlungen, Richtlinien und Anordnungen zum Aufbau des konkreten kirchlichen Lebens. Der Text ist in vier Hauptabschnitte eingeteilt: einem grundlegenden theoretischen Teil folgt ein Kapitel über die Aufgabe der kirchlichen Verbände, eine Rahmenordnung für Räte in den Bistümern (vom Pfarrgemeinderat bis zum Diözesanpastoralrat) und ein abschließender Teil zu den überdiözesanen Aufgaben und Einrichtungen.

*Teil I: „Die gemeinsame Verantwortung aller Glieder"*. Der Text geht aus von der „grundlegenden Bruderschaft" in der Kirche, aufgrund derer, unbeschadet der hierarchischen Stellung der Bischöfe, ein „partnerschaftliches Zusammenwirken aller" gefordert ist. Diese Brüderlichkeit müsse sich auch in konkreten Formen und Einrichtungen darstellen, deren Art, Aufgaben, Zusammensetzung usw. dann beschrieben wird.

*Teil II: „Ort und Funktion der katholischen Verbände"*. In diesem sehr kurzen Kapitel, das fast wie eine Pflichtübung klingt, wird dargelegt, daß die traditionellen Verbände der katholischen Kirche durch das neue „Rätesystem" nicht überflüssig geworden sind.

*Teil III: „Rahmenordnung für die Strukturen der Mitverantwortung in der Diözese"*. Das Kernstück des Beschlusses. Es enthält Empfehlungen und Anordnungen zu den Einrichtungen der *nachkonziliaren Räte* in den Bistümern. Zuerst wird die Pfarrebene behandelt (Aufgaben, Zusammensetzung und Arbeitsweise der Pfarrgemeinderäte), dann – kurz und allgemein – die in den meisten Bistümern noch nicht ausgebaute „mittlere Ebene" (Dekanate, Bezirke, Regionen), schließlich die sogenannte „Diözesanebene", also die Räte, die für ein ganzes Bistum zuständig sind. Nach einer kurzen Bemerkung, daß die Leitung des Bistums allein der Bischof innehat, werden die einzelnen Räte aufgeführt, die ihn beraten, aber nicht nur beraten, sondern auf deren Mitwirkung er bei seinen Leitungsaufgaben *angewiesen* ist: der Priesterrat, der Diözesanpastoralrat, der Katholikenrat. Insgesamt enthält dieser dritte Teil des Synodenbeschlusses fast 20 Anordnungen!

*Teil IV: „Formen der gemeinsamen Verantwortung von Bischöfen, Priestern und Laien für die überdiözesanen kirchlichen Aufgaben in der Bundesrepublik Deutschland"*. In diesem Schlußkapitel des Textes stecken Anordnungen und Empfehlungen, die in der Zukunft eine große Bedeutung erlangen können: für ein rechtliches und geistliches Zusammenwachsen der doch noch recht partikularistisch orientierten deutschen Bistümer zu einer wirklichen „Teilkirche". Zuerst wird in diesem Kapitel *angeordnet*, daß für die gemeinsamen Aufgaben der Bistümer eine „Gemeinsame Konferenz" einzurichten ist, die sich aus 12 Bischöfen und 12 Laien zusammensetzt. Dann, im nächsten Abschnitt, wird eine Reform des überdiözesanen „Verbandes der Diözesen Deutschlands" gefordert, damit er aus seinem rein fiskalischen Denken und Handeln herauskommt, schließlich – und das war eine äußerst wichtige Entscheidung – wird in einem Votum an den Papst gewünscht, er möge für alle *zehn Jahre* die regelmäßige Abhaltung einer Gemeinsamen Synode der westdeutschen Bistümer gestatten.

Insgesamt enthält der Beschluß „Verantwortung des ganzen Gottesvolkes" zwei Voten an den Papst (daß der Priesterrat auch bei Sedisvakanz bestehen bleiben solle, und die eben erwähnte Bitte, alle zehn Jahre eine Gemeinsame Synode abhalten zu können) und 21 längere oder kürzere Anordnungen zum nachkonziliaren Rätesystem der Kirche. Eine der wichtigsten Anordnungen haben wir gerade erwähnt: daß künftig von allen westdeutschen Bistümern eine „Gemeinsame Konferenz" einzurichten ist. 11 Anordnungen beschäftigen sich mit dem Pfarrgemeinderat, 2 Anordnungen mit der sogenannten mittleren

Ebene, 3 Anordnungen betreffen den Diözesanpastoralrat, 2 Anordnungen den Katholikenrat, 1 Anordnung den Priesterrat der Diözesen.

*Zur Entstehung der Vorlage „Rahmenordnung für die pastoralen Strukturen und für die Leitung und Verwaltung der Bistümer in der Bundesrepublik Deutschland"*

Dieser Beschluß ist von Sachkommission IX („Ordnung pastoraler Strukturen") ausgearbeitet worden. Sie hatte, da relativ homogen zusammengesetzt, schon sehr früh zwei Vorlagen fertigstellen können: eine zu den Seelsorgestrukturen innerhalb des Bistums, eine zu den Fragen der Leitung und Verwaltung der Bistümer. Beide Texte waren äußerst gut durchdacht und von einer klaren Konsequenz getragen. Aber, wie sich bald herausstellte: sie gingen in dieser ihrer Rationalität an der geschichtlich gewachsenen Wirklichkeit in Deutschland vorbei. Kaum sonst hat man die Macht der Geschichte so stark gespürt wie in den Debatten über diese Texte. Die Durchsetzung dieser Pläne wäre wohl auch von vielen Gläubigen, Priestern, Laien und Bischöfen als eine Revolution des Bestehenden empfunden worden. Die Bischofskonferenz stemmte sich mit Macht dagegen, die Mehrheit der Synodalen folgte ihr entschieden oder seufzend-resignierend. Es ist schwer zu beurteilen, ob zum Beispiel der fast „freikirchliche" Gemeindebegriff der ersten Entwürfe oder die Pläne zur Einsetzung einer „Leitungskonferenz" (praktisch an Stelle der bisherigen Domkapitel) auch in der Praxis Erfolg gehabt, sich durchgesetzt hätten. Manche meinen: der Bruch mit dem Bisherigen wäre zu stark gewesen, andere: die Kirche werkele nun weiter mit im Prinzip völlig veralteten Strukturen...

Die beiden Vorlagen wurden zwar in erster Lesung (13./14. Mai 1972) angenommen, aber mit Änderungsauflagen versehen, die den Inhalt in der Substanz berührten. Januar 1973 beschloß die Synode, daß beide Vorlagen zu einem gemeinsamen Text zusammengefügt werden sollten, ein durchaus vernünftiger Vorschlag. In acht Sitzungen stellte die Kommission ihr neues, „gemäßigteres" Papier her. Im Frühjahr 1974 konnte es den zuständigen Synodenorganen vorgelegt werden. Als dritter Beschluß der Gemeinsamen Synode überhaupt wurde das Dokument schon in der 5. Vollversammlung in zweiter Lesung (Mai 1974) behandelt. Obwohl die Kommission praktisch alle Wünsche der Bischofskonferenz erfüllt hatte, widersetzte sich diese immer noch der Forderung, den ganzen Text als verbindliche Anordnung zu erlassen. Somit gilt er nur als „nachdrückliche Empfehlung", ein Umstand, der ihm zwar nicht seinen Sinn nimmt, der aber seine Wirkkraft entscheidend schwächt. Ohne zu übertreiben, darf man schon heute sagen, daß bei diesem Beratungsstoff die Deutsche Bischofskonferenz nicht nur eine unglückliche Rolle gespielt hat, sondern an einem entscheidenden Punkt eine historische Wende verpaßt hat. Endgültiges Abstimmungsergebnis: 192 Ja, 24 Nein, 15 Enthaltungen.

### *Zum Inhalt*

Bei jeder Lektüre fasziniert dieser Text (Umfang: mit „Anlage" 15 Seiten) immer wieder durch seine knappe und klare Sprache, durch die Präzision seiner Vorstellungen, durch die Entschiedenheit, im Gestrüpp heutiger kirchlicher Ämter klare Ordnungen zu schaffen.

Nach einer *Einleitung,* die über den „gemeinsamen Dienst" von Priestern und Laien, über „lebendige und offene Gemeinden" und über den „Lebensraum der Menschen als Handlungsraum der Kirche" spricht (Ausführungen, die auf jeden Fall lesens- und bedenkenswert sind!), werden in einem kurzen „*Allgemeinen Teil*" die Grundsätze der vorgeschlagenen kirchlichen Strukturen erläutert. Der „*Besondere Teil*" umfaßt die Masse des Textes. Jede „pastorale Ebene", von der Pfarrei bis zur Deutschen Bischofskonferenz, wird dort unter den drei Aspekten der sich jeweils stellenden Aufgaben (genaue Aufgabenbeschreibung), der Leitung (wer ist zuständig usw.) und der Verwaltung (sie hat zu dienen, nicht zu bestimmen) behandelt.

1. „*Untere pastorale Ebene*"
Zuerst wird die *Pfarrgemeinde,* die „unterste rechtliche Einheit" der Kirche, in ihren heutigen Aufgaben, Zielsetzungen, in ihrem inneren und äußeren Aufbau beschrieben. Dann folgt der *Pfarrverband:* ein vor allem durch den Priestermangel und durch die gewachsenen Aufgaben im kirchlichen Bildungswesen notwendig gewordener Zusammenschluß „rechtlich selbständig bleibender Pfarreien". Im Pfarrverband soll all das getan werden, für das eine Pfarrgemeinde allein zu schwach geworden ist.

2. „*Mittlere pastorale Ebene*"
Zu ihr gehören Dekanate und sogenannte Regionen. Auch sie werden in ihren jeweiligen Aufgaben, wie sie geleitet und verwaltet werden sollen, beschrieben. Diese mittlere Ebene, die in vielen Bistümern noch nicht ausgebaut ist, wird für die Zukunft einer modernen Seelsorge sicher eine große Rolle spielen. Viele der Empfehlungen der Synode haben hier providentiellen Charakter.

3. „*Obere pastorale Ebene*"
Zu ihr gehören die Bistümer, die Deutsche Bischofskonferenz und „andere Gremien und Einrichtungen der Zusammenarbeit zwischen den Bistümern". Entschieden wird eine Anpassung der bestehenden Bistumsgrenzen an die heutigen weltlichen Verhältnisse gefordert. Anschließend wird erklärt: „Die Verwirklichung einer sinnvollen Neuordnung der diözesanen Grenzen stößt jedoch zur Zeit auf eine Fülle politischer, rechtlicher, pastoraler und menschlicher (?) Probleme..." Für die Verwaltung der Bistümer, die Generalvikariate,

wartet der Synoden-Beschluß mit einer Überraschung auf. In einem Anhang wird nämlich ein „Organisationsplan" zur Modernisierung dieser kirchlichen Behörde vorgeschlagen: mit allgemeinen Grundsätzen und konkreten Hinweisen, als einheitliche und durchsichtige Gliederung und mit einer Aufgabenbeschreibung der sieben vorgesehenen Hauptabteilungen.

Der letzte Abschnitt, über die Deutsche Bischofskonferenz, ist leider allzu kurz und lückenhaft. Die Kommission mußte auch hier ihre hochfliegenden Pläne zurückschrauben. Ihre Tendenz, die überregionalen Kompetenzen in der Kirche zu verstärken (sie schlug u. a. ein überregionales Deutsches Pastoralinstitut vor, sozusagen als Über-Seelsorge-Amt), mußte vor dem Partikularismus der Bistümer, der nirgendwo so deutlich wie hier hervortrat, kapitulieren.

## *Zur Entstehung der Vorlage „Ordnung für die Schiedsstellen und Verwaltungsgerichte der Bistümer in der Bundesrepublik Deutschland"*

Dieser Beschlußtext geht letztlich auf die Forderung des Zweiten Vatikanischen Konzils zurück, das kirchliche Recht und den „Codex Iuris Canonici" nach den Normen, die das Konzil aufgestellt hat, zu reformieren. In Rom ist seit vielen Jahren eine Kommission an der Arbeit, um ein neues kirchliches Gesetzbuch auszuarbeiten. Die römischen Bischofssynoden der Jahre 1967 und 1971 haben sich mit diesem Thema befaßt. Konkrete Ergebnisse haben diese und andere Bemühungen (wenn man von internen Papieren einmal absieht) allerdings noch nicht gebracht.

Ein wichtiges Gebiet dieser Reform ist der geplante stärkere *Schutz der Persönlichkeitsrechte* in der Kirche, das heißt der Aufbau einer sogenannten *Verwaltungsgerichtsbarkeit*. Sie soll, im Gegensatz zu bisher, von der normalen kirchlichen Verwaltung (Generalvikariat, bischöfliches Ordinariat) völlig unabhängig sein.

Das Thema einer unabhängigen kirchlichen Verwaltungsgerichtsbarkeit stand von Anfang an in der Planung der Synode an erster Stelle und wurde von der ersten Vollversammlung in den Prioritätenkatalog aufgenommen. April 1971 billigte die Zentralkommission die Errichtung einer „Gemischten Kommission" zur Ausarbeitung einer entsprechenden Vorlage (gebildet aus den Kommissionen VIII und IX, „federführend" war Sachkommission IX). Die „Gemischte Kommission" konnte schon nach einem Jahr Arbeit den ersten Entwurf vorlegen, der von den Synodenorganen zustimmend zur Kenntnis genommen und während der dritten Vollversammlung am 5. Januar 1973 in erster Lesung gebilligt wurde. Die zweite Lesung sollte so lange ausgesetzt bleiben, bis von Rom das geplante Rahmengesetz, innerhalb dessen das deutsche Teilrecht gültig werden sollte, erlassen sei. Alle Fachleute rechneten damals stark damit, daß die römischen Bestimmungen, die praktisch fertiggestellt waren, noch vor Ende der Synode in Kraft gesetzt würden. Leider erfüllten sich diese Hoffnungen nicht. Im Herbst 1974 erklärte der römische Staatssekretär Villot auf Anfrage, daß ein Termin für das geplante päpstliche „Motu Proprio“ noch nicht genannt werden könne und die deutsche Synode ihre Vorschläge eben nach Rom „einreichen“ möge.

So konnte der Entwurf der Synode nicht als „Anordnung“ für die deutschen Bistümer erlassen, sondern mußte als „Votum“ an Rom gerichtet werden. Die letzte Sitzung der Vollversammlung der Synode bedauerte diese Verzögerung, mußte auch noch eine Stärkung des bischöflichen Einflusses in der neuen Ordnung hinnehmen. Trotzdem entschied sich am 19. November in der letzten Synodensitzung eine große Mehrheit für das „Votum“ an Rom: 239 Ja, 7 Nein, 2 Enthaltungen.

*Zum Inhalt*

Der genaue Titel der Vorlage lautet: „*Ordnung für die Schiedsstellen und Verwaltungsgerichte der Bistümer in der Bundesrepublik Deutschland (Kirchliche Verwaltungsgerichtsordnung – KVGO)*“. Es handelt sich um einen rein juristischen Text, der in 128 Paragraphen eingeteilt und recht umfangreich ist (20 Seiten). Die ersten beiden Paragraphen legen die Grundsätze dar, dann gliedert sich das Dokument in zwei Hauptteile. Der erste legt die Verfassung der geplanten kirchlichen Gerichtsbarkeit dar (§ 3–35), der zweite regelt die Verfahrensweise (§ 36–128). Die Richter sollen völlig unabhängig und grundsätzlich nur an das kirchliche Recht gebunden sein. In jedem Bistum soll als unterste Ebene dieser Gerichtsbarkeit eine *Schiedsstelle* eingerichtet werden, die „in der Regel für jede Region oder mehrere Dekanate“ sogenannte „Kammern“ unterhält. Diese Kammern besitzen einen juristisch qualifizierten Vorsitzenden und zehn bis zwanzig Priester und Laien als Beisitzer. Tätig werden die Kammern der Schiedsstelle als Dreiergremium (Vorsitzender und zwei Beisitzer). Jeder Katholik, der im Besitz seiner kirchlichen Rechte ist, kann vor diesen Kammern kirchliche Verwaltungsakte (also nicht etwa Entscheidungen in bezug auf die Lehre) anfechten. Auf der Ebene der Schiedsstelle werden keine Urteile gefällt, sondern es wird durch einen Schiedsspruch versucht, eine gütliche Einigung zu erreichen.

Ist eine der beiden Parteien (die eine kann das bischöfliche Ordinariat sein, die andere ein einfacher Arbeiter) mit dem Schiedsspruch nicht zufrieden, ruft sie das kirchliche *Verwaltungsgericht* an, das aus Berufsrichtern und Seelsorgern, Priestern und Laien besteht. Diese Verwaltungsgerichte, die auch für mehrere Bistümer gemeinsam errichtet werden können, entscheiden ebenfalls in dreiköpfigen Kammern. Sie sollen aus einem Seelsorger und je einem Fachmann des kirchlichen und staatlichen Rechts zusammengesetzt sein. Dieses Gericht fällt rechtskräftige Urteile.

Wer mit dem Urteil nicht zufrieden ist, kann bei einem *Oberen Verwaltungsgericht*, das für das Gebiet der Deutschen Bischofskonferenz eingerichtet wird, Berufung einlegen. Es entscheidet in fünfköpfigen Gremien (Kammern), die aus drei Priestern und zwei Laien, alles qualifizierte juristische Fachleute, zusammengesetzt sind.

In besonderen Fällen ist es nach einem Urteil dieses Gerichts sogar möglich, die römische „Apostolische Signatur“, den höchsten Gerichtshof der Kirche, anzurufen.

Damit sind nur Andeutungen über den Aufbau und die Arbeitsweise dieser geplanten kirchlichen Verwaltungsgerichtsbarkeit gemacht. Die 128 Paragraphen, die dieses Dokument enthält, können natürlich nur den juristischen Fachmann bis in alle Details hinein interessieren. Bis hin zur Kostenfrage, zur Form der Bestallung der Richter, zur Festlegung der Zuständigkeit im einzelnen scheint eben alles so geregelt, wie es ein juristisches Dokument erfordert. Anregungen aus dem weltlichen und kirchlichen Recht haben sich als fruchtbar erwiesen. In der juristischen Fachwelt hat das Dokument bis jetzt ein einhellig positives Urteil erfahren.

### *Wenn die kirchliche Verwaltung Fehler macht...*

Der Laie wird sich durch diese Ordnung erst dann betroffen fühlen, wenn er einmal durch eine kirchliche Amtshandlung benachteiligt oder sogar geschädigt worden ist. Bisher war er zwar den Behörden der Kirche nicht ohnmächtig ausgeliefert, denn man konnte sich jederzeit beschweren, und im allgemeinen hieß es schon in der Barockzeit: unter dem Krummstab ist gut leben. Aber ungerechte Behörden-Entscheidungen der Kirche müssen nicht unbedingt auf Blindheit oder Uneinsichtigkeit, sie können auch auf einem Irrtum oder einer falschen Sicht der Tatsachen beruhen. In solchen Fällen ist es immer besser, eine Entscheidung durch unabhängige Richter fällen zu lassen. Man *darf* heute die nüchterne Erkenntnis ins Auge fassen, daß auch kirchliche Stellen Unrecht tun – wie die Geschichte beweist. Nicht nur Laien und einfache Priester, auch höhere Geistliche sind schon oft durch falsche Entscheidungen geschädigt worden. Die deutschen Bischöfe haben die neue Verwaltungsgerichtsbarkeit als einen Fortschritt – nicht nur für das Ansehen der katholischen Kirche – begrüßt. In der Herder-Korrespondenz (Heft 6/1974) wurde dieser Mut anerkannt, wurden auch die Chancen dieser neuen Ordnung genauer untersucht mit dem Fazit: „Bei näherer Betrachtung stellt sich die Einführung einer solchen Gerichtsbarkeit als ein Vorhaben heraus, das für viele Entwicklungen in der Kirche von großer Bedeutung sein wird. Es wäre sehr zu wünschen, wenn die Tragweite dieser Neuerung voll erkannt würde...“

In dem Bericht der zuständigen Sachkommission zur Vorlage heißt es: „Es fördert die Glaubwürdigkeit der Kirche, wenn sie nicht nur Staaten und Völker eindringlich auffordert, die subjektiven Rechte ihrer Bürger zu achten und institutionell zu sichern, sondern dies auch in ihrem eigenen Bereich sicherstellt. Die Eröffnung eines wirksamen Schutzes subjektiver Rechte durch kirchliche Gerichte ist außerdem geeignet, das weitverbreitete Unbehagen gegenüber einer vielen Menschen zuwenig durchschaubaren kirchlichen Entscheidungspraxis abzubauen. Die Autorität kirchlicher Entscheidungen verliert nicht, sondern gewinnt, wenn sie sich grundsätzlich einer gerichtlichen Überprüfung an Hand allgemeiner kirchenrechtlicher Normen stellt." Man darf sagen: Mit diesem Einsatz für eine kirchliche Verwaltungsgerichtsbarkeit haben die deutschen Katholiken wichtige Pionierarbeit für die gesamte katholische Kirche geleistet.

*Was ist eine Rahmenordnung?*

Die Ausdrücke Ordnung oder Rahmenordnung – und schließlich „Anordnung" – stehen über entscheidenden Abschnitten der hier zu behandelnden Synoden-Dokumente. Sie machen deutlich, daß es sich um rechtliche Bestimmungen handelt, und wir erinnern uns, daß die Gemeinsame Synode der deutschen Bistümer u.a. eine gesetzgebende Instanz war. Gerade dies, daß sie verbindliche Anordnungen erlassen konnte, gehörte zu dem Neuen, das sie brachte, führte aber auch zu mannigfaltigen inneren und äußeren Schwierigkeiten. Die Texte, die unter dem Stichwort „Rahmenordnung" in Kraft gesetzt wurden, haben normativen Charakter für alle 22 westdeutschen Bistümer.

Nichts kann deutlicher die Vor- und Nachteile solcher verbindlicher Beschlüsse beleuchten als der während der ganzen Synode währende Kampf um diese Texte. Aus den verschiedensten Lagern taten sich die Gegner zusammen, um die Grenzen möglichst locker zu bestimmen, um Bistumspartikularismus zu bewahren, um angeblich sogar im Namen der „Liebeskirche" alles Rechtlich-Verbindliche als „Legalismus" zu verurteilen. Die wörtlichen Beteuerungen hatten dabei manchmal mehr den Sinn, die eigentlichen Absichten zu verschleiern, als die wahren Meinungen hervortreten zu lassen. Auf der anderen Seite war es gut, daß dadurch übertriebener Perfektionismus eingedämmt wurde und die Rahmenordnungen nun gezwungen sind, sich von innen her, also allein durch die ihnen innewohnende Überzeugungskraft, durchzusetzen.

*Das Grundkonzept*

Das Grundkonzept der Strukturen-Reform ist in Sinn und Ziel demjenigen ähnlich, das im Kapitel über die „Dienste" dargestellt wurde:

Stärkung der personalen Elemente, der gegenseitigen Verantwortung, Bekämpfung der Anonymität und Unverbindlichkeit, Betonung des Gemeinde-Gedankens. Durch diese Aktivierung der wachen religiösen Lebenskräfte soll vor allem die Kluft zum Leben in der Welt von heute überwunden, sollen neue Brücken zum Geist der Zeit geschlagen werden. Die Rahmenordnung für die Strukturen drückte dieses Ziel in ihrer Einleitung so aus:

„Die Kirche muß unter Wahrung ihres eigenen Auftrages in der Gesellschaft präsent sein. Sie darf nicht neben ihr existieren... Heute zwingen die umwälzenden Veränderungen in der Gesellschaft, beispielsweise die Industrialisierung und Verstädterung, das Auseinanderstreben der Bereiche von Wohnen und Arbeit, Bildung und Freizeit zu neuen Überlegungen über eine sachgerechte Entwicklung der bisherigen pastoralen Strukturen. Weil die Ordnung der Pastoral sich auch an den Lebensbezügen zu orientieren hat, sind die genannten Veränderungen in der kirchlichen Strukturplanung zu berücksichtigen."

Grundsätzlich gilt: die Lebenskreise des Menschen im profanen wie im kirchlichen Raum sollten sich möglichst decken. Drei „territoriale Ebenen" werden festgehalten: der *Verflechtungsnahbereich* („dient den alltäglichen Bedürfnissen"; Kindergarten, Grund- und Hauptschule, Spiel- und Sportstätten, Arzt, Apotheke, Einzelhandels-, Handwerks-, Dienstleistungsbetriebe), *die mittlere Ebene* (dient „spezialisierten Bedürfnissen": Fachschulen, Gymnasien, Krankenhaus, Facharzt usw.), die *obere Ebene* (hochspezialisierte Bedürfnisse, Universität, Spezialklinik, Theater usw.).

Die Rahmenordnung versucht nun, durch praktische und konkrete Vorschläge, die kirchlichen Ordnungen in diesem Sinne zu reformieren. Auch die „strukturelle" Kluft hat ja viel zum Auseinanderleben von Kirche und Welt, von Glaube und Alltag beigetragen! Die Kirche soll ihr „Angebot" den drei Ebenen angleichen, wobei die Pfarrgemeinde dem Nahverflechtungsbereich, das Dekanat und die Region der mittleren Ebene, das Bistum der oberen Ebene entsprechen.

Nun, es gibt nicht nur eine abstrakt-territoriale Struktur des kirchlichen Lebens, sondern auch eine personale, das heißt die konkreten Formen des Miteinanderlebens und -arbeitens. Alle menschlichen Bereiche sind ja mit Vitalität gefüllt, sind Ausdruck des Lebens, nicht starrer Gesetze. Als Grundbedingung für das Gelingen hat die Synode die *tätige Mitverantwortung aller,* des „ganzen Gottesvolkes" verlangt. Wenn dafür nach dem Konzil die sogenannten „Räte" geschaffen wurden, dann nicht deshalb, um einen altem Legalismus durch einen neuen abzulösen! Es geht um Formen innerer, geistlich-religiöser

Verantwortung, es geht um einen Anspruch, der mehr bedeutet als das Ringen um „Einfluß" oder „Macht".

In der Einleitung zu dem Beschluß, der sich mit diesen Fragen befaßt („Verantwortung des ganzen Gottesvolkes ..."), werden (in Abschnitt 3: „lesenswert"!) einige Merkmale aufgezählt, die als spirituelle Voraussetzungen der neuen Ordnungen und Anordnungen unabdingbar sind. Zuerst wird die religiöse Bereitschaft genannt, dann: „Mitverantwortung wird ermöglicht und verwirklicht durch Kommunikation ... Sie ist tätigwerdendes Offensein der Christen im Aufeinanderhören, im Miteinandersprechen, im Voneinanderlernen. Zur Kommunikation gehört der Austausch von Erfahrungen und Gedanken, besonders in persönlichen Begegnungen. Kommunikatives Verhalten macht den einzelnen Christen und die Kirche als Ganzes in der heutigen Gesellschaft glaubwürdig und damit für den Weltdienst fähiger ..."

Man sieht, daß hier ein „Modell" kirchlicher Arbeit vorgelegt wird, dessen Durchsetzung in der Praxis nicht immer einfach sein wird. In der Synodendebatte wurde oft geklagt: das alles sei schön und gut – Mitverantwortung –, aber die Pfarrer seien schon froh, wenn sie überhaupt jemand fänden, der in der Seelsorge mitarbeite! Darauf die Antwort: wenn die Kirche von ihrem autoritären Leitungsstil zu einem kooperativen Stil übergehe, werde sie bald weniger Schwierigkeiten haben, Laien für verantwortliche Mitarbeit zu gewinnen.

Genannt werden weiterhin als Grundvoraussetzungen einer neuen Ordnung: Teamarbeit (wobei deren Schwierigkeiten nicht verschwiegen werden), „die Beteiligung an Entscheidungsprozessen und das Mittragen der Konsequenzen einer Entscheidung", „demokratische Verhaltensmuster" (aber: „nicht allein nach parlamentarischen Regeln", ein „eigener Weg" für das Zustandekommen von Entscheidungen sei in der Kirche notwendig), eine „umfassende wechselseitige Information" (denn „bewußt und verantwortlich kann der einzelne nur teilnehmen, wenn er das Wie und Weshalb der Entscheidungen versteht, also Einsicht in die Sach- und Beweggründe gewinnt"), schließlich: „Mitverantwortung erfordert Sachkenntnis".

Die Schulungsarbeit für haupt- und ehrenamtliche Mitarbeiter in den kirchlichen Strukturen soll sich künftig nach diesen Grundsätzen ausrichten: „Es genügt nicht, einsichtig zu machen, daß alle aufgrund der Taufe und Firmung Mitverantwortung zu tragen haben. Mitverantwortung wird erst erlebt im konkreten Tun, wenn der einzelne Christ direkt auf gezielte Aufgaben angesprochen und zur Mitarbeit aufgefordert wird. In der Regel ist der heutige Mensch bereit, sich für einen konkreten, gezielten und überschaubaren Dienst einzusetzen ..."

*Die Pfarrgemeinde*

Die unterste Zelle der kirchlichen Strukturen ist die Pfarrgemeinde – dieser Grundsatz war lange Zeit auf der Synode durchaus umstritten. Die zuständige Sachkommission hatte nämlich zuerst als eigentlichen Ort des christlichen Zusammenlebens nicht die überlieferte Pfarrei, sondern kleinere Gruppen („Wo zwei oder drei in meinem Namen ...") vorgeschlagen und diese „Gemeinde" genannt. Dieser fast „freikirchliche" Gemeindebegriff konnte sich freilich nicht durchsetzen. Die Synode kam zu der Ansicht: „Gemeinde" und „Pfarrei" sind gleichzusetzen.

„Die Pfarrgemeinde ist die unterste rechtlich selbständige pastorale Einheit innerhalb des Bistums. In ihr soll die Kirche als Einheit des Gottesvolkes im überschaubaren Lebensraum am Ort sichtbar und erfahrbar werden ..."

Die Pfarrgemeinde hat dem sozialen „Verflechtungsnahbereich" zu entsprechen – ein Grundsatz, dessen Beachtung in manchen Großstädten große Schwierigkeiten bereiten dürfte. Dort gibt es ja zum Teil oft noch geradezu unsinnige, historisch überkommene Pfarrgrenzen, die mit den realen Lebensgewohnheiten der Menschen überhaupt nicht mehr zusammenstimmen. Die Synode wünscht hier mehr Beweglichkeit (Mobilität), aber sie weiß auch, daß gerade kirchliche Strukturen sich meistens als recht zäh-konservativ erweisen.

Um manche Anonymität in unseren Pfarreien zu überwinden, wird gewünscht, daß sie in „Pfarrbezirke" gegliedert werden (früher: Wohnviertelgemeinden). Diese sollen an örtliche Gegebenheiten anknüpfen („organisch zusammengehörige Einheiten"), sollen auch pastorale „Grunddienste" übernehmen, aber zum sonntäglichen Gottesdienst soll die *ganze* Pfarrgemeinde zusammenkommen. Man wünscht jedoch, daß die Pfarrbezirke eigene Versammlungsräume erhalten. Ganz wird nicht klar, wie diese Untereinheiten eigentlich organisiert sein sollen. Das Stichwort „Arbeitsgruppe" wird genannt. Letztlich wird es auf „Nachbarschaftskreise" hinauslaufen, die sich aus christlicher Verantwortung verbunden wissen: in Familien-, Kranken- und Altenhilfe, in Erziehungsfragen, vielleicht auch in Gebet und Gruppen-Gottesdienst (aber das wird im Synoden-Text nicht erklärt!). Wünschenswert wäre es durchaus, solche „dynamischen Zellen" zur Stärkung der personalen Kräfte einzurichten, ob diese Wünsche aber auch realitätsgerecht sind, ist eine andere Frage.

Hauptinstrument der seelsorglichen Dynamik in der Pfarrgemeinde soll der *Pfarrgemeinderat* sein. Zu ihm hat die Synode ausführliche Bestimmungen erlassen: wie er gewählt wird und zusammengesetzt ist, wer den Vorsitz führt (möglichst ein Laie), wie seine Beschlüsse zustande kommen, welche Einspruchsmöglichkeiten der Pfarrer als Leiter der Pfarrgemeinde besitzt, daß einmal im Jahr eine Pfarrversammlung abzuhalten ist usw. Streit gab es über seine Zuständigkeit in Finanzfragen, da die staatskirchenrechtlichen Vorschriften dazu in den Bundesländern recht verschieden sind. Die Synode fordert mit Nachdruck, daß überall *unverzüglich* Lösungen anzustreben sind, nach denen der Pfarrgemeinderat auch über das Geld einer Pfarrgemeinde ein Kontrollrecht besitzt. Entgegenstehende Landesgesetze sollten durch Verhandlungen so bald wie möglich geändert werden.

Und was geschieht, wenn die Mehrheit des Pfarrgemeinderates nicht mit der Meinung des Pfarrers übereinstimmt? „Erklärt der Pfarrer förmlich aufgrund der durch sein Amt gegebenen pastoralen Verantwortung und unter Angabe der Gründe, daß er gegen einen Antrag stimmen muß, so ist in dieser Sitzung eine Beschlußfassung nicht möglich. Die anstehende Frage ist im Pfarrgemeinderat in angemessener Frist erneut zu beraten. Kommt auch hier eine Einigung nicht zustande, kann die Schiedsstelle angerufen werden." Diese Bestimmung ist eine *Anordnung* – die ohne Zweifel für das Gemeindeleben von großer Bedeutung sein wird. Besonders wichtig: daß nicht die amtliche Kirchenbehörde über den Streit entscheidet (Ordinariat, Bischof), sondern die neu einzurichtende unabhängige kirchliche Verwaltungsgerichtsbarkeit (vgl. S. 153 ff.).

Selbstverständlich sind solche Bestimmungen nur für Ausnahmefälle gedacht, denn unter Brüdern und Schwestern kann es wohl Meinungsverschiedenheiten, soll es aber nicht Streit geben.

Der Pfarrgemeinderat *leitet* nicht die Gemeinde, sondern ihr Leiter ist nach wie vor der vom Bischof ernannte Pfarrer. Die Synode hat nachdrücklich darauf bestanden, daß sein Leitungsamt klar definiert wird und es kein Durcheinander in den Zuständigkeiten gibt. Er trägt insbesondere Verantwortung

1. „für die Einheit der Gemeinde sowie für die Einheit mit dem Bischof und dadurch mit der Weltkirche";
2. „für die rechte Verkündigung der Heilsbotschaft";
3. „für die Feier der Liturgie und für die Verwaltung der Sakramente".

Der Pfarrgemeinderat ist aber nicht ein unverbindliches Beratungsorgan, er hat auch beschließende Rechte. Seine wichtigste Aufgabe: „Den Pfarrer in seinem Amt zu unterstützen sowie alle die Pfarrgemeinde betreffenden Fragen zusammen mit ihm zu erforschen, zu beraten, *gemeinsam mit ihm Maßnahmen zu beschließen* und für deren Durchführung Sorge zu tragen..."

In einem sorgfältig durchdachten Katalog werden die einzelnen Arbeitsgebiete genau beschrieben, von seelsorglich-caritativen bis hin zu gesellschaftlich-sozialen Fragen. Besonders soll der Pfarrgemeinderat sich um die ökumenische Arbeit kümmern. Auch bei der Neubesetzung der Pfarrstelle darf er dem Bischof seine Wünsche unterbreiten. Und er soll Kontakte suchen mit denen, „die dem Gemeindeleben fernstehen".

Die Synode hat als eines ihrer wichtigsten Ziele erklärt, in der Kirche „lebendige Gemeinden" schaffen zu helfen. Wenn ihre Empfehlungen und Anordnungen befolgt werden, ist sicher ein Schritt dahin getan.

*Die mittlere Ebene*

„Zur mittleren pastoralen Ebene gehören Dekanate und Regionen. Sie umfassen nach Möglichkeit das Gebiet eines Mittelbereichs im Sinne der staatlichen Raumordnung."

Das Konzil hatte – besonders im Dekret über die Bischöfe – gefordert, daß der persönliche Kontakt zwischen den Bistumsleitungen und dem Volk verstärkt werden solle. Der Sinn dieser Anordnung ist leicht zu erkennen: Die Kirche soll Kontakt mit der realen Welt der Gläubigen erhalten, denn zu viel ist im letzten Jahrhundert falsch gelaufen, weil Kirche und Welt, Glaube und Alltag sich immer mehr auseinandergelebt hatten. Die „größte Sünde" unseres Jahrhunderts nannte das Konzil diese Schizophrenie, die zu einem blutleeren Sonntagschristentum führte. Die deutschen Bistümer sind in der Regel zu groß, um diese bessere Kommunikation zwischen „oben" und „unten" ohne weiteres herzustellen. Man kann sich ausrechnen, wie oft ein Bischof seine Gemeinden besuchen kann, wenn er tausend oder noch mehr zu betreuen hat! Geschweige denn persönliche Gespräche mit einzelnen Gläubigen... Es soll sogar Pfarrer geben, die ihren Bischof jahrelang nicht haben sprechen können!

Der einfachste Weg, um diese Mißstände – es sind solche – zu überwinden, wäre eine Verkleinerung der Bistümer nach pastoralen Gesichtspunkten. Dem stehen aber mannigfache Schwierigkeiten entgegen, und zwar äußere *und* innere. Äußere: geschichtlich gewordene Strukturen kann man nicht über Nacht in einem fast gewaltsamen Akt zerbrechen; in vielen Bistümern gibt es ein reales „Bistumsbewußtsein"; staatskirchenrechtliche Verträge müßten geändert werden, finanzielle Verluste wären in manchen Fällen unvermeidbar. Schließlich wäre eine solche Reform auch kostspielig: neue Gebäude für neue bischöfliche Ordinariate, neue Bischofskirchen, Aufbau eines ganzen „Apparates". So hat man sich gefragt, ob es nicht sinnvoller wäre, die größeren Bistümer zu lassen, diese aber durch „mittlere Ebenen" stärker unterzugliedern.

Zuerst dachte man daran, die Dekanate „aufzuwerten", später aber gewann man die Einsicht, daß die überlieferten Dekanate meistens zu klein sind, um als „mittlere Ebene" wirklich sinnvoll arbeiten zu können. So schuf man in vielen Bistümern sogenannte *Regionen:*

„Die Region umfaßt mehrere benachbarte Dekanate. Sie umfaßt einen Raum, der aufgrund kultureller oder soziologischer Einheitlichkeit eine eigene pastorale Strukturform zwischen Dekanaten und Bistümern erfordert. Ihre Grenzen sollen nach Möglichkeit nicht diejenigen staatlicher oder kommunaler Verwaltungsgliederungen überschneiden."

Die Leitung einer Region hat ein Regionaldekan (dem man gern Firmrecht geben möchte), ihm soll – kraft Anordnung der Gemeinsamen Synode – mindestens ein Pastoralrat aus Priestern und Laien zur Seite stehen. Ob auch ein Katholikenrat (Laiengremium der Weltverantwortung) gebildet werden soll, hat die Synode offengelassen. Mit Recht fürchtet man eine gewisse „Über"-strukturierung. Auf jeden Fall aber soll in einer Region eine Kammer der diözesanen Schiedsstelle arbeiten (vgl. S. 154).

### *Das Bistum und seine „Räte"*

Das Konzil hat die „Aufwertung" des Bischofsamtes gebracht. Der Bischof ist nicht ein Angestellter der Weltkirche, ein Beamter des Papstes, sondern er ist ein selbstverantwortlicher Leiter einer Ortskirche, wie man heute sagt. „Der Bischof ist als Nachfolger der Apostel Inhaber jeder ordentlichen, eigenständigen und unmittelbaren Gewalt, die zur Ausübung seines Amtes erforderlich ist..." Das Bistum ist eine bis auf die frühesten Zeiten sich zurückführende Struktur der Kirche; die Bischöfe verstehen sich als Nachfolger der Apostel, die von Jesus als Vorsteher der Gemeinden eingesetzt wurden. Die katholische Kirche ist nicht nur „papal", sie ist auch „episkopal". Was hat die Synode zur Reform der deutschen Bistümer beschlossen?

Drei Punkte muß man hervorheben: praktische Vorschläge zur Neugliederung der Bistumseinteilung, zur Neuordnung der bischöflichen Verwaltung und eine einheitliche Grundregelung der Mitverantwortung von Laien und Priestern in der Leitung der Bistümer.

Da aus den soeben aufgezählten Gründen eine Neugliederung der deutschen Bistumsgrenzen derzeit nicht möglich erscheint, schlägt die Synode wenigstens „kleinere Grenzkorrekturen" vor, vor allem dort, wo eigentlich zusammengehörige Räume durchschnitten werden. In solchen Gebieten könne eine „grenzüberschreitende Pastoral" aufgebaut werden. Auch die Einsetzung von Regionalbischöfen wird empfohlen. Leider aber hat die Synode nicht die Kraft gehabt, auf diesem – zugegeben: komplizierten – Gebiet auch konkrete Hinweise zu geben. So bleibt dieser Punkt sehr in allgemeinen Wendungen stecken.

Konkret aber wurde man in den Empfehlungen zur Reform der bischöflichen Verwaltung! Aus dem Bischofsdekret wird zitiert: „Die Diözesankurie soll so geordnet werden, daß sie für den Bischof ein geeignetes Mittel nicht nur für die Verwaltung, sondern auch für die Ausübung des Apostolats wird", mit anderen Worten: die seelsorglichen Gesichtspunkte sollen den Vorrang haben. Es soll eine „zeitgemäße, transparente Organisationsstruktur" gefunden werden, zugleich wird die Benutzung elektronischer Datenverarbeitung (Computer!) angeraten. Die Aufgaben der „sieben Hauptabteilungen" der bischöflichen Ordinariate werden in dem Synodendokument genau umschrieben, eine Zentralstelle (beim Generalvikar) soll eingerichtet werden, alles unter dem Leitsatz: „Die Verwaltung *dient* dem kirchlichen Leitungsamt, indem sie seine Entscheidungen verantwortlich vorbereitet und durchführt. Sie muß dabei im Rahmen der Richtlinien selbständig arbeiten können ..."

Die wichtigsten Anordnungen aber betreffen die Ordnung der *Gremien der Mitverantwortung von Laien und Priestern* in den Bistümern. Über diesen Punkt fanden lange und ausgedehnte Debatten statt, manchmal standen sich das hierarchische und das synodale Prinzip hart gegenüber. Die Bischöfe zeigten fast durchgehend eine äußerst starke Empfindlichkeit, als ob sie sich geradezu fürchteten, eine „demokratische" Entwicklung in der Kirche einzuleiten.

Was ist ein Beratungsrecht, wie es das Zweite Vatikanische Konzil ohne Zweifel für Priester und Laien gefordert hat? Trotz mancher Überängstlichkeit auf bischöflicher Seite stehen nun am Ende der Synoden-Debatten sehr gute Ergebnisse da. Theologisch wird in den Texten die Mitverantwortung der Priester und Laien als *Teilhabe* an den Leitungsvollmachten der Bischöfe gedeutet: eine Formulierung, die jedes Mißverständnis ausschließt. Der Bischof regiert nicht autokratisch, sondern „er erfüllt seine Leitungsaufgabe mit Hilfe von Priestern und Laien und im Zusammenwirken mit ihnen". Drei Gremien werden einheitlich in allen deutschen Bistümern eingerichtet:

### *Priesterrat, Pastoralrat, Katholikenrat*

Der *Priesterrat* ist Vertretung aller Priester eines Bistums bei der Bistumsleitung. „Der Bischof soll alle in der Diözese und in der

Bischofskonferenz anstehenden, das Presbyterium (= Kollegium der Priester eines Bistums) und die Seelsorge betreffenden Fragen mit seinem Priesterrat beraten." Dabei wird dem Priesterrat auch ein aktives Beratungsrecht zugestanden: er darf und soll Vorschläge machen. Bei der Bestellung eines neuen Bischofs oder Weihbischofs darf der Priesterrat „im Rahmen des geltenden Rechts" mitwirken – wie das genau geschehen soll, wird sich erweisen. Vorschriften über Zusammensetzung und Wahlmodus machte die Synode nicht. Auch das Verhältnis zum „Domkapitel", das ja eigentlich ein „Priesterrat" ist, blieb unerörtert. Jahrhundertealte Strukturen können nicht über Nacht umgestürzt werden. Aber eine Entwicklung ist angestoßen.

Wichtigstes Gremium der Mitverantwortung in den Bistümern ist künftig der *Pastoralrat,* der sich aus Priestern und Laien zusammensetzt. „Im Diözesanpastoralrat nehmen Priester, Ordensleute und Laien ihrer allgemeinen oder besonderen Berufung entsprechend durch Beratung des Bischofs an der Willensbildung und Entscheidungsfindung in den der gemeinsamen Verantwortung obliegenden Aufgaben der Diözese teil." Seine Kompetenzen sind nicht gering; in der Seelsorgeplanung, in finanziellen Dingen, im Mitwirkungsrecht bei der Besetzung wichtiger Ämter. „Beschlüssen, die der Diözesanpastoralrat mit großer Mehrheit faßt, wird der Bischof nur dann seine Bestätigung versagen, wenn er einen überwiegenden Grund dafür hat, den er in der Regel dem Diözesanpastoralrat bekannt gibt." Gegen den erklärten Willen des Bischofs kann der Pastoralrat freilich nichts durchsetzen – er ist ein Instrument des innerkirchlichen Dialogs, nicht innerkirchlicher Machtkämpfe. Viele hätten seine Stellung vielleicht stärker gewünscht, auch seine Aufgaben klarer abgegrenzt gesehen gegenüber bisherigen kirchlichen Ämtern. Dazu sagte die Synode: „Soweit diese Rahmenordnung nichts anderes vorsieht, bleibt die Rechtsstellung diözesaner Gremien, die aufgrund des Gesamtkirchenrechts und Konkordatsrechts mitverantwortlich tätig sind (zum Beispiel Domkapitel), erhalten, *bis ihre Stellung neu geregelt ist.*"

Vorsitzender des Diözesanpastoralrates ist der Bischof selbst, für die Leitung der Zusammenkünfte wird von ihm ein Moderator benannt. Der Vorstand des Pastoralrates besteht aus dem Bischof und vier vom Rat gewählten Mitgliedern. Die Mehrheit des Pastoralrates soll gewählt sein und aus Laien bestehen. Die Mitglieder, die ein kirchliches Amt innehaben, dürfen nicht mehr als ein Viertel aller Mitglieder stellen. Weihbischöfe, Generalvikare und andere Geistliche, die ein höheres Amt ausüben, sind automatisch Mitglied.

Es ist hier nicht notwendig, alle weiteren Bestimmungen darzustellen und zu erläutern. Gegenüber vielen der bisherigen Diözesanräte in den Bistümern ist die Einrichtung des Diözesanpastoralrates ohne Zweifel ein Fortschritt. Seine Verklammerung mit dem Innenraum der Kirche ist stärker und gewichtiger. Er ist ein echter „geistlicher Rat" aus Priestern und Laien. Seine Haupttendenz geht, wie der Titel sagt, auf die Seelsorge der Kirche, auf den Innenraum des christlichen Lebens, er soll dafür sorgen, daß die Stimme des gesamten „Volkes Gottes" bei wichtigen Planungen und Entscheidungen nicht überhört wird.

Der dritte Rat, der nun – gegen den Widerstand vieler – von der Synode eingerichtet wurde und dessen Struktur relativ neu ist, nennt sich „*Katholikenrat der Diözese*". Er ist der vom Konzil gewünschte Laienrat, der – obwohl dies nicht ausdrücklich bestimmt wird – sich aus Laien zusammensetzen soll. Der Bischof entsendet nur einen Vertreter. Das neue Gremium ist nicht für die innerkirchliche, sondern für die der Welt zugewandte Seite der kirchlichen Aktivität zuständig. „Der Katholikenrat hat insbesondere die Aufgabe, die Entwicklungen im gesellschaftlichen, staatlichen und kirchlichen Leben zu beobachten und die Anliegen der Katholiken in der Öffentlichkeit zu vertreten, Anregungen für das Wirken der Katholiken im Bistum und in der Gesellschaft zu geben und die in ihm zusammengeschlossenen Kräfte aufeinander abzustimmen und zu fördern, zu Fragen des öffentlichen und kirchlichen Lebens Stellung zu nehmen, Anregungen an den Diözesanpastoralrat in diesen Fragen zu geben sowie den Bischof und den Diözesanpastoralrat zu beraten, gemeinsame Initiativen und Veranstaltungen der Katholiken des Bistums vorzubereiten und durchzuführen ..."

Man hat die – bisher nicht vorhandene – Trennung zwischen Pastoralrat und Katholikenrat einen „Dualismus" genannt und gefragt, ob er praktisch notwendig und theologisch sinnvoll sei. Darauf kann man nur mit *Ja* antworten. Denn die Verquickung kirchlich-seelsorglicher mit politischen (und parteipolitischen!) Zielsetzungen ist ein belastendes Erbe im deutschen Katholizismus, das endlich zu beseitigen war. Die Verbände und gesellschaftlichen Laien-Initiativen sind mit dem Katholikenrat von der kirchlichen Bevormundung, die nach 1945 (oder 1933) eingesetzt hatte, wieder befreit. Man kann nur wünschen, daß diese Chance von den entsprechenden Gremien des deutschen Katholizismus genützt wird.

Das Rätesystem – eine neue Para-Bürokratie in der Kirche? Natürlich können die besten und bestgemeinten Bestimmungen mißverstanden und falsch angewendet werden. Aber der Synode ging es nicht um Über-Organisation, sondern um praktische Anregungen, wie die vom Konzil gewünschte „Synodalisierung" der Kirche durchgeführt werden könnte. Die Deutschen haben das gründlich und vielleicht ein wenig zu pedantisch gemacht. Aber die von der Gemeinsamen Synode geordneten und geschaffenen Institutionen der Synodalisierung können, wenn sie mit dem Geist, den sie erfordern, erfüllt werden, Kirchengeschichte machen.

### *„Teilkirche" Bundesrepublik Deutschland*

Der Ausdruck „Teilkirche" war vor zwanzig Jahren ungebräuchlich und unbekannt, er hat sich aber seit dem Konzil immer stärker durchgesetzt. Was ist damit gemeint?

Das Zweite Vatikanische Konzil hatte im Verlauf seiner Debatten erkannt, daß die katholische Kirche mit der unter den letzten Päpsten erfolgten Zentralisierung gewichtige Nachteile – neben den Vorteilen – in Kauf nehmen mußte. Die Unselbständigkeit der Missionskirchen in Asien und Afrika, die mit der römischen Zentralisierung einherging, hatte zur Folge, daß das katholische Christentum in diesen Ländern sich weder kulturell noch religiös richtig einpflanzen konnte. Es blieb westlich, lateinisch – das Konzil hat um der missionarischen Aufgabe willen da eine entschiedene Wende eingeleitet. Es kam zu der Auffassung, daß eine gewisse Dezentralisierung überhaupt besser für das Wirken der Kirche in der Welt von heute sei. Ein „gallikanisches" oder „episkopalistisches" Landeskirchentum, das unter nationalen Vorzeichen „Los-von-Rom-Bewegungen" inszenieren könnte, erschien nicht mehr als Gefahr. So wurde die Einrichtung nationaler Bischofskonferenzen gefordert und gefördert, denen auch gewisse rechtliche Kompetenzen (z.B. in liturgischen Fragen) übertragen wurden. Die Deutsche Bischofskonferenz, die schon Jahrzehnte als informeller Zusammenschluß bestand („Fuldaer Bischofskonferenz"), wurde nun zu einer kirchenamtlichen Instanz, die gravierende Entscheidungen fällen konnte. Sie wurde zum leitenden synodalen Organ der „Teilkirche" Deutschland.

Die Rahmenordnung „Pastorale Strukturen" erklärt: „Aufgabe der Bischofskonferenz ist eine gemeinsame Ausübung des bischöflichen Dienstes, nicht nur eine gelegentliche Kooperation in wichtigen Fragen oder in bestimmten Einzelfällen..." Natürlich mußte man mit einem so ungewohnten überdiözesanen Organ erst seine Erfahrungen machen. Da man schon vor der Einrichtung der Bischofskonferenz manche überdiözesanen Einrichtungen geschaffen hatte (man denke an das „Zentralkomitee der deutschen Katholiken", an den „Deutschen Caritasverband", an die Zentralen der Jugend-, Männer- und Frauenseelsorge), ergaben sich ungute Überschneidungen. Dem Zentralkomitee der deutschen Katholiken fielen zum Beispiel Aufgaben zu, für die es eigentlich nicht geschaffen und mit denen es zeitweise überfordert war.

Die Gemeinsame Synode, die ihr eigenes Entstehen gerade diesem überdiözesanen Defizit verdankt, mußte sich nun Gedanken machen, wie man die Situation verbessern könnte. Leider konnte sie nicht viel erreichen. Die Widerstände bei den Vertretern des Status quo waren zu groß. Wahrscheinlich wäre die Errichtung einer ständigen „Gemeinsamen Synode" ohne Zweifel das Logischste und Vernünftigste gewesen. Aber geschichtlich gesehen, sind solche Pläne eben verfrüht. Die Deutsche Bischofskonferenz hat selbst noch mit vielen Problemen zu kämpfen und scheint durchaus nicht „aus den Kinderschuhen heraus" – und nun neben ihr ein ständiger Pastoralrat in der Gestalt einer regelmäßig zusammentretenden Gemeinsamen Synode?

Man einigte sich auf ein Minimalprogramm. Die „Gemeinsame Synode" wurde nicht als ständige Einrichtung geschaffen, aber der Wunsch zum Ausdruck gebracht, eine solche Synode etwa in zehn Jahren wieder abzuhalten. Ob diejenigen, die diesem Votum an den Papst zugestimmt haben, tatsächlich mit Entschiedenheit hinter dem Beschluß stehen, mag man mit guten Gründen bezweifeln. Aber er steht schwarz und weiß auf dem Papier, und in zehn Jahren wird es viele geben, die an ihn erinnern!

Dann wurde eine Art Provisorium „für die gemeinsame Verantwortung von Bischöfen, Priestern und Laien für überdiözesane kirchliche Aufgaben in der Bundesrepublik Deutschland" (so der amtliche Titel) geschaffen, und zwar eine aus zwölf Bischöfen und zwölf Laien/Priestern zusammengesetzte „*Gemeinsame Konferenz*" (sie kann von sich aus weitere Mitglieder hinzuwählen). Ihre Leitung haben gemeinsam der Präsident der Deutschen Bischofskonferenz und der Präsident des Zentralkomitees der deutschen Katholiken. Die Aufgaben wurden von der Synode so definiert: „Die Entwicklung in Kirche und Gesellschaft, auch im übernationalen Bereich, zu beobachten. Anregungen zu notwendigen Maßnahmen zu geben und die Fortentwicklung zu verfolgen; insbesondere hat sie die Fragen zu beraten, die die Weiterführung der durch die Gemeinsame Synode der Bistümer in der Bundesrepublik Deutschland eingeleiteten Entwicklung in der Durchführung der Beschlüsse des Zweiten Vatikanischen Konzils betreffen ..."

Während es also eine oberste Vertretung der Laienräte, nämlich das Zentralkomitee der deutschen Katholiken, gibt, haben die Deutschen sich leider keinen nationalen Pastoralrat geschaffen. Aber sie sind auf dem Wege dahin.

*Dritter Teil*

# Der Christ im Spannungsfeld zwischen Welt und Gott

Als erstes hatte die Gemeinsame Synode sich die mühselige und undankbare Aufgabe gestellt, in zäher Kleinarbeit Richtlinien für die innere Reform der Kirche in Deutschland aufzustellen: für Gottesdienst und Sakramentenempfang, über die Stellung von Pfarrer, Diakonen und Laien, über Gremien der Mitverantwortung, zur ökumenischen Arbeit und Modernisierung des kirchlichen Apparates. Selbstverständlich mußte bei diesem Reformwerk, das sich in seiner Gründlichkeit sehen lassen kann, ständig der tiefere religiöse Grund, aus dem sich alles herleitet, beachtet werden. Theologisch gesprochen, war dies jener Teil der Glaubenslehre, den man Ekklesiologie nennt, die Lehre von der Kirche: von ihrem Wesen und Wirken, aber auch von ihren Ämtern und Aufgaben.

Im folgenden Hauptabschnitt werden vier Beschlüsse vorgestellt, die man ebenfalls unter dem Oberbegriff „innerkirchliche Reformen" zusammenfassen könnte. Dennoch haben sie einen anderen Bezugsrahmen. Sie sprechen von Bereichen, in denen das Amtliche der Kirche sich mit freieren Bezügen trifft: Jugend und (öffentliche) Schule, die Ehe, der charismatische Dienst der Ordensleute. Glaube und Welt, der göttliche Anruf an das Leben des Menschen und seine Verantwortung

---

*Zu den Bildern*
*Oben:* Jeden Tag während einer Synoden-Vollversammlung war am Morgen Gottesdienst. Die Synode hat nicht nur diskutiert, sie hat auch gebetet und Communio gehalten.

*Unten links:* Samstag, 6. Januar 1973. Abends nach der Ökumene-Debatte kehrte Ruhe in die Aula ein: ökumenischer Gottesdienst. Es sprechen der evangelische Bischof Harms, der altkatholische Theologieprofessor Küppers und der finnische Bischof Verschuren (neben Kardinal Döpfner am Präsidententisch). Am Sprechpult P. Gerhard Voss aus Niederaltaich.

*Unten rechts:* Der griechisch-orthodoxe Metropolit für die Griechen in der Bundesrepublik, Irineos, spricht ein Grußwort an die Synode (am 23. Mai 1974). Vorn rechts Bischof Graber von Regensburg, der in der Deutschen Bischofskonferenz für das Gespräch mit der Orthodoxie zuständig ist.

*Links:* Und immer waren di ,,Medien" dabei. Nicht nur all großen Zeitungen, auch di Fernseh- und Rundfunkanstal ten haben gut und häufig be richtet.

*Oben:* Da hat einer einen Spaß gemacht, und alle freuen sich. Es war nicht nur ernst-dramatisch auf der Synode, sondern auch fröhlich.

*Rechts:* Damenkränzchen am Rande. Das Thema Frau war nicht nur eine ,,durchgehende Perspektive" der Synodenarbeit – Frauen spielten auch im Synodengeschehen selbst eine bedeutende Rolle. Hier v.l.n.r.: Elsbeth Rickal, Theresia Hauser, Erentraud Hagnauer.

*Oben links:* Ein Mann, der immer da war, aber niemals sprach: Nuntius Bafile, das „Auge" des Papstes. Großer Beliebtheit erfreute er sich gerade nicht. Seine Maßnahmen gegen den Limburger Bischof Kempf schlugen während der Synode hohe Wellen. Im Laufe der Zeit wurde das Mißtrauen Roms gegen die Synoden-Veranstaltung der deutschen Kirche jedoch geringer, gegen Ende war sogar ein gewisses Wohlwollen zu erkennen.

*Oben rechts:* Domkapitular Weitmann aus Rottenburg, ein ökumenischer Pionier der deutschen Kirche, bei einem seiner dramatischen Appelle. Oft kämpfte er jedoch vergeblich um größere Öffnung und „pastorale Barmherzigkeit". Besonders in der umstrittenen Geschiedenenpastoral ließ sich der Block der Bischofskonferenz nicht zu einer Öffnung bewegen. Auch die Fragen der „offenen Kommunion" bereiteten große Schwierigkeiten.

*Unten:* Prof. Fries, der ökumenische Theologe der Synode, und Prof. Schnackenburg, der Würzburger Bibliker, während einer Pause im Gespräch mit Kardinal Döpfner. Die informellen Kontakte waren einer der wichtigsten Prozesse während der Würzburger Synode. Man lernte sich näher kennen und kam sich auch menschlich näher. So wurden viele Vorurteile gleichsam von selbst abgebaut und vieles erschien in einem anderen Licht.

in der autonomen Welt bilden hier eine Einheit, die in einer eigenen Weise sich artikulieren muß. Das trennt diese Beschlüsse auch vom folgenden Hauptabschnitt, wo die Weltverantwortung stärker und betonter in den Vordergrund tritt.

Die Ehe ist zum Beispiel ein Sakrament, aber ihr theologischer Ort ist heute mehr in der Moraltheologie als in der herkömmlichen Sakramentenlehre zu suchen. So wurde das Ehethema von der Synode auch nicht als Unterabschnitt in die Vorlage „Schwerpunkte heutiger Sakramentenpastoral" eingeordnet. Die christliche Ehe ist immer auch ein „weltlich" Ding, sie lebt mitten in der Gesellschaft und Kultur dieser Zeit, sie ist eine vitale Zelle für *alle* Bereiche des menschlichen Lebens. Sie nur unter theologischen oder innerkirchlichen Gesichtspunkten zu betrachten würde völlig in die Irre führen.

Ähnlich ist die Jugendfrage einschließlich des akuten Problems Religionsunterricht zu sehen: hier geht es nicht einfach um Jugendseelsorge als ein innerkirchliches Problem, sondern darum, wie das Autonomiestreben unserer Zeit vereinbart werden kann mit dem Anspruch Gottes, des Ganz-anderen; wie also Irdisch-Weltliches verbunden sein kann und muß mit dem Unbedingten. Dieses Spannungsverhältnis, das letztlich eine ganz persönliche Frage darstellt, ist heute anders auszuhalten als etwa im Mittelalter oder in der Barockzeit.

Und was haben die Ordensleute hier zu suchen? Auch sie gehören gerade nicht in den Innenraum der kirchlichen Reformen! Gewiß hat das Zweite Vatikanische Konzil sie in der Konstitution über die Kirche behandelt, nicht aber als Amt oder Dienst, sondern als besonderen Ausdruck des Heiligkeitsstrebens. Es kann zugegeben werden, daß man den „Dienst" der Ordensleute auch mehr amtlich sehen kann, wie es vor allem im 19. Jahrhundert üblich war. Aber in den letzten Jahrzehnten sind doch die Versuche unüberhörbar geworden, den Ordensstand (wie den „Ehestand") aus dem Ruf Gottes zur freien

---

*Zu den Bildern*

*Oben links:* „Meine Herren Bischöfe, so bitte nicht!" Dieser dramatische Protest des KAB-Pfarrers Leichtle aus Böblingen an einem kritischen Punkt des Synoden-Verlaufs wurde eine „Sternstunde" genannt. Pfarrer Leichtle war eines der Häupter der „progressiven" Gruppe.

*Oben rechts:* Ob die beiden sich noch verstehen werden? Professor Flatten, heiß umstrittener „Rechtsaußen" der Synode, versucht Prof. Ludwig Bertsch aus St. Georgen, einem einflußreichen Mitglied der „progressiven Mitte", seine Sorgen zu erklären. Bertsch hat sich große Verdienste um die Synode erworben, weil ihm mancher Ausweg aus Sackgassen zu danken ist.

*Mitte links:* „Professor Lehmann, sehen Sie denn nicht ein, daß es so nicht weitergeht?" Oberstudienrat Maxelon aus Kassel, Synodaler des Bistums Fulda, versucht dem einflußreichen Theologen aus Freiburg etwas zu erklären. Kann Lehmann helfen? Oft hat er geholfen, denn sein Wort galt bei Bischöfen und Laien, bei „Konservativen" und „Progressiven" zugleich.

*Mitte rechts:* Zwei von der konservativen Fraktion: Professor Iserloh aus Münster (links) und Weihbischof Lettmann aus Münster. Ihre Anträge wurden fast immer von der Mehrheit abgelehnt. Aber die Kirche brach deshalb nicht zusammen!

*Unten:* In der Pause: der Präsidententisch wird „belagert". Was gibt es da für ein Problem? Der Moderator Dr. Bernhard Vogel (Mitte) antwortet. Bischof Stein (rechts) und Frau Laurien (links) hören interessiert zu. Ob ein guter Kompromiß herauskommen wird? Sekretär Homeyer (rechts unten) lächelt.

Nachfolge zu begründen, nicht aus seinem Dienstcharakter heraus. So fühlen wir uns berechtigt, diesen Synodenbeschluß unmittelbar neben den über die Eheleute zu stellen. Man wird sehen, welch überraschende Ähnlichkeiten es zwischen diesen beiden „Problemständen“ gibt.

# 1. Das Problem Jugend

## Kirchliche Jugendarbeit und Religionsunterricht

Schon immer hat es in der Kirche so etwas wie *Jugendseelsorge* gegeben. In den ersten Jahrhunderten lag ihr Gewicht bei der Familie. Anweisungen zur christlichen Erziehung wenden sich bei den Kirchenvätern fast ausschließlich an die Eltern. Schon in der Antike gab es dabei die Jugend als „Problem“. Johannes Chrysostomus, einer der größten christlichen Pädagogen, schrieb etwa um das Jahr 390: „Ist nicht ein Großteil unserer Jugend so: Voll wilder Begierden springen sie, schlagen aus, laufen zügellos umher und haben für ihre Pflichten nicht den nötigen Ernst? Die Schuld an diesen Unordnungen trifft die Väter... Ihre Söhne vernachlässigen sie in der Regel (!) und kümmern sich nicht darum, wenn sie sich zügel- und sittenlos umhertreiben und durch Unzucht, Würfelspiel und gottlose Theaterstücke sich selbst entwürdigen...“ (Matthäuskommentar 59,7).

Im Mittelalter wurde eine Elite der Jugend in den Internaten der großen Klöster erzogen, oft mit pädagogischem Geschick, wie wir an Beispielen erkennen können. Auch in der geschlossen christlichen Gesellschaft dieser Zeit gab es ein Jugendproblem. Fahrende Scholaren trampten durch ganz Europa und machten die Welt unsicher. Auf den ersten Bildern vom Schulunterricht in den frühen Dom-, Latein- und Pfarrschulen ist der Lehrer immer mit einer Rute in der Hand abgebildet!

Von Jugend*seelsorge* im engeren Sinn kann man wohl erst seit dem 16. Jahrhundert sprechen. Die marianischen Jugendkongregationen der Jesuiten dürften die ersten bewußt eingerichteten Jugendgruppen der Weltgeschichte sein. Man darf annehmen, daß ihre Notwendigkeit aus einer inneren Beziehung zum beginnenden Pluralismus und Laizismus der Neuzeit erwuchs. Nach der Aufhebung des Jesuitenordens, dessen pädagogische Bemühungen von anderen Orden nachgeahmt wurden, kamen im 19. Jahrhundert innerhalb der aufblühenden Standesseelsorge die „Jungmänner-“ und „Jungfrauenvereine“ auf. Schritt um Schritt scheint sich im Laufe der neuzeitlichen Geschichte das seelsorgliche Bemühen um die Jugend zu intensivieren.

### *Zwischen Jugendseelsorge und Jugendbewegung*

Gegen Ende des 19. Jahrhunderts beginnen wir den Umbruch, der sich Jahrhunderte hindurch angekündigt hatte, deutlicher zu spüren: die Jugend Europas entdeckte sich selbst als „Subjekt“; sie wurde nicht nur zum Titel einer Zeitschrift, die eine neue Zeit ankündigte, sondern Inhalt einer geschichtlichen Bewegung, die einen tiefen Einfluß auf die weitere Entwicklung des menschlichen Selbstverständnisses ausübte. Auch christliche, gläubige junge Menschen schlossen sich zu eigenen Wandervogelgruppen zusammen, vor allem die Gemeinschaft des „Quickborn“ ist hier zu nennen.

Man kann nicht genug unterstreichen, was die kirchliche Jugendbewegung für die katholische Kirche Mitteleuropas in der ersten Hälfte des 20. Jahrhunderts angestoßen hat. Wie in der Welt, so wurde die Jugendbewegung auch im Binnenraum des Christlichen zu einem Ferment der Erneuerung, dessen kirchengeschichtliche Bedeutung heute bei weitem noch nicht genügend erkannt und anerkannt ist.

In den ersten Jahren distanzierte sich die katholische Jugendbewegung energisch von dem überlieferten Begriff der „Jugendseelsorge“. In ihr galt der junge Mensch als „Objekt“ kirchlichen Bemühens, Jugend war eine besonders gefährdete Übergangszeit, die in guter Obhut überstanden werden mußte. Der junge Christ des 20. Jahrhunderts konnte sich nicht mehr mit einer solchen Fremdbestimmung identifizieren, er wollte „aus eigener Verantwortung“ nicht nur Mensch, sondern auch Christ sein.

Es ist einem genialen Mann wie Ludwig Wolker, er wurde 1926 Leiter des Katholischen Jungmännerverbandes, zu verdanken, daß gläubige Jugendbewegung und kirchliche Jugendseelsorge nicht auseinanderfielen. Durch die Gewährung von Freiheit und Freundschaft anstatt der jahrhundertelang geübten geistlichen Rute wurde es möglich, daß sozusagen eine ganze Generation einen Weg zur Kirche fand, obwohl die Zeichen der Zeit ganz anders standen. Jugendbewegung und Jugendseelsorge integrierten sich in fast glücklicher Weise.

Diese Entwicklung schien sich nach 1945 problemlos fortzusetzen – bis zu einer neuen Jugendbewegung, die in den sechziger Jahren aufbrach und die einen völlig anderen Charakter als alles Bisherige hatte: eine Revolte, die alles mühsam Aufgebaute wie über Nacht hinwegzuschwemmen drohte. Junge Leute entfernten sich in Massen innerlich und äußerlich von Kirche und Glaube. Die Jugend wurde neu zu einem Problem, vor dem viele Ältere in Gesellschaft und Kirche nahezu ratlos standen – die alten Jugendbewegten, die doch „Verständnis" für die Jugend gelobt hatten, nicht ausgenommen.

Anfang der siebziger Jahre wiederum kündigte sich ein eigenartiger Umschwung an, ein religiöser Aufbruch betont anderer Art: die Jesus-Leute begannen den Meister des Neuen Testaments zu entdekken, nachdem andere Idole, wie Che Guevara, ihre Anziehungskraft verloren hatten. Von der Kirche wollte diese religiöse Subkultur, die sich in vielen Zweigen ausbreitete und u.a. auch nach fernöstlichen Religionen ausschaute, nichts wissen. Zwischen radikaler Politrevolte und weltflüchtigem Hippietum wurde die Ratlosigkeit bei denen, die sich aus seelsorglichen Motiven um die Jugend kümmerten, noch größer. Gewiß hat die Jugendbewegung, die sich schon früh um die ökumenische Gemeinschaft von Taizé scharte („Konzil der Jugend"), eine gegenläufige Strömung eingeleitet, aber auch hier ist die Distanz zu den verfaßten Kirchen betont und teilweise radikal.

In der Zeitschrift „Concilium", die dem Thema „Die jungen Menschen und die Zukunft der Kirche" im Sommer 1975 ein Heft widmete, hieß es: „Es läßt sich nicht wegdisputieren, daß sich die Jugendlichen vom institutionellen Apparat der Kirche ernüchtert distanzieren, während die Person Jesu und das Evangelium immer noch eine große Anziehungskraft auf sie ausüben... Es hält sehr schwer, junge Leute zu finden, die bereit sind, über die Kirche zu sprechen; entweder sind sie durch und durch kontestär (widerborstig), oder es fällt ihnen sehr schwer, ihr Unbehagen zu äußern, oder sie sind bereits gleichgültig geworden." Zwei Einsichten drängen sich auf: Zwischen den Bestrebungen der jungen Menschen und der heutigen Kirche bestehe eine *beunruhigende Kluft,* und, zweitens, junge Menschen seien weiterhin und abseits der Kirche Träger positiver Werte des Evangeliums, die in die Zukunft wiesen.

Die Gemeinsame Synode konnte unter diesen Umständen gar nicht am Thema *Jugend* vorbeigehen, und man darf sagen, sie hat es nicht nur mutig angepackt, sondern auch in einer guten Weise bewältigt. Die beiden Beschlüsse, die sich mit Jugendfragen beschäftigten, sind aus der Masse der Synodenentscheidungen mit Nachdruck hervorzuheben. Sie sind, um mit „Concilium" zu sprechen, geeignet, eine tatsächlich beunruhigende Kluft zu überbrücken und die positiven religiösen Werte der heutigen Jugend für die Kirche, die ja mehr als ein „Apparat" ist, fruchtbar zu machen.

*Zur Entstehung der Vorlage „Kirchliche Jugendarbeit“*

Der Beschlußtext *„Ziele und Aufgaben kirchlicher Jugendarbeit“* war zwar in der ersten Hälfte der Beratungszeit ein heiß umstrittener Entwurf, aber im großen und ganzen stellt sich seine Entwicklung glatt und unkompliziert dar. Im Themenkatalog taucht das Stichwort unter „Christliche Diakonie“ (Themenkreis III) auf, und so wurde der Stoff auch sofort von einer Untergruppe der entsprechenden Sachkommission (III: „Christliche Diakonie“) in Angriff genommen. Man dachte zuerst, da die „caritative“ Umgebung doch ein wenig merkwürdig erschien, an die Bildung einer „Gemischten Kommission“, der Plan wurde aber bald wieder fallengelassen.

Immerhin dauerte es zwei Jahre, bis der fertiggestellte Entwurf von der Sachkommission verabschiedet war (März 1973), wobei weniger die Fassung des Textes an sich, sondern mehr seine innere Ausrichtung zur Debatte stand. Die Zentralkommission vermißte zum Beispiel Ausführungen zur Familie und zur „freien“ kirchlichen Jugendarbeit. Schon tauchte der Verdacht auf, das Ganze sei zu „soziologisch“, zu „wissenschaftlich“, man bediene sich nicht der gewohnten Ausdrücke der Kirchensprache.

Die erste Lesung fand in spannungsgeladener Atmosphäre vom 22. bis 23. November 1973 statt. Obwohl die Berichterstatterin Elsbeth Rickal bei Beginn der Debatte vorsorglich versprach, daß man in der Kommission viele der schon vorliegenden Kritiken verstehe und sich bemühen werde, den Text für die zweite Lesung entsprechend umzuarbeiten, prasselten heftige Angriffe los. Die Bischofskonferenz beklagte, daß hier ein gefährlicher Horizontalismus sich breitmache, der die kirchliche, christliche und missionarische Ausrichtung kirchlicher Jugendarbeit aushöhle. Auch der bekannte Dogmatiker Walter Kasper griff die Vorlage wegen ihres theologischen Defizits heftig an. Manchmal hatte man während der Auseinandersetzungen kaum noch Hoffnung, daß der Text überhaupt noch eine Mehrheit finden werde. Als schließlich der Berliner Prälat Klausener forderte, ihn als „nicht reif“ für eine zweite Lesung zu erklären, erhob sich jedoch starker Widerstand. Vor allem der klugen Vermittlung des Freiburger Theologen Karl Lehmann, der jetzt vor der Gefahr einer „hohlen Orthodoxie“ warnte, war es zu verdanken, daß man den Entwurf „als im Ansatz richtig“ anerkannte. Mit großer Mehrheit wurde er verabschiedet (235 Ja, 25 Nein, 16 Enthaltungen).

Es dauerte wieder sehr lange, ein Jahr, bis der überarbeitete Entwurf vorlag – tatsächlich erschien er substantiell verbessert, ohne daß er an Modernität und Sachlichkeit verloren hätte. Im Gegenteil: die einfachere Sprache, die theologische Ausgewogenheit und manche weniger modische Formulierungen ließen ihn eher griffiger und zupackender erscheinen. Als der Text in der vorletzten Vollversammlung, Mai 1975, in die zweite Lesung kam, bot er keine Probleme mehr. Fast ohne Debatte und mit bemühtem Wohlwollen auch von seiten der Bischofskonferenz wurde er mit 241 Ja-Stimmen gegen nur 12 Nein und 5 Enthaltungen angenommen.

## *Zum Inhalt*

Das Jugendpapier ist nicht sehr lang – 15 Seiten – und gut zu lesen. Lesenswert ist vor allem der erste, allgemeine Teil (Kapitel 1–4), obwohl die Einleitung „abschreckend" erklärt, man wende sich in erster Linie „an diejenigen, die für die Jugendarbeit Verantwortung tragen.

1. *„Einleitung":* sie bringt eine kurze Einführung in die Problemstellung.

2. *„Gesellschaftliche und psycho-soziale Bedingungen heutiger Jugendarbeit"*. Hier werden auf zwei Seiten in gedrängter Sprache jene Entfremdungserscheinungen in der heutigen Gesellschaft dargestellt, die vor allem den Jugendlichen zu schaffen machen und jene psychischen Reaktionen hervorrufen, die zu den bekannten Schwierigkeiten mit der Jugend heute geführt haben. Der Ausweg aus dem Generationenkonflikt wird in einem Mittelweg zwischen kritikloser Anpassung an die bestehenden Verhältnisse und pauschaler Verurteilung der Gesellschaft gesehen.

3. *„Anthropologischer und theologischer Ansatz von Jugendarbeit"*. Das schwierigste, aber auch interessanteste Kapitel, vereinfacht gesagt: Wie kann man wahres Menschsein und wahres Christsein vereinigen? Die klassische Frage von Natur und Übernatur in moderner Fragestellung! Man warf dem Text „Pelagianismus", also Überbetonung der „Natur", vor. Vor allem der Begriff Selbstverwirklichung, der pädagogisch heute ja eine wichtige Rolle spielt, wurde zitiert. Selbstverwirklichung, sagt der Text, ist ohne den anderen, die anderen (die Gemeinde, die Gruppe, die Familie), aber auch ohne den Ganz-anderen, nämlich Gott in Jesus Christus, nicht möglich.

4. *„Das ‚Angebot' kirchlicher Jugendarbeit"*. In diesem Kapitel werden die allgemeinen Grundsätze kirchlicher Jugendarbeit dargestellt. Auch das ist von besonderem Interesse. Das personale Angebot, heißt es, soll dem sachlichen (Häuser, Geld, Stellen usw.) immer vorgeordnet sein. Es kommt auf die Menschen an – und daß sie für den Umgang mit Jugendlichen richtig gepolt sind. Die Rolle der Erwachsenen ist nur subsidiär, sie sollen den Jugendlichen helfen, sich selbst zu verwirklichen. Hier wird das Modell der „reflektierten Gruppe" vorgestellt: als Stütze für den Reifungsprozeß ist es notwendig, daß die jugendliche Gruppe begreift („reflektiert"), was in ihr vorgeht.

5. *„Erfordernisse kirchlicher Jugendarbeit"*. Das ist der längste (5 Seiten) und langweiligste Teil des Dokuments. Er bringt, unter anderem in *zehn Empfeh-*

*lungen*, konkrete Forderungen zur Jugendarbeit. Mancher Prälat erklärte: Wer soll das bezahlen? Bei genauem Hinsehen zeigt sich jedoch, daß der Beschluß es eher auf eine Umstrukturierung als auf die Schaffung neuer Stellen abgesehen hat. Es werden personelle und strukturelle Forderungen gestellt: über haupt- und ehrenamtliche Mitarbeiter, zur Aus- und Weiterbildung, über Planung, Kontrolle, zum „partnerschaftlichen Verhalten zwischen Erwachsenen und Jugendlichen", über die Rolle der Jugendverbände, die Stellung der Jugendheime und -häuser, der Vertretung in den kirchlichen Räten usw.

6. *„Jugendpolitische Forderungen"*. In einem kurzen Schlußkapitel werden – mit zwei Empfehlungen – Forderungen zur öffentlich-rechtlichen Stellung der kirchlichen Jugendarbeit erhoben: daß „freie" Trägerschaften und Verbände vom Staat und von der Gesellschaft nicht benachteiligt werden sollen.

## *Zur Entstehung der Vorlage „Religionsunterricht"*

Daß die Gemeinsame Synode zum Problem des Religionsunterrichts Stellung nehmen müsse, stand von Anfang an unverrückbar fest. Jeder wußte es, fast jeder hatte aus eigener Erfahrung damit Bekanntschaft gemacht: der Religionsunterricht steht in einer tiefen Krise. So ging die Sachkommission I („Glaubenssituation und Verkündigung"), der das Thema zugeteilt war, sofort an die Bearbeitung dieses Stoffes. Da es sich aber nicht um eine rein kirchliche Angelegenheit handelt – die Staatsschule ist bei uns die Regel –, wurde die Teilnahme von Mitgliedern der Sachkommission VI („Erziehung – Bildung – Information") gewünscht, so daß zur Erarbeitung dieser Vorlage eine sogenannte „Gemischte Kommission" errichtet wurde.

Zuerst wurde ganz streng darauf gedrungen, daß man die Probleme des Religionsunterrichtes nicht mit denen der kirchlichen Verkündigung vermischen dürfe, und so wurde die Thematik *Katechese* abgetrennt, die später zu einem „Arbeitspapier" (vgl. S. 267ff.) führte. Diese nicht unumstrittene Vorentscheidung führte zu einer folgenreichen Weichenstellung für die weitere Behandlung der Materie. Die Beratungen erwiesen sich als schwieriger, als man zuerst dachte. Das ist auch daraus zu erkennen, daß während der notwendigen Kürzung der Synodenthematik zu Ende des Jahres 1972 u. a. vorgeschlagen wurde, beide Bereiche wieder zu *einer* Vorlage mit dem Titel „Schulischer Religionsunterricht und kirchliche Katechese" zusammenzukoppeln. Die Kommission wehrte sich mit Erfolg dagegen, so daß im Frühjahr 1973 die endgültige Marschroute klar war.

Lange hielt man sich bei einer – oft auf der Synode zu beobachtenden – formalen Unsicherheit auf: wie „Begründungstext" (der länger sein sollte) und „Beschlußtext" sich zueinander verhalten sollten. Man hatte zuerst die Vorstellung, nur einen ganz kurzen Beschlußtext im

Plenum der Synode verabschieden zu lassen, an den dann der Begründungstext (in dem die eigentlichen Aussagen stehen!) angehängt werden sollte. Man entschloß sich aber glücklicherweise doch dazu, beides als *einen* Beschluß anzunehmen.

April/Mai 1973 lief der von der Sachkommission vorgeschlagene Text durch die zuständigen Gremien der Synode. Wiederum zeigte sich Widerstand gegen die Konzeption. Die Schulreferenten der deutschen Bistümer äußerten Bedenken, Änderungen mußten eingefügt werden, schließlich wurde der Entwurf Juli 1973 zur ersten Lesung veröffentlicht.

Er hatte ein ungewöhnlich starkes Echo, und zwar mit dem schärfsten Pro und Contra. Auch die Bischofskonferenz legte in einer ausführlichen Stellungnahme die Forderung vor, in vier wichtigen Punkten entscheidende Veränderungen anzubringen: die Situation des Religionsunterrichts sollte nicht so negativ geschildert werden, man sollte theologischer argumentieren, das Spezifische des kirchlichen Auftrags sollte stärker zur Geltung kommen, man wünschte ein eigenes Kapitel über den Religionslehrer.

Die erste Lesung fand während der vierten Vollversammlung am 24. November 1973 statt. Die Debatte war eine der besten der ganzen Synode. Jedem wurde bewußt: Mit diesem Dokument macht die katholische Kirche einen bedeutenden Schritt über eine völlig veraltete Position heraus. Eine starke Gruppe, voran Schulbischof Pohlschneider, wollte noch einmal das kerygmatische Konzept einbringen. Minister Würmeling erklärte, die „katholische Strahlkraft" des Religionsunterrichts sei doch eine Form missionarischer Verkündigung. Aber die Gegenseite setzte sich in einem zähen Ringen durch. Man gab zu, daß die kirchliche Seite des schulischen Religionsunterrichts noch etwas mehr betont werden könnte, aber vom grundsätzlichen Konzept wolle man nicht abgehen. So, wie er jetzt sei, vertrete der Text nicht eine neutrale Religionskunde oder eine bloße Information – aber der existentielle Anruf dieses Schulfachs könne nicht gewissermaßen als eine andere Form der Sonntagspredigt angesehen werden.

Professor Lange, der Berichterstatter der Gemischten Kommission, erklärte: „Meine Damen und Herren, wenn Sie dieser Vorlage in ihrer Grundtendenz zustimmen, plädieren Sie für einen katholischen Religionsunterricht, der seinen eigenständigen und festen Raum innerhalb des Schulgebäudes hat, aber einen Raum, der nicht durch einen Extraeingang zu betreten ist, sondern durch die Vordertür der Schule..."

Mit überraschend großer Mehrheit wurde der Entwurf in erster Lesung gebilligt: 237 Ja, 15 Nein, 10 Enthaltungen.

Die Änderungswünsche waren zwar erheblich, aber die Kommission hatte wenig Mühe, sie einzuarbeiten. Man darf sogar zugeben, daß der Text u. a. durch die Wünsche der Bischofskonferenz manches an Überzeugungskraft gewonnen hat. Im Mai 1974 billigte die Zentralkommission die Vorlage zur zweiten Lesung, diese fand genau ein Jahr nach der ersten Lesung statt, am 22. November 1974. Die Debatte hatte wiederum manchen Höhepunkt. Verfassungsrechtler erhoben Einspruch gegen einen Abschnitt über die gesetzlichen Grundlagen des Religionsunterrichts – er wurde in letzter Minute geändert. Ein heißes Geplänkel gab es zwischen Kardinal Höffner und Prof. Karl Rahner wegen der Rolle der Theologie innerhalb des Religionsunterrichts. Dort, wo von der Theologie als der „ersten Bezugswissenschaft" des Religionsunterrichts gesprochen wird, mußte ein Passus eingefügt werden: daß er auch „aus dem Auftrag der Kirche" sich herleite. Solche Überängstlichkeit rief manches Kopfschütteln hervor, denn der Text hatte doch einen überzeugend kirchlichen Charakter. Die Endabstimmung stellte dennoch kein Problem mehr dar: 223 Ja, 8 Nein, 9 Enthaltungen.

## *Zum Inhalt*

Ohne Zweifel ist der Beschluß „Der Religionsunterricht in der Schule" einer der überzeugendsten der Synode. Er behandelt durchaus nicht nur spezielle Probleme, die ausschließlich den Pädagogen interessieren, sondern in ihm wird fast wie an einem Grundmodell dargestellt, in welcher Weise die Kirche in einer säkularisierten Welt öffentlich „präsent" sein kann.

Der Text umfaßt 18 Seiten und ist in drei Haupttitel unterteilt. Einer recht ausführlichen Darstellung „Zur Situation" folgt als zweites ein ausgedehnter Hauptteil „Zum Konzept des schulischen Religionsunterrichts", dem sich eine kurze Zusammenfassung „Folgerungen und Forderungen" anschließt. Das Ganze enthält keine Voten, Anordnungen oder Empfehlungen, dennoch ist dieser Beschluß eine verbindliche Richtlinie der katholischen Kirche für den Religionsunterricht heute.

### *I. „Zur Situation"*

Das Problem Religionsunterricht wird als ein Sonderfall des allgemeinen Verhältnisses von Glaube und Gesellschaft angegangen. Vier Unterabschnitte behandeln folgende Fragen:

1. *„Schüler – Lehrer – Eltern"*: Sie sind in bezug auf den Religionsunterricht verunsichert, empfinden ihn zumindest als einen Stilbruch in der modernen Schule, Experimente und tiefgreifende Umwälzungen tun ein übriges, um auf allen Seiten tiefe Zweifel an der Berechtigung und dem Sinn eines solchen Unterrichtsfachs aufkommen zu lassen.

2. *„Gesellschaft – Kirche – Erziehungswissenschaft"*: Der weltanschauliche Pluralismus, die oft verwirrende Vielfalt theologischer Thesen und die rasante Entwicklung der autonomen Erziehungswissenschaft von heute sind gleich-

sam das objektive Gegenbild der subjektiven Erschütterung bei Schülern, Lehrern und Eltern.
3. *„Neue Ansätze“:* Hier werden Beispiele geschildert, wie man praktisch und theoretisch die Krise des Religionsunterrichts überwunden hat.
4. *„Religionsunterricht – Gemeindekatechese“:* Deutlich wird dargelegt, daß beide zwar aufeinander bezogen, grundsätzlich aber etwas völlig Verschiedenes sind. Der Religionsunterricht setzt ein unkirchliches, meist nur äußerlich christianisiertes Milieu voraus („Taufscheinchristen“), die Katechese ist Unterweisung und Einweihung von ausschließlich Gläubigen.

*II. „Zum Konzept des schulischen Religionsunterrichts“*

In diesem Hauptteil des Beschlusses werden die wesentlichen Aussagen vorgestellt.
1. *„Kriterien für die Begründung des Religionsunterrichts“*. Es sind zwei: der katholische Religionsunterricht muß der pädagogischen Theorie der Schule entsprechen und zugleich theologisch verantwortbar sein.
2. *„Religionsunterricht auf der Basis der Verfassung“*. Dieser noch in der zweiten Lesung entscheidend veränderte Passus weist auf die Bestimmungen des Grundgesetzes und der Länderverfassungen hin, die den konfessionellen Religionsunterricht an den öffentlichen Schulen als ordentliches Lehrfach sichern.
3. *„Religionsunterricht aus pädagogischer Sicht“*. Der Abschnitt, um dessentwillen letztlich das ganze Dokument ausgearbeitet worden ist! Es wird betont pädagogisch, innerweltlich, ohne Zuhilfenahme von Kirche und Offenbarung argumentiert. Auch wenn man eine „Schule für alle“ konzipiert, ist das Fach Religionsunterricht nicht nur sinnvoll, sondern geradezu erforderlich, um die Schüler nicht hilflos einer verwalteten Leistungswelt auszuliefern.
4. *„Religionsunterricht aus theologischer Sicht“*. Natürlich kann man einen Unterricht, wie er im letzten Abschnitt beschrieben worden ist, auch rein philosophisch durchführen – daher wünscht man für Schüler, die sich aus dem Religionsunterricht abmelden, ein entsprechendes Alternativfach (Ethikunterricht o. ä.). Der *kirchliche* Religionsunterricht aber will unter den angegebenen pädagogischen Prämissen den Schülern eine bestimmte Antwort auf seine Lebensfrage vorlegen: die des christlichen Glaubens. Sie soll angeboten, nicht aufgedrungen oder sublim aufgezwungen werden.
5. *„Ziele des katholischen Religionsunterrichtes“*. Was in den beiden vorhergehenden Abschnitten jeweils für sich gesagt wurde, wird hier nun zusammenkomponiert: Freiheit und Gnade, Information und existentielle Erkenntnis, Erziehung zu Toleranz und Entschiedenheit, zu religiöser Auseinandersetzung auf einem gewissen „Niveau“ – das sind die Grundkomponenten eines solchen Unterrichts. Er wird auf der Grundlage der positiven Offenbarung erteilt. Gelebtes Leben und Anspruch des Glaubens lassen verschiedene Schwerpunkte des konkreten Unterrichts – je nach der Situation – zu.
6. *„Das Interesse der Kirche am Religionsunterricht“*. Der Religionsunterricht ist nicht eine Form der Machtausübung der Kirche, sondern ein Dienst am Menschen.

7. *„Konfessionalität"*. Dieser Abschnitt war umstritten, weil er sich im Gegensatz zu manchen Forderungen von heute eindeutig für den an eine bestimmte Kirche gebundenen, also den konfessionellen Unterricht einsetzt. Dies sei pädagogisch besser: weil durch ihn klare Entscheidungen, die in diesem Bereich eben notwendig sind, vorgelegt würden. Selbstverständlich muß ein solcher Unterricht ökumenisch offen usw. sein. Auch wird empfohlen, mit anderen Kirchen gelegentlich zusammenzuarbeiten, gemeinsame Stunden zu halten, Modellversuche und Experimente sind nicht möglich, sondern notwendig.
8. *„Der Religionslehrer"*. Dieser auf Wunsch der Synode für die zweite Lesung neu erstellte Abschnitt gibt ein sehr eindringliches, keineswegs aber idealistisch überhöhtes Bild von jenen Eigenschaften, die ein guter Religionslehrer haben soll.

*III. „Folgerungen und Forderungen"*
Dieser ursprünglich als Beschlußtext vorgesehene Teil faßt die vorhergehenden Darlegungen knapp zusammen, setzt aber auch eigene Akzente. Er hat appellativen Charakter, das heißt: er appelliert an Schüler, Eltern, Lehrer, kirchliche Amtsträger und Gremien, an die Gemeinden, an die Pädagogiktheoretiker und an die politisch Zuständigen, im Sinne der Vorlage einen modernen, sympathischen, ernsten, kirchlichen und wirkungsvollen Religionsunterricht zu ermöglichen.

Aus beiden in diesem Abschnitt behandelten Dokumenten – Jugendarbeit und Religionsunterricht – seien nun einige wichtige Gesichtspunkte herausgegriffen, solche, die allgemeines Interesse beanspruchen dürfen und Wege zeigen, wie die Kirche auf die Herausforderung unserer Zeit antworten kann.

## *Analyse einer Krise*

An beiden Synodenbeschlüssen ist hervorzuheben, daß sie nicht einfach eine „schonungslose", wohl aber eine realistisch-nüchterne Analyse der Krise des Verhältnisses von Kirche und Jugend heute bringen.

„Einem Teil der Jugend ist die Kirche fremd geworden, ein anderer verhält sich kritisch-distanziert, und selbst diejenigen, die sich zu ihr bekennen, kritisieren oft ihre derzeitige Gestalt und Handlungsweise..." Jene jungen Leute, die heute die Jugendarbeit der Kirche trügen, seien für die Jugendlichen die ersten und nächsten Vertreter des christlichen Glaubens. „Andererseits sind sie selbst in ihrem Glauben oft unsicher und haben ihren persönlichen Standort noch nicht gefunden. Dazu sind sie vielfach bedrückt über das äußere Erscheinungsbild der Kirche, die ihnen in verfestigten Strukturen erstarrt erscheint."

Als Ursache manchen Dilemmas wird an erster Stelle der Generationskonflikt genannt: „Ungelöst ist vor allem die Frage, wie Alt und Jung in der Gesellschaft besser miteinander auskommen können. Der Konflikt der Generationen ist zwar nicht neu, aber er scheint sich zu verschärfen, weil die Gesellschaft komplizierter wird. Über gut und schlecht, nützlich und schädlich, bewahrenswert und veränderungsreif ist man sich nicht einig. Veränderungen der gesellschaftlichen Bedingungen und der persönlichen Lebensgestaltung geschehen so rapide, daß der Zeitraum, den man für eine Generation veranschlagt, sich verkürzt. Wir sehen das u. a. daran, daß sich sogar Gruppen mit geringem Altersunterschied nur noch schwer verstehen: sie haben oft solch verschiedene Anschauungen und Gewohnheiten, sprechen eine solch verschiedene Sprache, daß sie das Gefühl haben, sie könnten nicht mehr miteinander sprechen. Kurzlebige Patentrezepte auf der einen, Resignation auf der anderen Seite sind da kein Ausweg..."

Ähnlich im Beschluß über den Religionsunterricht. In ihm wird als tiefste Ursache seiner Krise das Spannungsverhältnis gesehen, das zu einer „weltanschaulich pluralen und teilweise indifferenten Gesellschaft" besteht. „Im Grunde ist damit die Frage nach der Bedeutung von Glauben in unserer Zeit und Gesellschaft gestellt..." Schon die jüngeren Schüler würden den Religionsunterricht als irgendwie unpassend im Milieu der Schule empfinden: „wenn in ein kirchliches Leben eingeführt wird, an dem sich die Familie nicht mehr beteiligt; wenn den Leitfaden das Kirchenjahr abgibt, das ihr Alltagsleben nicht mehr prägt; wenn biblische Texte geboten werden, die sie nicht mit ihren Erfahrungen verknüpfen können; wenn ihre Frage- und Denklust durch vorschnelle Antworten gedämpft wird; wenn die gleichen Stoffe in fast gleicher Weise wiederkehren; wenn schließlich der Religionsunterricht weniger anspruchsvoll ist als vergleichbare Fächer..."

Bei älteren Schülern sei es ähnlich: sie würden sich nur bewußter gegen einen so merkwürdig orientierten Unterricht wenden. Dem Religionslehrer sei es oft, „wie wenn er zu Blinden von Farbe spricht"! „Spürbar verliert in unserer Kultur der christliche Glaube an gesellschaftlicher Prägekraft; immer mehr Menschen handeln, ‚als ob es Gott nicht gäbe'." Der im Glauben angefochtene und der glaubensunwillige Schüler werde in dieser Situation nicht zu einer fruchtbaren Auseinandersetzung mit Glaube und Kirche genötigt, sondern nur dazu, daß seine Skepsis und sein Widerwille sich verstärkten.

Das Fazit war und ist: Der Kirche von heute droht eine ganze Jugend verlorenzugehen. Sie muß Anstrengungen machen, diese Generation zurückzugewinnen. Dabei darf man nicht am Rande, sondern muß in der Mitte christlicher und wirklicher Existenz ansetzen.

Es gibt verschiedene Wege der „inneren Mission". Die Synode hat für die katholische Kirche einen eigenen vorgeschlagen: Nicht durch evangelistische Veranstaltungen etwa im Stil Billy Grahams, auch nicht durch „liberales Anbiedern" im Aufgeben christlicher Grundpositionen, auch nicht durch das Dreschen radikaler Phrasen noch durch das Wiederholen unverstandener Leerformeln soll die Kirche auf die Jugend von heute zugehen, sondern: „Kirchliche Jugendarbeit muß – gestützt durch die Offenbarung über den Menschen und die menschliche Geschichte – zur kritischen Unterscheidung vergangener und gegenwärtiger gesellschaftlicher und kirchlicher Wirklichkeit anregen und so die Basis für ein begründetes und verantwortetes Urteil vermitteln, das von pauschaler Verurteilung ebenso weit entfernt ist wie von kritikloser Anpassung. Sie muß zur Selbstkritik befähigen und mit den unabdingbaren Forderungen des Evangeliums wie der kirchlichen Gemeinschaft konfrontieren. Maßstab für christliches Handeln ist die selbstlose Hinwendung Jesu zu den Menschen ..."

Radikal abgelehnt wird die sogenannte Zwei-Stockwerk-Theologie, in der das Übernatürliche – Offenbarung, Glaubenslehre und -vorschrift – auf eine sehr unvollkommen gedachte „Natur" gleichsam aufgesetzt wird. Besonders in der Jugenderziehung hat sich diese neuscholastische Sicht als verhängnisvoll erwiesen. Vielmehr: Jeder „Hörer des Wortes" trägt in sich ein „transzendentales Existential" (Karl Rahner), in dessen Frei- und Offenlegung die Bereitschaft für die Aufnahme der göttlichen Offenbarung geweckt wird. Die Vorlage „Jugendarbeit" sieht dieses Existential, etwas vereinfachend zusammengefaßt, in dem Begriff *Selbstverwirklichung*, die Vorlage „Religionsunterricht" in der im Menschen aufsteigenden *Sinnfrage*. „Inhaltlich geht es dabei um die Fragen nach dem Woher und Wohin, dem Wozu und Warum, nach dem Sinn und Wert oder der Sinnlosigkeit und Wertlosigkeit des Ganzen und des einzelnen in der Welt. Viele Situationen im Leben eines Menschen lassen sich mit intellektuellen Fähigkeiten oder manuellen Fertigkeiten durchaus zureichend meistern. Das Leben aber kann sich auch so verdichten, daß der Mensch tiefer und radikaler gefragt ist. Situationen und Erfahrungen, die zur Sinndeutung herausfordern und den Menschen anfordern als Wesen, das Werte sieht, sich an ihnen orientiert und sich an sie bindet, sind zum Beispiel solche von Zeugung – Geburt – Tod – Hoffnung – Liebe – Freundschaft – Angst – Glück – Schuld – Vergebung – Leid – Zufall – Vertrauen – Verantwortung – Sorge – Scheitern – Spiel – Ekstase – Rausch – Fest – Gottesdienst – Gebet."

Und in der Jugendvorlage: „Mehr noch als der Erwachsene steht der junge Mensch immer neu vor der Frage: Was ist der Sinn meines Lebens, der Gemeinschaft, der Liebe, des Berufs und der Gesellschaft? Weltliche Heilslehren deuten ihm die menschliche Existenz. Ihre Interpretationen reichen von der Sinnlosigkeit, von der Lust als einzigem Lebensinhalt, vom Kult des Fortschritts, vom größtmöglichen Glück der größtmöglichen Zahl, von der klassenlosen Gesellschaft bis zum atheistischen Humanismus... Der Mensch verfolgt das Ziel, sich selbst zu verwirklichen. Er nennt dieses Ziel Glück, Liebe, Friede, Freude, Heil – und selbst im Scheitern läßt er nicht von diesem Ziel. Die Suche nach diesem Ziel prägt sich beim jungen Menschen besonders darin aus, daß er nach Herkunft, Ziel und Sinn seines Lebens fragt, sein persönliches, unverwechselbares Selbst, seine Identität sucht, sich nach Glück sehnt und von seinen Mitmenschen angenommen sein möchte. Hier muß eine kirchliche Jugendarbeit ansetzen. Sie muß den jungen Menschen erleben lassen, daß gerade christlicher Glaube mehr als alle anderen weltanschaulichen Angebote den Weg zur Selbstverwirklichung freimacht und somit auf seine Frage nach Sinn, Glück und Identität antwortet, die immer auch Frage nach dem Glück, dem Heil und der Identität aller einschließen muß..."

Wenn man bis zum Konzil, dem geschichtlichen Hintergrund der Synode, zurückgeht, dann könnte man hier die Pastoralkonstitution über „Die Kirche in der Welt von heute" zitieren: Die beiden Jugendvorlagen sind genau eine konkrete Anwendung der dort dargelegten Grundsätze, Anwendung auf eine bestimmte pastorale Situation in einem bestimmten Land. Wenn Geistliche und Laien, die in der Zwei-Stockwerk-Theologie der Neuscholastik erzogen sind, dies als „Horizontalismus" deuten, ist das vielleicht verständlich, geht aber am Sachverhalt völlig vorbei.

Gott ist nicht ein ferner Weltenlenker, der irgendwo thront und der einmal in der Geschichte seine Offenbarungen erlassen hat. Gott ist das Woher und Wozu unseres Lebens, er ist der Kern der Sinnfrage, die in uns lebt. Wir selbst sind als transzendentale Wesen angelegt. Er ruft uns in seine unaussprechliche Transzendenz – in sein „ewiges Licht", würde ein Kirchenvater des 4. Jahrhunderts sagen. Nichts anderes steht in diesen synodalen Jugendtexten.

### *Die Gruppe*

Die Synode hat erklärt, daß das personale Angebot in der Jugendarbeit wichtiger ist als das Sachangebot. Freilich ist beides notwendig, aber: „Programme, Aktionen, Bildungsveranstaltungen haben mitmenschliche Verbundenheit, Solidarität, Gemeinde zum Ziel... Das hauptsächlichste Instrument und sozusagen die *Grundform* des ,personalen Angebots' der kirchlichen Jugendarbeit ist die *Gruppe der Gleichaltrigen*."

Nun ist das nichts Neues, wenn man nur an die Jugendbewegung der zwanziger Jahre zurückdenkt. Aber damals standen die „Bünde" sicher nicht im Mittelpunkt der kirchlichen Jugendarbeit. Heutige Gruppenarbeit geht zudem von den Erkenntnissen der modernen Psychologie aus – von der Gruppendynamik bis zur Gruppentherapie. Innerhalb der Kirche sollte es mehr Möglichkeiten geben, sagt die Synode, daß sich jugendliche *Spontangruppen* bilden und am Leben halten können. Offene Jugendarbeit heißt genau dies: Raum bereiten für solche „sozialkreativen Prozesse".

„Wer solche Gruppen pädagogisch begleitet (Jugendleiter, Jugendpfarrer, erwachsene Mitarbeiter), sollte die innere Dynamik der Gruppe nicht stoppen, sondern aufmerksam beobachten, wie sich in der Gruppe selbst eine Leitungsstruktur herausbildet, und mit den gruppeneigenen Leitern zusammenarbeiten... Eine besondere und wertvolle Hilfe zur Erreichung dieser Zielsetzung bietet jene Form der Gruppenarbeit, bei der auch die zwischenmenschlichen Beziehungen einer Gruppe und die dadurch ausgelösten Gruppenprozesse als Hilfe für den Reifungsprozeß der Jugendlichen benützt werden. Dies erfordert eine Reflexion jener gesamten Wirklichkeit, die Gruppe heißt: eine Reflexion also der Gruppe als solcher, ihres Prozesses und der in ihr wirksamen Vorgänge und Beziehungen. Denn die soziale, psychische, geistige und religiöse (!) Entwicklung des Menschen vollzieht sich jeweils in gegenseitiger Abhängigkeit und Beeinflussung in jenen Gruppen, mit denen er sich jeweils identifiziert. Durch solche Gruppen kann wirksame Hilfe gegeben werden, daß sich der einzelne ändert, daß sich das Miteinander aller bessert, daß der einzelne sich und seine schöpferischen Fähigkeiten entfalten kann. Wahrhaftigkeit, Eigenständigkeit, Partnerschaft, Liebe und Solidarität werden so zur Grundlage und zu hohen Werten einer solchen Gruppe, die man aufgrund dieser Methode ,reflektierte Gruppe' nennt. Darüber hinaus strebt sie Haltungen und Fähigkeiten an, die im politischen Leben nötig sind: die Fähigkeit und Bereitschaft, Konflikte anzunehmen und mit ihnen zu leben, legitime eigene Interessen wahrzunehmen und die Möglichkeiten ihrer Durchsetzung abzuschätzen, sich mit anderen zusammenzutun und auch gerechte Kompromisse einzugehen, der Macht kritisch gegenüberzustehen wie auch sie verantwortlich zu gebrauchen, Sachverhalte und Normen kritisch zu kontrollieren... Die Grundregel des ,personalen Angebots' kommt daher auf die Forderung hinaus, möglichst viele ‚reflektierte Gruppen‘ zu schaffen und helfend zu begleiten, weil diese, richtig verstanden, nicht nur Mittel zum Zweck, sondern selbst ein Ziel von Jugendarbeit sind: ein Ort, wo menschliches Miteinander mit all seinen Aufgaben und Bedingungen erfahren werden kann – und darum zuletzt auch Kirche und Gemeinde mit ihren Aufgaben und Voraussetzungen.“

Sicher klingt das alles ein wenig weltlich. Aber, so darf man interpretieren, der Glaube kann im jungen Menschen nicht von außen wachsen, er muß aus dem Inneren kommen. Schon die ältere Jugendbewegung hat nicht aufgehört zu sagen: Die Gnade setzt die *Natur* voraus, und der natürlich entfaltete und sich selbst verwirklichende Mensch ist der beste Grund, in dem sich das Wort Gottes inkarnieren kann (vgl. Hirschberger Programm des Jahres 1923). „Kirchliche Jugendarbeit ... muß den nötigen Spielraum gewähren, in dem verantwortliche Freiheit sich betätigen kann“, heißt es an einer anderen Stelle unseres Dokuments. Vielleicht hätte noch deutlicher gesagt werden können, daß eine „reflektierte Gruppe“ junger Christen ihre Vollendung darin findet, daß sie „Gemeinde“ wird. Aber das ist gleichsam selbstverständlich. Dieses Ziel den Jugendlichen sozusagen als vorgegebenes Soll vorzusetzen würde von ihnen nur als repressiv verstanden werden. Die Kirche der Freiheit muß Vertrauen zum sich durchsetzenden Glauben ihrer jungen Glieder entwickeln.

### *Und an der Schule?*

Der zweite Bereich, wo die Kirche der Jugend von heute begegnet, ist die Schule, näherhin der Religionsunterricht, der auch an Staatsschulen Pflichtfach ist. Viel für die Glaubwürdigkeit und Überzeugungskraft des christlichen Glaubens heute hängt davon ab, wie es der Kirche gelingt, diese ihre Chance zu nützen.

Die Jugend hat heute oft das Gefühl, durch den Religionsunterricht von der Kirche „vereinnahmt“ zu werden – die Synode hat durch ihren Beschluß versucht, diesen Verdacht zu entkräften und eine neue Basis zu legen, auf der sich Kirche und Jugend auch im Religionsunterricht unvoreingenommen begegnen können.

Ausgangspunkt war, daß man sich ohne Hintergedanken der weltlichen Erziehungsidee der modernen Schule anschloß und von dort her begründete, daß der Religionsunterricht „trotzdem“ einen Sinn hat. Er soll von den Schülern als ein Stück ihrer normalen Lebenswelt erfahren werden. Diese Entwicklung wird nicht einfach durchzusetzen sein, denn das Erscheinungsbild, das Image der Kirche ist gegenwärtig, nicht ohne ihre eigene Schuld, nicht das beste. Sie muß wieder, und zwar konkret deutlich machen, daß sie dem *Menschen* dient. „Die Zielsetzung des Religionsunterrichts zwingt dazu, den Zusammenhang des christlichen Glaubens mit grundlegenden menschlichen Fragen zu bedenken. Sie nötigt die Kirche, verständlich auf die Sinnfragen der Zeitgenossen zu antworten und sich auch mit anderen Antwortmöglichkeiten auseinanderzusetzen."

Folgende Ziele soll der Religionsunterricht erfüllen: „Es ist ein Gewinn, wenn die Schüler beim Verlassen der Schule Religion und Glaube zumindest nicht für überflüssig oder gar unsinnig halten; wenn sie Religion und Glaube als mögliche Bereicherung des Menschen, als mögliche Kraft für die Entfaltung seiner Persönlichkeit, als möglichen Antrieb für die Realisierung von Freiheit begreifen; wenn die Schüler Respekt vor den Überzeugungen anderer gewonnen haben; wenn sie fähig sind, in der Diasporasituation des Glaubens sich begründet und verantwortlich mit dem lebensanschaulichen Pluralismus auseinanderzusetzen und sich der Wahrheitsfrage zu stellen; wenn ihre Entscheidungsfähigkeit und Entscheidungswilligkeit so gefördert wurde, daß sie imstande sind, ihre persönliche Glaubenseinstellung zu überprüfen, zu vertiefen oder zu revidieren und so eine gewissenhafte Glaubensentscheidung zu treffen; wenn die Schüler je nach Möglichkeit, angestoßen von diesem Unterricht, zu einer engagierten Begegnung mit der Wirklichkeit des Glaubens, einschließlich der konkreten Kirche, bereit und fähig sind."

Muß der Religionslehrer unter diesen Umständen Seelsorger sein, der das Wort Gottes – ob gelegen oder ungelegen – verkündigt? Im engeren Sinn des Wortes sicher nicht! Er ist *nicht* Schülerseelsorger. Da in dieser Sicht eines „existentiellen" Faches manche Konflikte auftreten können, hat man vorgeschlagen, eine eigene Schülerseelsorge aufzubauen (Theologieprofessoren sind ja auch keine Studentenseelsorger!). Zu konkreten Schritten in dieser Hinsicht konnte sich die Synode jedoch nicht entschließen. Die kirchliche Beauftragung („Missio canonica"), die der Religionslehrer braucht wie ein Theologieprofessor, ist jedenfalls nicht eine Art Priesterweihe. „Der Religionsunterricht in der öffentlichen Schule kann nicht alles leisten, was zur Glaubenserziehung gehört. Er ist nur Teil (aber das ist er!) eines größeren Ganzen von religiösen Lern- und Erziehungsprozessen. Er kann ergänzt werden durch außerschulische Veranstaltungen des Religionslehrers mit interessierten Schülern. Darüber hinaus muß aber der Religionsunterricht der öffentlichen Schulen in Zukunft *mehr als bisher* durch die verschiedenen katechetischen Bemühungen der *Gemeinde* ergänzt und weitergeführt werden..."

Christentum ist keine Weltanschauung, sondern eine Lebensentscheidung aus dem Glauben. Diese Entscheidung kann einem Menschen von niemandem abgenommen werden, auch von der „Mutter Kirche" nicht. Sie hat in den letzten vier Jahrhunderten gelernt, den Wert der von Gott gewollten menschlichen Freiheit tiefer zu respektieren. Aber sie weiß und glaubt auch heute noch, daß sie *die* Wahrheit über Herkunft und Ziel des menschlichen Lebens verkündigt, daß Jesus gesagt hat: „*Ich* bin der Weg, die Wahrheit, das Leben..."

Ist dieser religiöse Auftrag mit einer Toleranz, wie sie in den beiden Jugendvorlagen vertreten wird, vereinbar?

Man braucht nicht lange zu zögern, um mit Ja zu antworten. Die Gemeinsame Synode steht hier ganz im Gefolge des Zweiten Vatikanischen Konzils, das in seiner Erklärung über die *Religionsfreiheit* die Grundlage zu solchen Entscheidungen geliefert hat. Auch in der Jugendarbeit der Kirche ist die Gewissensfreiheit die letzte Instanz. Hier Grenzüberschreitungen zu verhindern ist sicher auch ein Ziel der beiden Vorlagen, und wenn diese Empfehlungen in diesem Sinne aufgenommen und durchgeführt werden, können sie nur dem Ansehen der Kirche und des Glaubens in der modernen Welt nützen.

Man hat einen guten Weg gefunden, den Gefahren des Indifferentismus und Relativismus, die in diesen Grenzgebieten sicher lauern, auszuweichen. Mit klarer Entschiedenheit wird erklärt, daß man andere Lösungsmöglichkeiten der menschlichen Existenzfrage für Sackgassen hält, in denen dem Menschen letztlich nicht geholfen wird. Diesen Ideologien gegenüber versteht sich der christliche Glaube nicht als eine weitere Weltanschauung, sondern als ein – auch diese – Welt überwindender Glaube. Im Christentum steckt eine überraschend starke ideologiekritische Kraft. Im Beschluß „Kirchliche Jugendarbeit" heißt es: „Bei der Suche nach Wahrheit und Wertmaßstäben sind junge Menschen nicht selten anfällig für Ideologien. Das perfekte Denksystem und die festen Antwortgebäude, mit denen Ideologien aufzutreten und zu werben pflegen, verführen dazu, kritische Rückfragen hintanzustellen. So sind vor allem Jugendliche in der Gefahr, ihnen ebenso zu verfallen wie anderen Einflüssen und Manipulationen. Bei der Suche nach Freiheit, nach Glück, nach tragenden mitmenschlichen Beziehungen fühlen sie sich nicht selten betrogen, wenn sie erleben müssen, daß man ihre Sehnsüchte ausnützt, um sie in neue Abhängigkeiten und Unfreiheiten zu bringen." Hier werden Gedanken ausgesprochen, die im synodalen Grunddokument „Unsere Hoffnung" eine wichtige Rolle spielen.

# 2. Zwei Lebensweisen

## Ehe- und Ordensleute

Als vor fast fünfzehn Jahren, 1961, die katholische Akademie Bayerns in München eine Tagung über „Mittelalterliches in der Kirche heute?“ veranstaltete, begann die Diskussion über den Sinn der sogenannten Säkularisierung, also der modernen Verselbständigung aller Lebensbereiche von den Normen kirchlichen Glaubens, auch unter Katholiken ihre Wellen zu schlagen. Seitdem sind fast unzählige christlich-theologisch orientierte Bücher über Autonomie und Emanzipation, und inwieweit sich diese zum überlieferten Gottesglauben verhalten, gedruckt worden.

Bei der damaligen Tagung legte der Soziologe Prof. Ludwig Neundörfer mit nüchternen Tatbeständen dar, wie die geschlossene mittelalterliche Einheit von Religion und Welt im Ansturm des neuzeitlichen Verweltlichungsprozesses zerbrochen wurde. Er zeigte aber auch, etwa am Beispiel der Ehe, wie viele soziale Lebenshaltungen, die vormittelalterlich in enge Stammes- und Sippenbindungen eingeschlossen waren, gerade durch die „Verkirchlichung“ des Mittelalters soziologisch gesehen „befreit“ wurden – ein Geschichtsprozeß der Personalisierung, der unumkehrbar-schicksalhaft erscheint. Und: erst in seinen neuzeitlichen Ausprägungen wurde dieser Prozeß von der Kirche abgelehnt, weil sie die von ihr vollzogene Sakramentalisierung des Lebens nicht als einen Durchgang zur vollen personalen Freisetzung akzeptieren wollte.

Ähnlich erschien die Berufung zum Mönchsstand während des Mittelalters durchaus nicht als eine Versklavung weltlicher Bereiche unter ein kirchliches Joch, sondern als ein fundamentaler Ausbruch aus einer Anthropologie, die den Menschen streng in den „hineingeborenen“ Stand einordnete. Das Ordenswesen war ein Instrument der Befreiung, nicht der Unterdrückung. Erst später, als die Gesellschaft selbst dem Feudalismus entwuchs, konnte das Ordensleben als repressiv erfahren werden.

Die Kirche hat das wachsende Autonomie-Streben des Menschen zu Ausgang des Mittelalters und in lange Epochen der Neuzeit hinein als einen substantiellen Angriff auf ihre Autorität und „Zuständigkeit“ empfunden. Neundörfer sprach in seinem Vortrag von zwei Möglichkeiten der Reaktion, die der Kirche offengestanden hätten: „Sie gibt resignierend Teilbereiche auf, überläßt sie anderen Institutionen (Staat, Universität und Wissenschaft, Gesellschaft) und intensiviert andere Aufgaben, zum Beispiel im eigentlich religiösen Raum des Bezuges von Mensch zu Gott. Oder aber sie erstarrt in gewisser Weise, bleibt nicht nur konservativ in einer fundierten Tradition, sondern wird reaktionär..." Heute sei es so, daß die Normen der Kirche für viele Bereiche des Lebens sogar bei Christen als „Anmaßung", als ein unberechtigtes Sich-Einmischen in „weltliche Dinge" betrachtet würden. Bei anderen werde dagegen diese „Spiritualisierung" und „Entmachtung" der Kirche und ihrer sittlich-ordnenden Kräfte äußerst bedauert.

Besser kann man die gegenwärtige Situation vieler Katholiken auch heute nicht beschreiben. Die einen neigen dazu, der Kirche jede Zuständigkeit für die weltlichen Lebensbereiche streitig zu machen und erleben Religion nur noch als „Privatsache"; andere beklagen den Verlust der mittelalterlichen sakralen Weltdurchdringung und sehnen sich nach einem Leben, das möglichst weitgehend bis in die weltliche Tätigkeit hinein von der Kirche geregelt ist. Die Diskrepanz zwischen Anspruch und Wirklichkeit ist nicht zu übersehen. Sie erschütterte und erschüttert bei vielen Menschen das Glaubensvertrauen.

Für jene, die den „christlichen Ehestand" als Lebensform gewählt haben, mußte schließlich eine recht dünne kirchliche Familienideologie (sichtbar in der Verehrung der Heiligen Familie durch das 19. Jahrhundert) eine Ersatzlösung für das Verlorene bieten, andere, die den „Ordensstand" gewählt hatten, sahen in ihm nur eine sichere Fluchtburg vor den Gefahren eines gottfernen Zeitalters – nicht eine Befreiung! Die Orden klerikalisierten sich, die Eheleute wurden in ein Korsett strenger Moralvorschriften gezwängt, durch das sie sich von der Umwelt als „streng katholisch", nicht unbedingt aber als „tief gläubig" unterschieden.

### *Drei Folgen des Konzils*

Mario von Galli hat in seinem Buch über das Zweite Vatikanische Konzil drei Grundlinien seiner „Folgen" herausgehoben:
*vom rechtlichen zum lebendigen Sein,*
*von der Verteidigung zum Dialog,*
*vom starren Begriff zum geschichtlichen Fluß.*

Durch das Konzil wurde in diesem Rahmen ein Grund-Leitbild des modernen Christen gezeichnet, das sich erheblich von den bisherigen kirchlichen Idealen abhebt und eine grundsätzliche Öffnung für die Welt von heute bedeutet. Eines der dornigsten und fruchtbarsten

Kapitel war die Stellung und auch die Freiheit der Laien – und damit der Eheleute. Heftig wurde zugleich darum gerungen, wie durch die vollzogene Aufwertung des Laien der bisherige „Stand der Vollkommenheit", der Ordensstand, betroffen sei. Eigentlich gehört er in die Nähe der Laien, denn Ordensleute sind nicht Teil der „hierarchischen Struktur" der Kirche (vgl. Kirchenkonstitution Nr. 44). Besonders in den modernen Säkularinstituten wird betont, daß man trotz der Befolgung der drei Räte „Laie" bleibe. Die Reformation hat unter dem Eindruck solcher Erkenntnisse den Ordensstand ganz aufgegeben. Scheint für die Idee der Weltflucht, für ein streng auf das Jenseits ausgerichtetes Vollkommenheitsstreben heute kein Platz mehr zu sein?

Es ist eine große Leistung des Konzils, daß es – besonders im Dekret über die Orden – einen realen Ansatz einer geschichtlichen Erneuerung für das Ordensleben auch unter gewandelten Umständen geschaffen hat. Vereinfacht gesagt: der „Stand der Vollkommenheit" wurde abgeschafft, und eine „eschatologische Bewegung" als Zeichen für eine Welt, die immer in Gefahr steht, dem Diesseitigen zu verfallen, wurde gegründet. Weniger glücklich aber war das Konzil bei den Problemen derjenigen, die man im Mittelalter zum „Ehestand" gerechnet hätte. Obwohl auch hier nicht Fragen des Dogmas und der verbindlichen Lehre zur Debatte standen, sondern ebenfalls der Auftrag einer geschichtsgemäßen Weiterentwicklung, vermochte das Konzil nur ungenügend eine neuzeitliche Grundlage der kirchlichen Ansichten über Ehe und Familie zu erfassen.

Es wäre falsch zu sagen: es hätte *keinen* Fortschritt gebracht. Im Ehekapitel der Pastoralkonstitution findet sich eine positiv-personale Sicht der Ehe, die sich vom Biologismus früherer kirchlicher Verlautbarungen glücklich unterscheidet. Auch in der später so stark umstrittenen Enzyklika „Humanae vitae" werden im ersten Teil grundlegende Ansichten über den Sinn der Ehe vertreten, die durchaus anzuerkennen sind. Aber der entscheidende Durchbruch erfolgte eben nicht. Die neue Sicht wurde mit so vielen Wenn und Aber verbunden, daß der Blick vom Wesentlichen abgelenkt wurde. Man „entließ" die Ehe nicht in die echte, gläubig-gebundene Freiheit, sondern versuchte sie weiterhin durch kasuistische Fesseln nicht nur ans Lehramt, sondern auch an die kirchliche Obrigkeit zu ketten.

Der Ärger war groß, das Ärgernis schlimm. Man darf nicht nur, man muß hier von einem Versagen des Konzils sprechen. J. Chr. Hampe sprach einmal sein Erstaunen über diese „härteste Konstante" katholischen Reform-Widerstandes aus. Wir brauchen hier die vielen Urteile über Gründe und Ursachen nicht aufzuzählen, sie würden den Raum sprengen. Das harte Wort von der „zölibatären Voreingenommenheit", das auf dem Konzil einer der höchsten Würdenträger der katholischen Kirche, Patriarch Maximos IV. von Antiochien, aussprach, möchten wir nicht unterstreichen. Eher möchten wir an eine moralistische Ängstlichkeit denken, die sich hinter dem unbedingten Anspruch der Ethik Jesu versteckt, die aber in Wirklichkeit mit dem Geist der Bergpredigt wenig zu tun hat.

So spricht man von einer *Krise* der Ehe – aber auch die guten Reformvorschriften der Konzilsdekrete über das *Ordensleben* haben, wenigstens in Deutschland, die Krise dieses kirchlichen Bereichs nicht beheben können. Hier liegt der Sachverhalt ähnlich und anders. Ähnlich: weil auch diese Krise ohne Zweifel Ausdruck jenes tiefwurzelnden Umbruchs ist, dem der christliche Glaube im Wechsel zu einem neuen Zeitalter unterworfen ist; einem Zeitalter, das zwischen Welt und Gott einen neuen Standort sucht. Unähnlich: weil zwar theologisch dieser neue Standort für die Ordensleute gefunden scheint, die konkreten Institutionen und Personen aber offenbar nicht radikal genug bereit sind, das Neue zu akzeptieren. Die Anziehungskraft der ökumenischen Bruderschaft von Taizé auf Massen von jungen Leuten beweist, daß das Ideal eines Lebens nach den Räten selbst durchaus nicht verachtet wird.

Die Synode war aufgerufen, in beiden Bereichen eine Schneise zu schlagen. Zwei Dokumente stehen vor uns: „Christlich gelebte Ehe und Familie" und „Die Orden und andere geistliche Gemeinschaften – Auftrag und pastorale Dienste heute".

### *Entstehung des Beschlusses „Christlich gelebte Ehe und Familie"*

Auffallend wenige Mitglieder der Synode hatten sich für die Sachkommission IV („Ehe und Familie") eingeschrieben, so daß diese Kommission eine der kleinsten der Synode war. Lag dies daran, daß man das seit Jahren in der Kirche diskutierte Thema leid hatte und für diesen Bereich nur wenig Hoffnung auf Änderung und Besserung aufbrachte? Prof. Böckle, der Vorsitzende der Kommission, machte eine Andeutung in dieser Richtung. Trotzdem – oder gerade deshalb – wurde die Hauptvorlage dieser Kommission zu einem der heißesten Eisen der Synoden-Arbeit. Dies lag auch daran, daß die überwiegende Mehrheit der kleinen Kommission mit Schwung und Energie versuchen wollte, das erhebliche Defizit der katholischen Pastoraltheologie in bezug auf Ehefragen wettzumachen. Mit dem Ergebnis: an diesem Thema wäre die Würzburger Versammlung beinahe gescheitert!

Zu Beginn ihrer Pläne wollte die Kommission ein thesenartiges Grundsatzpapier erstellen. dem sich kleinere Texte zu Einzelproblemen anschließen sollten. Drei Untergruppen wurden gebildet: 1. zu den anthropologischen und theologischen Grundsätzen kirchlicher Ehelehre, 2. zu den praktischen Fragen der Ehevorbereitung, 3. zu sogenannten Sonderproblemen wie Empfängnisverhütung („Humanae vitae"), in ungültiger Ehe lebende Katholiken, Ehescheidung usw. Die dritte Gruppe ging sofort an ein ihr wichtig erscheinendes Thema heran und hatte schon nach einem halben Jahr ein internes Dokument zur „Geschiedenenpastoral" fertiggestellt. Auch die erste Untergruppe kam gut voran, indem sie grundlegende Thesen zur Anthropologie und zur Rolle der menschlichen Sexualität vorlegte. Der Plan der Kommission sah so aus, daß man dann ein Dokument über „Ehe und Familie" und eines über die Seelsorge an Unverheirateten hätte ausarbeiten wollen. Im Sommer 1972 verlangte die Zentralkommission jedoch die Straffung der Themenwahl. So entschied man sich für zwei Entwürfe, die als Ergebnis der Kommissionsarbeit auch geblieben sind: „Sinn und Gestaltung menschlicher Sexualität" (daraus wurde später ein Arbeitspapier, vgl. S. 268) und „Christlich gelebte Ehe und Familie" (unser Dokument). Eine Untergruppe unter Prof. Rudolf Pesch stellte für dieses zweite Thema einen Entwurf her, der in mehreren Sitzungen in der Kommission durchgesprochen und verbessert wurde. Für die spätere harte Ablehnung dieses Textes ist es gut zu wissen, daß er *innerhalb* der Kommission gegen nur eine Nein-Stimme angenommen worden war!

März 1973 war die Arbeit abgeschlossen, die Vorlage wurde Herbst 1973 in der Zeitschrift „Synode" veröffentlicht – mit der ungewöhnlichen Beigabe einer äußerst kritischen, ja nahezu schroff-ablehnenden Stellungnahme der Deutschen Bischofskonferenz. Als man sich auf die Debatte zur ersten Lesung vorbereitete, wurde sogar noch eine zweite – ausführlichere – Erklärung der Bischöfe gedruckt, die nun unter strenger Berufung auf das Statut und der bischöflichen Veto-Rechte die Streichung ganzer Passagen forderte.

Während der fünften Vollversammlung im Mai 1974 fand die *erste Lesung* in einer nicht nur gespannten, sondern geradezu erregten Atmosphäre statt. Sie wurde zu einer der großen Debatten der Synode! Ein entscheidendes Dilemma wurde schon hier deutlich: die deutsche Kirche war nicht bereit und auch nicht vorbereitet, das überlieferte Naturrechtsdenken über die Ehe zugunsten einer personalen Sicht dieses ganzen Komplexes aufzugeben. Entworfen war aber der Text biblisch-personal – nun wurde ihm Stück um Stück dieser Perspektive herausgebrochen, so daß er immer unbehaglicher als unausgeglichenes Flickwerk wirken mußte. Ein neues Gewand, auf das alte Stoffe genäht wurden! Immerhin: das Neue schimmerte weiterhin durch, und so machte man sich Hoffnung. Als nach der ersten Lesung die Vorlage mit einer überraschend großen Mehrheit gebilligt wurde (219 Ja, 34 Nein, 15 Enthaltungen), glaubten viele, „eine Schlacht gewonnen zu haben“. Aber der Text war mit so vielen Änderungsforderungen belastet, daß er in seiner Substanz kaum zu retten war.

Die Kommission gab sich redlich Mühe, die Wünsche der Synode und vor allem der Bischofskonferenz zu erfüllen. Aber auch ihr zweiter Text, Frühjahr 1975 veröffentlicht, entsprach nicht den Vorstellungen der Bischöfe. In einer langen Stellungnahme meldeten sie noch einmal ihre Vorbehalte an, die diesmal nicht in erster Linie auf die theologische Grundlagen-Haltung, sondern auf zwei pastoralpraktische Probleme zielten: die Geburtenregelung und die Geschiedenenpastoral.

Die zweite Lesung am 9. Mai 1975 begann in tiefem Pessimismus. Viele Synodalen mit bekannten Namen, unter ihnen Marianne Dirks, erklärten, daß sie die Vorlage in der jetzt vorgeschlagenen Gestalt nicht mehr annehmen könnten. Das sei kein Schritt vorwärts und keine Hilfe für die Eheleute und für die Seelsorger. Die Debatte dauerte einen ganzen Tag lang: elf Stunden! Eine Marathonsitzung der Synode. Laute Beifalls- und Mißfallenskundgebungen lösten einander ab, eine gereizte Aufmerksamkeit durchwogte förmlich die Synodenaula. Bekannte Theologen bemühten sich vor und hinter den Kulissen um Kompromißformeln. Die Bischöfe, durch den Widerstand aufgeschreckt, steckten in mancherlei Punkten betont zurück – ein Umstand, der den Text schließlich rettete. Kardinal Döpfner beschwor die Synodalen: wie würde man vor der Welt dastehen, wenn man in Sachen Ehe und Familie praktisch nichts aussagen und beschließen würde! Auch andere prominente Theologen wie Karl Lehmann und Ludwig Bertsch äußerten sich in diesem Sinne. Unter diesem Schieben und Drücken wurde in der Endabstimmung mit nur *einer* Stimme die notwendige Zweidrittelmehrheit überschritten: 183 Ja, 78 Nein (!), 12 Enthaltungen.

Eines der dramatischsten Kapitel der Synodenarbeit war beendet.

### *Zum Inhalt*

Der Beschlußtext „*Christlich gelebte Ehe und Familie*“ ist etwa 20 Seiten lang. Er enthält nach einer Einleitung drei Hauptteile, dem sich ein kurzes Kapitel anschließt, in dem die Voten, Anordnungen und Empfehlungen gesammelt sind. In einem Anhang finden sich von der Bischofskonfernez gewünschte Zitate aus ihrer „Königsteiner Erklärung“ und aus der Pastoralkonstitution des Konzils „Über die Kirche in der Welt von heute“ – beides Ausführungen zum Thema Empfängsnisverhütung.

Sie bringt in einer knappen, aber gelungenen Analyse die Grundkomponenten der heutigen Situation zur Sprache: daß der Institution Ehe viele frühere Stützen entfallen sind, daß sie aber an personaler Anforderung und Herausforderung gewonnen hat.

*I. „Ehe im Verständnis christlichen Glaubens"*

Das wegen seiner theologischen Thesen und streng biblischen Sicht der Eheprobleme anfänglich umstrittene Grundsatz-Kapitel. Jetzt ist es ein „mixtum compositum", in dem besonders der zweite Abschnitt über die *anthropologischen Voraussetzungen* wertvoll ist. Über Sexualität und Liebe, Treue, Grundvertrauen, Personalität, über die Ehe als Institution werden beachtliche Aussagen gemacht. Auch Abschnitt 5, „Ehe in Wachstum und Reife", ist überzeugend und anregend. Die einleitende Frage freilich, „was macht die Ehe zur christlichen Ehe?", ist nicht so beantwortet, daß man den Eindruck hat, Bibel, Tradition und Erkenntnisfortschritt reichten sich hier harmonisch die Hand.

*II. „Familie unter Christen"*

In diesem Kapitel sind die umstrittenen Aussagen zur Geburtenplanung zu finden: sie decken sich mit dem, was in Deutschland nach der päpstlichen Enzyklika des Jahres 1968 erklärt worden ist. In den anderen Abschnitten finden sich jedoch lesenswerte Ausführungen: über die Gefährdung der Familie in der heutigen Gesellschaft, über Familienbildung, besonders aber zur Familienspiritualität.

*III. „Hilfen für Ehe und Familie"*

Das ist das längste Kapitel des Beschlusses. Es will seelsorgliche Richtlinien geben für wichtige praktische Fragen.

1. *Ehevorbereitung.* Es wird an seelsorgliche Aufgaben erinnert: Brautleutetage, Sexualerziehung in Familie, Schule und Gesellschaft. Die lange umstrittenen Ausführungen zur vorehelichen Sexualität sind nun gleich weit entfernt von ängstlicher Prüderie wie unzulässiger Laxheit.

2. *Isolierung.* Die Kirche soll durch verstärkte Bemühungen die gefährliche gesellschaftliche Isolierung der Kleinfamilien und der alleinerziehenden Mütter bekämpfen. Familiengruppen, Wohngemeinschaften usw. werden begrüßt.

3. *Ungewollte Schwangerschaft.* Ein Abschnitt, der auf die Abtreibungsproblematik eingeht. Das eigentliche Problem, nämlich die Annahme ungewünschter Kinder, bis hin zur Adoption, steht im Mittelpunkt, mit allen psychologischen und kirchlichen Konsequenzen.

4. *Gefährdete und gescheiterte Ehen.* Ursachen für die steigende Zahl von Ehescheidungen werden genannt. Es soll geholfen werden – vorher, aber auch *nach* dem Auseinandergehen. Man darf die Geschiedenen nicht abschreiben. Da die katholische Kirche die Wiederheirat nach der Scheidung wegen der Unauflöslichkeit des Ehebandes verbietet, werden zur kirchlich-seelsorglichen

Situation jener Katholiken, die trotzdem (und damit „ungültig") zum zweiten Mal geheiratet haben in drei Abschnitten Überlegungen vorgetragen: 1. Zur Situation, 2. moraltheologische Überlegungen, 3. pastorale Möglichkeiten. Wegen des dritten Punktes kam es zu den härtesten Auseinandersetzungen auf der Gemeinsamen Synode überhaupt. Der Möglichkeit, daß unter gewissen Umständen solche Katholiken am kirchlichen Leben (Kommunionempfang) teilnehmen können, wurde amtlich kein Raum gegeben. Die weit verbreitete Praxis der Kommunion-Zulassung wurde jedoch auch nicht verurteilt.

*IV. „Voten, Anordnungen, Empfehlungen"*

*Drei Voten an den Papst:*

1. Die Bitte, unter den Gründen, die bei einer Trauung eine Ehe nicht zustande kommen lassen („Ehenichtigkeitsgründe") auch anzuerkennen: daß man unter „psychischem Zwang" geheiratet habe, eine „arglistige Täuschung" oder bei einem Partner eine „krankhafte Störung" vorliege, die ihm eine personale Bindung (Treue) unmöglich mache. Bei der Reform des kirchlichen Eherechts, die vorgesehen ist, sollen auch diese psychologischen (personalen) Gründe Beachtung finden. Ein Schlupfloch für die Ehescheidung?

2. Jene Katholiken, die bei ihrer ersten Ehe nur standesamtlich und damit „ungültig" geheiratet haben, soll nach einer Scheidung dieser ersten Ehe (die kirchlich ja keine „Ehe" war!) nicht einfach eine kirchliche Trauung mit einem anderen Partner gewährt werden. Die Erlaubnis dazu soll davon abhängig gemacht werden, ob die erste Ehe gültig gemacht werden kann oder muß. Die moralische Verpflichtung zur Anerkennung des zivil angetrauten Partners geht den Grundsätzen einer formalgesetzlichen Sicht voran. Rom soll in diesem Sinne eine Entscheidung fällen.

3. Nichteheliche Kinder sollen im neuen kirchlichen Gesetzbuch den ehelichen gleichgestellt sein.

*Anordnungen für die deutsche Kirche:*

In jedem bischöflichen Ordinariat ist ein Referat „Ehe und Familie" und in allen Stadt- und Landkreisen sind kirchliche Eheberatungsstellen einzurichten. In den Dekanaten sollen regelmäßig Ehevorbereitungskurse stattfinden, die Pfarrgemeinden sollen sich um die „unvollständigen Familien" („alleinerziehende Mütter") kümmern, in der Theologenausbildung muß die Theologie und Pastoral von Ehe und Familie einen festen Platz haben.

*Empfehlungen:*

Die Trauung soll möglichst innerhalb der Gemeindegottesdienste gefeiert werden, Familienfreizeitstätten sind zu bauen, in den Pfarreien sollen Ehe- und Elternseminare abgehalten werden.

In einem *Anhang* werden zwei Zitate als Anmerkung zum Abschnitt über die Geburtenregelung gebracht: aus der Konzilskonstitution über die Kirche in der Welt von heute („Gaudium et spes" Art. 51, Abs. 3) und aus der sogenannten „Königsteiner Erklärung" der deutschen Bischöfe vom 30. 8. 1968 (Nr. 11–13). Verwiesen wird zugleich auf die Enzyklika „Humanae vitae" (Nr. 10–14).

*Zur Entstehung der Vorlage*
*„Die Orden und andere geistliche Gemeinschaften"*

Obwohl man zugeben muß, daß zwischen den „Ämtern" und den „Charismen" der Kirche nicht nur große Unterschiede, sondern eine starke Spannung herrscht, wurde der Auftrag, diese Bereiche zu bearbeiten, der gleichen Sachkommission zugeteilt (VII: „Charismen, Dienste, Ämter"). Das war Vorteil und Nachteil zugleich. Vorteil: weil das Einigende besser in den Blick kommen konnte und die Entfremdung zwischen dem Charisma und dem Amt, die heute vielerorts zu beklagen ist, tatsächlich als Problem bewußt werden konnte. Nachteil: weil die Hauptorientierung der Kommission bei den Fragen des Amtes lag und daher die Charismen eindeutig zu kurz kamen.

Die Untergruppe von Sachkommission VII, die sich mit der Thematik des Lebens nach den „evangelischen Räten" beschäftigte, war fast nur aus Ordensleuten zusammengesetzt. Das brachte die Gefahr einer gewissen „Betriebsblindheit". Man hatte zwar sehr früh geeignete Texte und Entwürfe auf dem Tisch, aber sie wurden von den Kommissionsmitgliedern selber als unbefriedigend empfunden. Nicht, als ob etwas Falsches in ihnen gestanden hätte, aber, ja, was fehlte ihnen? Das Charismatische? So schien es und blieb es und wurde selbst zum Zeichen dafür, in *welcher* Krise viele Ordenleute heute stecken!

Juni 1972, eineinhalb Jahre nach der ersten Synoden-Sitzung, konnte sich die Sachkommission als Ganze auf einen Entwurfstext einigen. Er wurde noch im gleichen Monat von der Zentralkommission geprüft, die wiederum nicht ganz zufrieden war und das Papier an die Kommission mit einigen Änderungswünschen zurückschickte. Herbst 1972 wurde der überarbeitete Entwurf zur Veröffentlichung und ersten Lesung freigegeben, die während der Januar-Sitzung 1973 stattfinden sollte. Sie stand an der letzten Stelle der Tagesordnungspunkte – und wurde ein Opfer des Zeitdrucks, unter dem die Vollversammlung damals stand. Die Lesung mußte auf die nächste Zusammenkunft verschoben werden.

Inzwischen war aber so viel Kritik, auch durch die Bischofskonferenz, laut geworden, daß die Kommission sich veranlaßt sah, aufgrund dieser Eingaben einen „Alternativtext" auszuarbeiten, der während der nun am 21. November 1973 abgehaltenen Lesung zur Grundlage der Debatte gemacht wurde. Er war präziser, ausführlicher, logischer aufgebaut, theologisch ausgewogener. Den Bericht zur Vorlage sprach der Jesuitenpater Friedrich Wulf, die recht kritische Stellungnahme der Bischofskonferenz erläuterte Weihbischof Gnädinger. Die Debatte selbst war kein Höhepunkt innerhalb der Synodenarbeit, brachte aber interessante Aspekte und durchaus wertvolle Anregungen. Erschrekkend wurde deutlich, wie gering das Interesse sogar der Synodalen am Schicksal der Orden heute ist.

Mit 238 Ja, nur 4 Nein und 5 Enthaltungen wurde der Text in erster Lesung angenommen.

Die zweite Lesung wurde genau nach einem Jahr abgehalten, in der sechsten Vollversammlung der Synode (23. November 1974). Der Entwurf war inzwischen wiederum deutlich verbessert worden und stellte wohl das Maximum dessen dar, was unter den gegebenen Umständen erreicht werden konnte. Den Bericht der Sachkommission gab die Benediktinerin Corona Bamberg. Die Debatte erschien wie eine mühsame Pflichtübung, mehr oder weniger überzeugende Absichtserklärungen wurden abgegeben. Wenn immer wieder geklagt wurde, in der Vorlage sei die Krise der Orden zu düster gezeichnet, dann stimmten diese matten Diskussionen nicht gerade freudiger. Endabstimmung: 234 Ja, 2 Nein, 4 Enthaltungen.

## *Zum Inhalt*

Die 15 Seiten des Beschlusses *„Die Orden und andere geistliche Gemeinschaften – Auftrag und pastorale Dienste heute“*

### *Einleitung*

Sie enthält, kurz, vier Punkte: Bemerkungen zur *Krise* der Orden (Nachwuchsmangel, Abgang, Orientierungsverlust); zu den *Gründen,* die dahin geführt haben; über schon bestehende Versuche einer *Erneuerung;* zur *Zielsetzung* des Synoden-Beschlusses selbst (man dürfe ihn nicht überfordern).

### *I. Teil: Der Dienst der geistlichen Gemeinschaften*

Der Hauptteil des Textes. Er enthält in zwei Abschnitten die entscheidenden Aussagen.

### *Der Grundauftrag*

In einer kleinen Theologie der charismatischen Berufung in der Kirche wird dargelegt, daß es sich hier um eine *besondere Weise christlicher Existenz,* die man nicht in die Schubladen einer kirchlichen Dienstordnung ablegen könne, handle. Zuerst wird das *Wesen* dieser christlichen Lebensweise umschrieben (nicht definiert!). Mittelpunkt ist eine Art Neuinterpretation der drei evangelischen Räte (Ehelosigkeit, Armut = Gütergemeinschaft, Gehorsam), die in vorsichtiger Art, aber doch entschieden, die überlieferten Gedankengänge weiterentwickelt. In einem zweiten kurzen Abschitt werden die *Folgerungen* allgemeiner Art genannt: daß es sich bei den Orden um einen geistlichen Dienst an der Gesamtheit der Kirche handelt, der nicht im Praktischen aufgeht („zweckfrei“ ist), sich mit den Ärmsten solidarisiert, unter dem Anruf des Heiligen Geistes steht.

*Konkrete Aufgaben*
Das eigentliche „Reformkapitel“ des Textes, mit sieben eigens formulierten „Empfehlungen“ zur Erneuerung des Ordenslebens. Es werden vorgeschlagen:

1. „*Überprüfung der Ziele, Dienste und Werke*“. Eine Art Generalbereinigung soll durchgeführt werden. Die caritativen Kongregationen sollen überprüfen, ob und wie sie ihre Krankenhäuser usw. weiterführen können und wollen, die strengen Orden sollen ihre Klausurregelungen untersuchen, ob sie in dieser Form noch sinnvoll sind, die Säkularinstitute werden zu einer klaren Linie aufgerufen, angefragt wird, ob der geistliche Auftrag immer im Mittelpunkt des Wirkens der Orden steht.

2. „*Neue Möglichkeiten pastoraler und gesellschaftlicher Wirksamkeit*“. Es werden genannt: Jugend- und Erwachsenenbildung, Laiendienste in den Pfarrgemeinden, Einrichtung von „Häusern der Stille“, geistliche Gesprächsrunden, Meditation, zeitgemäße Formen der Armut, soziales Engagement.

3. „*Schaffung der Voraussetzungen*“. Ein wichtiger Abschnitt. Er sagt: ohne Erneuerung der inneren Haltung und Ausrichtung sind alle anderen Bemühungen, den Ordensgedanken ins 21. Jahrhundert hinüberzuretten, aussichtslos. Was auf diesen beiden Seiten gesagt wird, sollte, so möchte man wünschen, in allen Ordensgemeinschaften ständig vor Augen sein: daß vollmenschliche Bildung und Reifung der Mitglieder unbedingt notwendig ist, daß die Frau nicht unterdrückt werden darf, daß Kommunikation und Information selbstverständlich sein müßten (Zeitungen, Zeitschriften!), daß überhaupt die Autoritätsausübung in den Orden sich endlich der Erkenntnisse der modernen Psychologie und Pädagogik öffnen müsse.

4. „*Gemeinschaften der Kirche*“. Ein kurzer Abschnitt, der empfiehlt, untereinander und mit den Laien, auch im Dienst der Mission, besser zusammenzuarbeiten.

*II. Teil: „Mitsorge der Bistümer und Gemeinden für die geistlichen Gemeinschaften“*
In diesem kürzeren zweiten Hauptteil wird dargelegt, ob und wie man den klösterlichen Gemeinschaften bei der Bewältigung ihrer Probleme „von außen“ helfen kann: durch Mithilfe bei der Überwindung von Personal- und Finanzkrisen, durch neue Formen der Kooperation, durch Einsatz der kirchlichen Mittel bei der Nachwuchswerbung.

In einem kurzen Nachwort wird Mut gemacht, sich der veränderten Situation der Gegenwart zu stellen und sie als Anruf Gottes zu verstehen.

Rechtliche Anordnungen enthält der Beschluß nicht, wohl aber 13 konkrete Empfehlungen zur Reform des Ordenslebens in Deutschland.

Es ist wiederum unmöglich, an dieser Stelle die Überlegungen der Synode über die „zwei Lebensweisen“ in voller Breite auszufalten. Wir meinen aber, einige wesentliche Linien aufzeigen zu können.

Der Mensch ist ein geschlechtliches Wesen – diese selbstverständliche Tatsache ist merkwürdigerweise in der christlichen Anthropologie vieler Jahrhunderte sozusagen übersehen worden. Das Vatikanische Konzil hat, etwas zaghaft, dieses weltfremde Defizit auszugleichen versucht, die Gemeinsame Synode hat hier, dem Bewußtseinsstand der deutschen Theologie entsprechend, deutliche und wohltuend kräftige Aussagen gebracht. Dafür kann man nur dankbar sein! Sätze wie diese wird man bisher nur in wenigen kirchlichen Dokumenten finden:

„Die Sexualität gehört zu den Kräften, die die Existenz des Menschen bestimmen. Sie prägt sein Mann-Sein oder sein Frau-Sein. Die Begegnung von Mann und Frau ist grundlegend für die Reifung des Menschen. Die Formen dieser Begegnung sind mannigfach. Sie beginnen schon mit den Beziehungen von Mutter und Sohn, von Vater und Tochter. Auch andere Beziehungen, in denen sich Mann und Frau begegnen, sind von der Sexualität geprägt ... Gelebte eheliche Sexualität läßt keinen Raum für eine unchristliche Leibfeindlichkeit und leistet damit den ersten und entscheidenden Beitrag zur Sexualerziehung der Kinder ... Das Sexualverhalten in der Ehe findet in der Liebe das einende und formende Prinzip. Liebe meint die Zuwendung eines Partners zum anderen um dieses Menschen selbst willen. In ihr wird der andere nicht mehr als Objekt oder Instrument des eigenen Ich betrachtet. Das Ich öffnet sich vielmehr dem Du, um es zu bejahen und an seiner Selbstfindung mitzuwirken ... Für die Gestaltung und Ausformung der sexuellen Beziehungen können alle jene natürlichen Handlungen als gut und richtig angesehen werden, die der Eigenart der beiden Partner entsprechen und in gegenseitiger Achtung, Rücksichtnahme und Liebe geschehen ..."

Leitbild der christlichen Ehe ist also die personale Partnerschaft, aus der gleichsam innerlich notwendig der liebende Wille zum Kind erwächst. Die öd-lieblose katholische Lehre von den Ehezwecken wird mit solchen Ausführungen endgültig verabschiedet. Sehr schön werden im ersten Hauptteil des Beschlusses die Hauptkomponenten dieser partnerschaftlichen Ehe-Sicht aufgezählt: der religiöse Aspekt, daß die Eheleute „Interpreten der schöpferischen Liebe Gottes" sind, die psychologischen Voraussetzungen, daß einer den anderen in leib-seelischer Ganzheit annimmt, über das Grundvertrauen, schließlich zur Treue der Ehepartner.

Die gleichsam sachliche Seite der Ehe kommt durchaus nicht zu kurz: daß die Ehe eine Institution ist und auch öffentlich-gesellschaftlichen Charakter trägt. Es wird sichtbar gemacht, daß die institutionelle und rechtliche Bestimmung der Ehe nicht im Widerspruch zur personalen Haltung steht ... „Damit soll nicht bestritten werden, daß eine Ehe, die als Institution fortbesteht, während die personalen Beziehungen verkümmert sind, als leer erlebt wird und die Selbstverwirklichung des Menschen behindern kann." Hier werden allerdings Spannungen deutlich, die gewiß noch nicht ausgeglichen sind! Und die vor allem in der Problematik der Ehescheidung, wie wir sehen werden, theologisch noch bewältigt werden müssen.

Die Ehe als Sakrament: das sei Gnade, Gabe des Schöpfers. „Gläubige Ehepartner erfassen den Bund Gottes mit den Menschen, den er durch Christus und in Christus schenkt, als die Quelle, die auch ihre gegenseitige Liebe ermöglicht und ihre Treue trägt. Aus ihr kann sich der, menschlich gesehen, so zerbrechliche Bund einer Ehe immer wieder erneuern. Gläubige Ehepartner leben nicht nur aus den Reserven ihrer eigenen Großmut, sondern aus der unerschöpflichen Versöhnungskraft des Kreuzes."

Auch in der religiösen Sprache, die hier angeschlagen wird, sind nicht mehr jene Töne zu hören, die lange Zeiten eher eine Belastung für die kirchliche Verkündigung waren. Nicht alle Fragen, die Eheleute heute haben, werden angesprochen – aber das „Mittelalter" ist überwunden, der „Dialog mit der Welt", den das Konzil angestoßen hat, hat seine Früchte gebracht.

### *Als Ordensmann und Ordensfrau*

Ordensleute heiraten nicht nur nicht, sie leben auch ohne persönlichen Besitz und unterstellen sich einem Oberen im strengen Gehorsam. Hat diese Lebensform heute noch einen Sinn?

„Wenn die Lebensform von Armut, Ehelosigkeit und Gehorsam auch querliegt zu den unmittelbaren Bedürfnissen und Strebungen des Menschen, so wird sie doch für diejenigen, die sie als Gnadengabe annehmen, zur Quelle der Freude im Geist und führt gerade in der Entsagung zu einer Freiheit, die ein ‚Angeld' des Zukünftigen und ein Zeichen der Hoffnung ist... Ohne den Gott der Verheißung und des Heiles wäre ein Leben, das unwiderruflich auf die Räte verpflichtet ist, von vornherein sinnlos."

Im Gegensatz zum Mittelalter, wo die Lebensform der Mönche und Nonnen als ein Versuch galt, ein *vollkommeneres* christliches Leben zu führen, wird heute unterstrichen, daß *jedem* Christen, auch dem in der Ehe lebenden, die radikale Nachfolge Christi abverlangt ist. Die zwei Lebensweisen sind gleichrangig, nur in der Form verschieden. Freilich tauchen da gewisse Schwierigkeiten auf, diese neue Sicht auch theologisch zu begründen. In unserem Text wird zum Beispiel an mehreren Stellen eben doch wieder angedeutet, daß das „eigentliche" Losreißen von allen irdischen Sicherungen, das dem Christen aufgegeben ist, in der Befolgung der drei evangelischen Räte liegt! Hier stehen wir vor einem Kernpunkt der Schwierigkeiten, die vielen jungen Leuten den Gedanken an eine Ordensberufung schwermachen.

Dabei standen ganz gute Gedanken bereit, um solche Schwankungen des theologischen Bodens gar nicht aufkommen zu lassen, etwa zum Protest-Charakter der geistlichen Berufung. In den Bereichen von Besitz, Sexualität und Machtausübung könnten „zeitgemäße Formen eines wahrhaft evangelischen Lebens... eine gesellschafts- und kirchenkritische Funktion ausüben, wie die Geschichte oft genug gezeigt hat". Oder: in der technisierten Welt von heute sei auch in den Orden darauf zu achten, daß sie eben „mehr als bloße Zweckverbände" seien, „in einer Gesellschaft, die den Menschen immer einseitiger nach Leistung und Bedürfnissen beurteilt und verplant". Meditation, Kontemplation und Liturgie gehörten in die Mitte der Ordensgemeinschaften. „Was sie den Menschen vor allem schulden, ist ein geistlicher Dienst: Erhellung des Lebenssinns, Glaubensermutigung, Zeugnis für Gottes Dasein und Liebe, eine Haltung der Selbstlosigkeit und Hilfsbereitschaft, des Vertrauens und der Hoffnung, ein Beitrag zur Achtung der Menschenwürde und zur Menschlichkeit des Lebens..."

Entscheidend sei schließlich, daß die Ordensleute „mitten im Gottesvolk ihren Platz haben. Sie dürfen sich nicht isolieren und isoliert werden. Ohne Verleugnung ihrer Eigenart... sollen sie die Zusammenarbeit aller Gruppen und Dienste in der Ortskirche praktizieren und fördern."

Das Synoden-Dokument ist angefüllt mit Forderungen, die höchst aktuell und notwendig sind. Sie wollen aber nicht den Eindruck erwekken, nun zu den vielen Lasten, die die Ordensleute zu tragen haben, noch weitere aufzubürden. Nichts wäre falscher als die Annahme, daß man nicht weiß und nicht anerkennt, welche wertvolle Arbeit für Welt und Kirche in den Orden auch heute geleistet wird. Zudem ist es selbstverständlich, daß in vielen geistlichen Gemeinschaften manche dieser Forderungen schon längst erfüllt sind. Aber die Krise, in der nicht nur die Ordensinstitutionen (Nachwuchsmangel), sondern auch der Ordensgedanke selbst stehen, ist nicht zu unterschätzen. Die Operation erscheint schmerzhaft, aber sie will helfen.

„Christlich gelebte Ehe *und Familie*" heißt der Titel unseres Synoden-Beschlusses. So lautet der zweite Hauptabschnitt: „*Familie* unter Christen". Er beginnt: „Christliche Ehe drängt auf Ausweitung in die Familie..." Das Kind – es ist nicht Hauptzweck der Ehe, aber diese ist selbstverständlich auf es hingeordnet. Das Kapitel hat vier Abschnitte: „Familie in Kirche und Gesellschaft", „Die Bedeutung der Sexualität in Ehe und Familie", „Ehe- und Familienbildung", „Spiritualität in der Familie". Die soziologische Krise der Familie wird dargestellt (Wegfall früherer gesellschaftlicher Stützen, kinderfeindliche Politik, Überlastung und Überforderung usw.), auch was man durch Bildungsarbeit, durch Familiengruppen und -kreise, durch Experimente etwa in Wohngemeinschaften dagegen unternehmen kann.

Wichtigster Diskussionspunkt in diesem Bereich aber wurde die Geburtenplanung. Es wird dem Leser bekannt sein, daß die kirchliche Ehelehre seit langer Zeit den Katholiken die Verwendung künstlicher Mittel bei der Empfängnisverhütung verbietet. Der Grund ist ein spekulativ-theologischer: Gott hat dem Menschen seine Zeugungskraft zum Zeugen gegeben, und wenn man dieses göttliche Naturgesetz behindert, handelt man gegen die Gesetze Gottes.

Als die päpstliche Enzyklika „Humanae vitae" des Jahres 1968 diese Lehre wider Erwarten erneuerte, brach unter den katholischen Eheleuten Deutschlands ein Sturm los. Und da die deutschen Bischöfe zu einem großen Teil nicht die päpstliche Lehre teilten, Weihbischof Reuß von Mainz sie sogar öffentlich als falsch erklärte, steckten sie in einem Dilemma: auf der einen Seite wollten sie dem Papst loyal bleiben, auf der anderen Seite sich nicht für eine so umstrittene Lehrmeinung einsetzen. In ihrer berühmten „Königsteiner Erklärung" vom 30. 8. 1968 fanden sie einen diplomatischen Ausweg: Wer frei von subjektiver Überheblichkeit und voreiliger Besserwisserei glaubt, die Lehre der Enzyklika „Humanae vitae" nicht annehmen zu können, darf seinem *Gewissen* folgen, auch wenn dies möglicherweise „objektiv" falsch sei.

Diese Erklärung, die vom Papst nicht verurteilt wurde, gab also für Deutschland eine Art „Notstandsgesetzgebung". Die Synode in Würzburg fand es an der Zeit, darüber hinauszugehen und die grundsätzliche Frage in offenerer Weise zu beantworten – das wurde ihr aber von der Bischofskonferenz verwehrt. Teilweise schien es sogar, daß die Bischöfe eine neue Verengung wünschten – dies scheiterte jedoch am Widerstand der Synode. Nach äußerst schwierigen Debatten wurde ein Text verabschiedet, der „keinen Millimeter vor Königstein zurückgeht, aber auch keinen Millimeter hinaus" (Prof. Böckle).

So heiß dieses Thema in der Öffentlichkeit diskutiert wurde, so sehr möchten wir auf einen anderen Abschnitt des Familienkapitels hinweisen, über den nie etwas in den Zeitungen stand: zur Spiritualität in den Familien. Da geht es nicht um Frömmigkeit allein, sondern auch um die in unserem Dokument leider sonst nicht sehr beachtete Tatsache, daß viele Familien an ihren inneren Spannungen leiden und sogar zerbrechen, junge Leute sie als repressiv-unterdrückend empfinden und die Unlust zur „bürgerlichen" Familie mehr als eine Mode wird. Dazu die Synode:

„In der Familie kann der Mensch Befreiung von Angst und Einsamkeit und damit ein Stück Erlösung erfahren. Hier umfangen ihn das Vertrauen, die Geborgenheit und die Fürsorge, die auf das Angenommensein durch Gott hinweisen ... Vater und Mutter leben durch ihre Hingabe vor, daß das Leben nicht Selbstbehauptung, sondern ein Dienst am anderen zum Inhalt hat; die Geschwister erziehen sich gegenseitig zur Brüderlichkeit und zum Verständnis füreinander ... Ein mögliches Modell so verstandener Spiritualität wäre etwa die Ausprägung christlicher Grundhaltungen des Dankes, der Versöhnung und der Verantwortung ... Dank, Versöhnung und Verantwortung müssen in der Familie vorgelebt, eingeübt und in zunehmend freier Entscheidung des Kindes zur Entfaltung gebracht werden ... Auch moderne Formen der Kommunikation, autogenes Training, Meditation und ähnliche Übungen können der Spiritualität dienen. Die Synode ermutigt die Familien, erfinderisch zu sein in der Suche nach zeitgemäßen Formen der Spiritualität, die beiden Generationen entsprechen ..."

### *Die Ordensfamilie*

Wie die eheliche Familie krank erscheint und man nach Wegen suchen muß, ihre gefährliche Krise zu überwinden, so sind offenbar auch die „Familien" der Ordensleute erkrankt. Im Synoden-Beschluß werden eingangs die Symptome aufgezählt. „Nun sind die Orden, wie fast alle Institutionen in Kirche und Gesellschaft, von einer Krise betroffen, die bei ihnen oft an die Fundamente der Existenz geht ..." Was wird als Heilmittel empfohlen? Das Konzil sagte: Rückkehr zu den Quellen des Evangeliums und zum Ursprung der ordenseigenen Berufung. Die Gemeinsame Synode ist da etwas konkreter geworden, ohne nun den einzelnen Orden Vorschriften machen zu wollen. Sie hat Richtlinien erarbeitet, die ausgesprochen hilfreich sind.

Es wird an die drei Räte angeknüpft und zu jedem werden konkrete Empfehlungen ausgesprochen. Die Entscheidung zur Ehelosigkeit dürfe nicht aus einer verklemmten Persönlichkeit kommen, sondern müsse von einer reifen Menschlichkeit getragen sein. Die Orden sollen dafür Sorge tragen, daß dieser innere Reifungsprozeß, der ja nie aufhört, nicht verhindert wird. Zur Persönlichkeitsentfaltung gehöre nicht nur eine gute Berufsausbildung. „Entscheidender ist die Hinführung zu humaner Bildung und Reifung. Für deren Vermittlung müssen Lehrer und Lehrerinnen (Novizenmeister und -meisterinnen) ausgebildet werden und muß der Raum dasein, in dem der Mensch zur Selbstentscheidung geführt wird. *Hier tut in manchen Gemeinschaften ein gründlicher Mentalitäts- und Strukturwandel not,* um überlebte klösterliche Verhaltensweisen und Vorschriften überwinden zu helfen. Nur auf dem Boden einer reifen Menschlichkeit werden die durch die evangelischen Räte geforderten Verzichte auf hohe Werte sich fruchtbar auswirken und zu einem erfüllten Leben führen."

Auch das Ideal der *Armut* soll überprüft werden. Die Klöster und Orden werden ermahnt, *als ganze* arm zu sein und auch in einer Gütergemeinschaft an die Sozialbindung des Eigentums zu denken. „Wo den Gemeinschaften das Zeugnis einer zeitgemäßen Armut gelingt, sind sie ein Appell an alle, ebenfalls anspruchslos zu leben und dadurch anderen zu helfen."

Einer der schwierigsten Punkte für den modernen Menschen ist ohne Zweifel der monastisch-klösterliche Gehorsam. Hier wird nun ein neuer Leitungs- und Führungsstil in den Orden gefordert, ohne daß im Prinzip die evangelische Forderung abgeschwächt wird. „Ein dirigistisches Verhalten, wie es das Gesicht vieler Orden bis in die jüngste Zeit hinein bestimmt hat, muß einer stärkeren Partnerschaft Platz machen... Hier wird die Autorität nicht geschmälert, sondern erhält nur eine andere Gestalt. Was von den Oberen verlangt wird, ist sowohl Hinhören auf die Gemeinschaft als auch Mut zur Autorität."

Im Ganzen wird darauf gedrängt, nicht durch Gesetze die zum Ordensleben Berufenen zusammenzuhalten, sondern durch Erneuerung von innen. Das Gemeinschaftsleben solle nicht „bis ins einzelne reguliert" werden. „Was nottut, ist eine Lebensordnung, die einen Ausgleich sucht zwischen den Rechten bzw. Erfordernissen des einzelnen und denen der Gemeinschaft. Es müßten Kommunikationsmodelle entwickelt werden, in denen die zwischenmenschlichen Beziehungen zu ihrem Recht kommen, Spannungen und Auseinandersetzungen ihren legitimen Ort haben, aber auch Übereinkunft und Einheit immer wieder gelingen." Dazu sollen die Orden kleinere Gruppen, „Substrukturen", bilden, in denen Gemeinschaft organisch gelebt werden kann. Die „Befähigung zu Kommunikation und Gespräch" müßte systematisch entwickelt werden.

Ein kleiner Sonderabschnitt gilt dem oft so unglaublich unterdrückten Dasein der Ordensschwester. „Im Rahmen der Hinführung zu menschlicher und christlicher Reifung ist die Stellung der Frau in den Orden vielerorts noch sehr reformbedürftig." Die Synode gebraucht den Ausdruck „dringender Appell", um die Notwendigkeit einer Änderung auf diesem Gebiet anzuzeigen! Bischöfe, Priester, kirchliche Dienststellen und die Frauenorden selbst werden aufgerufen. Dazu auch eine konkrete Empfehlung: „Im Rahmen der Überprüfung des Kirchenrechts ist auch das Ordensrecht dahingehend zu verändern, daß es der Würde und Rechtsgleichheit der Frau entspricht."

*Und die Geschiedenen?*

Ursprünglich waren jene Teile des Beschlusses „Christlich gelebte Ehe", die sich mit dem Problem der Ehescheidung und der Geschiedenen in der Kirche beschäftigten, als ein eigener Text geplant. Die Frage lautete und lautet: ist die *harte* Haltung der katholischen Kirche in Theorie und Praxis der Ehescheidung biblisch, theologisch und seelsorgerlich zu rechtfertigen? Dazu gibt es seit einigen Jahren eine ausgedehnte und qualifizierte Literatur. Immerhin ist es erstaunlich, daß eine so traditionelle und strenge Kirche wie die orthodoxe die Dinge ganz anders sieht – von der evangelischen Welt einmal abgesehen.

Auf der anderen Seite steht das Problem der wachsenden bürgerlichen Ehescheidungen in der westlichen Welt, des Skandals der sogenannten Sozialwaisen und der vielen älteren Ehefrauen, die von ihren Männern betrogen und verlassen werden. Zugleich schwappt eine Welle einer doch sicher falsch verstandenen Emanzipation über unser Land, die die lebenslange Einehe als solche in Frage stellt und den Partnerwechsel als ein echtes Menschenrecht definieren will.

Die Synode stand hier letztlich, das muß man zugeben, vor einem für sie äußerst schweren Problem. Jedes Eingehen auf die durchaus bedenkenswerten theologisch-biblischen Gründe einer anderen Praxis wäre als Nachgeben gegenüber dem Geist der Zeit empfunden worden. Wir meinen zwar, daß die Formulierungen der ersten Entwürfe, die das vorhandene Problem ernsthaft darlegen (wie sind die matthäische Unzuchtsklausel und das paulinische Privileg mit einer absoluten Unauflöslichkeit der Ehe zu vereinbaren? Vgl. das Buch von Rudolf Pesch, „Freie Treue"), keine aktuelle Gefährdung der Praxis gebracht hätten. Aber die deutschen Bischöfe und viele Theologen und Synodalen waren da anderer Meinung. Sie bekräftigten die Lehre der Kirche, daß *keine* Ehe geschieden werden darf. Die Argumente der Moraltheologie konnten sie nicht überzeugen.

Dennoch ist das Synoden-Dokument nicht einfach restriktiv. Die Kirche könne „ihren Blick nicht davor verschließen, daß heute allzu viele ihrer Glieder in der Ehe nach menschlichem Ermessen unheilbar gescheitert sind". Und so ruft man dazu auf, die Dinge doch differenzierter zu sehen als in einer Kapuzinerpredigt. Ein ganzes Kapitel beschäftigt sich mit dieser Frage.

Eine Änderung der bisherigen Haltung ist schon daraus zu erkennen, daß das Scheitern auch einer christlich begonnenen Ehe nicht einfach verurteilt wird, sondern mancherlei Gründe anerkannt werden. „Die Umwelt, die das Scheitern einer Ehe häufig undifferenziert nur als moralisches Versagen oder Zeichen fehlender geistiger Reife wertet, verstärkt die bedrückende Lage (der Eheleute). Selbst unter Christen ist solch selbstgerechtes Urteilen weit verbreitet, so sehr es der Weisung des Herren zuwiderläuft (Mt 7,1). Um so dringlicher sind Verständnis und christliche Solidarität mit denen, deren Ehe von der Gefahr des Scheiterns bedroht oder schon gescheitert ist."

Die Kirche wird aufgerufen, aus einer solchen Haltung heraus äußere und innere Hilfe zu leisten: „Dazu gehören das Angebot einer qualifizierten psychologischen und seelsorgerlichen Hilfe, ferner die notwendige Rechtsberatung, eine ausreichende Information über gesetzliche Sozialleistungen, Hilfen bei der Wiedereingliederung in das Berufsleben, eine eventuell notwendig werdende Weiterbildung und Umschulung berufsentfremdeter Frauen u. ä. Von besonderer Bedeutung ist ein sozial tragbares Scheidungsrecht..." „Die in ihrer Ehe Gescheiterten warten mit Recht auf das mitfühlende Wort, den brauchbaren Rat und die spürbare Hilfe der christlichen Gemeinde."

Und wenn nun ein Katholik oder eine Katholikin wieder heiratet? Zu Lebzeiten des Gatten sei das nicht möglich. Wer es dennoch tut, lebt im Ehebruch, ist von den Sakramenten, besonders vom Sakrament der Eucharistie, ausgeschlossen. „Trotzdem", erklärt die Synode, „gehen viele Katholiken nach dem Scheitern ihrer Ehe eine neue Zivilehe ein. Manche von ihnen bemühen sich um ein Leben aus dem Glauben, trotz der Tatsache, daß eine solche Verbindung kein Sakrament und darum keine gültige Ehe ist."

Was tun? Hier beginnt ein Kapitel, das vielen zu einem Ärgernis wurde: die Bischofskonferenz erlaubte nicht zu erklären, daß auch bei der Aufrechterhaltung einer solchen Ehe jemand „aus Barmherzigkeit" zur Kommunion zugelassen werden dürfe. Obwohl die Moraltheologen Argumente um Argumente beibrachten und man auf eine weitgehend andere Praxis hinwies, war diese starre Haltung nicht zu brechen. Bekannte Theologen, hochstehende Kirchenmänner und Wissenschaftler von Rang setzten sich ein – vergebens. Die Gesetzlichkeit siegte. Aus diesem Grund wäre die Vorlage mit Recht beinahe ganz abgelehnt worden.

Was blieb? Eine Aufzählung der Gründe und Gegen-Gründe dieses Problems. Und dann der Abschnitt: „Angesichts der Not der Betroffenen finden Seelsorger in den geltenden kirchlichen Bestimmungen oft kein befriedigendes Instrumentarium für pastorale Hilfen. Diese für viele unbefriedigende Situation drängt auf eine Lösung. Die notwendige Klärung der offenen theologischen, pastoralen und rechtlichen Fragen kann nur in Übereinstimmung mit der Gesamtkirche gesucht und gefunden werden. Die Synode sieht sich zum gegenwärtigen Zeitpunkt außerstande, ein Votum (an den Papst mit der Bitte um Freigabe!) zu formulieren. Sie bittet die Deutsche Bischofskonferenz, die dringend notwendige Klärung weiter zu betreiben und baldmöglichst (!) ein Votum in dieser Frage an den Papst zu richten mit der Bitte, eine pastoral befriedigende Lösung herbeizuführen." Dabei sollen die entscheidenden Anträge der Synode, die im Wortprotokoll festgehalten sind, berücksichtigt werden.

Die Zeit wird beweisen, ob dieses Zurückweichen der Synodenmehrheit vor dem unbeugsamen Willen der Bischöfe sinnvoll war.

*Vierter Teil*

# Kirche in der Welt von heute

Neben der kirchlichen Erneuerung unter liturgischen, biblischen und ökumenischen Vorzeichen hat das Zweite Vatikanische Konzil eine grundlegend neue Einstellung der Kirche zur Welt, zur Welt von heute gebracht und gefordert. Die Pastoralkonstitution über „Die Kirche in der Welt von heute" ist zu einem der bedeutendsten Kirchen-Dokumente des 20. Jahrhunderts geworden. Charles Moeller hat in seinem Kommentar dargelegt, wie der Anstoß dazu weniger von Deutschland, sondern mehr von Lateinamerika und Frankreich ausgegangen ist. „Alle wachen Geister in Lateinamerika spürten die Dringlichkeit dieses wichtigen Problems." Das immer stärker werdende Auseinanderklaffen zwischen Kirche und moderner Welt, zwischen Religion und Säkularisation war tatsächlich in romanischen Ländern bedrängender als in Deutschland. Während dort die Kirche sich ganz dem Bündnis mit dem Bürgertum verschrieben hatte und demgemäß die Masse der Arbeiter verlor, war die katholische Kirche Deutschlands stärker mit dem Volk verbunden geblieben. Aber auch sie stand in einem Getto, das vor allem der Gründer der Zeitschrift „Hochland", Carl Muth, um 1900 aufbrechen wollte: gegenüber der modernen Kultur, der Wissenschaft von heute, Literatur, Kunst, Universität. Dem Wirken dieser Zeitschrift wie auch der sich um sie gruppierenden Kreise der Jugendbewegung ist es zu danken, daß wenigstens teilweise auch auf diesem Gebiet der deutschen Kirche ein Durchbruch gelang.

Als die Gemeinsame Synode begann, hatte sich in Deutschland das Verhältnis von Kirche und Welt, wie es sich noch während des Konzils dargestellt hatte, radikal verschlechtert. Man hatte offenbar die Probleme unterschätzt, oberflächliche Lösungen für geschichtlich tragfähig gehalten und die innere Dynamik der gesellschaftlichen Prozesse von heute eben nicht in den Griff bekommen.

Man muß nun offen sagen, daß die Gemeinsame Synode sich in den Fragen des Dialogs mit der Welt von heute sehr schwer tat. Anscheinend ist dies eine besondere Belastung unserer Kirchlichkeit: eine fast lutherische Weltverachtung scheint uns allen anzuhaften. So hat die Synode es nicht fertiggebracht, zu wichtigen Fragen Stellung zu nehmen. Kunst, Literatur und Wissenschaft wurden von der Synode nicht thematisiert. Die doch so schwer wiegende Problematik der Naturwissenschaft, des heutigen Positivismus, wie auch Fragen der Tiefenpsychologie tauchen nicht auf. Sind das Gebiete ohne seelsorglichem Belang? Hier ist offenbar das Defizit, das Carl Muth beklagte, immer noch nicht aufgeholt.

Aber die Synode hat sich auf einigen Gebieten bemüht, die wichtig sind, auch wenn sie aus der Tradition des deutschen Katholizismus mehr als vertraut sind: drei große Beschlüsse beschäftigen sich mit sozial- und kulturpolitischen Fragen, sozusagen dem klassischen Feld des deutschen Welt-Kirche-Dialogs. In relativ neues Gebiet stößt ein Dokument zur Entwicklungshilfe und zur Friedensfrage vor – in diesen Zusammenhang gehört auch der Beschluß zur Mission, denn da geht es nicht um innerkirchliche Probleme, sondern um das Schicksal der Welt.

Fünf Dokumente zum Verhältnis von Kirche und Welt – bei nüchterner Einschätzung der Kräfte der Synode kein schlechtes Ergebnis.

# 1. Sünden, Mißverständnisse, Aufgaben

## Die Kirche und die Arbeiterklasse

Die soziale Frage stellt sich im letzten Drittel des 20. Jahrhunderts anders dar als etwa um 1860 – und dennoch sind seit der beginnenden Industrialisierung im 19. Jahrhundert die Grundprobleme die gleichen geblieben: zwischen den Besitzenden und den Nicht-Besitzenden, den Arbeitern, klafft nicht nur ein starkes Einkommensgefälle, sondern schwerwiegender sind die großen Unterschiede in der sozialen Sicherung und Sicherheit, in der Selbst- und Mitverantwortung, so daß letztlich die Frage ungelöst erscheint, wie Kapital und Arbeit in ein harmonisches, gerechtes Gleichgewicht gebracht werden können.

Die Kirche hat sich, je nach dem Grundurteil über diese Situation, zu spät oder durchaus rechtzeitig darum bemüht, auf die neuen Probleme des industriellen Zeitalters einzugehen. Sie hat eine kirchliche Soziallehre entwickelt, hat Sozialenzykliken herausgegeben, hat sich in konkrete soziale Auseinandersetzungen über Eigentum oder Mitbestimmung verwickeln lassen. Der Streit über den Wert dieser Bemühungen dauert wohl so lange, als die soziale Frage innerhalb der Kirche bewußt geworden ist. Was ist auf der Synode zu diesen Problemen beraten und beschlossen worden?

Nun, man kann sagen, daß sie grundsätzlich einen anderen Weg als den bisherigen eingeschlagen hat, wobei sie aber die frühere Sicht der Dinge nicht völlig ablehnte. Sie hat die Inhalte der überlieferten kirchlichen Soziallehre nicht negiert, aber ein neues Moment in den Vordergrund gerückt: den seelsorglichen, den pastoralen Aspekt. Die Kirche versteht sich heute nicht mehr so wie in früheren Zeiten als Lehrmeisterin der Welt, sondern als ein Anwalt der Armen, Schwachen und Bedrückten, aller ungerecht Behandelten und niederen sozialen Klassen. Diese seelsorgliche Haltung hat bei vielen Katholiken nicht nur Mißverständnisse, sondern auch Ablehnung hervorgerufen, besonders bei jenen Sozialpolitikern, die ganz in der Tradition der katholisch-sozialen Bewegung stehen.

Früher lag der Schwerpunkt des katholischen Bemühens um soziale Gerechtigkeit mehr im „Weltanschaulichen", heute ist man daran interessiert, aus einer augenblicklichen Situation heraus auf gefährliche Entwicklungen hinzuweisen, beweglich zu bleiben, konkrete Entscheidungshilfen zu erstellen.

Die Kirche ist nicht dazu da, den Wirtschafts- und Sozialwissenschaftlern Anweisungen zu geben. Sie muß mit diesen Wissenschaftlern im Dialog stehen, aber ihr eigener Beitrag sollte doch theologischer, pastoraler, sozialethischer Natur sein. Das Verhältnis von Kirche und Welt ist nicht das einer Weltanschauungskonkurrenz, sondern das einer gegenseitigen Durchdringung von verschiedenen Sehweisen her.

Vielleicht ist es nützlich, sich beim Durchdenken dieser Fragen, die sicher noch in einem gewissen Umbruch stehen, an das Synoden-Grunddokument „Unsere Hoffnung" zu erinnern, in dem die soziale Verantwortung des Christen gerade nicht in individualistischer Weise, sondern durchaus im soziologischen Kontext der Zeit und unserer Welt gedeutet wird. Zwei Synoden-Dokumente sind zuerst zu nennen: über *„Kirche und Arbeiterschaft"* und über *„Gastarbeiter"*.

Die beiden Texte gehen, im Unterschied zur überlieferten Soziallehre, nicht deduktiv, sondern induktiv vor. Sie zeichnen sich durch hervorragende Situationsanalysen aus, um aus ihnen im Licht der christlichen Offenbarung konkrete Imperative zu erkennen. Die Maßstäbe der notwendigen Humanisierung werden nicht scholastisch-metaphysisch, sondern geschichtlich-dynamisch gewonnen. Das kann schnell überholt sein, wenn eine andere Situation eintritt, aber ein solches Vorgehen bewahrt vor Grundsätzen, die die Kirche zu schnell auf bestimmte gesellschaftliche Positionen festlegen.

Das Problem des Arbeiters und der Arbeiterseelsorge, wie es in den beiden Dokumenten angepackt ist, wurde von kirchlicher Seite in Deutschland *so* noch nicht untersucht und vorgelegt. Die Überlegungen, auch wenn sie pastoraler Natur sind, beziehen sich durchaus nicht auf den einzelnen Arbeiter, der den Glauben an Jesus sucht, sondern auf die eigenartige Stellung einer modernen Klasse. Es geht darum, ihr einerseits mehr kirchliche Zuwendung zu verschaffen, ihr andererseits aber auch ein Anwalt der Gerechtigkeit zu sein. Nicht wie eine Gewerkschaft, wie eine politische Interessenvertretung, auch nicht wie ein Patron gönnerhaft von oben herab, sondern aus der christlichen Solidarität mit jenen, die trotz aller modernen Sozialpolitik immer noch „unten" stehen. Mit Ernst wird daran appelliert, wirklich eine brüderliche Kirche zu werden.

Eine Spiritualität, die mit der Haltung der französischen Arbeiterpriester verwandt ist, wird sichtbar, in Verbindung mit den überlieferten Grundwerten der kirchlichen Sozialethik, auch mit deren konkreten sozial- und gesellschaftspolitischen Forderungen. Theologie und Sozialwissenschaft, Frömmigkeit und soziale Aktivität gehen ein neues Bündnis ein. Darin liegt der besondere Wert dieser beiden Synoden-Beschlüsse.

### *Entstehung des Beschlusses „Kirche und Arbeiterschaft"*

Sachkommission III („Christliche Diakonie"), die nach dem Themenkatalog u.a. den Bereich „Arbeitnehmer- und Betriebsseelsorge" behandeln sollte, bildete für dieses Stichwort eine Unterkommission. Diese versuchte zuerst in einem etwas umständlichen Prozeß, Materialien zu sammeln. Die Mitglieder der Kommission waren wohl etwas erschrocken, als sie feststellen mußten, wie wenig brauchbare Literatur es in dieser Frage gibt – Indiz eines Defizits, das als beherrschendes Motiv dann die weitere Arbeit bestimmte!

Bei der Kürzung der Synoden-Themen durch die Zentralkommission im Jahr 1972 wurde der Bereich „Kirche und Arbeitnehmer" zuerst gestrichen, die Kommission wehrte sich jedoch mit Erfolg gegen diese Pläne. Die Themen „Gastarbeiter" und „Kirche und Arbeiterschaft" sollten nun jedoch zu *einer* Vorlage zusammengefaßt werden. Schon bald rückte man von dieser unzumutbaren Zusammenballung wieder ab, so daß im Jahr 1973 die Umrisse einer eigenen Vorlage über „Kirche und Arbeiter“ deutlich wurden. Mitglieder von Sachkommission V wurden zur Mitarbeit herangezogen.

Erst Anfang 1974 war die Vorlage „Kirche und Arbeiterschaft“, wie sie nun hieß, kommissionsintern fertiggestellt. Sie sollte auf der nächsten Frühjahrssitzung der Synode diskutiert werden. Aber die Zentralkommission war mit dem Text nicht zufrieden. Sie forderte die Sachkommission auf, andere Fachleute hinzuzuziehen und den Text zu verbessern. Man beugte sich und bat drei anerkannte Sozialwissenschaftler, unter ihnen Prof. Oswald von Nell-Breuning, um Mitarbeit. Allerdings sahen auch diese die Situation nicht grundlegend anders als die bisherigen Kommissionsmitglieder. Immerhin wurden klarere Linien gezogen, vor allem aber wurde der Text besser gegen wissenschaftliche Einwände abgesichert.

So wurde die überarbeitete Vorlage Herbst 1974 zur Synodendebatte zugelassen und auf der sechsten Vollversammlung am 21. November 1974 in erster Lesung diskutiert. Schon vorher kam es zu heftigen öffentlichen Auseinandersetzungen. Kampfschriften wurden verfaßt und verteilt, Sprache und Inhalt des Textes in Zweifel gestellt. Die Debatte im Plenum wurde zu einem heißen Ringen und nahm bisweilen härteste Formen an. Prälat Klausener aus Berlin stellte den Antrag, den ganzen Text zurückzuweisen, er wurde u. a. von Prof. Karl Forster, dem früheren Synodensekretär, unterstützt. Vertreter der Bischofskonferenz, wie Kardinal Höffner und Weihbischof Lettmann, gingen nicht so weit, aber wiesen in die gleiche Richtung.

Die Front der Verteidiger war nicht nur fest, sondern auch mit hervorragenden Fachleuten besetzt. Als Prof. Dreier als anerkannter Wissenschaftler sich zur Vorlage bekannte, war das Eis der Ablehnung gebrochen. So wurde der Text in erster Lesung mit 198 Ja-Stimmen gegen immerhin 50 Nein und 17 Enthaltungen angenommen. Die hohe Zahl der Nein-Stimmen ließ erkennen, welch harter Widerstand nicht nur zu brechen, sondern auch noch vorhanden war. Die Debatte hatte Änderungswünsche gebracht, die wesentlich erschienen. Eine positive Würdigung der Verdienste des sogenannten Sozialkatholizismus sollte den selbstkritischen Ausführungen vorangestellt werden. Man forderte präzisere Formulierungen und genauere Definitionen. Das Negative sollte nicht überbetont, das Positive besser unterstrichen werden.

Die Kommission ging auf diese Wünsche ein, sah aber keinen Grund, ihr Gesamtkonzept zu verändern. Die Debatte zur zweiten Lesung fand in der letzten Vollversammlung statt und wurde noch einmal zu einer lebhaften Auseinandersetzung. Entscheidend wurde, daß die Bischofskonferenz sich nun zu einer betonten Zustimmung entschlossen hatte. Der Text konnte sich ohne große Abstriche durchsetzen, er wurde am 21. November 1975 mit 216 Ja-Stimmen gegen 29 Nein und 22 Enthaltungen angenommen.

Der Beschluß „Kirche und Arbeiterschaft" ist ohne Zweifel einer der originellsten Texte der Synode. Er hat eine einfache Sprache, ist lesbar, enthält sich jeglichen Kirchen-Jargons und bietet sonst in deutschen Kirchendokumenten ungewohnte Ausführungen. Dieser Vorteil wiegt bei weitem seine Nachteile – weitschweifige Redeweise, breite historische Darstellung, Wiederholungen und gewisse Schematisierungen – auf.

## *Zum Inhalt*

Die 24 Seiten des Dokuments sind in vier Hauptabschnitte von unterschiedlicher Länge eingeteilt, von denen sich zwei mit einer historischen Bilanz, einer mit der sozialen Situation des Arbeiters und der letzte mit den seelsorglichen Aufgaben der Kirche befassen.

### 1. *„Der soziale Katholizismus und die Arbeiterfrage"*

In dieser auf Wunsch der Synode eingeschalteten positiven Bilanz der katholischen sozialen Bewegung vom 19. Jahrhundert bis in unsere Zeit werden die Verdienste der kirchlichen Arbeiterbewegung, der Zentrumspartei, von Männern wie Ketteler, Kolping und Hitze wie auch des Volksvereins für das katholische Deutschland geschildert. Der bemerkenswerte Einfluß der katholischen Sozialbewegung auf die sozialpolitische Gesetzgebung der Bundesrepublik wird ebenfalls erwähnt.

### 2. *„Ein fortwirkender Skandal"*

Unter dieser Überschrift wird eine hart umstrittene „Gewissenserforschung" dessen vorgelegt, was die Kirche angesichts der Arbeiterfrage alles versäumt hat. Da dieses zweite Kapitel viele historische Tatbestände anführt, wurde es als „Geschichtsschreibung" mißverstanden – es will jedoch Fehlleistungen und deren Hintergründe darstellen, um daraus entsprechende Schlüsse zu ziehen.

### 3. *„Für Gerechtigkeit und menschliche Entfaltung"*

Diesen Teil des Beschlusses kann man am ehesten mit der Sicht der katholischen Soziallehre vergleichen. Er behandelt grundlegende sozialpolitische Fragen – in pastoraler Sicht. Zuerst wird erklärt, wen man mit dem Begriff „Arbeiterschaft" meint: soziologische und sozialpsychologische Tatbestände laufen hier zusammen. Dann wird die heutige Problemlage beschrieben; zur Berufstätigkeit der Frau, über Miteigentum und Mitbestimmung; über die Mitarbeit der Katholiken in den Gewerkschaften; über Sozialhilfe, Humanisierung der Arbeit, berufliche Bildung, Mentalitätsstrukturen usw. Es wird erklärt: von sozialer Gerechtigkeit könne auch heute nicht die Rede sein.

*4. „Kirchliches Leben, kirchlicher Dienst“*
Das ist nun das eigentlich positive Kapitel des Dokuments: es zeigt, was die Kirche tun soll angesichts der modernen Situation des Arbeiters. Mit energischen Anstrengungen soll die Kluft, die heute noch gegenüber dem Arbeiter besteht, überwunden werden. Die vernachlässigte Arbeiterseelsorge ist zu intensivieren, wobei die Arbeiter selbst zur Mitarbeit gewonnen werden sollen. Der längste Abschnitt befaßt sich mit den „Aufgaben in der *Gemeinde*“. In ihr soll die „Zielgruppe Arbeiter“ konsequenter angesprochen werden, in der Liturgie, im Pfarrgemeinderat, in der Seelsorgepraxis. Eine kleine Pastoralpsychologie des Arbeiters wird geboten. Die Rolle der Theologie wird genannt, die den Komplex schärfer ins Auge fassen müßte, auch in der Ausbildung der Theologen. Die Bistümer sollen dafür Sorge tragen, daß es genug Arbeiter- und Betriebsseelsorger und auch hauptamtliche und ehrenamtliche Mitarbeiter für dieses Gebiet gibt.

Der Beschluß enthält insgesamt acht Empfehlungen, die konkrete Forderungen zur Arbeiter- und Betriebsseelsorge stellen.

## *Entstehung des Beschlusses „Der ausländische Arbeitnehmer – eine Frage an die Kirche und die Gesellschaft“*

Zu Beginn der Synode setzte Kommission III („Christliche Diakonie“) eine Unterkommission für den Themenkreis „Ausländische Arbeitnehmer, Studenten und Praktikanten“ ein. Man stellte fest: die Situation in den drei Gruppen ist so verschieden, daß sie unter keinen Umständen zusammen behandelt werden können. Da die Gastarbeiter-Frage unbedingte Priorität besaß, wandte man sich diesem Bereich zu. Die anderen beiden Themen konnten im Verlauf der Synode nicht mehr aufgegriffen werden.

Ausländische Berater aus allen Nationen wurden großzügig an der Arbeit beteiligt. Die Kontakte, die der Caritasverband hier spielen lassen konnte, erwiesen sich als äußerst nützlich. Im ganzen wurden im Lauf der Zeit rund siebzig Ausländer hinzugezogen – Fürsorger, Seelsorger, Sozialpolitiker.

Anfang 1972 lag der erste Text-Entwurf vor. Da man von der Vorstellung eines kurzen Beschlußtextes und eines längeren „Begründungstextes“ ausging, nur der erste also Synoden-Beschluß sein sollte, ergab sich eine etwas verwirrende Anordnung des Ganzen. Glücklich kann man sie nicht nennen. Sie ist nur aus einer anfänglichen Unsicherheit über die amtlich-rechtliche Rolle der Synodentexte zu erklären. Selbstverständlich spielt für unsere Überlegungen dieser künstliche Unterschied innerhalb *eines* Dokuments keine Rolle.

Die erste Lesung fand schon während der dritten Vollversammlung im Januar 1973 statt. Da damals ganz andere Dinge im Vordergrund des Synoden-Interesses standen, wurde die Diskussion recht matt.

Zwei Forderungen wurden gestellt: eine Vertiefung der pastoraltheologischen Sicht (tatsächlich war diese Seite etwas dürftig geraten, sie blieb es auch später), zweitens: eine ausgewogenere Darstellung der gesellschaftspolitischen Forderungen, mit anderen Worten: eine etwas weniger „linke" Position. Man müsse auch die legitimen Interessen der deutschen Arbeitnehmer und des deutschen Wirtschaftslebens in Rechnung stellen. Damit dies auch geschehe, wurde Sachkommission V – „Gesellschaftliche Aufgaben der Kirche" – vom Plenum mit dem amtlichen Auftrag bedacht, eine Prüfung des Textes unter diesen Vorzeichen vorzunehmen. Die Endabstimmung zur ersten Lesung ergab folgende Zahlen: 193 Ja, 2 Nein, 1 Enthaltung.

Da man von der Vorstellung ausging, daß der Synodenbeschluß in eine aktuelle Situation hineinzusprechen habe, drängte man auf baldige Durchführung der zweiten Lesung. Die Überarbeitung wurde deshalb durch die zuständigen Gremien hindurchgepeitscht. Schon Mai 1973 war der neue Entwurf fertiggestellt, wenig später wurde er von der Zentralkommission gebilligt. Allerdings drohte nun eine Gefahr: Sachkommission V war nämlich gar nicht mit der „Grundsatzüberlegung" einverstanden, die als eigentlicher Beschlußtext geplant war (Umfang etwa 3 Seiten). Sie legte selbst einen „Alternativentwurf" vor, der mehr den Vorstellungen der politischen Parteien in der Bundesrepublik entsprach. Wegen „Zeitmangel" konnte Sachkommission III auf diese Vorschläge allerdings nicht eingehen. Das gab natürlich Ärger und Verdruß!

Während der Sommerferien 1973 kam ein Einsehen: ein so schroffes Vorgehen könnte vielleicht die ganze Vorlage gefährden. So versuchte Sachkommission III mit Sachkommission V wegen eines Kompromisses ins Gespräch zu kommen. Das gelang auch, und beide Kommissionen unterstützten nun eine lange Reihe von Änderungsanträgen, die aus Gründen der „politischen Vernunft" gestellt worden waren. Prof. Wilhelm Dreier sprach als Vertreter von Kommission V die Meinung aus, daß man mit diesen Änderungen zwar nicht die Grundausrichtung verändern könne, daß aber der Kompromiß Unterstützung verdiene.

Die Deutsche Bischofskonferenz hielt sich aus diesem Streit zwischen den Realpolitikern und den Sozialradikalen völlig heraus. Sie stellte sich hinter die Grundintention, äußerte nur *ein* Bedenken: wer denn die vielen Maßnahmen, die da gefordert werden, *bezahlen* solle! Beantwortet wurde diese Frage bis zum Ende der Synode nicht. Nun, die Vorlage eines Maximalprogramms muß nicht bedeuten, daß man alles auch realisiert. Tatsächlich ist nach Abschluß der Synode auf dem Gebiet der Gastarbeiterfürsorge und -seelsorge viel geschehen, was ohne Synode sicher nicht möglich gewesen wäre!

Die Enddebatte fand am 22. November 1973 statt, der Text wurde mit 274 Ja gegen 8 Nein und 2 Enthaltungen gebilligt. Er stellte nach dem Beschluß zur Laienpredigt das zweite Dokument der Synode überhaupt dar.

## *Zum Inhalt*

Der Text „Die ausländischen Arbeitnehmer – eine Frage an die Kirche und die Gesellschaft" umfaßt im ganzen etwa 20 Seiten, von diesen sind aber nur rund 9 eigentlicher Beschlußtext. Er enthält außerordentlich viele Empfehlungen und sieben „Anordnungen". Die Empfehlungen richten sich einerseits an die kirchliche Gastarbeiterseelsorge und -betreuung, andererseits aber auch an staatliche Einrichtungen. Eingeteilt ist der Beschluß in drei Hauptabschnitte von recht unterschiedlicher Länge.

*A. „Zur Situation"*
In dieser kurzen Einführung, die nicht Beschlußtext ist, werden zuverlässige und beachtenswerte Daten über die Lage der Gastarbeiter mitgeteilt. Auch wird die Fragestellung des Synodentextes erläutert.

*B. „Grundsatzüberlegung"*
Ein Text von 3 1/2 Seiten, der den eigentlichen Beschluß darstellt. Er spricht zuerst über die Motive der Kirche, sich auf diesem Gebiet zu engagieren, dann legt er in neun Punkten die besonderen Anliegen der Synode dar:
1. Die Beschäftigung von ausländischen Arbeitern ist ein grundsätzliches Übel und kann nur als Notmaßnahme gebilligt werden. Eine bessere internationale Struktur- und Wirtschaftspolitik sollte dieses Übel beseitigen.
2. *Wenn* man schon Gastarbeiter beschäftigt, dann soll man auch dafür sorgen, daß die entsprechenden „Infrastrukturen" für sie da sind: genügender und guter Wohnraum, Rechtssicherheit, Familienzusammenführung, Vereinheitlichung der Verwaltungspraxis.
3. Wenn man diese Infrastruktur nicht anbieten kann, ist weitere Anwerbung von Gastarbeitern inhuman und abzulehnen.
4. Da in der Bundesrepublik diese Infrastruktur tatsächlich ungenügend ist, ist es geboten, „bis zu einem befriedigenden Ausbau der Infrastruktur für die bereits hier lebenden ausländischen Arbeitnehmer und ihre Familien keine weiteren ausländischen Arbeitnehmer in die Bundesrepublik" zu holen, es sei denn, die örtlichen Verhältnisse böten strukturelle Voraussetzungen für ein menschenwürdiges Leben.
5. Rückkehr von Gastarbeitern in ihre Heimatländer darf nicht erzwungen werden.
6. Besonders sorgfältig sind die menschlichen Probleme von ausländischen Arbeitern zu beachten, die aus fernen Ländern, zum Beispiel aus Asien, gekommen sind.

7. Freiwillige Rückkehr ist zu unterstützen, aber das sogenannte Rotationsprinzip ist abzulehnen, das heißt, daß *jeder* Gastarbeiter nach spätestens zehn Jahren die Bundesrepublik wieder zu verlassen hat. Mit anderen Worten: die Bundesrepublik soll bereit sein, ein echtes Einwanderungsland zu werden.
8. Man soll zweigleisig vorgehen: Integration in der Bundesrepublik, freiwillige Rückführung in die Heimatländer und dort Unterstützung des Aufbaus einer heimischen Industrie.
9. Nicht nur der Staat, auch die Kirche hat auf diesem Gebiet Versäumnisse zu verantworten. Sie selber muß als gutes Beispiel einer Änderung vorangehen.

*C. „Folgerungen"*
In diesem längsten Teil des Textes, 14 1/2 Seiten, sind nur die Empfehlungen und Anordnungen „Beschlußtext".
*1. „Die pastorale Verantwortung der Kirche gegenüber den ausländischen Mitchristen"*
Bischofskonferenz, Bistümer, Pfarreien und die Verbände werden aufgefordert, in Haltung und konkretem Tun sich mehr um die Gastarbeiter zu kümmern. In Anordnungen werden hauptamtliche Stellen für Gastarbeiterseelsorger usw. gefordert. Im zweiten Teil des Hauptabschnitts wird der Aufbau einer besonderen Ausländerseelsorge gewünscht. Der hier als Anordnung erlassene Ausbau des Katholischen Auslandssekretariates ist inzwischen erfolgt.

*2. Sozial- und gesellschaftspolitische Aufgaben und Forderungen"*
Dieser umfangreiche Abschnitt enthält allein 41 Empfehlungen. Er behandelt:
*Rechtsfragen* (Reform des Ausländerrechts und des Sozialrechts);
*Wohnungsprobleme* (Förderung von Wohnungsbau für Gastarbeiter, Maßnahmen gegen Mietwucher, kirchliche Siedlungsträger);
*Förderung am Arbeitsplatz* (Gleichstellung, psychologische Probleme, Berufsbildung, Sprachkurse);
*Erziehungs- und Bildungshilfen* (Kindergärten, Schule, Ausbildung von Jugendlichen, Ablehnung eigener Kindergärten und Schulen, „Integration");
*Gesundheitliche Versorgung* (sprachkundige deutsche Ärzte, ausländische Ärzte, gesundheitliche Aufklärung der Gastarbeiter);
*Beratungs- und Sozialdienste* (eigene Beratungsstellen mit qualifizierten Leuten, Achten auf das Sprachproblem, verstärkter Einsatz der kirchlichen caritativen Verbände);
*Öffentlichkeitsarbeit* (bessere Aufklärung der Öffentlichkeit, um Vorurteile abzubauen).

Eine Schlußbemerkung appelliert an alle, das Problem der Gastarbeiter ernst zu nehmen.

## *Eine Gewissenserforschung*

Für viele Synodale bedeutete es offenbar einen schweren Schock, als sie zur ersten Lesung der Vorlage „Kirche und Arbeiterschaft" einen einleitenden Abschnitt mit dem Titel „Ein fortwirkender Skandal" vorfanden. Skandal: das knüpft an ein Wort Papst Pius' XI. an, das dieser einmal zu Josef Cardijn, dem Gründer der CAJ (Christliche Arbeiter-Jugend), gesagt hatte: *der* große Skandal des 19. Jahrhundert sei es gewesen, daß die Kirche den Kontakt zur Masse der Arbeiter verloren habe. Was sind die Ursachen? Die allgemeine Entchristlichung der Welt? Oder daß der Arbeiter weniger religiös ansprechbar ist als der in bürgerlichen Berufen lebende Mensch? Die Synode erklärt: zuerst einmal müsse man die Mitschuld der Christen an dieser Entwicklung erkennen und anerkennen. Der soziale Katholizismus, der in einem längeren Abschnitt des Synodendokuments gewürdigt wird, habe zwar wertvolle Arbeit geleistet und Schlimmstes verhütet, aber man dürfe sich nicht darüber täuschen, daß es ihm nur in sehr begrenztem Maß gelungen sei, „die aufsteigende gesellschaftliche Großgruppe der Arbeiterschaft in der Kirche feste Wurzeln schlagen zu lassen".

„Was haben wir, die wir die Kirche sind, oder unsere Vorgänger nicht richtig gemacht, daß es der Arbeiterschaft schwergefallen ist und selbst gläubigen katholischen Arbeitern heute noch schwerfällt, ein zutreffendes Bild der Kirche zu gewinnen und sich als von ihr verstanden anzusehen und gerecht behandelt zu fühlen?" Das ist Gegenstand einer sogenannten *Gewissenserforschung*, die im Synodendokument angestellt wird und die für viele schon in der Vorbereitungszeit des Textes zu einem schweren Stein des Anstoßes wurde.

Warum? Man meinte, die Kirche würde in dieser Aufrechnung zu schlecht wegkommen und ihrer Mission heute würde dadurch mehr geschadet als genützt. Es muß aber doch sehr nachdenklich stimmen, daß man zwar auf Wunsch vieler einige sehr krasse Formulierungen milderte, daß aber niemand fähig war, die sachlichen Feststellungen des Textes zu widerlegen. Auch die Bischofskonferenz erklärte, daß sie an einer „Verwässerung" bedauerlicher historischer Fehlwege nicht interessiert sei. Man war tapfer und selbstkritisch – weil nur die Wahrheit letztlich hilft.

Die „Gewissenserforschung" geht in sieben Punkten vor:

1. Die Kirche hat während des ganzen 19. Jahrhunderts aufgrund einer konservativ verengten Betrachtung der Geschichte nicht begriffen, daß eine neue Zeit im Kommen war, und dadurch hat sie am Kern der neu auftauchenden sozialen Frage vorbeigehandelt und -geredet. Ihre sozialpolitischen Vorstellungen waren auf die Zeit vor 1789 (Datum der Französischen Revolution) fixiert. Sie hat nicht auf die „Zeichen der Zeit" (diesen Begriff führte das Zweite Vatikanische Konzil ein) geachtet und damit entscheidende Fehler in der Arbeiterseelsorge gemacht.

2. Auch die theologische Wissenschaft, vor allem die Moraltheolo-

gie, „blieb in der Vorstellung der bäuerlichen oder handwerklichen Welt befangen... Weltliche Rechtswissenschaft eilte der Moraltheologie im Verständnis des Arbeitsverhältnisses, zuletzt noch mit der Erkenntnis der darin enthaltenen personenrechtlichen Elemente, weit voraus.. Erkenntnissen, die in außerkirchlichen Kreisen bereits selbstverständlich geworden waren, verschloß man sich und verschließt man sich manchmal auch heute noch."

3. Wegen dieser falschen Grundeinsicht glaubte man, die Arbeiterfrage mit caritativen Maßnahmen lösen zu können, und wandte sich energisch gegen eine vom Staat durchgeführte Sozialpolitik zur Herstellung der sozialen Gerechtigkeit. Noch heute besteht bei manchen Katholiken „eine ablehnende und mißtrauische Haltung gegenüber jeder ernsthaft zugreifenden Sozialpolitik".

4. Die Katholiken haben lange Zeit die Gewerkschaften abgelehnt, wofür der historische Gewerkschaftsstreit um 1900 angeführt wird. „Den Arbeitern das Recht zuzuerkennen, ihre berechtigten Forderungen notfalls im Arbeitskampf durchzusetzen, fiel und fällt heute noch vielen Geistlichen und Laien schwer."

5. In ausführlicher Weise wird dargelegt und begründet, daß eines der folgenreichsten Versagen die unzulängliche Auseinandersetzung mit Karl Marx und seiner Lehre, mit den verschiedenen Erscheinungsformen und Spielarten des Sozialismus und mit den politischen Parteien, die sich als Arbeiterparteien verstanden, war. Dadurch sei der Eindruck erweckt worden, die Kirche setze ihre religiöse Autorität nur für die Interessen der besitzenden Kreise ein. „So wurden etwa die Begriffe Klasse, Klassengesellschaft oder Klassenauseinandersetzung in manchen katholischen Äußerungen auch dann noch nicht als zutreffende Beschreibung der gesellschaftlichen Situation akzeptiert", als sogar Pius XI. sich diesen neuen Erkenntnissen geöffnet hatte. Marxistische Ideologie und Sachproblematik seien nicht sauber genug unterschieden worden. In den gleichen Fehler verfiel man gegenüber dem Sozialismus: „Die notwendige weltanschauliche Auseinandersetzung mit dem Sozialismus geriet in das Zwielicht einer mangelnden Solidarität mit den Berechtigten Klagen und Forderungen der Arbeiterschaft..." Mit einem besseren Gefühl für Unterscheidung hätte man viele katholische Arbeiter, die sozialdemokratisch wählten, nicht so vor den Kopf zu stoßen brauchen, wie man es tatsächlich tat. – Umformulierungen und Umstellungen in letzter Minute haben die Substanz dieser brisanten Abschnitte nicht mehr ändern können.

6. Für die Zeit nach dem Ersten und Zweiten Weltkrieg und auch nach dem Zweiten Vatikanischen Konzil werden Versäumnisse aufgezählt, die als schwere pastoralpsychologische Fehler anzusehen sind

und ebenfalls den Arbeiter der Kirche entfremdet haben: das Zurückdrängen katholischer Arbeitnehmerverbände in der kirchlichen Arbeit, die Unterrepräsentation der Arbeiter in den amtlichen Laiengremien („Noch die Zusammensetzung dieser Synode bestätigt, wie berechtigt diese Klage ist"), die Überbetonung der Eigentumsfrage und die Unterbetonung des personrechtlichen Faktors Arbeit, die Distanz zur Einheitsgewerkschaft, die Tatsache, daß „Einrichtungen in kirchlicher und caritativer Trägerschaft die Mitarbeitervertretungsordnung restriktiv handhaben oder gar die Bildung einer solchen Vertretung verhindern ..."

7. Als letzter Punkt der „Gewissenserforschung" wird eine gewisse überhebliche Einschätzung des Arbeiters und der Arbeit angesprochen, mit anderen Worten: daß in kirchlichen Kreisen der „einfache Arbeiter" oft mit einer patronatshaften Gönnerhaftigkeit bedacht wurde, die diesen tief verletzen mußte. „Dieser unglückliche, auch in kirchenamtlichen Dokumenten älterer Zeit und in der Kanzelverkündigung gebräuchliche Zungenschlag bringt verräterisch zum Ausdruck: wir, die Besitzenden, ‚die da oben', sind so tugendhaft und edelmütig, uns zu den anderen, ‚denen da unten', herabzulassen, legen aber Gewicht darauf, daß die Distanz gewahrt bleibt."

So offen und ungeschminkt wie der Synoden-Beschluß „Kirche und Arbeiterschaft" hat wohl selten ein kirchenamtliches Dokument über diese Probleme gesprochen! Ziel des Textes ist nicht, noch einmal sei daran erinnert, eine vielleicht selbstgerechte Anklage gegenüber früheren Zeiten hervorzurufen, sondern eine echt religiöse Bekehrung für heute: „Von dieser Bekehrung nimmt alles andere seinen Anfang; alles, was wir in dieser Vorlage zu sagen, anzuregen oder zu empfehlen haben werden, kann nur Frucht dieser Bekehrung sein, muß ihr folgen."

### *Schwerpunkte der Sozialpolitik*

„Es ist nicht Aufgabe dieser Vorlage, das Bild einer Gesellschaftsordnung zu entwerfen und ein Programm seiner Verwirklichung zu entwickeln. Es kann hier nur darum gehen, einige Probleme aufzugreifen": jene, die in Gefahr sind, „vernachlässigt und überspielt zu werden".

Die Kirche ist nicht Lehrmeisterin der Welt, sondern sie springt mahnend und klärend dort ein, wo zum Beispiel auf dem sozialen Gebiet sich Ungerechtigkeiten ausbreiten. Die sozialpolitischen Maßnahmen werden in unserem Synoden-Dokument so dargestellt, daß sie als Forderungen der Arbeiter selbst in den Blick treten und diese die Unterstützung der Kirche verdienen.

Im einzelnen werden Fragen der beruflichen Bildung, der Frauenarbeit, der Vermögensbildung, der Mitverantwortung und Mitbestimmung, der Humanisierung der Arbeitswelt, der Gewerkschaftsarbeit, der sozialen Dienste, der jugendlichen Arbeiter und der Arbeiterinnen genannt.

Als Beispiel sei der Abschnitt zur Mitbestimmung zitiert: „Über den Betrieb hinaus soll die Mitverantwortung aller durch ihre Arbeit Beteiligten sich auf das Unternehmen erstrecken. Ziel muß sein, ‚eine organische Mitbeteiligung aller Arbeiter nicht nur an den Früchten ihrer Arbeit, sondern auch an der wirtschaftlichen und sozialen Verantwortung zu gewährleisten, von der ihre Zukunft und die ihrer Kinder abhängt' (Paul VI., Ansprache an die Internationale Arbeitsorganisation in Genf am 10. 6. 1969). Gewiß ist die Frage der Mitbestimmung, besonders in wirtschaftlichen Angelegenheiten, eine Frage der gesellschaftlichen Machtverteilung und damit heiß umstritten. *Für uns aber sollte sie wesentlich eine Frage sein, die auf das Mehr-Mensch-Sein abstellt*... (Mit-)Verantwortung und (Mit-)Entscheidung sind Wechselbegriffe... Alle Formen der Mitbestimmung in den Unternehmen bzw. in deren Aufsichtsorganen müssen gründen auf der aktiven Beteiligung der Belegschaften, auf der Freiheit und Verantwortung der beteiligten Arbeitnehmer selbst. Dem wird keine Konstruktion gerecht, die lediglich eine von außen kommende Machtteilung oder einen Machtaustausch anzielt und Mitbestimmung zum größeren Teil an der Legitimation und dem Willen der in den Unternehmen Beschäftigten vorbei praktiziert."

*Arbeiterseelsorge heute*

Der Schwerpunkt unseres Textes liegt bei den Fragen der Arbeiterseelsorge. Um sie in unserer Zeit zu erneuern, werden zwei konkrete Bereiche abgesteckt: eine umfassende Sensibilisierung (Bewußtseinsbildung) in der Kirche und eine personale und materielle Verstärkung dieses Gebietes. Dem Arbeiter wird dabei eine Chance gegeben, mehr aber dem gläubigen Arbeiter selbst, der als Zeuge des Glaubens in der Kirche mehr anerkannt und gefördert werden soll.

„Die Arbeiterseelsorge ist ein vernachlässigtes Feld; das wenige, was geschieht, wird nicht genügend mitgetragen von der Gesamtpastoral; breites Erfahrungsmaterial liegt nicht vor. Auch daraus ergibt sich die Hilflosigkeit der Kirche in Deutschland gegenüber den Arbeitern... Wir müssen in Zukunft alles vermeiden, was dazu angetan wäre, das Mißtrauen der Arbeiterschaft gegenüber der Kirche zu bestätigen. – Wir müssen berücksichtigen, daß der Arbeiter in vieler Hinsicht anders denkt, andere Erfahrungen, aber auch andere Bedürfnisse und Wünsche hat als andere Gesellschaftsschichten. Wir müssen auf seine Lage und auf seine Auffassung vom Leben und von den Dingen eingehen."

Aus dieser „pastoralen Ausgangslage" werden konkrete Vorschläge gemacht zur Aktivierung der Arbeiter selbst, der Gemeinden, der Verbände, aller kirchlichen Einrichtungen. Eine umfassende spezielle Pastoraltheologie wird entworfen, die systematisch nicht unbedingt durchgearbeitet erscheint, die aber eine Fülle konkreter Anregungen enthält. Immer wieder wird dabei auf das psychologische Moment hingewiesen: daß der Arbeiter sich angenommen fühlt, daß man auf seine Lebenswelt eingeht, daß die Kirche nicht zu „bürgerlich" erscheint. „So können und müssen wir uns bemühen, die Arbeiter aus ihrer sozialen Isolierung herauszuholen." „So wäre es angebracht, daß der Seelsorger Arbeiterfamilien nicht seltener besucht als andere. Ebensowenig darf die Sorge um die studierende Jugend, so wichtig sie ist, auf Kosten der Sorge um die arbeitende Jugend gehen." „Besondere Aufmerksamkeit verdienen die Frauen der Arbeiterfamilien. Sie sehen sich, oft allein und verlassen, zahlreichen ungelösten Konflikten aus dem Arbeitsleben ihrer Männer und aus dem Schulleben ihrer Kinder gegenüber, ohne sich im Gespräch mit anderen austauschen und für sich Hilfe gewinnen zu können."

Besonders bemerkenswert sind die Ausführungen des Synoden-Beschlusses zur Rolle der *Gemeinde* in der Arbeiterseelsorge. Diese Ausführungen ergänzen das in den entsprechenden anderen Dokumenten dazu Gesagte (u.a. im Beschluß „Pastorale Dienste") auf eine fast notwendige Weise. Anregungen für die Liturgie, die Verkündigung, für die Gemeindearbeit werden gegeben, die in dieser Konkretheit in kirchlichen Dokumenten selten sind.

„Bei allem Tun und Denken will der Arbeiter die Bedeutung für sein Leben sehen. ‚Was habe ich davon?' Das Denken und Empfinden ist realistisch. Wo andere viele Probleme sehen, viele ‚Wenn und Aber' äußern, sieht der arbeitende Mensch einfach, was zu tun ist, und packt zu. Unser pastoraler Weg geht von dieser Erfahrung aus. ‚Der erste Schritt besteht also darin zu versuchen, alles, was den Arbeiter bewegt, von innen her zu verstehen' (Paul VI.). Auch wenn die Kirche ihm Gottes Wort verkündigt, fragt der Arbeiter: ‚Was habe ich davon?' – Diese Frage ist nicht falsch gestellt. Christus selbst ist dieser Frage der Apostel nicht ausgewichen (vgl. Mt 19,27). Der Arbeiter muß ‚sein' Leben in der Kirche wiederfinden: Von seinen Alltagsereignissen, von seiner Abhängigkeit usw. muß gesprochen werden, und zwar mit ihm selbst. Der Arbeiter muß sein ‚Leben' in der Kirche wiederfinden: In seinem Leben muß ihm die Erkenntnis aufgehen, wo er schon in der Nachfolge Christi lebt, wo Christus ihm noch mehr zutraut."

Im ganzen fordert der Synodenbeschluß eine Verstärkung auch der theologisch-theoretischen Arbeit: in den theologischen Fakultäten und Hochschulen, in den Bildungswerken und Akademien, in der Theologenausbildung („Mit dem als Pflichtfach vorgeschriebenen Studium der christlichen Soziallehre an den katholisch-theologischen Fakultäten und Hochschulen ist ein von Fachleuten vorbereitetes und begleitetes Industriepraktikum zu verbinden."), durch besondere Sozialinstitute. Die Pastoralräte sollen Ausschüsse für „Berufs- und Arbeitswelt" einrichten, in den Bistümern sollen hauptamtliche Seelsorgestellen für Arbeiter- und Betriebsseelsorge eingerichtet werden. Und nicht zuletzt: die katholischen Arbeitnehmerorganisationen sind wie früher entschieden zu fördern.

*Eine Frage an Kirche und Gesellschaft*

Unter den möglichen sozialen Themen, die von der Synode hätten behandelt werden können, darf die *Gastarbeiterfrage* ohne Zweifel eine besondere Dringlichkeit beanspruchen. Wir kennen sie alle, die Türken, Griechen, Spanier, Italiener, die Kroaten und Serben, die in unseren Städten arbeiten und wohnen, die offensichtlich ihr Leben nach recht anderen Grundsätzen als wir ausrichten, über die auch gute oder üble Witze kursieren und mit denen es nicht nur am Arbeitsplatz zu Spannungen kommt. Faßbinders Film „Katzelmacher", schon 1969 gedreht, hat breitere Schichten darauf aufmerksam gemacht, welche harten Probleme der Isolierung, des sozialen Hasses und der Mißverständnisse hier zu überwinden sind. Aber auch konkrete sozialpolitische Fragen, von denen nur wenige in der Bevölkerung wissen, müssen zur Debatte stehen.

„Die Kirche hat den Auftrag, der Verwirklichung des Reiches Gottes zu dienen. So wirkt sie zugleich am Heil der Menschen. Dieser Auftrag kennt keine nationalen Grenzen. Sie nimmt sich vor allem der Fremden und Bedrängten an, macht sich die Leiden und Anliegen der Randgruppen und der Unterdrückten zu eigen und tritt als Anwalt und Verteidiger ihrer Rechte auf. Christliche Diakonie zielt, dem Willen Gottes entsprechend, auf die Lebensfülle des Menschen und auf eine menschlichere und brüderlichere Welt, auch wenn eine volle Überwindung dieser Not in der Welt nie möglich ist... Der Mensch muß wirklich als Mensch und darf nicht als bloße Arbeitskraft behandelt werden. Das bedeutet, daß die Wirtschaft im Dienst des Menschen stehen muß und nicht der Mensch im Dienst der Wirtschaft. Die Ausländer sind keine Ware, die man nur nach dem Gesetz von Angebot und Nachfrage handeln kann."

Mit solchen Sätzen ist klar, daß, wenn die Gastarbeiterfrage von der Kirche zur Sprache gebracht wird, der Horizont individueller Betreuung, so wichtig dieser ist, verlassen werden muß, weil es sich hier um grundsätzliche Fragen des sozialen und wirtschaftlichen Lebens handelt.

„Zur Verwirklichung des sozialen Rechtsstaates sowie im Interesse des Gemeinwohls und der ausländischen Arbeitnehmer und ihrer Familien muß nunmehr von den Verantwortlichen ein Gesamtkonzept entwickelt werden, welches neben wirtschaftlichen und arbeitsmarktpolitischen Aspekten auch anderen Aspekten des Gemeinwohls starke Beachtung schenkt (Infrastruktur, Probleme der Ballungsgebiete, Verlegung von Arbeitsstätten, europäische Zusammenhänge). Dabei wird sich zeigen, daß ein solches Gesamtkonzept langfristig sein wird und keine Patentlösung darstellen kann, vielmehr nur eine möglichst ausgewogene Abstimmung widerstrebender Interessen der deutschen Bevölkerung, der ausländischen Arbeitnehmer, ihrer Herkunftsländer und der Mitgliedstaaten der Europäischen Gemeinschaft ... Erfahrungen aus anderen Ländern zeigen, daß der gesellschaftliche Frieden durch Versäumnisse in diesen Fragen akut gefährdet werden kann ..."

Es wird deutlich, daß auch heute, in der wirtschaftlichen Rezession, die Probleme, die in diesem Synoden-Dokument unter noch etwas anderen Voraussetzungen dargestellt wurden, gültig sind. Es ging der Synode auf der einen Seite um die Behebung aktueller Schwierigkeiten, mehr noch aber fühlte sie sich dazu aufgerufen, grundsätzliche Fragen zur Beschäftigung der Gastarbeiter überhaupt zu stellen. Sie wies auf die inhumanen Folgen hin, die eine rein merkantile Sicht der Dinge bringe, bringen müsse, gebracht habe. Das sind objektive Sachverhalte, die nicht im Willen des einzelnen begründet, sondern durch gesellschaftliche Strukturen verursacht sind.

Die grundlegenden Forderungen der Synode sind schon knapp in der Inhaltsangabe (vgl. S. 219f.) dargestellt worden. Man geht davon aus, daß ein Land, das in solcher Millionen-Anzahl Gastarbeiter beschäftigt, diese „Gäste" wohl am Arbeitsplatz begrüßen, im sonstigen persönlichen und gesellschaftlichen Leben aber nicht ignorieren kann. Man kann solche Mitbürger zum Beispiel nicht unter ein Ausländer-Recht stellen, das für ganz andere Umstände entworfen ist; oder zuwenig Plätze in den Kindergärten und Schulen, zuwenig Wohnungen für diese Menschengruppe bereitstellen. Auf der anderen Seite hat es auch keinen Sinn, übertriebenen idealen Vorstellungen nachzuhängen, denn sicher liegt manche Schuld an den falschen Entwicklungen auch an den Gastarbeitern selbst: „Der Umfang der Anpassung bzw. Fehlanpassung hängt von verschiedenen Faktoren ab, zu denen sowohl die Struktur der Aufnahmegesellschaft als auch die Persönlichkeitsstruktur des einzelnen Ausländers gehören." Hier muß also der Hebel zur Besserung ansetzen. „Auch wenn die Mehrzahl der ausländischen Arbeitnehmer nach absehbarer Zeit in ihre Heimat zurückkehren will, ist für eine Integration – und sei es auch nur für eine ‚Integration auf Zeit' – dringend erforderlich, die Infrastrukturen entscheidend zu verbessern."

„Die Synode macht nicht nur auf Versäumnisse und Fehler von Staat und Kirche aufmerksam, sondern bekennt auch, daß die Kirche in der Bundesrepublik Deutschland sich dieser Probleme bisher nicht genügend angenommen hat. Deshalb richten sich die Forderungen und Empfehlungen der Vorlage zunächst an die Kirche, zumal dort, wo sie selbst in ihren Institutionen als Arbeitgeber auftritt und ausländische Arbeitnehmer beschäftigt. Es ist ihre Aufgabe, im eigenen Bereich Modelle der Kooperation, Partnerschaft und Eingliederung zu entwikkeln... Auch jeder einzelne Christ und die Kirche in allen Gliederungen sind aufgerufen, Vorurteile gegenüber Ausländern zu überwinden. Als Arbeitgeber, Vermieter und Kollege deren schwache Stellung nicht auszunützen, die Rechte der Ausländer zu verteidigen und ihre Stellung und ihr Mitwirken in Kirche, Staat und Gesellschaft zu fördern..."

Es ist hier nun nicht möglich, auf alle Einzelheiten dieser Probleme einzugehen. Die Vorschläge des Synoden-Textes sind detailliert, aus Erfahrung formuliert und kenntnisreich. In Bonn und in den Ländern hat das Dokument starke Beachtung gefunden, mehr als in manchen kirchlichen Kreisen. Viele der in ihm beklagten Zustände haben sich in der Zwischenzeit trotz der Wirtschaftskrise schon merklich verbessert.

## 2. Das kulturpolitische Erbe und eine neue Zeit

### Schwerpunkte kirchlicher Verantwortung im Bildungsbereich

Die katholische Kirche ist heute eine der ältesten Erziehungsinstitutionen der Welt. Seit Jahrhunderten erzieht und bildet sie Menschen. Ihr verdankt das Abendland seine Bildung, seine Kultur. Sie hat das Erbe der Antike in eine neue Zeit gerettet, unzählige Kunstwerke in Auftrag gegeben, ihre Mönche haben Millionen von Menschen schreiben und rechnen gelehrt, die Entwicklung der europäischen Universität ist ohne die Kirche nicht denkbar.

Freilich: die Neuzeit hat die Kirche als Beherrscherin der Bildung entthront. Universität, Wissenschaft und Schule wie auch Kunst und Literatur entzogen sich seit dem Ende des Mittelalters allmählich und unter harten Kämpfen der kirchlichen Bevormundung. Die Kirche hat zwar immer wieder versucht, zu retten, was zu retten ist, hat in der Barockzeit sogar noch einmal in einer fast gewaltsamen Zusammenschau der religiösen und weltlichen Bildung Hervorragendes geleistet – aber die Säkularisierung ließ sich dadurch nicht aufhalten. Im 19. Jahrhundert zog sich die Kirche resignierend und offenbar endgültig aus den meisten Positionen zurück und baute vom katholischen Kindergarten bis zur katholischen Universität ein eigenes Bildungssystem auf (wohl am stärksten ausgeprägt in den USA). Konnte die „heile Welt" des Glaubens nur im Getto gerettet werden?

Die Folgen dieser harten Trennung von den lebendigen Strömen der Zeit waren verheerend: die kirchliche Bildung verödete, verlor jeden universalen Zug, wurde eng, prüde und muffig. Eine ängstliche Apologetik vergiftete die Atmosphäre. Als Carl *Muth* 1898 seinen berühmten Aufsatz über den Niedergang der christlichen Kultur veröffentlichte und eine Erneuerung aus dem Geist eines weltoffenen Humanismus verlangte, war sozusagen der letzte Tiefpunkt erreicht. Katholische Schulen galten als ein Muster der Rückständigkeit, die katholische Theologie seufzte unter einem neuscholastischen Joch, Prüderie und Ängstlichkeit beherrschten das Feld.

Nach dem Ersten Weltkrieg begann ein Aufschwung, ein „Renouveau catholique", das die Welt in Staunen versetzte. Innerhalb weniger Jahre wurde die katholische Kulturwelt entscheidend verändert. Die kirchliche Kunst blühte auf, eine christliche Literatur von Rang machte sich bemerkbar. Wir möchten für Deutschland nur an den Katholischen Akademiker-Verband, die Salzburger Hochschulwochen, an die Bildungsarbeit der großen benediktinischen Klöster erinnern. Literarische Zeitschriften wie das „Hochland" übten einen tiefen Einfluß im Sinne eines der Welt zugewandten Humanismus aus.

### *Zwischen Bildungsdefizit und kulturpolitischem Formalismus*

Das katholische Bildungssystem blieb von dieser Entwicklung natürlich nicht unberührt. Trotzdem ist es eigenartig, daß es im Kern und letztlich offenbar nicht seine Chancen erkannte. Die päpstliche Erziehungsenzyklika „Divini illius magistri“ aus dem Jahr 1929 erschien schon bei ihrer Veröffentlichung für Mitteleuropa hoffnungslos veraltet. In den fünfziger Jahren brandete in Deutschland eine heftige öffentliche Diskussion über das katholische „Bildungsdefizit“ auf. Der katholischen Bildungspolitik warf man Formalismus vor, ihr Grundmotiv sei letztlich apologetisch geblieben. Nicht Verantwortung für die Welt, sondern Wahrung kirchlicher Rechte sei ihr eigentliches Ziel. Als negatives Beispiel einer solchen einseitigen Haltung wurde gern das Reichskonkordat mit Hitler aus dem Jahr 1933 genannt. Es sicherte die konfessionelle Volksschule und andere kulturpolitische Privilegien – aber um welchen Preis! Katholische Bildungspolitik in der Sackgasse?

Weder das Konzil noch die nachkonziliare Entwicklung brachten da einen energischen Durchbruch. Die Konzilserklärung über die christliche Erziehung gehört zu den rückständigsten Dokumenten der römischen Kirchenversammlung, ein Text, dem die Konzilsväter selbst nur mit Bedenken zustimmten und dessen Verbindlichkeit möglichst heruntergeschraubt wurde. Wenn es um das katholische Bildungssystem ging, wurde weiterhin oft in einer konfessionellen Enge argumentiert, die auf anderen Gebieten längst überwunden schien.

Als 1968 die „Kulturrevolution“ auch die Bundesrepublik erreichte, stand man praktisch hilflos vor dieser Herausforderung einer neuen Zeit, die an den Nerv des christlichen Bildungsauftrags ging. Marxistische Kinderläden und antiautoritäre Bewegung an Schule und Universität überrollten mit einem fast revolutionären Schwung das liberal-aufgeklärte Bildungssystem der Gesellschaft – die katholische Sonderwelt stand verschüchtert in der Ecke. Auch nach dem Abebben der großen Welle von Herausforderungen sind die Folgen dieser verlorenen Schlacht auf Schritt und Tritt zu spüren. Die studentische Jugend wandte sich in Massen von einer Bildungswelt ab, die sie nicht mehr verstand, und konnte nicht mehr zurückgewonnen werden. Der Religionsunterricht geriet in eine umfassende Krise. Die Glaubwürdigkeit katholischer Bildungsinhalte wurde bis ins letzte erschüttert.

Auch die Synode, darf man offen feststellen, hat hier nicht die notwendige Wende gebracht. Sie hat wohl den Ernst der Stunde unterschätzt. Ihr Beschluß „Schwerpunkte kirchlicher Verantwortung im Bildungsbereich“ ist kein Instrument, um das Ruder der Entwicklung herumzureißen. Freilich – es ist auch kein reaktionäres Dokument. Es ist das Zeugnis eines guten pastoralen Willens. Es lohnt die Auseinandersetzung, weil es jene Ansätze zeigt, auf denen man weiterbauen kann.

*Entstehung des Beschlusses „Schwerpunkte kirchlicher Bildungsarbeit“*

Sachkommission VI („Erziehung – Bildung – Information“) hatte zu Beginn der Synodenarbeit das umfangreiche Themenangebot ihres Bereichs in fünf Sachgruppen eingeteilt:

1. schulischer Religionsunterricht,
2. Kleinkindpädagogik,
3. Medien,
4. Schulen in freier Trägerschaft,
5. Hochschule.

Für jedes Gebiet wurde ein Team geschaffen, man dachte daran, jeweils auch eine eigene Vorlage zu erarbeiten.

Die Kommission stand, wie sie selber oft betont hat, vor keiner leichten Arbeit. Auf der einen Seite befand sich das Bildungswesen der Bundesrepublik gerade in dieser Zeit in einem unübersichtlichen Umbruchsprozeß, auf der anderen Seite mußte sie auch bald feststellen, daß man von *einheitlichen* Vorstellungen über Bildungsfragen oder -reform unter den deutschen Katholiken heute nicht mehr sprechen kann. So mußte die Kommission über lange Zeit sich mit schwierigen Grundsatzfragen herumschlagen. Man einigte sich nicht auf ein einheitliches „Konzept“, wohl aber auf einen *Rahmen*, eine Leistung, deren Wert vielleicht unterschätzt worden ist. Immerhin konnte sich so die Synode von radikalen Tendenzen von links *wie auch von rechts* deutlich abgrenzen. Utopische Emanzipationstheorien wurden ebenso abgelehnt wie reaktionäre Vorstellungen eines geschlossenen katholischen Bildungssystems. Der Beitrag der Kirche zu Bildungsfragen sollte als eine seelsorgliche, eine gesellschaftsdiakonische Aufgabe der Kirche gesehen werden, eine Grundentscheidung, die auch heute noch nicht selbstverständlich ist.

Im Laufe des Jahres 1972 klärten sich die Vorstellungen. In zwei Themenbereichen war man relativ früh zu Textentwürfen gekommen: über Sinn und Aufgabe kirchlicher („freier“) Schulen und zur Kleinkindpädagogik („Kindergärten“). Ein grundsätzlicher Text über „Kirche und Bildung“ folgte bald.

Die Themenreduzierung, die von der Synode Anfang 1973 beschlossen wurde, bedeutete in dieser Lage einen schweren Eingriff in schon weit entwickelte Pläne. Die Kommission sollte nun nur *eine* Vorlage der Vollversammlung unterbreiten. In der ersten Hälfte des Jahres 1973 wurde man sich notgedrungen über die acht *Schwerpunkte* klar, die in diesen Text hineingepreßt werden sollten. Es waren dieselben, die später im Beschluß standen. Eine grundsätzliche Einleitung sollte ihnen vorangestellt werden. Dieses Konzept wurde bis zum Schluß der Synodenarbeit durchgehalten.

Ende des gleichen Jahres war der Text hergestellt, nachdem die Einzelentwürfe fast um die Hälfte zusammengestrichen werden mußten. Er umfaßte etwa 20 Seiten, wobei ein kurzer Beschlußteil, in Thesenform abgefaßt, etwa sechs Seiten ausfüllte, der ausführlichere Begründungsteil den Rest. Die *erste Lesung* fand am 23. Mai 1974 statt. Die Berichterstattung der Kommission trug Schwester M. Carola Kahler vor, die Erklärung der Bischofskonferenz erläuterte Weihbischof Rolly, Mainz. Die Debatte war keine der „großen" der Synode, aber es zeigte sich, daß die Kirche doch eine Reihe hervorragender Fachleute für dieses Gebiet besitzt. Kultusminister Maier aus München forderte eine entschiedenere Frontstellung gegen moderne Experimente, er wurde unterstützt von Staatssekretärin Laurien, „Schulbischof" Pohlschneider und anderen. Albrecht Beckel oder die Schuldirektorin Doris Knab warnten jedoch mit Unterstützung vieler Freunde vor dem Aufbau einer katholischen „Gegen-Ideologie". Es gehe in erster Linie darum, an schwachen Stellen der gesamtgesellschaftlichen Verantwortung helfend einzuspringen und Benachteiligungen und Unrecht zu beseitigen.

Die verschiedenen Tendenzen, die zum Ausdruck kamen, wurden bis zum Ende der Synode leider nicht ausgeglichen. Dies lag vielleicht auch daran, daß die entscheidende Fragestellung für viele Synodale nicht deutlich genug herausgearbeitet worden war. So blieb ein gewisser Schleier über Debatte und Text. Die Abstimmung zur ersten Lesung brachte 206 Ja, 23 Nein, 14 Enthaltungen.

Wichtigstes Ergebnis der Synoden-Diskussion wurde die Forderung, die künstliche Trennung zwischen Beschluß- und Begründungsteil aufzuheben. Mit Recht hat die Kommission jedoch über die Forderung den Kopf geschüttelt, auf der einen Seite die kirchliche Verantwortung *ausführlicher* darzustellen, auf der anderen die Vorlage zu kürzen, zu straffen. Man versuchte nun mit Erfolg, die Schwerpunkte klarer zu umreißen, wobei die grundlegend *offene* Haltung des Textes gewahrt blieb. Die zweite Lesung fand unter großem Zeitdruck nach einem Jahr, am 11. Mai 1975, statt. Ein Versuch in letzter Minute, den kirchlichen Hochschulgemeinden jede politische Verantwortung abzustreiten, wurde abgewiesen und die Vorlage mit großer Mehrheit angenommen: 163 Ja, 5 Nein, 3 Enthaltungen. Da aber nicht mehr zwei Drittel der Synodalen anwesend waren, mußte die Endabstimmung zu Beginn der achten Vollversammlung am 18. November 1975 wiederholt werden: 189 Ja, 26 Nein, 18 Enthaltungen.

## *Zum Inhalt*

Zwar wurde des öfteren die Länge dieses Textes kritisiert, aber er ist bei weitem nicht der längste der Synode: 19 Seiten. Der frühere Beschlußtext tritt uns jetzt in der Form amtlicher „Empfehlungen“ entgegen, 38 an der Zahl. Neun Kapitel unterschiedlicher Länge werden vorgestellt.

*1. Zur Grundlegung*
*Vom Auftrag der Kirche im Bereich der Bildung:* er wird aus ihrer Mitverantwortung für das gesamtmenschliche Leben begründet.
*Grundsätzliches zum Beitrag katholischer Christen zur Gestaltung unseres Bildungswesens:* Glaube und Liebe sollen die Christen dazu treiben, sich um die Bildung der Mitmenschen zu kümmern, wobei die zu Recht bestehende Verschiedenheit ihrer Auffassungen eine fruchtbare Spannung bringen kann.
*Bemerkungen zum Stand der Bildungsreform:* Die Synode spricht ein klares Ja zur Bildungsreform von heute, ja, sie unterstreicht deren Notwendigkeit mit deutlichen Worten. Sie distanziert sich aber von Bemühungen, mit denen schwierige Sachverhalte simplifiziert werden und letztlich verhängnisvolle Ideologien in den pädagogischen Bereich eindringen.

*2. Zur Erziehung des Kindes in den ersten sechs Lebensjahren*
In diesem Kapitel wird zuerst auf die Bedeutung der Familie für die Erziehung des kleinen Kindes hingewiesen. Die Berufstätigkeit der jungen Mütter soll durch ein „Erziehungsgeld“ eingeschränkt werden. Den zweiten Bereich der Kleinkinderziehung stellen die Kindergärten dar. Für sie werden mehr Plätze, vor allem aber eine bessere Fachausbildung gefordert. Nachdrücklich weist die Synode darauf hin, daß die Religionspädagogik der kirchlichen Kindergartenarbeit unterentwickelt ist. Schließlich fordert sie, daß schon an der Schule Pädagogik gelehrt wird, damit „junge Menschen besser und gezielter auf ihre Erzieherrolle vorbereitet werden“.

*3. Sorge für Behinderte*
In diesem hervorragenden Kapitel wird auf die Not der Schwächsten in unserer Gesellschaft hingewiesen. Ein entscheidender Test für den „Humanisierungswillen“ der Leistungsgesellschaft. Aber auch kirchliche Einrichtungen und Veranstaltungen würden zu wenig an die Behinderten denken. Seelsorgliche Hilfen für Behinderte und deren Angehörige seien von der Pastoraltheologie bisher überhaupt nicht in den Blick genommen worden.

*4. Zur beruflichen Bildung*
Auch dies ein Sorgenkind einer modernen, rein auf den Profit ausgerichteten Gesellschaft. Hier sieht die Synode einen echten Schwerpunkt notwendiger Maßnahmen. Die Berufsschule müsse vom „Verzweckten“ losgelöst werden, müsse eine pädagogischere, auf die Gesamtbildung des Schülers ausgerichtete Zielsetzung erhalten. Daß die Kirche auch hier in einem gefährlichen Ausmaß

„verweltlicht" ist, sehe man daran, daß der von ihr verantwortete Religionsunterricht an den Berufsschulen vernachlässigt wird. Wann wird sich die Kirche mit gleicher Liebe um die Berufsschüler kümmern wie um die Gymnasiasten?

*5. Förderung katholischer Schulen in freier Trägerschaft*
Ein traditioneller Bereich der katholischen Kulturpolitik: die Forderung und die Verteidigung des Rechtes, katholische Privatschulen zu unterhalten. Der Text ist wenig selbstkritisch und wiederholt teilweise Bekanntes. Aber er fordert auch Reformen im Innern und erkennt neue Verpflichtungen an, zum Beispiel in der ökumenischen Offenheit.

*6. Zur Mitwirkung im Schulwesen*
Auch hier ist die Synode, ausgehend vom traditionellen Elternrecht, mit der neuen Situation, wie sie heute zwischen Lehrer, Eltern und Schüler herrscht, nicht zurechtgekommen. Leider mehr eine gutgemeinte Willenserklärung als ein hilfreicher Beitrag zur Bildungsreform.

*7. Zur Schulseelsorge*
Ein kurzer, fast revolutionärer Abschnitt, von dem man gespannt sein darf, ob er in den nächsten Jahren Wirkung zeitigen wird. Da der Religionsunterricht nicht Seelsorge ist, soll eine eigene Schulseelsorge aufgebaut werden. Angesichts des heutigen Priestermangels eine realistische Sicht? Es wird angedeutet, daß für diese Arbeit auch Laien eingesetzt werden könnten. Aber wie? Immerhin wird ein Anstoß gegeben. Eine bessere Schulseelsorge ist tatsächlich eine Forderung der Zeit.

*8. Zur Hochschulbildung und Hochschulpastoral*
Das Kapitel enthält drei Unterabschnitte. Zuerst wird etwas über die Rolle der *Theologie* an den Universitäten gesagt: sie ist unersetzlich und darf nicht aufgegeben werden. Dann werden in einem kurzen Abschnitt einige neuralgische Punkte der *Hochschul- und Studienreform* genannt: Tendenz zur Vermassung, Humanisierung statt Ideologisierung, materielle und psychische Not der Studenten. *Zur Hochschulpastoral:* Mitten in der Krise der katholischen Hochschulgemeinden ein Bekenntnis zu ihrer Notwendigkeit, auch zu Experimenten und zu einem „Freiheitsraum". Der Hochschulseelsorge sollen die finanziellen Mittel nicht beschnitten werden.

*9. Zur Weiterbildung/Erwachsenenbildung in katholischer Trägerschaft*
Die katholische Erwachsenenbildung sei „ein wichtiger Bereich" der geistigen Auseinandersetzung von heute. Wertvolle konkrete Hinweise werden gegeben. Freilich erscheint vieles zumindest unverbindlich. Dieser Mangel des Textes kann nicht durch seine Kürze entschuldigt werden.
Im Ganzen: ein Beschluß, der viele gute Gedanken und einige sehr gute Abschnitte enthält, der aber doch irgendwie unentschieden wirkt. Ein neues pastorales Grundkonzept hat sich nicht überzeugend artikulieren können.

Seit der europäischen „Kulturrevolution“ Ende der sechziger Jahre hat sich die kulturpolitische Landschaft in der Bundesrepublik entscheidend verändert. Die Synode *mußte* zu diesen Vorgängen etwas sagen, und sie wollte dies so sagen, daß es nicht einfach als eine bloße Verteidigung des kirchlichen Besitzstandes erschien. Beides ist der Synode gelungen, und die entsprechenden Abschnitte des Beschlusses „Schwerpunkte Bildungsbereich“ sind von einem grundsätzlich offenen, nach vorn weisenden Geist getragen.

Eines ist vor allem wichtig: es wird keine geschlossene „Front“ der Katholiken gefordert, sondern man rechnet wie selbstverständlich mit einem gewissen Pluralismus auch innerhalb der Kirche. Es gibt heute nicht mehr den „Aufriß eines in sich geschlossenen christlichen Bildungssystems“, auch nicht mehr konkrete kulturpolitische Imperative, denn „christliches Handeln braucht wesentlich den Freiheitsraum für die neue Entscheidung in der jeweiligen geschichtlichen Situation ... Bei allem Engagement der Christen bleibt eine dauernde Spannung bestehen zwischen dem Anspruch der Offenbarung und den notwendig unvollkommenen und zeitbedingten politischen Entscheidungen. Im konkreten bildungspolitischen Handeln wird es daher oft eine *Mehrzahl christlich legitimer Entscheidungsmöglichkeiten* geben. Diese Spannung zwischen Anspruch und Entscheidung kann fruchtbar und fördernd auf den bildungspolitischen Beitrag der Christen wirken ...“

Man hat im Ablauf der Synode eigentlich völlig übersehen, welche Tragweite solche Sätze, von einem höchsten kirchlichen Gremium unter Zustimmung der Bischöfe ausgesprochen, besitzen. Sie gehen weit über das hinaus, was etwa noch vom Zweiten Vatikanischen Konzil über den kirchlichen Bildungsauftrag, zum Beispiel in der „Erklärung über die christliche Erziehung“ vom 28.10.1965, gesagt worden war.

Pluralismus bedeutet jedoch nicht, daß der Christ völlig privatistisch urteilen und entscheiden könnte. Er ist Glied einer Gemeinschaft, der Kirche, und diese Gemeinschaft würde sich selbst aufgeben, wenn sie in keiner Weise mehr auf dem Gebiet der Bildung, das für ihr eigenes Wirken so wichtig ist, Verbindliches sagen könnte. So hat die Synode, vor allem im ersten, einleitenden Kapitel, Grundsätze aufgestellt, die durchaus alle Katholiken angehen, auch wenn diese Richtlinien nicht als „Gesetz“ vorgeschrieben werden. Zuerst werden drei Erziehungsziele genannt, denen sich die Kirche heute verpflichtet weiß:

*die Entfaltung der menschlichen Anlagen,*
*die Befähigung des Menschen zum Dienst an der Welt,*
*der Dienst am Reich Gottes.*

Der persönlich-personale, der gesellschaftliche und der religiöse Auftrag der Bildung werden also miteinander verklammert und als sich gegenseitig ergänzend angesehen. „Damit ist allerdings noch nicht gesagt, wie das Ineinanderwirken dieser Ziele zu verstehen ist, wie jedes Ziel für sich auch in seinem Eigenwert geachtet werden kann und wie man diese Ziele heute so ausspricht, daß die Menschen sich davon bestimmen lassen."

Es wird erklärt, daß der Christ gerade auch die „weltlichen" Erziehungsziele braucht, damit er seinen Glauben in einer guten, unverklemmten Weise entfalten kann. Letztes Ziel von allem ist die innere Freiheit: sich selbst, der Gesellschaft und Gott gegenüber.

Bei den konkreten Inhalten wird auf Schwerpunkte hingewiesen, von denen die meisten später in den speziellen Kapiteln des Dokuments wieder auftauchen. Das grundlegende Erziehungsrecht soll und muß weiterhin bei den Eltern liegen, darf nicht auf die Gesellschaft abgewälzt werden. Staat und Kirche haben nur eine „regelnde" und „unterstützende" Aufgabe. Aber man darf den „sekundären" Erziehungsträgern auch nicht eine zu minimalistische Rolle zuerteilen. Die sich aus dem Gemeinwohl ergebenden „Rechte und Pflichten des Staates für das Bildungswesen erkennt die Synode an. Diese Kompetenz bezieht sich insbesondere auf die Notwendigkeit, die Gleichheit von Erziehungszielen, Leistungsanforderungen und schulischen Einrichtungen ... zu sichern ..." Man wehrt sich allerdings gegen „monopolistische und uniformierende Tendenzen im Bildungswesen".

Der umstrittene Begriff der *Emanzipation* wird positiv beurteilt. „Die Synode unterstützt alles Bemühen, größere Chancengerechtigkeit im Bildungswesen herzustellen. Es erscheint ihr deshalb gut, die Durchlässigkeit zwischen den verschiedenen Bereichen des Bildungswesens zu verbessern, den gleichen Rang von beruflicher und allge-

---

*Zu den Bildern*
*Oben links:* Zu Beginn war außerhalb der offiziellen Synodenarbeit eine „linke" Vereinigung, die sich „Arbeitsgemeinschaft Synode" nannte, sehr rührig. Vor dem Eingang zur Synodenaula wurden Einladungen zu ihren Veranstaltungen verteilt. Der evangelische Beobachter Prof. E. Schlink (rechts) liest eine mit Interesse. „Das ist ja wie bei uns!"

*Oben rechts:* Jugendliche Gruppen versammeln sich vor dem Eingang zur Synode. „Macht euch Luft in der etablierten Kirche" – kein schlechtes Motto. Die Aktionen der Jugend wurden wohlwollend aufgenommen.

*Unten links:* Studentenpfarrer Kerstiens, ein Haupt der „AG-Synode", begrüßt zu später Stunde in schon rauchgeschwängerter Luft bei Bier und Cola „die Seinen". Manchmal kam sogar ein Bischof zu diesen privaten Treffen, zum Beispiel Weihbischof Kampe. Die Anregungen der AG-Synode waren durchaus konstruktiv. Obwohl der revolutionäre Schwung im Lauf der Zeit nachließ, ist bei vielen Synoden-Beschlüssen der Einfluß dieser Arbeit nachweisbar.

*Unten rechts:* Eine lose Vereinigung von Synodalen, der „Kontaktkreis Synode" (KKS), trifft sich. Man orientierte sich über „Trends", klärte Fragen, verständigte sich über mögliche Wege. Eine wertvolle Arbeit, die von der Leitung der Synode leider beargwöhnt wurde.

HOFSTALLSTR. 4
Pressekonferenz
Gespräch
zwischen
SYNODALEN

MACHT EUCH
LUFT
in der
etablierten Kirche

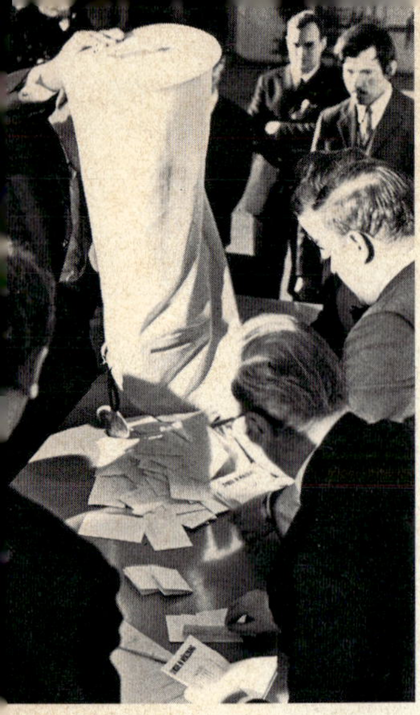

*Unten:* Pflichtübung: Ausfüllen von Wahlzetteln (bei der konstituierenden Sitzung). Ganz rechts Bischof Kempf von Limburg, neben ihm Bischof Leiprecht von Rottenburg. Der „Block" der Bischöfe saß geschlossen in der Synodenaula, alle schwarz gekleidet und ohne jedes Anzeichen eines „Pluralismus". Der Erfolg der Synode war aber auch ein Erfolg der Bischofskonferenz, deren konstruktive Mitarbeit immer wertvoller wurde.

*Oben links:* Wenn Personen zu wählen waren (in die Zentralkommission oder in andere Ausschüsse), konnte die elektronische Maschine nicht benutzt werden. Da mußten Menschen als Zähler her. Zu loben in Würzburg immer und in jedem Fall: die großartige Organisation!

*Oben Mitte:* Die Abstimmungen über Anträge und Texte wurden mit einer elektronischen Zählmaschine ausgeführt. Das ging schnell und war praktisch: nur ein Druck auf die Taste: Ja, Nein, Enthaltung…

*Oben rechts:* Ohne Technik geht es nicht. Neben dem Moderatoren-Pult die Bedienung der Abstimmungsmaschine. Sie hatte schon bei der Wiener Diözesansynode gute Dienste geleistet.

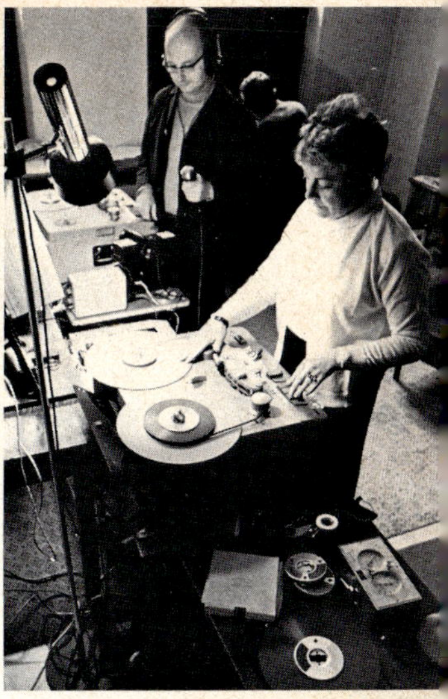

*Oben links:* Manche stöhnten über den „Papierkrieg", aber er war eben notwendig. Hunderte von Änderungs- oder Zusatzanträgen mußten begutachtet werden. Still und unauffällig bewegten sich die jungen Helfer zwischen den Bankreihen. Ihr Dienst wurde oft dankbar beklatscht.

*Oben rechts:* Jede Einzelheit der Debatten wurde durch Parlamentsstenographen und auf Tonbändern (Bild) festgehalten und nach diesen Aufzeichnungen ein „Wortprotokoll" hergestellt, das jeder Synodale zum Selbstkostenpreis erhalten konnte. Hat sich all dieser Aufwand gelohnt, fragte sich mancher? Aber die Deutschen lieben eben die Perfektion.

*Unten links:* Der Präsident der Synode begibt sich durch den Kreuzgang des Würzburger Domes zur Vollversammlung. Rechts von ihm ist P. Ludwig Kaufmann von der „Orientierung" zu sehen. Ob er dem Kardinal tüchtig seine Meinung sagen konnte? Links hält Domkapitular Weitmann aus Rottenburg „Abstand".

*Unten rechts:* Immer wieder wurden Gäste in die nichtöffentlichen Synodensitzungen geladen. Hier eine Gruppe von jungen Leuten. Sie fanden den Stil der Beratungen „Klasse".

meiner Bildung sicherzustellen und Möglichkeiten zur Weiterbildung in jeder Lebensphase anzubieten. Die Synode begrüßt es, daß Erziehung und Bildung Verantwortlichkeit und Mündigkeit eines jeden Menschen anstreben, daß jeder Mensch individuell gefördert werden soll. Verantwortung und Freiheit müssen wesentliches Ziel aller Bildungsbemühungen sein ... Diese Forderung nach ‚Emanzipation' enthält wertvolle Elemente einer christlichen Freiheitstradition, die sich vom Evangelium herleiten ..."

Zugleich werden die Notwendigkeiten der modernen Industriegesellschaft anerkannt, ein gewisses Maß an weiterer Demokratisierung, an Bildungsplanung, an gesellschaftlicher Orientierung, auch an praktischer Effektivität.

Zwar wird im Synoden-Beschluß auch sehr ausführlich auf die Gefahren der Übertreibung hingewiesen, die in solchen Entwicklungen liegen, aber der positive Grundton wird dadurch nicht gleichsam ungültig gemacht. Man wünscht nur, daß Bewährtes durch Reformen nicht vernichtet, das Kind nicht „mit dem Bad ausgeschüttet" wird.

So werden Möglichkeiten aufgezeigt, aber auch Grenzen deutlich markiert. Ein konservativer Grundton ist nicht zu überhören, mag das nun einem lieb sein oder nicht.

### *Das überlieferte System*

In der ersten Hälfte des Jahrhunderts hat die katholische Kirche in Deutschland viele ihrer Positionen, die sie einmal im Bildungswesen innehatte, aufgeben müssen. Nicht ohne Kämpfe und Schmerzen wurde der kirchliche Charakter der Volksschule beseitigt und wurde die Theologie aus ihrer beherrschenden Stellung an den Universitäten gedrängt. Was blieb, erschien wie ein Restbestand: die Kindergärten, der Religionsunterricht an den öffentlichen Schulen, die Errichtung

---

*Zu den Bildern*

*Oben:* „Noch eine Tasse bitte, Schwester!" So sah es an der Theke einer der drei Kaffee-Bars aus (eine, die für Nichtraucher, war meistens recht leer!). Es gab nicht nur Kaffee, sondern auch Bouillon und Säfte – und jede Menge belegter Brötchen. Mancher Pressemann sparte hier sein Spesen-Mittagessen.

*Mitte:* Und so drängte man sich, wenn gerade eine wichtige Abstimmung vorbei war. Alles „floh" aus dem Plenum, wo manche Redner nun fast wie im Bundestag vor leeren Reihen predigen mußten. Wenn es dann aber durch den Lautsprecher hieß, „Nächster Redner Karl Rahner", war die Kaffeebar wie im Nu wieder reingefegt ...

*Unten links:* Das südliche Seitenschiff des Würzburger Doms, die „Lobby" der Synode. Auch hier traf man sich, sprach man sich – der Moderator mußte manchmal mahnen, „da hinten etwas leiser" zu sein!

*Unten rechts:* So ging man durch den Kreuzgang vom Burkardus-Haus in das Hauptschiff des Doms, wo die Vollversammlungen stattfanden. Hier durfte man noch rauchen, kleine Ausstellungen wurden veranstaltet, sogar eine „Lobby" rührte sich, wie das Bild zeigt. Vertreter der Jugend drückten während der siebten Vollversammlung vor der Abstimmung zur Jugendvorlage jedem Synodalen ein Taschentuch in die Hand mit der Aufschrift: „Erinnern Sie sich ... Sie wollten doch der Synodenvorlage über kirchliche Jugendarbeit zustimmen ..." Ob Prof. Staudinger aus Paderborn (Mitte) es getan haben wird? Er lächelt ganz zuversichtlich.

eigener Privatschulen, die theologischen Fakultäten, die kirchlichen Hochschulen und die kirchliche Erwachsenenbildung. Die Synode hat mit Entschiedenheit diesen Restbestand gegen Angriffe von außen verteidigt, aber auch die Notwendigkeit unterstrichen, ihn durch innere Erneuerung glaubwürdiger, überzeugender, anziehender und moderner zu machen.

Die äußere Seite ist schnell dargelegt: „Für katholische Christen gehört zu einer sachgerechten und freiheitlichen Gestaltung des Bildungsbereiches im demokratischen Staat das Recht auf Errichtung, Unterhaltung und eigene Prägung von Einrichtungen in freier Trägerschaft. Dies gilt in abgestufter Weise

für die Erziehung des Kindes vor der Einschulung,
für Schulen,
für Hochschulen,
für die außerschulische Jugendbildung,
für die Weiterbildung/Erwachsenenbildung,
für Internate und Heime."

Solche kirchlichen Einrichtungen sind den öffentlichen gleichrangig, und sie haben Anspruch nicht nur auf Almosen des Staates, sondern auf geregelte und verbindliche Subventionen. Warum? Weil sie das öffentliche Bildungssystem ersetzen oder ergänzen, nehmen sie öffentliche Aufgaben wahr. Daß aber eigene kirchliche Anstalten berechtigt sind, ergibt sich aus dem Pluralismus des heutigen gesellschaftlichen Lebens. Jenen, die für sich oder ihre Kinder eine christlich ausgerichtete Bildung und Ausbildung wünschen, muß diese Möglichkeit geboten werden. „Ein Bildungswesen in freier Trägerschaft ist daher wesentliches Moment für die Ausfüllung der freiheitlich-demokratischen Verfassungsordnung in unserem Staat..."

Es werden aber nicht nur rechtliche, sondern auch pädagogische Gründe genannt: jede Vielfalt wirkt anregend und befruchtend. „Die Existenz und die Zusammenarbeit verschiedenartiger Bildungseinrichtungen des Staates und der freien Träger ermöglichen es, pädagogische Erfahrungen auszutauschen, sich gegenseitig (!) zu korrigieren und anzuregen, die pädagogische Praxis auf beiden Seiten fortzuentwickeln."

Als erstes werden die *Kindergärten* genannt, ein Gebiet, daß auch heute noch eine Domäne der Kirchen darstellt. Sie will diesen sozialen Auftrag auch weiter übernehmen, aber die Synoden-Erklärung macht eine bemerkenswerte Einschränkung: „Die finanziellen Möglichkeiten der Kirche sind jedoch beschränkt. Sie kann nur eine begrenzte Anzahl von Plätzen unterhalten, wenn sie diese so ausstatten will, daß sie den

Anforderungen nach sachgerechter Arbeit sowohl personell, finanziell als auch baulich gerecht werden."

So ist die Kirche durchaus nicht gegen die Förderung des kommunalen Kindergartenbaus, sie fordert von sich nur die Freiheit, eigene Einrichtungen zu betreiben. Wichtiger erscheint ihr heute, und das ist eine wesentliche Erkenntnis der Synode, daß die kirchlichen Kindergärten auf der Höhe der Zeit stehen sollten. Hierzu hat die Synode Anregungen gegeben: Aus-, Weiter- und Fortbildung des Fachpersonals, Rückbindung an die kirchlichen Gemeinden, vor allem aber soll jeweils für etwa 50 Kindergärten eine „unabhängige Fachberatungskraft" zur Verfügung stehen.

Die Form der religiösen Bildung, wie sie in den Kindergärten geschieht, ist eine besondere Sorge der Synode. Sie „weist darauf hin, daß das Kleinkindalter ein entscheidender Zeitpunkt für die Glaubensentwicklung des Menschen ist. Eltern und sozialpädagogische Fachkräfte tragen durch ihre Erziehungsarbeit in Familie und Kindergarten gemeinsam dazu bei, dem Kind den Glauben zu vermitteln". Aber bei Eltern wie Kindergärtnerinnen sei der Glaube heute oft schwach, wenig überzeugend, unglaubwürdig. Das hat zu einer „besorgniserregenden Konzeptionslosigkeit" geführt. Wenn ein Kindergarten *christlich* sein will, dann kann er das nur überzeugend sein, wenn auch die sozialpädagogischen Fachkräfte „ihre eigene christliche Grundhaltung bewußt und sichtbar in den Erziehungsprozeß" einbringen. „Insofern ist das Problem einer Glaubenserziehung des Kleinkindes auch eine Frage der religiösen Erwachsenenbildung!"

Ähnlich wird die Situation an den *katholischen Privatschulen* gesehen: es genüge nicht, ihre rechtliche Position äußerlich zu verteidigen, wichtiger ist, daß die christliche Substanz nicht innerlich ausgehöhlt wird. „Die katholischen Schulen ... sollen dem Menschen ... auch helfen, ein Leben aus dem Glauben zu führen und sich in der Welt als Christ zu verhalten. Gerade in einer Gesellschaft, in der die Grundhaltung des Menschen zunehmend positivistische und rationalistische Tendenzen aufweist, muß sich der junge Mensch sachgerecht und in zeitgemäßer Sprache mit der Botschaft Christi auseinandersetzen können, um dann aus eigener Reflexion zum personalen Glaubensvollzug vorstoßen zu können. Glaube ist nicht zu erzwingen; gebunden an die freie Zustimmung des einzelnen, ist er ein Akt der Gnade Gottes. Katholische Schulen sollen sich aber bemühen, Hilfen für den Glauben zu geben ..."

Besonders das Lehrerproblem wirft hier Fragen auf: auf der einen Seite ist es mißlich, eine rein formale Orthodoxie zu unterstreichen, auf der anderen müssen eben doch gewisse Grenzen eingehalten werden. „Gelebte Glaubensüberzeugung, menschliche und intellektuelle Redlichkeit und die Zuwendung zum Schüler sollen charakteristische Haltungen des Lehrers an katholischen Schulen sein..."

Die Synode fordert die kirchlichen Träger solcher Schulen auf, nichts zu versäumen, was der inneren und äußeren Modernisierung dient. Ein ganzer Katalog bedenkenswerter Maßnahmen wird vorgeschlagen.

Schließlich wird als dritte Säule freier kirchlicher Bildung heute die *Erwachsenenbildung* behandelt. „Die Synode empfiehlt ein verstärktes Engagement der Kirche in der Weiterbildung... der Eigenständigkeit von Einrichtungen der Weiterbildung in katholischer Trägerschaft Rechnung zu tragen... daß sie untereinander sowie mit anderen Trägern, Einrichtungen und Bildungsbereichen kooperieren... unterstützt den Anspruch... auf Gleichrangigkeit mit Einrichtungen anderer Träger und auf Gleichstellung bei der Förderung durch Bund, Länder und kommunale Gebietskörperschaften."

### *Erneuerung aus dem Geist der Seelsorge*

Der pastorale Charakter, von dem auch der kirchliche Beitrag zum Bildungswesen heute sich bestimmen lassen will, ist in der Erörterung der Kindergarten- und Privatschul-Frage schon deutlich hervorgetreten. Noch deutlicher wird er in jenen Abschnitten unseres Beschlusses, in denen eigene seelsorgliche Maßnahmen empfohlen werden. So heißt es in Kapitel 7 unter der Überschrift *„Zur Schulseelsorge":*

„Es erweist sich in vielen Bereichen als notwendig, die Pfarrseelsorge durch ein Netz weiterer pastoraler Angebote zu ergänzen... Zu den Schwerpunkten kirchlicher Verantwortung im Bildungsbereich gehört es, vorhandene Ansätze (der Schulseelsorge) in einzelnen Diözesen auszubauen, erste Initiativen zu ermutigen und deren Weiterentwicklung zu fördern." In den Bistümern sollen „Verantwortliche für die Schulseelsorge" bestellt werden. Auch an jeder Schule selbst soll ein Priester oder ein Laie (nicht der Religionslehrer) seelsorglich verantwortlich sein. „Er soll im Gespräch mit dem Kollegium bleiben und entweder selbst an der Schule Angebote machen oder überörtliche Angebote vermitteln." Vor allem Ordensleute werden gebeten, sich für diese neue Aufgabe zu interessieren und einzusetzen.

Offensichtlich dachte man beim geplanten Aufbau einer Schülerseelsorge an die Studentenseelsorge, deren Konzept sich nach 1945 immer überzeugender durchgesetzt hat. Aber die ersten Studentenpfarrer sind nicht von einer Synode unter die Studenten geschickt worden, sondern sie folgten aus sich selbst diesem Ruf, oft genug gegen den Widerstand der kirchlichen Behörden. Heute kann die Synode nachträglich erklären: „Die Synode fordert, daß innerhalb der Kirche in der Bundesrepublik Deutschland die Hochschulgemeinden ihren festen Platz einnehmen..."

Ist der ihnen nicht sicher? Tatsächlich ist es in den letzten Jahren zu heftigen Spannungen zwischen den Studentengemeinden und den Bischöfen gekommen. Die nach links tendierende KDSE („Katholische Deutsche Studenten-Einigung") wurde aufgelöst, neue Formen, die die Gemeinden mehr von den Bischöfen abhängig machen, wurden eingeführt. Die Synode versuchte hier zu vermitteln. Sie bat alle Beteiligten um Einsehen, unterstrich aber zum Beispiel den umstrittenen „politischen" Auftrag der Hochschulgemeinden. „Die Synode empfiehlt, der Hochschulpastoral wegen ihrer besonderen Situation einen angemessenen Freiheitsraum zu gewähren. Experimente sollen jedoch gut bedacht, sorgfältig geplant und mit dem Ortsbischof abgesprochen werden. So dienen sie auch der allgemeinen kirchlichen Seelsorge." Aus solchen Sätzen erkennt man aber auch, daß offenbar nicht alles theoretisch geregelt werden kann. Das Bemühen, den Heiligen Geist zu reglementieren, wird hier etwas peinlich sichtbar.

### *Außenseiter der Gesellschaft und der Kirche?*

Zwei Schwerpunkte unseres Textes haben einen besonderen Charakter, weil sie Bereiche behandeln, die sonst am Rand der Bildungsbemühungen stehen: auf der einen Seite die *Behinderten,* auf der anderen die *Berufsschüler.* Beide natürlich nicht vergleichbaren Gruppen sind Stiefkinder der öffentlichen Bildungsbemühungen.

„Jahrelang stand die gesamte Berufsbildung im Schatten der Expansion des allgemeinen Schulwesens... In letzter Zeit erkannte man die Fragwürdigkeit dieser einseitigen Bevorzugung. Damit ist jedoch keineswegs die Benachteiligung eines großen Teils der Jugend aufgehoben..." Die Synode stellt in diesem Abschnitt (Kapitel 4) eine Reihe von sinnvollen und konkreten Forderungen, die zu beherzigen wären, unter anderen: „Ein Bildungswesen, das die Förderung des einzelnen verwirklichen will, muß die Durchlässigkeit zwischen den Bildungsgängen ermöglichen..."

Die skandalöse Situation im Religionsunterricht an den Berufsschulen beweist, daß die Kirche auf diesem Gebiet keineswegs „besser" ist als die Welt. „In fast allen Ländern der Bundesrepublik fällt über die Hälfte – und teilweise noch erheblich mehr – des Religionsunterrichtes an den berufsbildenden Schulen aus" – weitaus mehr als an anderen Schulen. So empfiehlt die Synode, „den Religionsunterricht an den beruflichen Schulen stärker zu fördern, weil er dem Schüler hilft, die Frage nach Mensch, Welt und Gott zu stellen, sich mit den möglichen Antworten auseinanderzusetzen und so sein Leben verantwortlich zu gestalten".

Noch trister sieht es bei der Bildung der *Behinderten* aus. „Die Zahl der Einrichtungen der Behindertenhilfe zu vergrößern genügt allein nicht; die Angebote der Hilfe im Bereich der Frühförderung, der schulvorbereitenden Einrichtungen, der Sonderschulen, der Berufsbildung, der Arbeits- und Beschäftigungsmöglichkeiten und der Wohnformen Behinderter müssen gezielt und differenziert sein." Wenn „Humanisierung" nicht ein Schlagwort sein soll, dann ist auf diesem Gebiet eine radikale Änderung unseres gesellschaftlichen Bewußtseins notwendig.

Die Kirche hätte gerade hier eine besondere Aufgabe. „Nicht selten ist eine abweisende und ablehnende Haltung gegenüber Behinderten festzustellen. Sie erwächst nicht zuletzt aus Unwissenheit über Behinderungen und mögliche Hilfen für Behinderte..." Eine besondere Chance wird darin gesehen, daß man im kirchlichen Raum Behinderte und Nichtbehinderte zwanglos zusammenbringt, in gemeinsamer Freizeit, beim Gottesdienst, in Jugendveranstaltungen, bei Festen. Auch solche Kontakte tragen zur „Bildung" bei – nicht nur der Behinderten, sondern auch jener, deren Körper zwar nicht behindert ist, deren Seelen-Haushalt jedoch einseitig erscheint.

# 3. An den Grenzen des Wachstums

## Entwicklung, Frieden, Mission

Die Kirchengeschichte beweist, daß in den wechselnden Zeiten zwar die Formen der christlichen Nächstenliebe sich wandelten, daß aber in all diesen Änderungen der Geschichte das eine Grundgesetz des Christentums immer hochgehalten wurde: Gottes- und Nächstenliebe gehören untrennbar zusammen. Die Gemeinsame Synode hat den Dreiklang *Entwicklungsarbeit–Mission–Friedensarbeit* betont herausgestellt: auch er ist, wenn man auf die Kirchengeschichte zurückblickt, nicht eigentlich etwas Neues.

In jeder Kulturgeschichte Europas ist nachzulesen, welche Zivilisationskraft der christliche Glaube zum Beispiel bei den Germanen oder den Russen des frühen Mittelalters entfaltet hat. Die Mönche, die Deutschland missionierten, haben nicht nur das Evangelium, sondern auch den Obst- und Weinbau gebracht. Sie sprachen über Christus, aber sie lehrten die Analphabeten auch lesen und schreiben, gründeten Klosterschulen, rodeten die Urwälder, zeigten den einfachen Menschen jener Zeit ein Stück urbaner Humanität. Das Ideal der christlichen Ehe, auch wenn es nicht eingehalten wurde, zog im Lauf der Zeit gesellschaftspolititsche Folgen nach sich, die Stellung der Frau wurde gehoben, die Sklaverei allmählich überwunden oder wenigstens in Leibeigenschaft umgewandelt. Und daß die Kirche immer wieder auf Friede und Friedensbereitschaft drängte, kann nur derjenige übersehen, dessen Blick auf die dunklen Seiten der Kirchengeschichte verengt ist.

Der Missionar, der in der Entwicklungsarbeit steht, hat allerdings eine subsidiäre Aufgabe. Er hat nur einzuspringen, wenn die Kräfte der Welt nicht ausreichen oder versagen. Er wird sich sofort zurückziehen, wenn die in Not befindlichen Menschen sich selber helfen können. Er will nicht herrschen, sondern dienen, und wo Hilfe (im umfassenden Sinn dieses Wortes) nicht mehr gebraucht wird, ist es unnütz und sogar schädlich, sie aufzudrängen. Es war wohl einer der verhängnisvollsten Fehler der christlichen Geschichte, daß die Kirche zu Ausgang des Mittelalters nicht begriff, daß die Europäer gewisse Bereiche der kirchlichen Entwicklungs- und Erziehungsarbeit nicht mehr nötig hatten, sie sich „emanzipieren" konnten. Das Verhältnis von Kirche und Welt wurde dadurch schwer gestört – ein verhängnisvoller Prozeß. Seine Auswirkungen bekommen wir noch heute zu spüren.

Die Kirche braucht, wenn sie sich von einem Arbeitsfeld zurückzieht, keine Sorge zu haben, daß die Nächstenliebe „arbeitslos" wird! „Arme habt ihr immer unter euch." Die deutschen Bauern brauchen heute keine Benediktiner mehr, die sie den Ackerbau lehren, aber Landflucht und Rationalisierung sind Fragen, zu denen vielleicht auch die Kirche aus sozialer Verantwortung etwas sagen kann.

Wenn heute von Entwicklungsarbeit gesprochen wird, dann denken wir natürlich nicht mehr an die hochindustrialisierten Länder Mitteleuropas, zu denen die Bundesrepublik gehört. Aber daß Bewußtseinsbildung zu dieser Frage *bei uns* notwendig ist, stellt einen wichtigen Teil der Entwicklungshilfe für jene Länder dar, die sie brauchen. Oder wenn man an Friede, Friedenspolitik, Friedenserziehung denkt: Die mächtigen Staaten des Westens spielen auf diesem Gebiet eine bedeutende Rolle, und die deutsche Kirche hat hier ohne Zweifel eine ganz besondere Aufgabe.

*Realistisch und in kleinen Schritten*

Man hat gesagt, die Kirche dürfe sich nicht um *politische* Fragen des Friedens kümmern. Das mochte zutreffen für die Antike, in der die „Pax Romana" im Imperium der Römer eine ganz eigene Situation geschaffen hatte. Aber immerhin stand auch schon damals der soziale Aspekt aller Friedensbemühungen im Bewußtsein, wie der Philemon-Brief des Neuen Testamentes beweist. Später wurde es Aufgabe von Bischöfen, zwischen rivalisierenden Generälen oder Kaisern zu vermitteln. Als im frühen Mittelalter das ständige Fehdewesen dem Gemeinwohl erheblich schadete, trat die Kirche auf, um es zu beseitigen oder wenigstens einzudämmen. Um die Jahrtausendwende erließ eine Versammlung von kirchlichen und weltlichen Führern in Aquitanien (Südfrankreich) die Bestimmung, „es solle in den Bistümern und Grafschaften von Stund an kein Diebstahl, Raub oder sonstige Gewalttat verübt werden und jeder Übertreter dieses Gebots soll *exkommuniziert,* verflucht und *von der Schwelle der heiligen Kirche verbannt* sein, bis er Genugtuung geleistet hat". Klingt das nicht ähnlich wie in modernen Forderungen, nach denen der Papst jeden Staatsmann, der eine Atommacht besitzt, zu exkommunizieren habe?

Der Dominikanerpater Franziskus Maria Stratmann, Führer der katholischen Pazifisten Deutschlands in den zwanziger Jahren („Friedensbund Deutscher Katholiken"), hat in einem seiner Bücher dazu erklärt: man könne „über solche Allgemeinheiten und Überspannungen nur lächeln". Der aquitanische Erlaß des Jahres 1000 blieb praktisch wirkungslos, weil er an der psychologischen und politischen Realität der Zeit vorbeiging.

Ein halbes Jahrhundert später war man im gleichen Frankreich realistischer gworden. 1040 schlugen französische Bischöfe zur Bekämpfung des Unfriedens einen Kompromiß vor, das, was später „Treuga Dei" genannt wurde: jeweils von Donnerstag bis Sonntag keine Fehden und Kleinkriege mehr durchzuführen. „Nur" an drei Tagen der Woche sollten sie noch als erlaubt gelten. Diese erste „Friedenserziehung" der Weltgeschichte, eine Politik der kleinen Schritte also, wurde tatsächlich Wirklichkeit und ein bedeutender Faktor im Aufbau des hohen Mittelalters. Das zweite und dritte Laterankonzil (1123 und 1139) schrieben den „begrenzten Gottesfrieden", die „Treuga Dei", für das ganze Abendland vor. Stratmann nannte das „eine Etappe auf dem Weg zur Überwindung des Privatkrieges, leider nicht der großen Kriege".

Solche Ereignisse, die mehr als Episoden der Kirchengeschichte sind, können und dürfen wohl nicht beschönigen, daß das Christentum in der Auseinandersetzung mit dem kriegerischen Geist der Menschen lange Zeiten hindurch lau war und weit hinter dem biblischen Auftrag zurückgeblieben ist. Nur mit Scham mag man daran denken, daß in langen Zeiten im Namen Christi blutigste und grausamste Religionskriege geführt wurden.

Gegen Ende des 19. Jahrhunderts begann sich die Kirche unter dem Ansturm einer neuen Epoche von der lange Zeit herrschenden privatistischen Deutung ihrer Weltverantwortung zu lösen. Während sich noch 150 Jahre früher die Päpste ohne Skrupel in die europäischen Kriegshändel parteiisch eingemischt hatten, versuchte Benedikt XV. im Ersten Weltkrieg, obwohl er als Italiener mitbeteiligt war, über den Parteien zu stehen. Er litt zwar sehr darunter, daß seine friedensmissionarische Tätigkeit schließlich scheiterte, trotzdem hat er ein Signal gesetzt, hinter das die Kirche nicht mehr zurückkonnte. Auch in bezug auf die Mission bedeutete sein Pontifikat einen Umbruch: die Ablösung vom Kolonialismus begann. Unter seinem Nachfolger Pius XI. wurden die ersten farbigen Bischöfe geweiht, eine Entwicklung, die von den nächsten Päpsten konsequent fortgesetzt wurde und in der Konzilserklärung über die *Mission*, über die Selbständigkeit und Einpflanzung der Kirche in nichteuropäischen Kulturen ihre Erfüllung fand.

### *Der „franziskanische Impuls"*

Es ist nicht möglich, hier nun alle geschichtlichen Linien auszuziehen, die zu den Würzburger Beschlüssen über Friede, Entwicklung und Mission geführt haben. Man hat die Anstöße, die in den sechziger Jahren kirchlich zum Tragen kamen, einen „franziskanischen Impuls" genannt. Schon um 1920 ist ein Gebet volkstümlich geworden, das dem heiligen Franziskus zugeschrieben wird und diesem neuen Geist Ausdruck verleiht: „O Herr, mach mich zu einem Werkzeug Deines Friedens! Daß ich Liebe übe – wo man sich haßt; daß ich verzeihe – wo man sich beleidigt; daß ich verbinde – da, wo Streit ist; daß ich die Wahrheit sage – wo der Irrtum herrscht..." Tatsächlich – die heutige Umbruchssituation in der Weltverantwortung der Kirche beruht auf einer starken innerlichen Spiritualität. Ohne sie wären alle Erneuerungsbestrebungen auf diesem Gebiet zum Scheitern verurteilt. Marksteine auf dem Weg sind die Enzykliken „Mater et magistra"

(1961), „Pacem in terris" (1963), die Konzilserklärungen über die Mission und die Kirche in der Welt von heute (1965) und die Enzyklika „Populorum progressio" (1967). 1967 wurde auch die päpstliche Kommission „Justitia et pax" gegründet, etwas völlig Neues in der Kirchengeschichte: eine römische Institution allein für die Zeitprobleme des Friedens und der Dritten Welt.

Deutschland hatte nach dem Zusammenbruch der Hitler-Herrschaft ein besonders starkes Bedürfnis, für den Frieden zu wirken. Man ging dabei nicht mehr die alten Wege des kirchlichen Pazifismus, sondern versuchte durch die „Pax Christi-Bewegung" einen neuen Ansatz „von unten". Dieser war nicht einfach „pragmatisch", aber auch nicht „idealistisch". Man organisierte persönliche Begegnungen zwischen verfeindeten Völkern, schuf Familienkontakte, brachte den Jugendaustausch in Gang, stellte den Dialog auf einer konkreten Grundlage her. Die internationale Ausrichtung der katholischen Kirche bot hervorragende Ansatzpunkte für eine solche Weise des Vorgehens. Die Erbfeindschaft zwischen Franzosen und Deutschen wäre ohne die internationale Arbeit von „Pax Christi" nie so abgebaut worden, wie es tatsächlich nach 1945 geschah. Oder man denke an die „Versöhnungsbrücke", die unter schwierigsten Umständen immer neu nach Polen und nach Israel geschlagen wird. Hier hat der „franziskanische Impuls" einer neuen Zeit seine erste Bewährungsprobe bestanden. Später wurden die Werke „Misereor" und „Adveniat" gegründet, Einrichtungen, die bahnbrechend wirkten. Über siebzig Prozent der Entwicklungsarbeit der katholischen Kirche in der Welt werden heute durch die Kirche der Bundesrepublik finanziert oder geleistet. Ist das eine „reiche" Kirche, die nur sich selbst lebt?

Bei der Synoden-Umfrage unter den deutschen Katholiken wurde 1970 gefragt, welche Sorgen die Gläubigen am meisten bedrängen. In den Antworten an erster Stelle: der Friede (69,9 Prozent), an zweiter Stelle: Hunger und Armut in der Welt (55,1 Prozent).

Was sollte in dieser Situation die Gemeinsame Synode feststellen, erklären, fordern? Sie hat gegen manchen Widerstand zwei Texte verabschiedet, die nicht nur die bisherige Arbeit bestätigen, sondern konsequent einer nüchternen Weiterentwicklung und Vertiefung das Wort reden. Es handelt sich nicht um radikale Dokumente, denn verbale Radikalität war in Würzburg verdächtig. Man machte sich Gedanken um das „Machbare", eine Haltung, die Respekt verdient, weil sie nicht nach dem Applaus der leicht Erregbaren schielt. Das eine Dokument beschäftigt sich in zwei Teilen mit Fragen der kirchlichen Entwicklungs- und Friedensarbeit, das andere mit dem missionarischen Dienst unter den Völkern der Welt.

Sachkommission V („Gesellschaftliche Aufgaben“) hatte sich aus den Prioritäten des anfänglichen Themenkatalogs der Synode drei Schwerpunkte herausgesucht: *Entwicklung und Frieden, Gesellschaftspolitik, Kirche und Staat.* Während die Ergebnisse der Arbeiten zu den letzteren Themen der Öffentlichkeit in zwei Arbeitspapieren vorliegen („Leistungsgesellschaft“, „Kirche und Staat“, vgl. S. 267/68), ist das erste zu einem Beschluß geworden, der zu den bedeutendsten der Würzburger Versammlung gehört.

Der Beginn in der entsprechenden Untergruppe der Kommission war voller Unsicherheit. Zuerst beschäftigte man sich mit Entwicklungsfragen, dann mit der Friedensproblematik. Nach dem Vorbild des Konzils sollten beide Punkte in *einem* Dokument behandelt werden. Aufgrund der Kürzungsvorschläge des Jahres 1972 sollte der Text mit den Aussagen über die *Mission* zusammengelegt werden. Aber Proteste der beiden beteiligten Kommissionen führten dazu, daß man die Thematik wieder – mit Recht – trennte. So konnte die Arbeit im Jahr 1973 zügig vorangetrieben werden. Schon im Herbst des gleichen Jahres war der Text „Entwicklung und Frieden“ kommissionsintern fertiggestellt.

Die *erste Lesung* in der Vollversammlung fand ein halbes Jahr später, am 26. 5. 1974, statt. Die Debatte war kein Höhepunkt des Synodengeschehens. Die Bischofskonferenz forderte theologische Vertiefung und Rücksicht auf die begrenzte Finanzkraft der Kirche. Forderungen, die zu radikal erschienen, wurden vom Synoden-Plenum abgelehnt, trotzdem wurde mehr Selbstkritik der europäischen Kirche und der deutschen Christen gewünscht. Der Berichterstatter Dr. Maxelon erklärte am Schluß der Diskussion, daß die Kommission die Grundrichtung der Wortmeldungen selber sehr begrüße und die Vorlage entsprechend umarbeiten werde. Abstimmungsergebnis: 190 Ja, 9 Nein, 9 Enthaltungen.

Auch aus der Dritten Welt gingen Stellungnahmen, besonders zur Entwicklungsproblematik, ein. Man hatte die Textentwürfe ins Englische und Französische übersetzt und nach Übersee geschickt: eine vorbildliche Methode, den Dialog mit den „Betroffenen“ zu suchen. Die Vorlage wurde in vielen Teilen neu gefaßt und inhaltlich um mehr als ein Drittel vermehrt. Zwischentitel wurden eingeführt, das Ganze erschien nun besser gegliedert, begründet und formuliert. In die theologischen Partien wurden wichtige biblische Hinweise aufgenommen.

Die Deutsche Bischofskonferenz begrüßte die Vorlage zur zweiten Lesung mit betont zustimmenden Worten. Auch sonst war das Echo erfreulich positiv. Manche Gedanken des Beschlusses „Unsere Hoffnung“ schienen hier eine konkrete Auffüllung aus gleicher Gesinnung zu erfahren. Nach einer kurzen Schlußdebatte zur zweiten Lesung am 19. November 1975, die keine neuen Gesichtspunkte erbrachte, wurde der Text mit 248 Ja, 4 Nein und 3 Enthaltungen angenommen.

### *Zum Inhalt*

Die 24 Seiten unseres Dokuments sind gut zu lesen, sie geben einen eindrucksvollen Einstieg in die Problematik und dürften zur Zeit in knapper Form die beste Information über den gegenwärtigen Stand der Diskussion zur Entwicklungs- und Friedensproblematik darstellen.

*Präambel*
Sie schildert in sechs kurzen Abschnitten die Krisensituation der heutigen Menschheit, den Glauben der Christen an eine „neue Erde“, das Wächteramt der Kirche gegenüber dem Unrecht der Welt, die Verbindung von horizontaler und vertikaler Ausrichtung der christlichen Sendung, die innere Zusammengehörigkeit von Entwicklung und Frieden. Sie endet mit einem Appell, vor dem Übermaß der Aufgaben nicht zu kapitulieren und „Mut zu kleinen Schritten“ zu entwickeln.

1. *Entwicklungsarbeit der Kirche*
Das erste Hauptkapitel enthält eine Beschreibung der Situation, die Darstellung der Ziele und Schwerpunkte kirchlicher Entwicklungsarbeit und eine Reihe von Empfehlungen und Anordnungen.

1. *Zur allgemeinen Situation.* Zuerst werden in weltweitem Maßstab die „objektiven“ Kriterien der gegenwärtigen Entwicklungskrise genannt, ein kurzer Katalog, der als Faktendarstellung notwendig ist. Dann aber wird erklärt, wie *unsicher* und *unklar* man sich darüber ist, wie nun die Not behoben werden sollte, und zwar Unklarheit sowohl in den Entwicklungsländern wie bei den Industrienationen. Die Leistungen der kirchlichen Entwicklungshilfe werden genannt, selbstkritische Anfragen zu ihrem bisherigen Vorgehen gestellt.

2. *Grundlagen, Ziele und Schwerpunkte für die Entwicklungsarbeit der Kirche.* Drei Aufgabenbereiche werden herausgestellt: Gewissens- und Bewußtseinsbildung der Menschen hier in Deutschland, Anwalt der Entwicklungsländer zu sein, drittens: selbst materielle und personelle Hilfe zu leisten. Einige Maßstäbe hierfür werden aufgezählt: Hilfe zur Selbsthilfe, Bildung und Ausbildung, aktuelle Einzelhilfe, auch in Katastrophenfällen. Es folgen drei Sonderabschnitte über das Problem der *Gewalt*, zur *Geburteneinschränkung*, und darüber, daß jede Entwicklungsarbeit im Geist wirklicher *Partnerschaft* erfolgen sollte. In vier Kreisen zusammengefaßt, werden insgesamt 24 *Empfehlungen* ausgesprochen. Drei *Anordnungen* beschäftigen sich mit der Öffentlichkeitsarbeit, mit dem Werk „Misereor“ und dem „Katholischen

Arbeitskreis Entwicklung und Frieden" (der alle drei Jahre einen Gesamtbericht zur Entwicklungsarbeit der deutschen Kirche vorlegen soll).

*2. Die Friedensarbeit der Kirche*

Dieses etwas längere zweite Hauptkapitel ist ähnlich aufgebaut wie das erste, allerdings ist es nicht ganz so klar und konsequent gegliedert.

*Zur allgemeinen Situation.* Die Formen des heutigen Unfriedens werden knapp dargestellt, ein Blick auf die Vielschichtigkeit der Probleme soll kurzschlüssige Urteile verbieten. Der Text ist dabei durchaus nicht harmonisierend, im Gegenteil, die Schwere der Aufgaben tritt deutlich und drängend hervor. Auf einige grundlegende Möglichkeiten im Bereich der „Teilziele", der einzelnen Arbeitsfelder, auch auf die bisherige Friedensarbeit der Kirche wird zurückgeblickt. Die Selbstkritik ist sachlich und daher überzeugend. Auch die unterschiedlichen kirchlichen Standpunkte werden dargestellt.

*Ziele und Schwerpunkte kirchlicher Friedensarbeit.* Zuerst wird eine sehr schöne und die ganze Hoffnungskraft des christlichen Glaubens mobilisierende Friedenstheologie geboten, wird auch nüchtern ein „Orientierungsrahmen für das Friedenshandeln der Kirche" abgegrenzt. Nach dieser Behandlung der Grundlagen folgen zwei Schwerpunkte: „*Erziehung* zum Frieden" und „*Dienste* für den Frieden". Hier wird die Notwendigkeit unterstrichen, „aktiv und schöpferisch" neue kirchliche Versöhnungsdienste ins Leben zu rufen und die bisherigen entschiedener zu fördern. Einige gezielt-konkrete Unterabschnitte folgen: „Kriegsdienstverweigerung und Zivildienst", „Wehrdienst", „Gewaltverzicht, Verständigung auf Kooperation", „Völkerrecht – Menschenrechte", „Zwischenkirchlicher Dialog als Beitrag zum Frieden", „Förderung der Zusammenarbeit", „Lösung innerkirchlicher Konflikte".

Das Friedenskapitel spricht keine Anordnungen aus, schließt aber mit der Aufzählung von 28 bedenkenswerten Empfehlungen. Sie wollen konkrete Maßnahmen zur Friedenserziehung, zu den Friedensdiensten und zur Organisation der kirchlichen Tätigkeit auf diesem Gebiet anregen.

## *Entstehung der Vorlage „Missionarischer Dienst an der Welt"*

Man hat oft bedauert, daß der Beschluß über die Missionstätigkeit der Kirche, die ja mit der (sozialen und bildungsmäßigen) Entwicklungsarbeit eng verbunden ist, von einer anderen Kommission behandelt wurde. Die Trennung ist jedoch auch ein Vorteil: der andere Blickwinkel, mit dem hier andere Männer und Frauen an das Thema herangegangen sind, kann nur anregend und bereichernd wirken. Auch die Missionsvorlage ist ein guter Text der Synode. Mit überlegter Hand ist hier das Wichtigste, was sich der deutsche Christ heute zur Mission vor Augen halten muß, zusammengestellt.

Sachkommission X („Gesamtkirchliche und ökumenische Kooperation") war sowohl für die Ökumene-Vorlage (vgl. S. 91 ff.) wie für ihre Missionsvorlage mit hervorragenden Fachleuten und engagierten Laien besetzt – eine glückliche Konstellation für die Synode. Die Kommission teilte sich von Anfang an in zwei Untergruppen, die ihre Texte fast unabhängig voneinander erarbeiteten.

Die Untergruppe „Mission“ hatte schon ihre ersten Entwürfe fertig, als die Zentralkommission im Sommer 1972 verfügte, das Thema sei zu streichen. Auf Proteste hin wurde angeordnet, es mit dem Text „Entwicklung und Frieden“ zu einem Beschluß zusammenzulegen (vgl. S. 251). Nach der entscheidenden Vollversammlung im Januar 1973 wurde der Themenbereich aber wieder als eigene Beschlußvorlage zugelassen, schon wenige Monate später lag der fertige Text intern vor. Herbst 1973 wurde er von der Gesamtkommission behandelt, aber erst Februar 1974 von ihr verabschiedet.

Für die Herbstvollversammlung des gleichen Jahres stand die Vorlage zur *ersten Lesung* an (21. 11. 1974). P. Ludwig Wiedenmann war der Berichterstatter der Kommission, die – sehr positive – Stellungnahme der Bischofskonferenz trug Bischof Hengsbach vor. Da kurz zuvor die römische Bischofssynode das gleiche Thema – dort „Evangelisierung“ genannt – behandelt hatte, waren bei vielen Debattenrednern nicht nur das Interesse, sondern auch frische Kenntnisse vorhanden. Es wurde gefordert, die theologische Sicht zu vertiefen. Die Gefahr einer Zweiteilung in eine „horizontale“ (Entwicklungsarbeit) und eine „vertikale“ (Verkündung und Sakramente) Mission müsse verhindert werden. Auch die nichtchristlichen Religionen seien besser zu würdigen. Obwohl diese Debatte wenig öffentliche Resonanz hatte, war sie konstruktiv und weiterführend. Schlußabstimmung zur ersten Lesung: 206 Ja, 2 Nein, 4 Enthaltungen.

Die Vorlage wurde sehr sorgfältig nach den eingegangenen Voten, unter denen sich auch zahlreiche aus den Missionen (Afrika, Asien, Lateinamerika) befanden, überarbeitet. Der Text hatte zur *zweiten Lesung* wesentlich gewonnen. Die Debatte zu ihr, die am 19. November 1975 stattfand, brachte keine großen Probleme mehr. Ohne großes Geräusch wurde einer der besten Texte der Synode fast einstimmig gebilligt: 242 Ja, 1 Nein, keine Enthaltungen. In der Aula brandete zwar kein überschäumender, aber doch selbstbewußter Beifall auf. Der philippinische Bischof Julio Labayen, der als Gast der Synode anwesend war, wertete in einer Grußadresse diesen Beschluß als ein Zeichen dafür, daß die europäischen und die überseeischen Kirchen sich anfangen „zu verstehen“.

## *Zum Inhalt*

Die 16 Seiten teilen sich in eine kurze Präambel, eine etwas längere „Grundlegung“ und in einen ausführlichen Teil mit „praktischen Folgerungen“.

*Präambel*

Sie geht davon aus, daß die christliche Botschaft fast 2000 Jahre verkündet wird, aber immer noch zwei Drittel der Menschheit sich nicht zu ihr bekennen, sich heute ein durchaus begründetes „Unbehagen“ an den Missionsformen der europäischen Neuzeit äußert und daß es höchste Zeit ist, aus einer neuen, zeitgemäßen Sicht des Missionsgedankens Kraft zu schöpfen. Die bisherigen Leistungen der Mission werden dabei durchaus gewürdigt und anerkannt.

*Erster Teil: Grundlegung*

*Voraussetzung für Mission: der Glaube.* Nicht abstrakte theologische Einsichten, sondern gelebte Erfahrung machen das Zeugnis der Christen glaubwürdig. Dabei brauchen sie die positiven Elemente der nichtchristlichen Religionen nicht zu leugnen.

*Mission heute: neue Akzente.* Das Heil Gottes geht auf den ganzen Menschen, nicht nur darauf, „Seelen zu retten“. So gehören Verkündigung, Sakramente, Erziehung, Bildung, kulturelle und soziale Dienste zur Mission. Das eine ist nicht „Köder“ für das „Eigentliche“. Die „neue Sicht“ der Mission besteht auch darin, daß die Selbständigkeit der Ortskirchen in den Missionsländern anerkannt und respektiert wird, daß man sie ihren eigenen Weg gehen läßt, ihnen dabei aber brüderlich-solidarisch hilft. Zudem ist es Tatsache, daß die sogenannten Missionskirchen uns Europäern durchaus manches zu „geben“ haben.

*Missionarische Situationen.* Es wird geschildert, wie komplex die Umstände der Mission heute sind: anders in Afrika und Asien, anders in Lateinamerika, in den kommunistischen Ländern, in den westlichen Demokratien und Industriestaaten.

*Weltmissionarische Zusammenarbeit.* Ein Schlußabschnitt versucht noch einmal die „neue Sicht“ knapp zusammenzufassen und die für heute notwendige Motivation zur Mission anzusprechen.

*Zweiter Teil: Praktische Folgerungen*

Dieser längere Hauptteil enthält fünf größere Abschnitte, in denen gesagt wird, was man unter Beachtung der aufgestellten Maßstäbe heute nun tun kann.

*Missionarische Bewußtseinsbildung.* Sie ist immer noch und immer wieder neu notwendig, und zwar so, daß sie theologisch, menschlich und religiös überzeugend ist: durch Glaubensvertiefung und Gewissensschärfung, durch Information, durch Kontakte und durch die Überwindung der „Sonderrolle“, die die Mission im kirchlichen Leben heute leider spielt. Vier Empfehlungen: zur Integration in die normale Seelsorge; zur Rolle in der theologischen Ausbildung; zur Publizistik; zur Koordination der verschiedenen Missionswerke.

*Missionarische Grundhaltung.* Sie soll auf einer glaubwürdigen geistlichen Grundlage beruhen, ein „Lebenszeugnis“ sein, wobei wir Europäer geistlich oft „Nehmende“ sind.

*Geistliche Verbundenheit.* Bei aller menschlich-eigenen Leistung, die auch in der Missionsarbeit notwendig ist, muß immer daran gedacht werden, daß der eigentliche „Missionar" Gott ist. Mission kann letztlich nur aus einer geistlichen Mitte Erfolg haben. Drei Empfehlungen: zur geistlichen Missionshilfe, zum Gebet, zur Rolle der Fürbitte.

*Personelle Zusammenarbeit.* Ziel der Aussendung von europäischen Missionaren ist es, daß sie den einheimischen Ortskirchen *dienen* („gewandeltes Berufsbild"). Auch ist zu bemerken, daß wir bei unserem Mangel an geistlichen Berufen uns schon viele Schwestern und auch Priester von Übersee geholt haben, daß also ein „Austausch" stattfindet. Unser Priestermangel ist aber auf der anderen Seite kein Grund, keine Missionare mehr auszusenden. Drei Empfehlungen: Kooperation in der Werbung für missionarische Berufungen; trotz Mangel sind Kräfte für die Mission freizustellen; eine Handreichung für Touristen, die in Missionsländer reisen, soll erarbeitet werden.

*Verantwortlicher Einsatz finanzieller Mittel.* In knapper Form wird das Notwendige dazu gesagt: Geld für die Mission soll selbstlos (ohne Machtinteressen) gegeben, sorgfältiger eingesetzt, das Zeugnis der Armut nicht unterschätzt werden. Sechs Empfehlungen: jede Pfarrgemeinde soll regelmäßig etwas spenden; Doppelaktionen sollen vermieden werden; der Verband der Diözesen soll Mittel in einer Höhe geben, die man als *Opfer* bezeichnen kann; Spendenaufrufe sind unglaubwürdig, wenn die kirchlichen Amtsstellen nicht selbst bereit sind, großzügig zu geben...

*Organe.* In diesem letzten Abschnitt werden organisatorische Vorschläge gemacht: für die Pfarrgemeinde und den Pfarrgemeinderat, (3 Empfehlungen), für die mittlere pastorale Ebene (1 Empfehlung), für die Diözesen (1 Empfehlung: Errichtung einer „Diözesanstelle für Mission, Entwicklung und Frieden"), für die überdiözesane Ebene: 2 Empfehlungen (die bestehenden vier [!] päpstlichen Missionswerke in Deutschland sollen sich endlich vereinigen, der „Deutsche Katholische Missionsrat" und der „Deutsche Evangelische Missionsrat" sollen ihre Zusammenarbeit vertiefen und erweitern).

In einem kurzen *Schlußwort* wird den Missionaren – „den Priestern, Brüdern, Schwestern und Laien" – für ihren selbstlosen Einsatz gedankt.

## *Die Sicht der Fakten*

Welche Imperative man der Kirche in der heutigen Weltverantwortung zumutet, wird in einem starken Maß davon abhängen, wie man die Situation selbst sieht. Geht die Welt einer neuen Katastrophe entgegen? Oder setzen sich trotz allem die Fortschritte und damit Wohlstand und Friede durch? Bekanntlich widersprechen sich sogar die Fachleute. Der 1972 vom „Club of Rome" herausgegebene Meadows-Bericht über „Die Grenzen des Wachstums" gab eine pessimistische Diagnose – wenn man die Dinge so weiterlaufen lasse wie bisher. Andere, vor allem Wirtschaftswissenschaftler der Popper-

Schule, aber auch Mathematiker und Ökologen wie Barry Commoner, haben entschieden widersprochen. Es gebe Fakten, die einer Dramatisierung der Verhältnisse entgegenstehen und „hoffen“ lassen.

Auf welchen Standpunkt sollte sich nun die Synode stellen? Mit der Hinwendung zur einen oder anderen Seite mußte eine Vorentscheidung getroffen werden, die den Charakter der Lösungsversuche und des kirchlichen Aktionsprogramms zumindest grundsätzlich vorwegnahm. Man sieht an dieser Fragestellung auch, wie schwierig es wird, wenn die Kirche zu konkreten Weltproblemen Stellung nehmen soll. Sie kann ja nicht eigene Forschungen zu diesen Gebieten betreiben, sie muß sich auf „weltliche“ Vorarbeiten stützen. Aber auf welche?

Die Fachleute, die der Synode zur Verfügung standen, haben ihr gut geraten. Sie haben die kirchliche Stellungnahme aus der kontroversen Schußlinie herausgenommen und die wesentlichen Aussagen auf Tatbestände bezogen, die – mit wenigen Ausnahmen – allgemein anerkannt sind. Wie abwägend-sorgsam der Synodentext vorgeht, mag seine Darstellung der Kriegs- und Friedensproblematik von heute verdeutlichen:

„Die wechselseitige Abhängigkeit und zunehmende Verflechtung der Staaten und Gesellschaften, aber auch die vielfältigen Einflüsse, die von innergesellschaftlichen Verhältnissen auf das Staatensystem ausgehen und die von dort zurückwirken, lassen es nicht mehr zu, einzelne Konflikte und Unfriedenszustände isoliert zu sehen. Kuba-Krise, Indochina-Krieg, Nah-Ost-Konflikt und die Konflikte in Afrika lehren, wie schnell die Kriegsgefahr wächst oder der Krieg sich verschärft, zumal wenn eine Region gleichsam im Schnittpunkt von Ost-West- und Nord-Süd-Konflikt liegt. Die Ölkrise hat uns durch die Veränderung der Handelsbeziehungen schlagartig spüren lassen, was wirtschaftliche Abhängigkeit bedeutet, von der sonst ausschließlich Industrieländer profitieren. Auch für Terrorismus und gewaltsame politische Auseinandersetzung werden die Staatsgrenzen durchlässiger. Daß die innenpolitischen Probleme auch der Industrieländer immer schwerer lösbar sind, daß die Macht- und Kontrollfunktion der staatlichen Instanzen zugleich abnimmt, sind weitere Anzeichen, wie sehr Verkehr und Kommunikation zwischen den Staaten nicht nur Verständigung und Ausgleich fördern, sondern umgekehrt auch fremde Spannungen und Konflikte ins eigene Land bzw. eigene in fremde Länger eindringen lassen. So hat sich – auf dieser Teilstrecke des Weges der Menschheit zur einen Welt – nicht nur das militärische, sondern auch das gesellschaftlich bedingte Gewaltpotential heute insgesamt zweifellos erhöht, während zur selben Zeit gleichwohl die Möglichkeit zu friedlichem Ausgleich und zur Zusammenarbeit zwischen den Staaten gewachsen ist."

Und zur Entwicklungsproblematik:

„Die Bevölkerung der Erde wächst jährlich um etwa siebzig Millionen Menschen, die zusätzlich Anspruch auf ein menschenwürdiges Leben erheben. Die Erkenntnis, daß die Vorräte dieser Erde begrenzt sind und daß unkontrolliertes wirtschaftliches Wachstum zur Zerstörung der menschlichen Umwelt führen kann, hat vorerst keine heilsamen Wirkungen gezeigt. Obwohl alle Länder und Völker wegen dieser begrenzten Vorräte und durch internationale Arbeitsteilung immer mehr voneinander abhängig werden und damit aufeinander angewiesen sind, wächst die Gefahr, daß die wohlhabenden Länder ohne Rücksicht auf die Bedürfnisse anderer und auf das ‚Gemeinwohl der Welt' die eigenen Interessen durchzusetzen versuchen... Jedes Jahr verbreitert sich die Kluft zwischen den armen und reichen Ländern..."

Die Ursachen dieser Entwicklung werden umfassend und nicht einseitig dargestellt, solche in den Entwicklungsländern selbst und solche, die in der westlichen Welt zu suchen sind.

„Die Menschheit hat zwar die Grenzen ihres Planeten überschritten, sie ist aber noch immer weit davon entfernt, die Erde für alle bewohnbar zu machen..." Allseitige Entwicklung und universaler Friede seien Aufgaben von unaufschiebbarer Dringlichkeit. „Niemand, der sich verantwortlich weiß, kann dieser Verpflichtung entfliehen – am wenigstens darf das der Christ."

Damit stand die Synode vor ihrem zweiten Problem: *Was* soll, *was* muß der Christ nun tun, *welche* Maßnahmen hat die Kirche zu ergreifen, und zwar diese konkrete Kirche in der Bundesrepublik Deutschland in der zweiten Hälfte der siebziger Jahre des 19. Jahrhunderts?

## *Die christliche Perspektive*

Neben den Fakten der Welt ist die theologische Orientierung der Kirche selbst zu beachten. Wenn man von „Zukunft der Menschheit" oder vom „Frieden" spricht, dann müssen sich mit solchen Begriffen auch überzeugende Vorstellungen verbinden. Wer kämpft und arbeitet, möchte wissen, wozu er sich müht! Die Hoffnung der Christen erweist einen eigenen Charakter, zum Beispiel in der Friedensfrage:

„Der Dienst am Frieden in der Welt – inmitten der Spannungen und Konflikte unserer Zeit – gehört zu der einen Sendung der Kirche. ‚Schalom' – also Frieden im biblischen Sinn – ist der Inbegriff des Heilsangebotes Gottes und seiner Verheißung. In Jesus Christus, der uns mit Gott versöhnt und die Spaltung der Völker und Menschen aufhebt, ist dieser Frieden in die Welt und unter die Menschen gekommen; alle kirchliche Friedensarbeit hat in ihm ihren Grund. Seine Botschaft ist eine Botschaft des Friedens, die uns auffordert, den Frieden der Verheißung als Fülle des Lebens und Heils mit schaffen zu helfen. Die Ankündigung Jesu in der Bergpredigt (Mt. 5,9) gilt dem einzelnen ebenso wie der ganzen Kirche. Daher bedeutet Schalom persönliche Umkehr *und* sozialer Wandel in der Nachfolge Jesu, das heißt Brüderlichkeit *und* praktische Solidarität mit dem Nächsten..."

Dann wird ein Grundkatalog von Haltungen aufgezählt: Wer den Frieden als „Werk der Gerechtigkeit" ansieht, muß sich auch für die konkreten Menschenrechte einsetzen, wird anderen Völkern, auch den verachteten und ausgestoßenen, Vertrauen und Achtung entgegenbringen und sich bemühen, verfeindete Gruppen zu versöhnen; er wird „an der Befreiung aller Menschen aus den Fesseln und Zwängen von Not, Unfreiheit und Gewalt" mitwirken und die Kirche zum „Zeichen und Werkzeug für die Einheit der ganzen Menschheit und für die tiefste Hoffnung der Menschen" machen.

„Als Christen glauben wir an den Heilswillen Gottes für alle, an die brüderliche Gemeinschaft der Menschen als ein Ziel der Geschichte... Gott, so sagt das Konzil, ‚bereitet eine neue Wohnstätte und eine neue Erde', auf der ‚die Gerechtigkeit wohnt', die ‚alle Sehnsucht nach Frieden in den Herzen der Menschen erfüllt und übertrifft'. Diese neue Erde ist in ihrer letzten Vollendung unverfügbare Tat Gottes, gnadenhaftes Ereignis und nicht einfach das Ergebnis sozialen Fortschritts. Die Wirklichkeit der künftigen Welt soll jedoch schon jetzt – zumindest ansatzweise – konkrete Gegenwart werden: durch menschliches Handeln, das mit dem Heilshandeln Gottes zusammenwirkt, um die Erde zu erneuern."

## *Ist Mission noch zeitgemäß?*

Wir erwähnten eingangs den „Dreiklang" Entwicklung–Friede–Mission, den die Gemeinsame Synode als eng miteinander verbundene Aufgaben von heute betont hat. Tatsächlich ist der Missionsbefehl, „Gehet hin bis an alle Enden der Erde...", die Triebfeder auch der Friedens- und Entwicklungsarbeit der Kirche. Das ganze christliche Wirken steht unter einem eschatologischen Aspekt, mit anderen Worten, wie das Grunddokument „Unsere Hoffnung" (an das wir in diesem Zusammenhang immer wieder erinnert werden) sagt, es geht um ein Handeln in der Geschichte im Dienst der Heilsgeschichte; damit Friede, Vollendung, Harmonie, Vollkommenheit werde: Reich Gottes.

Die missionarische Aktivität der Kirche ist im letzten Jahrhundert freilich in eine bedrückende Enge geraten. „Ein Unbehagen an der Missionstätigkeit der Kirche ist weit verbreitet. Man sagt: Die Mission sei ein Überrest kolonialen Denkens. Sie wolle nur den Einflußbereich der Kirche erweitern. – Die Mission sei Ausdruck christlicher und westlicher Überheblichkeit. Sie mißachte die religiöse Überzeugung der Andersgläubigen und die hohen Werte fremder Kulturen. – Die Mission sei nur auf Bekehrung aus. Sie übersehe, daß die Menschen auch in den anderen Religionen Gott begegnen und ihr Heil gewinnen können. – Die Mission lenke von den eigentlichen Problemen der heutigen Welt ab. Sie solle sich lieber darum kümmern, daß die Menschen genug zu essen haben, frei leben können und ihr Recht bekommen. Manches in der Missionspraxis der Neuzeit hat Anlaß zu diesen Vorwürfen gegeben ..."

Die christliche Mission muß heute aus dieser Enge herausgeführt und in die ganze Fülle der eschatologisch-heilsgeschichtlichen Sendung der Kirche wieder eingebracht werden – das ist das Hauptziel des Synodendokuments über die missionarische Aktivität der Kirche. Es leugnet dabei nicht die großen Verdienste der bisherigen Mission – das wäre ungeschichtlich und ungerecht. Wir dürfen „mit der Kritik an den Missionsmethoden der Vergangenheit die tatsächlichen Leistungen der Missionare" nicht verdecken. „Sie haben die Fundamente der Jungen Kirchen gelegt ..."

Zur theologischen Grundlegung der Missionsaktivität heute werden drei „neue Akzente" hervorgehoben:

1. Daß sich der Heilswille Gottes auf *alle Menschen* und auf *alle seine Lebensbereiche* bezieht. Das Heil Christi gehe nicht allein auf ein innerliches oder jenseitiges Leben, „es muß zugleich den ganzen Menschen und seinen gesamten Lebensbereich hier auf Erden umfassen". Die verschiedenen Seiten der Mission – Wort, Sakrament, soziale Werke, Bildungsarbeit, Friedenserziehung und -politik – bilden zusammen eine Einheit. Das alles wird zu „Wegweisern der Hoffnung auf das verheißene Reich Gottes".

2. Die Betonung der *Ortskirche* in der Struktur der Gesamtkirche, daß also auch die Kirchen in den sogenannten Missionsgebieten eigenständige und selbstverantwortliche Gebilde sind. Die Verantwortung für die Mission tragen sie selbst, auch für die Art und Weise, wie sie ausgeübt wird. Dort jedoch, wo diese Aufgaben die Kräfte einer Ortskirche übersteigen, sind die anderen verpflichtet zu helfen. Die Hilfe soll selbstlos und brüderlich sein, darf keine „neokolonialistischen" Nebenwirkungen haben. Es war ein großer Fehler, die Missionskirchen von sogenannten Heimatländern abhängig zu halten.

3. Mission ist schließlich nicht etwas für Spezialisten oder eine besondere Aufgabe für „Missionsfreunde“, sondern *„selbstverständlicher Ausdruck* christlichen Glaubens“. „Eine Gemeinde oder ein Christ, die sich nicht an dieser Sendung beteiligen, leben im Widerspruch zum Wesen der Kirche.“ An dieser Sendung sind alle christlichen Kirchen beteiligt, auch wenn sie in Glaube und Amt (noch) getrennt sind. Das „Ärgernis der Glaubensspaltung“ ist in der Mission besonders groß. Um es zu verringern, „ist das gemeinsame Zeugnis des Glaubens sowie die Zusammenarbeit im gesellschaftlichen, kulturellen und pastoralen Bereich unbedingt notwendig“.

Der zweite Grundbereich einer zeitgemäßen Erneuerung der Mission muß sich an den *Zeichen der Zeit* orientieren, das heißt an der konkreten Situation der Kirche und des Glaubens. „Die Bedingungen, unter denen die Ortskirchen in aller Welt ihren missionarischen Auftrag ausführen, sind sehr verschieden.“ Das wird in vier Gruppen dargestellt:

1. Kirche in der *Dritten Welt,* in den meisten Gebieten Asiens und Afrikas. Hier bilden die Ortskirchen „in ihren Völkern meist eine verschwindend kleine Minderheit“. Sie stehen in einem tiefen Umbruch ihres Selbstverständnisses, beginnen als „junge Kirchen“ sich in den Kulturen ihrer Heimatvölker einzupflanzen und sich „von falschen Abhängigkeiten zu befreien“.

2. Kirche in *Lateinamerika,* „wo die Masse der Bevölkerung zwar getauft, das Evangelium jedoch nicht oder zu wenig in das Leben eingedrungen ist“. Hier hat die christliche Botschaft heute vor allem eine soziale und gesellschaftliche Aufgabe, die zur Entwicklung einer „Theologie der Befreiung“ geführt hat. Gemeindebildung und -vertiefung heißen die entscheidenden pastoralen Aufgaben.

3. Kirche in der *„zweiten Welt“*, die vom *Kommunismus beherrscht* wird: „Sie hat kaum noch die Möglichkeit, christliches Leben öffentlich zu entfalten. Doch nicht selten leben Christen in diesen Ländern so tief aus den Quellen des Glaubens, daß sie uns beschämen. Die Mission der Kirche kann in solchen Situationen nur darin bestehen, daß der einzelne durch sein Leben und im persönlichen Gespräch Zeugnis für Christus ablegt. Dieser Einsatz kann Freiheit und Leben kosten.“

4. Kirche in der „ersten“, der *westlichen Welt:* „Wir stehen mitten im Prozeß der Säkularisierung des gesamten Lebens.“ Die allgemeine Kultur und das moralische Bewußtsein breiter Schichten seien noch christlich geprägt, aber der „lautlose Auszug vieler Menschen“ und die „wachsende Entchristlichung aller Lebensbereiche“ zeugen „von der schwindenden Kraft des christlichen Glaubens, obwohl äußerlich

das kirchliche Leben noch geordnet verläuft". Deutschland ist Missionsland geworden. „Die missionarische Aufgabe im eigenen Land bewußtzumachen, gehört zu den dringlichsten Erfordernissen unserer Pastoralarbeit."

*Grundlagen der Bewußtseinsbildung*

In dieser kurzen Darstellung der Hauptmerkmale der zwei Synoden-Dokumente, die hier zur Debatte stehen, ist es nicht möglich, alle in ihnen enthaltenen konkreten Impulse aufzuzählen. Viele von ihnen dürften tatsächlich nur den Spezialisten interessieren. Aber einige Grundlinien für die praktische Arbeit sind auch für uns wertvoll. Die eine von ihnen lautet: das Bewußtsein der Katholiken in der Bundesrepublik zu schärfen für die drängenden Fragen, die in der Friedens- und Entwicklungsarbeit wie auch in der Mission anstehen.

„Die Bereitschaft zu lernen und anzunehmen, muß in unseren Bistümern geweckt und gefördert werden", heißt es einleitend im Missions-Beschluß. Durch: Glaubensvertiefung und Gewissensbildung; in der Predigt; im Religionsunterricht, in der theologischen Lehre; durch korrekte und umfassende Information – über die Weltreligionen, die sozio-kulturelle Lage der Völker, die missionarischen Dienste selbst. Schließlich gehört dazu auch die Förderung persönlicher Kontakte zu Missionaren, Gemeinden und Diözesen der Jungen Kirchen wie auch jede Bemühung, „das Thema Mission aus seiner Isolierung und Engführung" zu befreien.

„Bei der Bewußtseinsbildung geht es darum, der Bevölkerung einsichtig zu machen, wie sehr wir heute in einer Weltgesellschaft mit gegenseitigen Verflechtungen und Abhängigkeiten leben und wie sehr daraus notwendigerweise für alle Völker und für alle Menschen die Verpflichtung zur Solidarität erwächst... Es muß aufgezeigt werden, durch welche Maßnahmen die Industrieländer... helfen können; durch gerechte Beteiligung am Welthandel und am Weltwährungssystem, durch Öffnung unserer Märkte für Waren der Entwicklungsländer, durch Zahlung angemessener Preise für die Rohstoffe... durch Verlagerung von bestimmten, vor allem arbeitsintensiven Produktionen in Entwicklungsländer, durch wirksame Kontrolle der multinationalen Konzerne, durch wesentlich verstärkte öffentliche Entwicklungshilfe, durch Abbau der eigenen Verschwendungwirtschaft und Sparsamkeit im Umgang mit knappen Rohstoffen und Gütern, durch Verzicht auf Waffenverkäufe als Mittel der Beschäftigungspolitik usw. Es geht auch darum aufzuzeigen, daß Rüstungskontrolle und Abrüstung Mittel für Entwicklungshilfe freimachen und damit weltweiter

Gerechtigkeit und allgemeinem Frieden dienen können. Die Kirche wird die Christen in der Bundesrepublik auf diese Zusammenhänge aufmerksam machen und sie *ermutigen,* für solche Änderungen unserer Wirtschafts- und Sozialstruktur einzutreten ..."

„Die Kirche muß durch Gebet und Handeln ihre eigene *Friedenskraft* mobilisieren, indem sie – nicht an Staatsinteressen und Ländergrenzen gebunden – überall für Gerechtigkeit und Freiheit, für das Recht auf Leben und Entfaltung der Menschen und Gruppen eintritt; sich gegen Verletzungen der Menschenrechte wendet, wo immer sie geschehen, friedensgefährdende Zustände und Vorgänge beim Namen nennt, zur Kenntnis und Aufarbeitung geschichtlich gewordener nationaler Gegensätze aufruft sowie der Versöhnung, Verständigung und internationalen Zusammenarbeit *den Weg bereiten hilft.* Das kann gelegentlich kritische, wenn auch loyale Distanz zu den Interessen des eigenen Landes und Volkes oder bestimmter gesellschaftlicher Gruppen erfordern, eine Distanz, die selber Konflikte hervorruft. Wenn die Kirche zu friedlicher Konfliktregelung auffordert, muß sie besorgt sein, daß dadurch nicht neues Unrecht entsteht und bestehendes Unrecht nicht zugedeckt oder verharmlost, sondern möglichst vermindert wird ..."

Das sind nüchterne Sätze, bei denen jedes Wort eine eigene Explizierung und Anwendung erforderlich machte. Farblose Grundsätze, wieder einmal – wirkungslos – vorgetragen? So darf man es wohl nicht sehen. Eine weitere konkrete Ausfaltung kann in einem solchen Dokument nicht geleistet werden. Hier gilt es nur, auf das *eine Notwendige* hinzuweisen: wir müssen unser Bewußtsein ändern. Und zwar nicht durch den moralischen Appell allein, sondern auch durch Einsicht und Umweltbeeinflussung.

## *Schlafen die deutschen Katholiken?*

Nicht nur Bewußtseinsbildung – die Kirche kann auch etwas *tun:* durch eigene Dienste, Aktionen, Unternehmungen. Die Dokumente nennen das Bisherige, das beachtlich genug ist: die Werke „Misereor", „Adveniat", „Missio", die Aktivität der internationalen „Pax-Christi-Bewegung", den „Internationalen Bauorden", den „Katholischen Arbeitskreis Entwicklung und Frieden", die „Arbeitsgemeinschaft Entwicklungshilfe" u. a. m. Man kann nicht, wenn man auf die Tätigkeit dieser katholischen Organisationen blickt, sagen, die deutschen Katholiken „schlafen". Aber es kann natürlich noch *mehr* getan werden, vor allem könnten die Kräfte überlegter und vernünftiger eingesetzt werden. Dazu wird eine Fülle von Empfehlungen ausgesprochen, wobei in der Entwicklungshilfe besonders darauf gedrängt wird, daß nicht „europäische Modelle“ in Länder der Dritten Welt übertragen werden. Die deutsche Kirche wird sich „über die Prioritäten, die für den Einsatz der Mittel gelten sollen, mit den Partnern in den Entwicklungsländern beraten und wird auf deren Wort hören. Sie achtet die Eigenverantwortung und Unabhängigkeit der Gruppen, die in den Entwicklungsländern für die (kirchliche) Entwicklungsarbeit verantwortlich sind, und ist bereit, auch entwicklungspolitische Experimente zu fördern und damit verbundene Risiken auf sich zu nehmen. Sie ist den Partnern in den Entwicklungsländern für jede Kritik und jede Empfehlung zur Verbesserung der kirchlichen Entwicklungsarbeit dankbar.“

Die Zusammenarbeit mit der evangelischen Kirche wird betont empfohlen, dagegen ist das Dokument offenbar recht zurückhaltend gegenüber dem Staat, der amtlichen Politik: vieles lasse sich da auf keinen einheitlichen Nenner bringen, auch fehle oft eine überzeugende Motivation. In diesem Zusammenhang wird festgestellt, „daß das Entwicklungsengagement nicht von allen Christen in gleicher Weise mitgetragen wird“.

Ein gewisses Defizit besteht auch in der Friedensarbeit. Zwar gibt es mancherlei schöpferische Initiativen und eine „größer gewordene Bereitschaft vieler junger Menschen zum praktischen Einsatz für friedensfördernde soziale Verhältnisse und dem Frieden dienende Aufbauarbeit“. Aber diese Aktivität müsse verbreitert und intensiviert werden. Als „exemplarisches Beispiel“ sollte auf katholischer Seite „ein neuer sozialer Dienst für Versöhnung und Frieden“ eingerichtet werden, der „auf der Grundlage der Freiwilligkeit und nach erforderlicher Ausbildung der Bewerber zeitlich begrenzte Einsatzmöglichkeiten im Bereich der pflegerischen und sozialpädagogischen Dienste, bei Katastrophenfällen im In- und Ausland sowie im Dienst der Versöhnung und Verständigung mit anderen Völkern anbietet“. Eine Anregung, von der man gespannt sein darf, ob sie in die Wirklichkeit umgesetzt wird!

### *Gewalt, Revolution, Befreiung, Armut*

Die Verfasser der Synoden-Vorlagen waren nicht daran interessiert, alle Probleme, deren Lösung manchmal äußerst verwickelt ist, aufzurollen. So haben sie zum Beispiel nichts zum Anti-Rassismus-Programm des Weltrates der Kirchen erklärt, obwohl sie es hätten tun können, denn diese Frage berührt sicher nicht nur die evangelischen Christen in unserem Land. Aber die Synode hat die schweren Fragen der Gewalt, des Wehrdienstes, des Gewaltverzichts, der Wehrdienstverweigerung und des allgemeinen Kriegsverzichtes nicht umgangen und auf einem Niveau erörtert, das Respekt verdient.

Zuerst die Frage, wie man sich zu den Ländern der Dritten Welt verhalten solle, wenn dort erklärt wird, daß radikale Strukturveränderungen notwendig und nur durch *Revolution* zu erreichen seien. „Es kann im allgemeinen nicht Sache der Kirche in der Bundesrepublik Deutschland sein, im konkreten Fall darüber zu befinden, ob eine solche in anderen Ländern gefällte Entscheidung berechtigt ist oder nicht. Auch maßt sich die Synode nicht an, den Christen in anderen Ländern die Gewissensentscheidung bezüglich der Mittel der Auseinandersetzung und Veränderung abnehmen oder gar in bestimmter Richtung vorschreiben zu können. Was allerdings die eigene Entwicklungsarbeit betrifft, so bekräftigt die Synode, daß es die Kirche in der Bundesrepublik als ihre Aufgabe betrachtet, Methoden gewaltfreier Veränderung – und nur diese – zu unterstützen bzw. der Theorie und Praxis des gewaltfreien Widerstandes, wo er geboten sein sollte, bewußt das Wort zu reden. Zu einer solchen Haltung sieht sich die Kirche in der Bundesrepublik als eine Teilkirche, wenngleich fern vom Ort des Geschehens, berechtigt und legitimiert, andererseits weiß sie sich dazu nach ihrem Verständnis der Botschaft Christi verpflichtet. Sie wird darin jedoch nur dann glaubwürdig sein, wenn sie alles tut, um die tieferen Ursachen direkter und offener Gewaltanwendung abbauen zu helfen."

In der Bundesrepublik selbst wird der staatliche *Wehrdienst* anerkannt, weil die Politik unseres gegenwärtigen Staates nicht imperialistisch und kriegstreibend ist – „trotz vorhandener Meinungsunterschiede in einzelnen Fragen". „Die Synode begrüßt, daß sich viele katholische Soldaten in zunehmendem Maß mit den Problemen des Friedens und mit der kirchlichen Friedenslehre beschäftigen. Sie bekräftigt die Notwendigkeit der parlamentarisch-demokratischen Kontrolle der Bundeswehr und erinnert an die Mahnung des Konzils, das vor jeder nationalistischen oder sonst verengten Sicht warnt."

Aber auch die *Wehrdienstverweigerer* haben Anspruch auf kirchliche Unterstützung. Hier spricht die Synode allerdings die Mahnung aus, daß die Kirche die Betreuung dieser jungen Männer verstärken sollte, ein Programm, das nicht überall auf Gegenliebe stoßen dürfte und eine bemerkenswerte Entschiedenheit bedeutet. Die Synode steht auf der Seite derjenigen, die das Verfahren auf Anerkennung als Kriegsdienstverweigerer in der Bundesrepublik reformieren möchten. Es sei „meist diskriminierend und darüber hinaus als Gewissensprüfung vom christlichen Verständnis her unzumutbar..."

Schließlich das harte Problem des *Kriegs- und Gewaltverbotes* überhaupt: Hier stellte sich die Synode auf die Grundlage der Charta der Vereinten Nationen, die „jede Anwendung oder Androhung militärischer Gewalt verbietet und als *Ausnahmen* nur militärische Sanktionsmaßnahmen der Vereinten Nationen sowie die individuelle oder kollektive Selbstverteidigung gegen einen bewaffneten Angriff zuläßt". Obwohl diese Bestimmungen vielfach verletzt und mißachtet würden, komme ihnen für die Bewahrung des Friedens eine große Bedeutung zu. „Die Synode bejaht ohne Vorbehalt dieses völkerrechtliche Kriegs- und Gewaltverbot und weist alle Versuche, es zu relativieren, entschieden zurück. Sie stellt deshalb mit Befriedigung fest, daß die Bundesrepublik Deutschland von Anfang an bis in die jüngste Zeit in förmlichen Erklärungen und Verträgen diesen Verzicht auf die Androhung und Anwendung von Gewalt feierlich bekräftigt sowie außerdem darauf verzichtet hat, Nuklearwaffen herzustellen..."

Nicht jeder mag mit diesen und anderen Sätzen, die über die Erklärungen des Zweiten Vatikanischen Konzils nicht hinausgehen, zufrieden sein. „Pazifistisch" war die Synode nicht. Sie legte mehr Wert auf die „kleinen praktischen Schritte", auf den Weg von unten, auf den „franziskanischen Impuls". In seinem Geist ist auch ein Abschnitt des Missions-Beschlusses über das „Zeugnis der Armut" abgefaßt worden:

„Wo Armut und Bedürfnislosigkeit bewußt gelebt wird, ist sie ein Zeugnis, von dem wir lernen können. Eine arme und bescheidene Kirche verkündet die Frohe Botschaft glaubwürdiger und überzeugender als eine Kirche, die im Wohlstand lebt und nicht bereit ist zu teilen. So wird die Armut der Jungen Kirchen zu einer Herausforderung an den Stil unseres kirchlichen Lebens, Arbeitens und Bauens wie auch an unser persönliches Konsumverhalten, gerade dann, wenn wir das Evangelium in unserem eigenen Land wieder neu verkünden wollen."

## *Schluß*

Damit sind wir am Ende unseres Rundgangs durch die 18 Beschlüsse der Gemeinsamen Synode angelangt. Sie sind unter Mühen und in harter Arbeit entstanden. Sie sind ein *gemeinsames* Zeugnis deutscher Katholiken verschiedenster Richtungen, ein Beweis, daß die Polarisierung mit *guten* Ergebnissen überwindbar ist, wenn bei allen nicht nur ein guter, sondern auch ein christlicher Wille zur Communio vorherrscht. Die Synode hat ein Werk geschaffen, schrieben wir eingangs, mit dem auseinanderzusetzen sich lohnt. Die hinter uns liegenden Seiten haben das hoffentlich bewiesen.

# Anhang

## 1. Arbeitspapiere

Als man einige Monate nach dem Anlaufen der Synode die von den zehn Sachkommissionen eingereichten Themenvorschläge zu Beschlußtexten überblickte, kam man auf eine Zahl, die etwa bei siebzig lag – ein Volumen, das zu bewältigen der Synode unmöglich war. Die Zentralkommission mußte nun den bitteren Weg der Kürzungsvorschläge einschlagen, ein Vorgang, der viel Ärgernis hervorrief, denn jede Kommission konnte mit Recht auf die Bedeutung und Wichtigkeit gerade dieses oder jenes Themas hinweisen. Als sich schließlich herausstellte, daß zu manchen der Themen, die wegfallen sollten, schon konkrete Textentwürfe erarbeitet worden waren, kam der Zentralkommission die Idee, neben den eigentlichen Beschlußtexten der Synode sogenannte „Arbeitspapiere" fertigstellen zu lassen und eventuell zu veröffentlichen.

Nachdem der Rechtsausschuß befragt wurde, ob nach Statut und Geschäftsordnung eine solche Regelung möglich ist, beschloß die Zentralkommission am 10. 11. 1972: „Einzelne Arbeitsergebnisse werden nach ihrer Fertigstellung ohne Befassung der Vollversammlung durch das Präsidium an konkrete Adressaten weiterverwiesen. Auch solche Arbeitsergebnisse können mit Zustimmung des Präsidiums ... veröffentlicht werden." Verantwortlich für diese Texte ist jedoch allein die Sachkommission, die sie erarbeitet hat.

Bis zur letzten Vollversammlung sind drei solcher Arbeitspapiere, alles interessante und wertvolle Dokumente, veröffentlicht worden.

1. *„Aufgaben der Kirche in Staat und Gesellschaft"*
Dieser von Sachkommission V („Gesellschaftliche Aufgaben der Kirche") hergestellte Text von 18 Seiten Umfang ist am 15. Februar 1973 vom Präsidium der Synode freigegeben worden. Er behandelt in vier Teilen den politischen Auftrag der Kirche und des einzelnen Christen, das Verhältnis von Kirche, Staat und Gesellschaft, die Beziehungen der Kirche zu den politischen Parteien der Bundesrepublik und die gesellschaftliche Rolle der Kirche selbst, schließlich Fragen des Geldes, u. a. der Kirchensteuer.

2. *„Sinn und Gestaltung menschlicher Sexualität"*
Dieser knappe Text von 12 Seiten Umfang ist von Sachkommission IV („Ehe und Familie") ausgearbeitet worden. Er wurde am 3. 11. 1973 vom Präsidium

freigegeben und in den Monaten darauf in der Öffentlichkeit verbreitet. Das Arbeitspapier stellt ein Wort der Kirche zur gegenwärtigen Unsicherheit vieler Gläubigen in Sexualfragen dar.

Zuerst werden die biologischen und sozio-kulturellen Aspekte der menschlichen Sexualität dargestellt, dann folgt die Erörterung „sinnbestimmender anthropologischer Faktoren" und der „biblisch-theologischen Grundlagen". Der dritte Teil des Dokuments nimmt zu einigen Einzelfragen Stellung: eheliche und voreheliche Sexualität, Sexualität der Nichtverheirateten, zur Problematik der Homosexualität. Im letzten Teil des Textes werden pädagogische und seelsorgliche Forderungen erhoben.

3. *„Das katechetische Wirken der Kirche"*
Dieses Arbeitspapier stellt den längsten Synoden-Text überhaupt dar: 39 Seiten Umfang. Er wurde am 6. 4. 1974 vom Präsidium der Synode zur Veröffentlichung freigegeben und ist in innerem Zusammenhang mit dem Beschluß „Religionsunterricht" (vgl. S. 179ff.) zu sehen. Da der Religionsunterricht nicht als Glaubensverkündigung im strengen Sinn aufzufassen ist, braucht die christliche Erziehung von heute eine streng kirchliche Unterweisung, die von der Situation des Glaubens ausgehen kann.

Folgende vier Arbeitspapiere sind kommissionsintern fertiggestellt, aber bis zum Ende der Synode noch nicht veröffentlicht worden:

4. *„Die Not der Gegenwart und der Dienst der Kirche"*
Der Text ist von Sachkommission III („Christliche Diakonie") erarbeitet worden und stellt Grundsätze des caritativen Handelns von heute dar.

5. *„Zum Dienst der Kirche in der Leistungsgesellschaft"*
Ein Arbeitspapier von Sachkommission V („Gesellschaftliche Aufgaben der Kirche"). Es nimmt zu sozialen Fragen der freien Marktwirtschaft und der Industriegesellschaft Stellung, ausgehend vom Verhältnis zwischen Mensch (Humanität) und Leistungsprinzip (Profitstreben).

6. *„Kirche und Publizistik"*
Dieses Arbeitspapier, dessen Bearbeitung lange Zeit stockte, das aber plötzlich wieder aufgegriffen wurde, ist eine konkrete Folge der „Publik"-Diskussion der Synode. Über seinen Inhalt ist bisher wenig bekannt geworden. Es ist erarbeitet worden von Sachkommission VI („Erziehung–Bildung–Information").

7. *„Mustersatzungen und Musterstatute für die Pfarrgemeindearbeit"*
Ein Text, der von den Sachkommissionen VIII („Formen der Mitverantwortung in der Kirche") und IX („Ordnung pastoraler Strukturen") als Ergänzung ihrer Beschlüsse zu den Räten und den Seelsorgestrukturen ausgearbeitet worden ist.

Außer diesen sieben Arbeitspapieren sind einige weitere geplant gewesen, im Laufe der Zeit aber zurückgezogen worden: zur christlichen Spiritualität in der Welt von heute (Sachkommisssion II), zu den Bistumsgrenzen (Sachkommission IX), über internationale Zusammenarbeit (Sachkommission X).

## 2. Kleines Synoden-Wörterbuch

*Anordnung:* Manche Beschlüsse der Synode wurden in der Form einer „Anordnung“ erlassen, das heißt, diese Bestimmungen haben für alle Bistümer der Bundesrepublik rechtsverbindlichen Charakter.

*Antrag:* Er wurde der Vollversammlung gestellt. Vorlagen konnten nur von den zehn Sachkommissionen beantragt werden, nachdem sie von der Zentralkommission gebilligt waren. Die einzelnen Synodalen konnten zu diesen Vorlagen Änderungs- und Zusatzanträge stellen, selbstverständlich waren auch Ablehnungsanträge möglich, Anträge zur Geschäftsordnung usw.

*Antragskommission:* Sie ordnete die Fülle der Anträge, prüfte sie auf Zulässigkeit und sprach dem Plenum Empfehlungen zur Annahme oder zur Ablehnung aus. Die Kommission schlug im Einvernehmen mit den Antragstellern auch „modifizierte Anträge“ vor.

*Beobachter:* Die nichtkatholischen Kirchen und Gemeinschaften in der Bundesrepublik wurden eingeladen, amtliche Beobachter zur Synode zu entsenden. Anwesend waren regelmäßig etwa zehn Vertreter der evangelischen, orthodoxen, altkatholischen Kirchen; die Freikirchen ließen sich u.a. durch die „Arbeitsgemeinschaft christlicher Kirchen“ vertreten.

*Berater:* Die Sachkommissionen konnten für bestimmte Themen Fachleute als Berater vorschlagen. Diese wurden ihnen vom Präsidium der Synode zugeteilt. Die Berater waren dann Mitglieder der Sachkommission und hatten in ihr beschließendes Stimmrecht.

*Berichterstatter:* Zu jeder Vorlage mußte die zuständige Sachkommission der Vollversammlung einen schriftlichen Bericht vorlegen. Er wurde zu Beginn der Debatte von einem Berichterstatter erläutert, der von der Sachkommission dazu bestellt war.

*Beschluß:* Ein von der Gemeinsamen Synode beschlossenes Dokument wird so genannt. Die Beschlüsse wurden als Vorlagen einer Sachkommission erarbeitet, dann in den Vollversammlungen in erster und zweiter Lesung beraten und mit Zwei-Drittel-Mehrheit verabschiedet. Der Präsident der Synode gab sie bekannt, in Kraft traten sie durch Veröffentlichung in den Amtsblättern der Bistümer. Insgesamt hat die Synode 18 Beschlüsse gefaßt:

1. Unsere Hoffnung. Ein Bekenntnis zum Glauben in dieser Zeit
2. Pastorale Zusammenarbeit im Dienst an der christlichen Einheit
3. Schwerpunkte heutiger Sakramentenpastoral
4. Gottesdienst
5. Die pastoralen Dienste in der Gemeinde
6. Die Beteiligung der Laien an der Verkündigung
7. Verantwortung des ganzen Gottesvolkes für die Sendung der Kirche
8. Rahmenordnung für die pastoralen Strukturen und für die Leitung und Verwaltung der Bistümer in der Bundesrepublik Deutschland
9. Ordnung für Schiedsstellen und Verwaltungsgerichte der Bistümer in der Bundesrepublik Deutschland (Kirchliche Verwaltungsgerichtsordnung)

10. Ziele und Aufgaben kirchlicher Jugendarbeit
11. Der Religionsunterricht in der Schule
12. Die Orden und andere geistliche Gemeinschaften heute
13. Christlich gelebte Ehe und Familie
14. Kirche und Arbeiterschaft
15. Der ausländische Arbeitnehmer – eine Frage an die Kirche und die Gesellschaft
16. Schwerpunkte kirchlicher Verantwortung im Bildungsbereich
17. Der Beitrag der katholischen Kirche in der Bundesrepublik für Entwicklung und Frieden
18. Missionarischer Dienst an der Welt

*Deutsche Bischofskonferenz:* Sie besaß aufgrund der Gesetzgebungsvollmachten der Bischöfe besondere Rechte innerhalb der Synode. Ihr Vorsitzender war Synoden-Präsident, vor jeder Lesung gab sie eine gemeinsame Stellungnahme zum Beratungsgegenstand ab. Erklärte sie, daß sie einer Vorlage aus Gründen der verbindlichen Glaubens- oder Sittenlehre nicht zustimmen könne, war eine Beschlußfassung der Vollversammlung nicht möglich. Die Deutsche Bischofskonferenz war als ganze Mitglied der Synode (etwa 60 Bischöfe). Jeder Bischof hatte aber nur eine Stimme wie jeder andere Synodale auch. Die Bischöfe arbeiteten auch in den Sachkommissionen nur als einzelne.

*Empfehlung:* Manche Bestimmungen der Synoden-Beschlüsse sind als „Empfehlungen“ aus dem übrigen Text herausgehoben, haben aber nicht den streng verbindlichen Charakter einer Anordnung.

*Gäste:* Zu den Vollversammlungen, die nicht öffentlich waren, hatten neben den zugelassenen Vertretern von Presse, Rundfunk und Fernsehen auch geladene Gäste Zutritt. Unter ihnen waren vor allem Vertreter anderer europäischer Kirchen. Ständiger Gast war der päpstliche Nuntius.

*Gemischte Kommissionen:* Zu Beginn der Synodenarbeit wurden von einzelnen Sachkommissionen die Errichtung von „Gemischten Kommissionen“ gewünscht für Beratungsstoffe, die den Themenkatalog mehrerer Sachkommissionen berührten. Diese Einrichtung bewährte sich aber nicht. Man ging dazu über, in solchen Fällen der „federführenden“ Kommission Mitglieder anderer Sachkommissionen zuzuweisen, wenn dies nötig erschien.

*Generaldebatte:* Grundsatzdiskussion über jede von einer Sachkommission eingebrachte Vorlage.

*Geschäftsordnung:* Sie regelte das konkrete Vorgehen der verschiedenen Synodenorgane. Sie wurde von der Vorbereitungskommission der Synode abgefaßt, mehrmals jedoch während des Synodenverlaufs geändert und ergänzt. Manche ihrer Bestimmungen erwiesen sich als recht umständlich.

*Konzil:* Eigentlich: kirchliche Versammlung und damit gleichbedeutend mit „Synode“. Im katholischen Kirchenrecht: vom Papst einberufene Versammlung der Bischöfe aus aller Welt zur Entscheidung wichtiger Fragen. Man spricht aber auch von Regional- oder Teilkonzilien.

*Lesungen:* Jede Vorlage der Synode mußte mindestens in erster und zweiter Lesung beraten werden. In der ersten Lesung wurde über die grundsätzliche Annahme entschieden, in der zweiten über die endgültige Beschlußfassung.

*Mitglieder:* Die Gemeinsame Synode der Bistümer in der Bundesrepublik hatte an die 316 Mitglieder. Die Deutsche Bischofskonferenz stellte etwa 60 Mitglieder (die Zahl der Bischöfe änderte sich mehrmals im Verlauf der Synode), jedes der 22 Bistümer wählte sieben Mitglieder (drei Geistliche, vier Laien), 40 Mitglieder wurden vom Zentralkomitee der Deutschen Katholiken gewählt, 40 Mitglieder von der Deutschen Bischofskonferenz berufen, 22 Mitglieder wurden von der Vereinigung der Orden gewählt (10 Frauen, 10 Männer, 2 Brüder).

*Mitteilungsblatt:* Das amtliche Mitteilungsblatt erschien in unregelmäßiger Folge und wurde vom Sekretariat der Synode herausgegeben. Sein Titel: „Synode. Amtliche Mitteilungen der Gemeinsamen Synode der Bistümer in der Bundesrepublik Deutschland". In ihm wurden nicht nur die Beschlüsse abgedruckt, sondern praktisch alle Informationen, die für die Öffentlichkeit von Belang waren.

*Moderator:* Zur Leitung der einzelnen Sitzungen der Vollversammlungen wurden vom Präsidium zwei Moderatoren bestellt.

*Präsidium:* Es bestand aus dem Präsidenten, dem Vorsitzenden der Deutschen Bischofskonferenz (Kardinal Döpfner), und vier von der Vollversammlung gewählten Vizepräsidenten: einem Bischof (Stein von Trier), einem Priester (Dr. Henry Fischer aus Hamburg), zwei Laien, einer Frau (Dr. Hanna-Renate Laurien aus Mainz) und einem Mann (Dr. Bernhard Servatius aus Hamburg).

*Rechtsausschuß:* Ein elfköpfiger, von der Vollversammlung gewählter Ausschuß zur Behandlung von Fragen der Geschäftsordnung und des Statuts.

*Sachkommission:* Von der Vollversammlung gebildete Arbeitsausschüsse zur Erarbeitung von Vorlagen. Sie hatten jeweils etwa dreißig Mitglieder. Jeder Synodale war Mitglied einer solchen Kommission, deren Beratungsgegenstände von der Vollversammlung festgelegt wurden. Zu Beginn der Synode waren etwa 70 Themen im Gespräch, dann wurden sie auf 34 reduziert, nach einer nochmaligen Reduzierung blieben 18 Vorlagen, die alle zum Beschluß erhoben wurden, übrig. Folgende Sachkommissionen wurden eingerichtet:

1. Glaubenssituation und Verkündigung
2. Gottesdienst – Sakramente – Spiritualität
3. Christliche Diakonie
4. Ehe und Familie
5. Gesellschaftliche Aufgaben der Kirche
6. Erziehung – Bildung – Information
7. Charismen – Dienste – Ämter
8. Formen der Mitverantwortung in der Kirche
9. Ordnung pastoraler Strukturen
10. Gesamtkirchliche und ökumenische Kooperation

Jede Kommission hatte einen (von ihr gewählten) Vorsitzenden und einen Sekretär. Manche Kommissionen traten während der Synode zu 40 bis 50 Arbeitssitzungen zusammen.

*Sachverständige:* Von den Sachkommissionen angeforderte nichtkatholische Berater, die nur beratendes Stimmrecht besaßen.

*Sekretariat:* Geschäftsstelle der Synode, die sich zuerst in München, später in Bonn befand. Sekretär der Synode war bis Herbst 1971 Prälat Karl Forster, ab 4. 11. 1971 Prälat Josef Homeyer. Stellvertretender Sekretär war Dr. Friedrich Kronenberg vom Zentralkomitee der Deutschen Katholiken.

*Spezialdebatte:* An jede Generaldebatte zu einer Vorlage schloß sich eine Spezialdebatte zu den einzelnen Kapiteln des Textes an.

*Statut:* Es wurde von der Deutschen Bischofskonferenz am 11. November 1969 beschlossen und am 14. 2. 1970 vom Heiligen Stuhl gebilligt. In 16 Artikeln bestimmt es die Grundordnung der Gemeinsamen Synode.

*Synodale:* Das Mitglied einer Synode wird so genannt.

*Synode:* Im Grunde die gleiche Bedeutung wie „Konzil" (lat. concilium = griech. synodos), aber nach der Gewohnheit mehr für amtliche Kirchenversammlungen auf der unteren und mittleren Ebene gebraucht. Diözesansynoden sollen alle zehn Jahre stattfinden. Nach dem Zweiten Vatikanischen Konzil wurden an solchen Synoden auch Laien beteiligt. Man hätte die Würzburger Synode auch „Regionalkonzil" nennen können.

*Vollversammlung:* Das beschließende Organ der Synode, die Versammlung aller Mitglieder. Sie war beschlußfähig bei Anwesenheit von zwei Dritteln der Mitglieder. Die Gemeinsame Synode hielt acht Vollversammlungen im dazu hergerichteten Mittelschiff des Würzburger Domes ab:

| | | | |
|---|---|---|---|
| I. | 3. 1. – 5. 1971 | V. | 22. 5. – 26. 5. 1974 |
| II. | 10. 5. – 14. 5. 1972 | VI. | 20. 11. – 24. 11. 1974 |
| III. | 3. 1. – 7. 1. 1973 | VII. | 7. 5. – 11. 5. 1975 |
| IV. | 21. 11. – 24. 11. 1973 | VIII. | 18. 11.–23. 11. 1975 |

*Vorlage:* Das Recht, der Vollversammlung eine Vorlage zur Beschlußfassung zu unterbreiten, besaßen nur die zehn Sachkommissionen. Jede Vorlage mußte in erster und zweiter Lesung behandelt werden.

*Votum:* Beschlüsse der Synode, die nur „gesamtkirchlich" (also von Rom) geregelt werden können, mußten in der Form eines „Votums" an den Heiligen Stuhl erlassen werden. Die Synode hat eine Reihe solcher Voten verabschiedet.

*Vorbereitungskommission:* Von der Deutschen Bischofskonferenz einberufenes Gremium zur Vorbereitung der Gemeinsamen Synode. Sie konstituierte sich am 6. November 1969 und beendete ihre Arbeit zu Beginn der Synode am 3. 1. 1971. Sie hat u.a. das Statut, die Geschäftsordnung und den Themenkatalog der Gemeinsamen Synode entworfen.

*Zentralkommission:* Eine wichtige Einrichtung der Synode, sozusagen das „Gelenk" zwischen den einzelnen Organen. Sie hatte die Aufgabe, die gesamte Arbeit zu koordinieren. Ihr Vorsitzender war der Präsident der Synode, sie hatte bis zu 30 Mitglieder: das Synoden-Präsidium (5), die Vorsitzenden der Sachkommission (10), von der Vollversammlung gewählte Synodale (13), die Sekretäre der Synode (2).

*Zuweisung von Beratungsgegenständen:* Die Vollversammlung hatte zu entscheiden, welche Beratungsgegenstände den einzelnen Sachkommissionen zugewiesen wurden. Da sich die Themenbereiche manchmal überschnitten, mußten in Zweifelsfällen Entscheidungen gefällt werden. Der zu Beginn der Synode verabschiedete Themenkatalog war ebenfalls eine solche Zuweisung.